国语读写教程

大学语文系列教材

程　红　吴志强　主编

北京体育大学出版社

责任编辑 冯唐工作室
责任校对 冯唐工作室
版式设计 博文宏图

图书在版编目（CIP）数据

国语读写教程/程红等主编. －北京：北京体育大学出版社，2007.10（2019.8 重印）
ISBN 978－7－81100－817－3

Ⅰ. 国…　Ⅱ. 程…　Ⅲ. 汉语－高等学校－教材　Ⅳ. H1

中国版本图书馆 CIP 数据核字（2007）第 140282 号

国语读写教程　　程　红　等主编

出版发行：北京体育大学出版社
地　　址：北京市海淀区农大南路 1 号院 2 号楼 4 层办公 B－421
邮　　编：100084
网　　址：http：//cbs. bsu. edu. cn
发 行 部：010－62989320
邮 购 部：北京体育大学出版社读者服务部 010－62989432
印　　刷：北京昌联印刷有限公司
开　　本：850mm×1168mm　1/16
成品尺寸：280mm×203mm
印　　张：19
字　　数：523 千字
版　　次：2017 年 10 月第 1 版
印　　次：2019 年 8 月第 17 次印刷
定　　价：38.00 元

前　　言

编写汉语母语读写教程的意义

培养有修养的体育文化人：2005年11月，全国8所体育院校的语文教学一线教师代表、资深专家学者第一次聚首北京体育大学，共同交流体育院校的语文教学与科研情况，认真磋商了大学语文系列教材《国语读写教程》的编写大纲。与会代表积极发言，共享心得体会。大家普遍认为：语文教学对于体育人才的培养意义重大，但目前语文教学、科研发展仍然处于逐步“边缘化”的不利处境；专家们各自多年积累的教学理念——“新知识、新概念、新方法”有待尽快完善整合，“以体为本，为体服务”的专业语文教材建设迫在眉睫。同行们坚守语文教学岗位的理由不仅是出于对中文专业长期的热情，还有对中国体育事业发展、未来创新素质人才培养的忧虑。例如，举重冠军转眼之间就成了失业下岗的搓澡工，长跑冠军要卖奖牌，成批的运动员退役后面临职业转型期的阵痛，英雄无泪，莫要让英雄无用武之地的舆论此起彼伏。2008年北京奥运会即将来临，体育科研创新人才培养的呼声日高，体育事业可持续发展的战略，需要体育人具有高水平的“母语思维与写作”能力，体育人需要适应市场经济环境下的生存和发展能力。语文教材编写的意义已经十分明确，会议达成一项共识：语文教学的目的是服务于培养“体育文化人”。

培养体育领袖人才：“世界一流体育大学”是“研究型体育大学”，就是要培养社会的体育领袖人才。领袖人才就是“能够把人群从一个地方带到另外一个地方的人”。首先就应当成为体育文化人：体育文化人不是“体育与文化”的简单相加，而是具备“德艺双修，文武双全”修养的内涵，能够凝聚团队共同参与事业的合作，富有个人人格魅力的人，尤其要具备能说会写高水平语文能力的人。

语文能力：从文体写作学角度看，主要就是指口头表达、书面表达的综合思维能力。时代要求我们语文教学使学生成为：不仅会练，而且还要“会说、会写、会思维”的全面发展的体育人。美国哈佛大学校长要求毕业生成为“有修养的人”，其五项标准的第一项就是“能够熟练应用母语进行思维与写作”。因为，弘扬母语思维言说的语文能力，就是维护民族共同的文化传统，就是捍卫民族的生存发展权利。反之，一旦丧失了这种能力，就会被主流文化排斥而“边缘化”。体育文化人也不能例外。设想，当一名体育专业技能扎实、“能说、会写又会思维”的毕业生，往人才交流会上一站，那又是怎样的效果？

思维能力：思维离不开语言，母语教您学会思维。通过培养理论情感，才会产生体育理论思维的创新。研究表明，人们的语言实践，时刻离不开感性思维与理性思维两种思维能力。感性思维的逻辑适用于文学艺术审美活动，想象、联想，夸张、比喻，直觉、顿悟，赋、比、兴，追求精神世界的丰富、愉悦，陶冶情操品行，提高人们的情商；理性思维逻辑适用于科学研究过程的析理思辨活动以及信息接收、输出时的认知活动，采用概念、判断、推理、结论的方法，讲求定性定量的准确性和客观可验证性，追求物质世界的温饱、小康。倡导热爱科学，提高人们的智商。感性思维与理性思维紧密结合，才会接近真理。每一位有正常行为能力的人，往往感性与理性交互使用，思维能力灵活应变，创造、创新，开创美好的生活才有希望。

所以，本教材有意选录了有代表性的部分哲学文本。意思是强调：哲学是人类共同的财富，是思维的金钥匙，是世界观、方法论，是学会如何生存的智慧学。

体育院校语文教学地位的确认：体育院校历来是一个特殊的“强者文化”环境。体育院校的游戏规则，多数向“术科专业”倾斜。语文学科因其自身“潜移默化”的特性而处于被边缘化的困境。商业社会，功利主义盛行，并孳生蔓延出全球性的“公司文化”氛围。“君子喻于义，小人喻于利。”物化人性，破坏环境，杀鸡取卵。“效益最大化”的铁律，使得那些短时间内不好及时量化的同类基础学科，容易成为弱势族群，往往被排除在主流学科以外，被忽略，被遗忘。国人似乎已经习惯了“英语热汉语冷”，学生们多满足于当“文抄公”而毫无自觉，连有的硕士、博士的语言也词不达意、晦涩难懂。埋头苦干的语文老师，三尺讲台前从容不迫，引进借鉴人文主义的优秀文化知识，鼓吹汉语母语丰富灿烂的修辞言说方式，在 21 世纪以英语为主流的文化交流中，清楚明白地表达出汉语语言文化的声音，这是语文教师应承担的责任。

语文教师的形象：“学为人师，行为世范。”北京师范大学校训值得参考，语文教师就是要以身作则，举手投足，音容笑貌，体现出关心人、尊重人、与人为善的气质，鼓励和倡导体育人的“宽容友善、古道热肠”，保护学生率真自然的个性，引导学生去接近那“伟大、澄明、无蔽”状态下的真理，倡导体育校园的朗朗读书声，营造丰富多彩的校园文化氛围，储备中国体育文化的“软实力”。无疑，这需要勇气和毅力。隶属人文学科的语文课程——属于审美“情感教育”范畴，语文教学对奖牌的获得不会发生一对一的直接作用，就像含钙含锌的微量元素一样，语言文化知识可以间接地使体育人的心智走向更加健康成熟。科学技术能给人速效的专业领域内的聪明，语文素养能给人长效的未来全面发展的智慧。语文教师殷切希望聪明人越来越多，更加希望有智慧的人也越来越多。这一切的努力，已经和正在受到许多毕业生的积极回馈，也迫切希望得到各级体育管理评估职能部门的进一步支持。

汉语言母语文化需要继续传播与光大，语文教师任重而道远。

关于教程的名称

全国体育院校：适应中国体育文化蓬勃发展的市场需求，借 2008 年北京奥运会的好风助力，克服各体育院校“语文学科”身小力薄、单兵作战的种种困难，及时吸收总结业内专家同行的智慧与优秀教学科研成果，共同完成这样一项体育文化建构工程——编写《国语读写教程》，目的是提高体育人的语文能力。希望扭转体育院校大学语文教学的濒危局面，而且也希望整个体育人文学科焕发生机，为体育专业科学研究提供必须的母语思维和文字表达能力。

国语读写教程：此处的国语，专门指称汉语，也就是“现代汉民族共同语”。一是为了避免与“对外汉语教材”发生撞车、误会，没有使用“汉语读写教程”。借用曾经使用很久的华人语言意义上的“国语”，也有重新确认汉语言文化曾作为“国学”传统学科地位的意义，讲求修辞策略，维护母语思维与言说权利；二是避免与既往高校“大学语文教程”名称的雷同。编者私下认为：大学语文作为一门“文革”后特殊历史时期“补课性质”的学科，功不可没。虽然，识字、补课、阅读的重要性强调再高也不为过，但是，倘若与弥漫全国高校大学“英语热”相抗衡，其学科颓势、阵地的失落已经不在话下。既然重复没有出路，那么创新或有机会。所以，“读、写”二字富有新意。

读、写结合的全程语文理念：高校的语文教学并不止于阅读，读书的目的在于学习语言，学习语言的核心是学习思维的方法，提高说话、写作的生存能力。本教材提出全程语文的理念——读、写、说结合。选文包括了学生入学、四年学习、毕业求职、就业发展等实用文种。否则，“读书破万卷”，下笔不会写。有的人读书很多，读成了“两脚书橱”，由于忽略了领会原著的精神——作者的思维方法，且缺乏语言实践的机会，所以不少人提笔忘字，说话结巴。最终，仍然不能很好地驾驭母语、进行有效的言说和得体的写作。

编者建议：教师要给体育人以宽松的课堂实践空间，师生共同参与“读、写、说”的思维游戏，如5分钟的即兴演讲，教师简短的评点，同学相互的辩驳，结合各类实用文种的书面操作等，理解“一个概念、两种逻辑、三类文体”的相关内容，尽量使用体育文本、体育案例、体育话题，服务体育人，倡导以提高体育人的语文说写能力为宗旨的教学模式。

教程的创新点

教程内容尽量切近体育人的生活学习、工作实践，充分考虑到学生合理的语文知识需要与综合思维能力培养。希望新教材的使用，能以母语思维的说、写能力训练为突破口，迅速提高体育人的语文修养。

教程优选古今中外三大类优秀文本，希望通过文学审美类、论说析理类、认知应用类三类文本的读写，全面提高体育专业学生的文学鉴赏、逻辑思辨、应用文写作的语文能力，提高未来体育文化人就业、生存和发展的能力。

既往大学语文重在“阅读鉴赏”，本教材在此基础上，尝试读、写、说结合，学以致用。讲、读教学主要以引导学生的思维方法为主，文本阅读分析评价与文本加工制作的思维同步进行。

本教材在体类设计方面力求有所创新，突出可读性、可教性，针对不同专业学生的实际需要，为教、学双方留有较大的选择余地，带星号（★）的篇目：如文化、哲学、文艺理论等，也可供学生今后考研或自学深造使用。

“话语权就是生存权。”21 世纪是所谓英语为主流的“后现代主义”文化时代，发达国家抢先制定好了符合他们利益、损害他者利益的种种“游戏规则”，不断地渗透、强加给“后发展”国家。话语暴力，强权外交，恃强凌弱，贸易壁垒，军事干预，文化侵略无孔不入。大棒加胡萝卜，到处都在“争吵、碰撞、冲突、对话、妥协”，而话语权利的争夺，就是生存利益的争夺。**母语思维是后发展中国家的最后一个堡垒**！当今汉语与英语竞争白热化的角力中，如何扩大汉语言文化的声音？教材在“修辞策略”上进行了设计，编者提倡：

1. 体育人首先应当热爱我们中华民族的母语，母语言说的能力就是生存能力。

2. 要能熟练地使用母语进行思维、言说和写作。好的言说是什么？那就是**“用自己的语言表达自己想要表达的思想和情感”**。努力的方向是**“经营属于你自己的言说方式”**。

3. 文体自觉首先要求人的自觉。人的自觉就是：“每时每刻都清楚地明白自己是在做什么、要做什么，社会允许我做什么。”而不是总在问：“那别人怎么样?”文体的自觉就是对三类文体的读写，做到领悟原著的思维方法以及拟写文本时措辞表达的得体。每个公民的自觉，就是整个民族的伟大复兴。

教程的使用说明

选文：纵向看，顺次有诗歌、散文、戏剧、小说等，尽量与体育文化相关的且有代表性的名家名篇，尽量体现五千年汉语母语文化发展中形成的各类文种的流变过程。横向看，以中国文化为经线，同时注意横向吸收国外不同时期的部分优秀作品，洋为中用，古为今用，比较借鉴，领会世界文化发展过程中人文主义成长的历史脉络。因个别篇目理解起来相对较难，属于理论性、思想性、代表性强的文本，的确值得参考，所以篇目前加一个星号（★）。还有不少优秀作品，限于篇幅，不能收入，或者只能节选，但是，编者就此做了推荐篇目，或者提供索引目录。由于时代久远，书海无涯，编者水平不及，难免挂一漏万。

文体划分：“审美类、析理类、认知类”三大类文体的依据是“一个概念、两种逻辑、三类文体”（详见北京体育大学吴志强、程红主编的《文体写作学教程》绪论），是近年来写作理论的创新研究成果。情感逻辑与理性逻辑的划分，也是近年文艺学专业的研究成果。需要说明的是，情感逻辑与理性逻辑，叙述为主与说理为主，探寻未知理论结果与陈述已知事实情况等等，都是一个以什么为主的**“相对的概念”**。另外，文体的发展流变也始终处于一个动态的活动过程中。如小说概念的形成，曾经历过漫长的过程，原始状态的“三条腿蛤蟆”阶段，可以上溯到唐宋传奇。所以，每个文种与相临文种间必然存在历史沿革，理性与感性交替使用，表达方式如“叙述、描写、议论、抒情、说明”难免存在交叉。“文无定法，文有大法。”人们只要对文体保持一种动态把握的清醒自觉，就容易操作了。

编写体类：上编主要介绍审美类文本；中编主要介绍析理类文本；下编主要介绍认知类文本。上编按照文体分章，每章下面有：内容提要，关键词。章后分节，顺次有：第一节文体概况，介绍该类文体的发展流变过程；第二节文选，选文后面都有注释、作者简介、思考练习题，文章导读或导写，由众编者分头撰写，希望起到一个抛砖引玉的作用；最后是资料推荐，目的是为有需求的同学扩展知识；中编析理类文本大致是按时代顺次介绍；下编认知类文本大致以古代、现行应用文顺次介绍。中编、下编其他细目体类基本同上编。

编写分工说明：《教程》是集体劳动的成果。众多语文教学专家、同行，互相砥砺，民主协商，协同作战，废寝忘食，彰显了国语教师强烈的主人公意识。有文责自负，有统筹合作；大家倾注了园丁心血，体现了学术水准。负责最后统稿的北京体育大学同行在此要说：老师们辛苦啦！另外，所选文本及图片多注明了出处，个别因联系不便而未能当面致谢，仅此说明。

上编审美类：诗歌部分主要由成都体育学院方明松老师负责，该校的罗遥老师、马化宇老师也参与了教材的编写工作；散文部分主要由河北体育学院张黎老师负责；戏剧部分主要由吉林体育学院高海燕老师负责；小说部分主要由山东体育学院袁宏老师负责。

中编析理类：古代部分主要由首都体育学院王勤老师负责；近现代部分主要由该校的杨一虹老师负责；当代部分主要由天津体育学院张晓丹老师负责。

下编认知类：由北京体育大学语文教研室老师负责。古代部分主要由谢卫老师负责；现行认知类，国家行政公文主要由张春萍老师负责，事务类应用文中决策类和财经类主要由韩景荣老师负责，其中法规类和礼仪类主要由程红老师负责，个人发展类应用文主要由谢卫老师负责，传播类应用文主要由邢学波老师负责。

另外，每一章节，如概述、选文、导读、资料推荐等后面，均注明了编撰者姓名。

谢卫、邢学波、韩景荣等老师分别参与了部分校对工作，提出了大量宝贵意见；吴志强老师负责前言撰写，并对文体概述、作品导读部分做了认真的校对与修改补充；程红老师对教程全书进行了多次认真的校审。大家都付出了艰辛的劳动。

致谢：首先感谢南京体育学院的王惠生先生，对教材编写给予的鼓励和支持；感谢沈阳体育学院的万怀玉先生对大纲提出的宝贵意见；感谢全体参与编撰工作的老师们在紧张繁重的教学中为本书付出的辛劳；感谢北京体育大学校领导和出版社领导李飞先生，感谢他们长期以来对语文类教材编写工作的关心和大力支持。

最后，欢迎专家学者批评指正，希望《教程》在日后使用中能不断修改并趋于完善。

目　　录

上编　审美类文本与阐释

人们将自己的审美感受写成文章就形成了审美类文体。

审美类文体的范围：诗歌、散文、戏剧、小说等文学艺术类作品，都属于审美类文体。

审美类文体的目的：审美，或者叫完成审美。此类作品的共同特点是渲染气氛，描写环境，刻画形象，塑造典型，引起人们对美的欣赏，由美的感悟产生内心的愉悦，潜移默化，达到陶冶情操、净化心灵的功效。

审美类文体的逻辑特点：比喻的、诗意的、情感的逻辑。有人也称“非理性的逻辑”。文学艺术类作品创作的思维活动，注重感性的形象化描述，声音、颜色、气味、环境、景色等等，这样的构思，多采用比喻手法，反复比喻就会构成一个象征性的主题，如：高尔基散文诗《海燕》；刘禹锡的“东边日出西边雨，道是无晴却有晴。”**诗的语言是一种在“语词的所指和能指之间游动”的情绪或情感的链条。**叙事类作品则主要通过典型人物形象的塑造，或是悲剧，产生伟大、庄严、静穆的美，或是喜剧，产生厌恶、嘲讽的轻松愉快。总之，虚拟现实，将子虚乌有纳入“情理之中，意料之外”，夸张比喻是其逻辑特点。

审美类文体的真假判断：主要是看**“作品中的某一个细节和作品本身所营建的艺术世界是否相吻合”，**否则，就是不真实的。人们常说“源于生活，高于生活”，就是这个意思。鲁迅说典型人物的塑造：“杂取种种人，合成一个人”。尤其不同文学流派的追求也往往不尽一致。常常有如下三种情况：现实主义创作，作品＝现实，如鲁迅、老舍、巴金、茅盾的大部分作品；批判现实主义创作，作品≤现实，如巴尔扎克的《人间喜剧》、果戈理的《死魂灵》等；浪漫主义创作，作品≥现实，如李白的大部分诗作，《西游记》《聊斋志异》、文革前后的样板戏，塑造“高大全”英雄们。总之，读者如果只把它们当成是一个审美的“游戏”来看，只要能自圆其说，就认为是真实可信的。

审美类文体的语体风格：极尽夸张比喻之能事，铺彩摛（chī）文，追求大胆新奇，陌生化等等。

审美类文体的表达方式：叙述、描写为主，辅以少量的抒情、议论及说明。

第一章　诗　歌

内容提要：

1. 诗歌的含义。
2. 诗歌的分类。
3. 诗歌的创作与鉴赏。

关键词：诗歌　思想情感　灵感　韵律　诗歌创作　诗歌鉴赏

第一节　诗歌概述

一、诗歌的含义与分类

（一）含　义

诗歌是人类出现最早的文学样式。诗歌产生的初期是与音乐、舞蹈合为一体的。《毛诗序》中说："诗者，志之所之；在心为志，发言为诗。情动于中形于言，言之不足，故嗟叹之，嗟叹之不足，故咏歌之；咏歌之不足，不知手之舞之，足之蹈之也。"（大意说：诗歌是由思想情感产生的。心中的思情表达出来成为诗歌。情感激动就表达于语言，语言不足以表达就发出感叹，感叹还不尽兴就引吭高歌，高歌还嫌不足，便手舞足蹈起来。）可见，诗歌是与音乐、舞蹈结伴而来，属于人类最早的表情达意、抒怀写志的艺术样式。据此可知：先民们曾经在漫长的原始生存环境下，伴随着音乐的旋律、舞蹈的节拍，载歌载舞，手舞足蹈，那应该是一个纯净古朴、没有丝毫污染、清澄透亮的感性世界，你可以毫无顾忌地把内心深处全部的喜怒哀乐，颤抖着、激动地呼喊出来，就成为一种集体的文化艺术形式——诗。另，孔子说："不学诗，无以言。"可见，在我国先秦时期，诗歌曾经作为诸侯会面时的言说方式。而今，在少数偏远地区的百姓，古风犹存，男女表达爱情，往往用"山歌"对唱，如："哥哥呀，你就像那蓝天上展翅飞翔的雄鹰"/"妹妹呀，你就像那山涧里轻轻流淌的溪水"，也同样采用诗歌。

故，史前的先民们曾经生活在一个到处充满诗歌的时空里。

伴随着人类思维成熟和社会的发展变迁，我国的诗歌从诗经、楚辞、汉赋，到逐渐讲究严谨格律的唐诗、宋词、元曲，从一个高峰到另一个高峰，跨越了光辉灿烂的诗歌历程。它是人类社会生活在作者头脑中引起强烈的情感波澜和起伏变化，而创作出的具有浓厚抒情性的文学作品。

迄今，诗歌是高度概括地反映社会生活和表达思想情感的一种文学体裁。

（二）诗歌的分类

从内容上分：可以分为抒情诗和叙事诗两种。

抒情诗通过直接抒发诗人的思想情感来反映社会生活，一般没有完整的故事情节和具体的人物形象。如皮埃尔·德·顾拜旦的《体育颂》，作者通过对体育真挚的感受和情致，表达了对体育这一“天神的欢娱，生命的动力”的赞美；叙事诗则有比较完整的故事情节和人物形象，是作者满怀激情地歌咏一个故事。如《诗经·卫风·氓》通过一位被遗弃的妇女自诉其不幸的婚姻悲剧，打动读者的心扉。

从格律上分：可以分为格律诗、自由体和民歌等。

中国古典格律诗主要形式有五言、七言、绝句、律诗。它们在平仄、对仗、押韵等方面有严格的规定；自由体又叫新诗，在诗行、段落、字数、韵律等方面都比较自由；民歌属于民间的口头创作，以歌谣的形式直接表达劳动人民的心声。诗句通俗易懂，押韵自由，风格清新刚健，有着浓郁的生活气息。如四川民歌“脚踏板凳手爬墙，两眼睁睁望情郎。昨日为郎挨了打，虽然挨打不丢郎。”

从风格上分：可以分为意象诗、哲理诗、象征诗和朦胧诗等等。

二、诗歌的特点与作用

（一）特 点

高度集中地反映社会生活。诗歌反映生活的高度集中性和凝练性，具有自己特殊的方式，所有的外界形象，包括人、事、景、物，诗人独特的内心感受都以最简洁的文字最意象化的形象呈现在人们面前。如马致远的《天净沙·秋思》。

真实、强烈的情感。如上文《毛诗序》中所说，诗是诗人感情冲动的产物。郑振铎在《（雪朝）短序》中说道：“我们心中有了强烈的感触，不管他是苦的，乐的，或是悲哀而愤怒的，总想把它发表出来，诗歌便是表示这种情绪的最好工具。”可见真实、坦诚地倾吐心灵深处的喜怒哀乐，是诗歌动人心弦的关键所在。

丰富大胆的艺术想象。如果说激情是诗歌的生命，那么想象就是诗歌的翅膀。只有二者有机地结合，作者才能分娩出成功的作品，刘勰在《文心雕龙·神思》篇中说：“寂然凝思，思接千载，悄然动容，视通万里。”（大意说：静静地集中思维，那思维就会贯通过去、现在与未来；悄悄地改变面部表情，那视线就好像看到了万里之外。）表明了诗人艺术想象的重要性。借此，诗人表达的思想和情感完全可以超越时空。如苏轼的《江城子》，情真意切，感人至深，成为表达夫妻之情的千古绝唱。

和谐悦耳的音乐美感。我国古代诗歌都讲究节奏韵律，旧体诗中很多作品都能合乐演唱。新诗虽然突破了旧体诗的桎梏，但同样注重诗歌的音乐美感，诵念起来悦耳和谐。郭小川在《谈诗》中说道：“我认为，音乐性是诗的形式的主要特征，在语言艺术中，诗的音乐性应当是最强烈的。”诗歌的音乐性主要体现在诗歌的节奏和押韵两个方面：所谓节奏，是指诗歌中音节停顿，没有停顿也就没有节奏。节奏往往通过诗句的长短错落，句中的音调轻重抑扬、高低起伏，全诗就形成回环往复的复沓效果；所谓押韵，是指诗句中的最后一字——韵脚的韵母要相同或相近，同韵的字在相同的位置上反复出现，就构成了和谐的韵律，凡押韵的诗都有一种音乐美。

（二）作 用

我国是一个诗的国度，写诗、读诗有着广泛的社会基础。《论语》中说：“诗可以兴，可以观，可以群，可以怨。”（大意说：诗的作用可以让人们振奋精神，可以让人们体察社会利弊，可以凝聚人心，可以宣泄不满。）认为诗是引导人们走向文明的重要工具，一方面人们用诗来描写生活，抒发情感；另一方面，诗也是人们了解社会生活的一面镜子。《毛诗序》中说：“治世之音安以乐，其政和；乱世之音怨以怒，其政乖；亡国之音哀以思，其民困。”（大意说：太平年月的音乐安定而和谐，可知其政通人和；战乱年月的音乐可以引发人们的幽怨和怒火，可知其统治暴虐乖张；丧失家园年月的音乐颓丧而哀思，可知其百姓困苦。）由此可知，国家的治乱与兴衰，社会的光明与黑暗，人民的喜乐与哀怨，都能在诗歌中找到真实的答案。因而，中国历代的统治阶级都十分重视诗歌的教化作用，汉代就设立了乐府，专门搜集各地民歌，唐代更把诗赋列入科举考试内容，朝野上下相互影响，互为促进，共同培育了诗歌这朵文学艺术奇葩。

而今，商业社会，“公司文化”遍布全球的环境下，趋利忘义，为富不仁，人们在盲目追求物质利益最大化，功利主义泛滥，“杀鸡取卵”，劣迹斑斑，往往不惜以牺牲人的自由、破坏生态环境为代价，赚钱几乎成了奋斗成功的唯一目标，人性面临被严重扭曲和物化、异化的危险，必然产生“焦虑、孤独、莫名恐惧”的压力。诗歌可以帮助人类超越现实世界的各种物质压迫，缓解心理压力，找回失落已久的精神家园。

所以，德国的哲学家海德格尔提出：“人，诗意的栖居。”

三、诗歌的创作与鉴赏

（一）创　作

捕捉灵感，激发想象。灵感是文艺创造过程中思想高度集中、情绪高涨、思虑成熟而突发出来的创造能力。在艺术创造中，作者严肃勤奋的劳动态度，丰富的实践经验和知识积累以及浓厚的艺术修养是获得灵感的前提。灵感的萌发好比是诗的受孕。缺乏灵感，是写不出诗歌的。

提炼诗情，创造意境。诗情的提炼过程，实际上是诗人对所歌唱的生活形象把握的深化过程。只有提炼出崭新的诗情才能创造出生动感人的诗歌意境。王国维在《人间词话》中说道：“词以境界为上，有境界则自成高格，自有名句”，只有这样，才能“发前人之未发，善言人之欲言”。

精心构思，巧用比喻。诗歌以构思为上，通过独特的构思诗人可以将自己隐蔽起来，借人、事、景、物来抒发情感，从而达到更好的艺术效果。古代的诗歌，常用赋、比、兴的表现方式。现代的诗歌，除继承传统的表现形式以外，还增加了借代、象征、比拟、反衬、夸张、通感、排比等方法。

（二）鉴　赏

鉴赏是人们对艺术形象进行感受、理解和评判的思维活动和过程。诗歌是语言的艺术，对诗歌的鉴赏要想获得好的效果，一般方法是：

先要读懂、弄通字面意义。其他种类的文学作品可用很详细的文字表达对象，而诗却只能以极少的文字来完成这一任务，因而“寓万于一”就是它的规律，也就突破了诗歌欣赏的第一座难关——语言；其次，对于诗篇的作者，以及它的创作时代和社会背景应该有一定的了解；再次，了解一定的诗歌创作技巧和方法并加以借鉴，有助于收到更好的阅读效果。

其实，诗歌鉴赏的方法应当有很多种，所谓：“横看成岭侧成峰，远近高低各不同。”

例如，新月派诗人闻一多和徐志摩等倡导的新诗理论认为，新诗应当具备三美：“音乐美、建筑美、绘画美”，这对新诗的阅读不失为一个妙招。

又如，英美新批评对诗歌阅读提出了一系列“细读”方法（见［美国］维勒克和沃伦《文学原理》）。他们主张：从“声音、文字、上下文语境，语法语义学”等方面，获取更多的意义，尽量读出属于自己的理解，而且，同一部作品，不同的人，完全有理由读出不同的意味来，即使同一作品同一作者，不同环境下也会有不同的领悟产生。

另外，德国的阐释学大师海德格尔及其门人德里达、迦达默尔等专门创立了“阐释学”哲学体系。海氏曾经提出“一经发生，即为过去”的理念，反对用条条框框的理论，生搬硬套鲜活生动的现实生活，反而遮蔽、限制了人们对于真理的接近。迦氏的《真理与方法》中提出了“阐释的循环”，主张即使“圣经”，也可以常读常新。

编者认为：阅读是一个读者通过作品与作家交流对话的动态活动过程，聪明的读者，不仅追求诗歌作品文字表面的意思，更要读出文本深层次的“哲学、文化”意味来；不要拘泥于对原文字句的死记硬背，而要不时地去思考作者的思维方法和情感方式；不仅仅局限于虔诚地拜读前人的优秀作品，而且在汲取营养的同时，还应当具有批评家的眼光，有所选择、放弃。否则，“吃了牛肉长出牛肉来”怎么办？

（方明松、吴志强撰写）

第二节 诗歌文选

蒹葭（秦风） 《诗经》

蒹葭苍苍[1]，白露为霜。所谓伊人，在水一方。溯洄从之[2]，道阻且长；溯游从之，宛在水中央。

蒹葭凄凄，白露未晞[3]。所谓伊人，在水之湄[4]。溯洄从之，道阻且跻[5]；溯游从之，宛在水中坻[6]。

蒹葭采采[7]，白露未已。所谓伊人，在水之涘[8]。溯洄从之，道阻且右[9]；溯游从之，宛在水中沚[10]。

【注释】

1. 蒹（jiān）葭（jiā）：芦苇。苍苍：草木盛多。
2. 溯（sù）：从岸上向上游走。洄：盘曲的水道。
3. 晞：干。
4. 湄：水边，岸旁。
5. 跻（jī）：升高。
6. 坻（chí）：水中高地。
7. 采采：与“苍苍”义同。
8. 涘（sì）：水边。
9. 右：迂曲。
10. 沚（zhǐ）：水中小洲。

葛晓音等，《中国古代文学作品选注》，北京：北京大学出版社，2002

（袁宏选文）

【作品简介】

《诗经》是中国古代第一部诗歌总集。它汇集了从西周初年到春秋中叶，约五百多年间的诗歌305篇。《诗经》在先秦时通称“诗”，或“诗三百”，但从汉代起，被儒家学者尊为经典，才称为《诗经》，列入“五经”之首。《诗经》按音乐的不同分为风、雅、颂三类：“风”又称国风，绝大部分是各诸侯国的民歌民谣。共有“十五国风”。与“雅”“颂”相比，“风”显得活泼，生活气息更浓；“雅”是正声雅乐，是正统的宫廷乐歌。分为“大雅”和“小雅”。“大雅”多朝会燕享之作，“小雅”多个人抒情之作；“颂”是祭祀乐歌，用于宫廷宗庙祭祀祖先，祈祷赞颂神明。《诗经》是中国韵文的源头，是中国诗史的光辉起点。它形式多样、内容丰富，在中国乃至世界文化史上都占有重要的地位，对后代文学影响很大。

【思考练习题】

1. 分析本诗情景交融及章节复沓的艺术手法。
2. 你如何理解“所谓伊人，在水一方”？

（程 红）

国　殇[1]（九歌）　　（战国）屈　原

操吴戈兮被犀甲[2]，车错毂兮短兵接[3]。旌蔽日兮敌若云[4]，矢交坠兮士争先[5]。凌余阵兮躐余行[6]，左骖殪兮右刃伤[7]。霾两轮兮絷四马[8]，援玉枹兮击鸣鼓[9]。天时怼兮威灵怒[10]，严杀尽兮弃原野[11]。

出不入兮往不反[12]，平原忽兮路超远[13]。带长剑兮挟秦弓[14]，首身离兮心不惩[15]。诚既勇兮又以武[16]，终刚强兮不可凌[17]。身既死兮神以灵[18]，魂魄毅兮为鬼雄[19]！

【注释】

1. 国殇：是追悼阵亡将士的祭歌。死于国事叫国殇。
2. 操：持。吴戈：吴国所制的戈，当时这种戈最锋利。被：同“披”。犀甲：犀牛皮制的甲。
3. 错：交错。毂（gǔ）：车的轮轴。错毂：指双方战车交错。短兵：短的兵器。
4. “旌蔽日”句：极言敌军之多。
5. 矢交坠：两军相射的箭纷纷坠落在阵地上。
6. 凌：侵犯。躐（liè）：践踏。行：行列。
7. 殪（yì）：毙。右：右骖。刃伤：为兵刃所伤。
8. 霾：同“埋”。指车轮陷入泥中。絷（zhí）：拴、捆。这里指马被绳绊住。
9. 援：拿起。玉枹（fú）：镶嵌玉饰的鼓槌。鸣鼓：很响的鼓。
10. 天时：天象。怼（duì）：怨恨。威灵：威神。
11. 严杀尽：壮烈地战死。弃原野：弃尸于战场。
12. “出不入”句：战士视死如归，出征以后就不打算生还。
13. 忽：渺茫。超远：遥远。
14. 秦弓：秦国所制的弓，这种弓射程最远。
15. “首身”句：战士虽然首身分离而心不可屈。惩，悔恨。身，一作“虽”。
16. 勇：精神勇敢。武：武艺高强。
17. 不可凌：志不可夺。
18. 神以灵：英灵不泯。
19. 魂魄毅：魂魄威武不屈。为鬼雄：死了也是鬼中豪杰。

葛晓音等，《中国古代文学作品选注》，北京：北京大学出版社，2002

【作者简介】

屈原（公元前340年—前278年），战国时期楚国人。名平，字原。楚怀王时任左徒、三闾大夫。对内主张举贤授能，修明政治。对外主张联齐抗秦。被谗，遭放逐。楚襄王时再遭谗毁，迁于江南多年，后见楚国政治腐败，无力挽救，怀着深沉的忧愤，自沉于汨罗江。屈原一生创作了许多不朽作品。最有代表性的作品是抒情长诗《离骚》，另有《九歌》《九章》《天问》等，在我国文学史上具有深远影响。

提示：楚辞是战国时期由楚国屈原等在民间歌谣基础上进行加工、创造而成的一种新的诗歌形式。因其作品都是“书楚语、作楚声、纪楚地、名楚物”，所以汉代人把这种文体称为楚辞，后人又称为“骚体”。

【思考练习题】

1. 本诗表达了诗人怎样的思想情感？
2. 本诗描写战斗进程有何特点？

（程红选文）

陌上桑[1] 汉乐府

日出东南隅[2]，照我秦氏楼。秦氏有好女，自名为罗敷[3]。罗敷喜蚕桑[4]，采桑城南隅。青丝为笼系[5]，桂枝为笼钩[6]。头上倭堕髻[7]，耳中明月珠[8]，缃绮为下裙[9]，紫绮为上襦[10]。行者见罗敷，下担捋髭须[11]。少年见罗敷，脱帽著帩头[12]。耕者忘其犁，锄者忘其锄。来归相怨怒，但坐观罗敷[13]。

使君从南来[14]，五马立踟蹰[15]。使君遣吏往，问是谁家姝[16]。"秦氏有好女，自名为罗敷。""罗敷年几何?""二十尚不足[17]，十五颇有余。""使君谢罗敷[18]，宁可共载不[19]?"罗敷前置辞[20]："使君一何愚[21]！使君自有妇，罗敷自有夫。"

东方千余骑[22]，夫婿居上头。何用识夫婿[23]？白马从骊驹[24]；青丝系马尾[25]，黄金络马头；腰中鹿卢剑[26]，可直千万余[27]。十五府小史[28]，二十朝大夫[29]，三十侍中郎[30]，四十专城居[31]。为人洁白皙[32]，鬑鬑颇有须[33]。盈盈公府步[34]，冉冉府中趋[35]。坐中数千人，皆言夫婿殊[36]。

【注释】

1. 本篇选自葛晓音等编选的《中国古代文学作品选注》，北京大学出版社，2002 年。该诗为汉代《相和歌》古辞。《宋书·乐志》题为《艳歌罗敷行》。共三解（三章）。

2. 隅：方。

3. "自名"句：起名叫罗敷。罗敷，古代美女的通称。自名，也可解作"本名"。

4. 喜：一本作"善"。蚕桑：养蚕和采桑。

5. 青丝：青色的丝绳。笼系：篮子上的络绳。

6. 桂枝：桂树枝条，取其香洁。笼钩：篮子上的提柄。

7. 倭堕髻：又叫堕马髻。髻歪在头部一侧，似堕非堕，是当时一种时髦的发式。

8. 明月珠：宝珠名。此言以明月珠作耳珰。

9. 缃绮：杏黄色有花纹的绫子。下裙：裙子。

10. 上襦（rú）：上身的短袄。

11. 下担：放下担子。捋（lǚ）：用手指抹过去。髭（zī）：口边的胡须。须：下巴上的胡子。

12. 帩（qiào）头：即绡头。包束头发用的纱巾。著帩头：写少年下意识地重戴头巾，整理自己的外表。

13. 但坐：只是因为。这四句写人们因贪看罗敷而各自耽误了自己的活，回来后互相埋怨发火。

14. 使君：东汉时对太守、刺史的称呼。

15. 五马：太守所乘的车马。五马本是古代诸侯驾车所用。太守为一方长官，所以也用五马。踟蹰：徘徊不去。

16. 姝：美女。

17. 二十尚不足：这两句是说罗敷不到二十，大过十五。与"秦氏有好女"二句均为小吏问过罗敷后对答太守的话。

18. 谢：请问。

19. "宁可"句：愿不愿意和使君一同登车而去。宁，愿。不，同"否"。

20. 前置辞：向前回话。

21. 一何：何其。

22. "东方"二句：东方，夫婿居官的地方。千余骑，形容夫婿随从之多。上头，前列。

23. 何用：用什么。识：辨识。

24. "白马"句：夫婿骑着白马。后跟骑黑马的随从。骊，黑色马。驹，二岁小马。

25. "青丝"二句：白马尾上系着青丝，马头上笼着金色的笼头。

26. 鹿卢剑：剑柄用丝绦缠绕成辘轳状的剑。鹿卢：同"辘轳"。

27. 直：值。

28. 小史：古代衙门中地位低下的小吏。

29. 朝大夫：朝廷上的大夫。

30. 侍中郎：是一种在本官之外特加的荣衔，有此荣衔可出入宫禁。

31. 专城居：州牧、太守等一城之主。

32. 洁白皙（xī）：皮肤洁白。

33. 鬑（lián）鬑：胡须稀疏的样子。颇：略微。

34. 盈盈：仪态美好、步履稳重的样子。公府步：官府中人踱的方步。

35. 冉冉：也是形容步态舒缓的样子。趋：小步快行。

36. 殊：与众不同。

【作品简介】

乐府是汉代管理音乐的官署名称。乐府所采的诗，后来也称乐府，又叫乐府诗。一部分为文人所作，一部分来自民间流传的歌谣和俗曲。据《汉书·艺文志》记载："有代，赵之讴，秦，楚之风，皆感于哀乐，缘事而发，亦可以观风俗，知薄厚云。"宋人郭茂倩所编《乐府诗集》100卷，分12大类，以汉魏至隋唐的乐府诗为主。汉乐府开创了现实主义诗风，尤其汉乐府民歌中女性题材作品占重要位置。这是中国诗史五言诗体发展的一个重要阶段。

【思考练习题】

1. 用几个词语描述一下罗敷的形象。
2. 作者运用了什么手法描写罗敷的美？这样描写有什么好处？
3. 请发挥你的想象，尝试把该诗改写成一个小短剧。

（程红选文）

咏荆轲[1]　（晋）陶渊明

燕丹善养士[2]，　志在报强嬴[3]。　招集百夫良[4]，　岁暮得荆卿[5]。
君子死知己[6]，　提剑出燕京。　素骥鸣广陌[7]，　慷慨送我行。
雄发指危冠[8]，　猛气冲长缨[9]。　饮饯易水上[10]，　四座列群英。
渐离击悲筑[11]，　宋意唱高声[12]。　萧萧哀风逝，　淡淡寒波生。
商音更流涕[13]，　羽奏壮士惊[14]。　心知去不归，　且有后世名。
登车何时顾[15]，　飞盖入秦庭[16]。　凌厉越万里[17]，　逶迤过千城[18]。
图穷事自至[19]，　豪主正怔营[20]。　惜哉剑术疏，　奇功遂不成！
其人虽已殁，　千载有余情。

【注释】

1. 本诗描述荆轲刺秦王的事件，对荆轲的失败表示惋惜，对他不畏强暴的侠义行为作了歌颂。

2. 燕（yān）丹：战国时燕王喜的太子。

3. 强嬴（yíng）：指秦国。嬴是秦的姓。

4. 百夫良：百夫之中的雄俊之士。

5. 荆卿：即荆轲，战国时卫人，到燕后，燕人称之为荆卿。

6. 死知己：为知己而死。

7. 素骥（jì）：白马。荆轲出发时燕太子及宾客都穿戴白衣冠送于易水边上，这里作者推想马也是白的。广陌（mò）：大路。

8. 指：撑起。危冠：高冠。

9. 缨：系冠的带子。

10. 饯（jiàn）：饯行。易水：在今河北境内。

11. 渐离：高渐离，战国时燕人，与荆轲友善。荆轲刺秦王不死，后渐离以善于击筑得以亲近秦始皇，乃置铅筑中，伺机投掷，不中被杀。筑，一种与筝相似的乐器，十三弦，颈细而曲。

12. 宋意：燕国勇士。

13. 商音：古称宫、商、角、徵、羽为五音，商音比较凄凉。

14. 羽奏：羽音比较慷慨。

15. 何时顾：何曾有时回顾，即不回顾的意思。

16. 盖：车的顶盖。飞盖：形容车子奔驰得迅速。

17. 凌厉：奋往直前之状。

18. 逶迤：曲折行进之状。

19. 图穷事自至：荆轲以燕国地图献秦王，秦王发图，图尽而匕首见，轲乃左手持秦王之袖，右手持匕首击之。未至身，秦王断袖，绕柱而走。轲为秦王左右所杀。（见《史记·刺客列传》

20. 豪主：指秦始皇。怔营：惊恐不安之状。

【作者简介】

陶渊明（公元365年—427年），字元亮（一说，名潜，字渊明），浔阳柴桑（今江西九江市）人。早年曾任过江州祭酒、镇军参军、彭泽令等职，后因厌恶官场污浊，遂退隐农村。他的诗风格质朴自然而形象鲜明，对后世影响甚大。有《陶渊明集》。

【思考练习题】

1. 分析本诗的叙事特点。

2. 本诗通过描述荆轲刺秦王的事件，表现了诗人怎样的思想情感？

3. 与诗人的田园诗相比，《咏荆轲》具有怎样不同的艺术风格？

（袁宏选文）

观公孙大娘弟子舞剑器行[1]　　（唐）杜　甫

昔有佳人公孙氏，一舞剑器动四方。观者如山色沮丧，天地为之久低昂[2]。
霍如羿射九日落[3]，矫如群帝骖龙翔[4]，来如雷霆收震怒，罢如江海凝清光[5]。
绛唇珠袖[6]两寂寞，晚有弟子传芬芳[7]。临颍美人[8]在白帝，妙舞此曲神扬扬。
与余问答既有以[9]，感时抚事增惋伤。先帝侍女八千人，公孙剑器初第一[10]。
五十年间似反掌[11]，风尘澒洞昏王室[12]。梨园子弟散如烟，女乐余姿映寒日。
金粟堆[13]前木已拱[14]，瞿塘石城[15]草萧瑟。玳筵急管曲复终，乐极哀来月东出。
老夫不知其所往？足茧荒山转愁疾[16]。

【注释】

1.《观公孙大娘弟子舞剑器行》：公孙大娘弟子，即传说中的李十二娘，公孙大娘是开元时著名的舞蹈家。剑器，古武舞曲之一，舞者为女子，作男子戎装，空手而舞，表现出一种力与美相结合的舞剑精神。

2. “观者”二句：意思是观众为剑器舞所吸引，神意专注，忘掉一切，恍惚间感觉天地也像是随着舞蹈的低昂而久久低昂。

3. “霍如”句：霍然下垂，如九日并落。霍，闪动的样子。羿，古代著名的射手。古代神话传说：尧时十日并出，羿射其九。

4. “矫如”句：矫然上腾，如群帝乘龙翔空。帝，天神。

5. “来如”二句：上句写开场，下句写收场。剑器舞主要以鼓伴奏。舞前鼓乐喧天，形成一种紧张的战斗气氛。鼓声一落，舞者登场。舞时光彩四照，气象万千，舞罢，只见一锦衣玉貌的女子立在场中。

6. 绛唇珠袖：指公孙大娘的歌与舞。

7. 传芬芳：继承了高超的技艺。

8. 临颍美人：指李十二娘，即上句所说的“弟子”。
9. 既有以：既辨其由来。
10. 初第一：本第一。
11. 似反掌：形容时间过得飞快。
12. 风尘句：意思是安史之乱，使得唐朝国运衰微。
13. 金粟堆：即金粟山，在蒲城县东北，玄宗葬此，称泰陵。
14. 木已拱：陵墓旁的树已两手合抱。
15. 瞿塘石城：指夔州地带。
16. 老夫二句：意思是自身漂泊西南，奔走荒山，历时已久，至今依然茫茫不知所往，因而愈来愈增愁苦。

【作者简介】

杜甫（公元712年—770年），字子美，原籍襄阳（今湖北省襄樊市）人，寄居巩县（今河南省巩县）。我国古代伟大的现实主义诗人，其诗抒写个人情怀，往往紧密结合时事，思想深厚，境界广阔，有强烈的社会现实意义，深刻地反映了那个时代，后世称为“诗史”。有《杜少陵集》二十五卷，收诗一千四百余首。

【思考练习题】

1. 这首诗通过对公孙大娘师徒剑器舞的描述，抒发了诗人怎样的情怀？
2. 诗人是如何描述公孙大娘的舞姿及魅力的？

（袁宏选文）

长恨歌[1]　（唐）白居易

汉皇[2]重色思倾国[3]，御宇[4]多年求不得。杨家有女初长成，养在深闺人未识。
天生丽质难自弃，一朝选在君王侧。回眸一笑百媚生，六宫粉黛无颜色[5]。
春寒赐浴华清池[6]，温泉水滑洗凝脂[7]。侍儿扶起娇无力，始是新承恩泽时。
云鬓花颜金步摇[8]，芙蓉帐暖度春宵。春宵苦短日高起，从此君王不早朝。
承欢侍宴无闲暇，春从春游夜专夜。后宫佳丽三千人，三千宠爱在一身。
金屋妆成娇侍夜[9]，玉楼宴罢醉和春。姊妹弟兄皆列土，可怜光彩生门户。
遂令天下父母心，不重生男重生女。骊宫[10]高处入青云，仙乐风飘处处闻。
缓歌慢舞凝丝竹，尽日君王看不足。

渔阳鼙鼓动地来[11]，惊破《霓裳羽衣曲》[12]。九重城阙烟尘生[13]，千乘万骑西南行。
翠华摇摇行复止[14]，西出都门百余里[15]。六军不发无奈何，宛转娥眉马前死[16]。
花钿委地无人收，翠翘金雀玉搔头[17]。君王掩面救不得，回看血泪相和流。
黄埃散漫风萧索，云栈萦纡登剑阁[18]。峨嵋山下少人行[19]，旌旗无光日色薄[20]。
蜀江水碧蜀山青，圣主朝朝暮暮情。行宫见月伤心色[21]，夜雨闻铃肠断声[22]。
天旋地转回龙驭[23]，到此踌躇不能去。马嵬坡下泥土中，不见玉颜空死处[24]。

君臣相顾尽沾衣，东望都门信马归[25]。归来池苑皆依旧，太液芙蓉未央柳[26]。
芙蓉如面柳如眉，对此如何不泪垂。春风桃李花开日，秋雨梧桐叶落时。
西宫南内多秋草[27]，落叶满阶红不扫。梨园弟子白发新，椒房阿监青娥老[28]。
夕殿萤飞思悄然，孤灯挑尽未成眠[29]。迟迟钟鼓初长夜，耿耿[30]星河欲曙天。
鸳鸯瓦[31]冷霜华重，翡翠衾[32]寒谁与共？悠悠生死别经年，魂魄不曾来入梦。

临邛道士鸿都客[33]，能以精诚致魂魄。为感君王展转思，遂教方士殷勤觅。
排空驭气奔如电，升天入地求之遍。上穷碧落[34]下黄泉，两处茫茫皆不见。
忽闻海上有仙山，山在虚无缥缈间。楼阁玲珑五云起[35]，其中绰约[36]多仙子。
中有一人字太真[37]，雪肤花貌参差[38]是。金阙西厢叩玉扃[39]，转教小玉报双成[40]。
闻到汉家天子使，九华帐[41]里梦魂惊。揽衣推枕起徘徊，珠箔银屏迤逦开[42]。
云鬓半偏新睡觉，花冠不整下堂来。风吹仙袂飘飖举，犹似霓裳羽衣舞。
玉容寂寞泪阑干[43]，梨花一枝春带雨。含情凝睇[44]谢君王，一别音容两渺茫。
昭阳殿[45]里恩爱绝，蓬莱宫[46]中日月长。回头下望人寰处，不见长安见尘雾。
唯将旧物[47]表深情，钿合[48]金钗寄将去。钗留一股合一扇，钗擘[49]黄金合分钿。
但令心似金钿坚，天上人间会相见。临别殷勤重寄词，词中有誓两心知。
七月七日长生殿[50]，夜半无人私语时。在天愿作比翼鸟[51]，在地愿为连理枝[52]。
天长地久有时尽，此恨绵绵无绝期。

【注释】

1. 唐宪宗元和元年（806年）冬天，当时任周至县尉的白居易，与友人陈鸿、王质夫到马嵬驿附近的游仙寺游览，谈及唐玄宗李隆基与贵妃杨玉环的婚姻爱情故事，极为感慨。王质夫希望极善于写诗、又极多情的诗人白居易把这件事写成诗歌，传之后世，于是，白居易写成了这篇《长恨歌》。

2. 汉皇：汉武帝。汉武帝宠幸李夫人，这里借以指玄宗和杨贵妃之间的关系。

3. 倾国：本来是夸张形容美色的迷人，后来一般都用作美女的代称。

4. 御宇：御临宇内，即统治天下的意思。

5. “六宫”句：指宫内所有的妃嫔相形之下，失去了她们的美色。

6. 华清池：在陕西临潼县东南骊山上。其地有温泉，唐开元中，建温泉宫，天宝时，改名华清宫。玄宗常往避寒，开浴池十余处。

7. 凝脂：指白嫩而润滑的皮肤。

8. 金步摇：首饰，钗的一种，上有垂珠，走路则摇动。

9. 金屋：《汉武故事》：“帝为胶东王，数岁，长公主抱至膝上，问曰：‘儿欲得妇否？’曰：‘欲得。’指其女阿娇：‘好否？’笑对曰：‘好，若得阿娇作妇，当作金屋贮之。’”

10. 骊宫：即华清宫，因为在骊山之上，故称骊宫。

11. “渔阳”句：指安禄山反叛。鼙（pí）鼓，古代军队中用的小鼓。

12. 《霓裳羽衣曲》：舞曲名。本名《婆罗门》，是西域乐舞的一种，开元中，西凉节度使杨敬述依曲创声，才流入中国。

13. 九重城阙：指京城。京城为皇宫所在，皇宫门有九重，故称九重城阙。

14. 翠华：指皇帝的车驾。

15. 西出都门百余里：指马嵬驿，此处距长安为百余里。

16. “六军不发”二句：六军，古代天子六军，这里指护卫皇帝的羽林军。娥眉，美貌的女子，这里指杨贵妃。

17. “花钿”二句：意思是花钿、翠翘、金鹊、玉搔头都委地无人收。因限于诗句字数，故拆为二句。花钿、翠翘、金鹊、玉搔头皆为首饰名。

18. 云栈：高入云霄的栈道。

19. “峨嵋山”句：由长安到成都，并不经过峨嵋山，这里泛指蜀中的山。

20. 日色薄：日光黯淡。

21. 行宫：皇帝出行时住的地方。

22. 夜雨句：郑处诲《明皇杂录》补遗：“明皇既幸蜀，西南行，初入斜谷，霖雨涉旬，于栈道雨中闻铃音，与山相应。上既悼念贵妃，采其声为《雨淋铃曲》以寄恨焉。”这句暗咏其事。

23. “天旋地转”句：天旋地转，意思是大局转变。龙驭，皇帝的车驾。

24. 空死处：空见死处。“见”字省略，是承上半句“不见玉颜”的“见”。

25. 信马归：意思是无心鞭马，任马前行。

26. 太液：汉建章宫北的池名；未央：汉宫名。这里借“太液”“未央”泛指宫廷池苑，并非实叙。

27. 西宫：太极宫；南苑：兴庆宫，苑，一作“内”，兴庆宫在东内之南，故称南内。

28. 椒房：后妃所住的宫殿，用椒和泥涂壁，取其香暖兼有多子之意。阿监：宫中女官，阿，发语词。青娥：青春的美好容颜。

29. “孤灯”句：古代宫廷及豪门贵族，夜间燃烛，不点油灯。这里用以形容玄宗晚年生活环境的凄苦。

30. 耿耿：微明的样子。

31. 鸳鸯瓦：两片嵌合在一起的瓦。

32. 翡翠衾（qīn）：即翡翠被，上面饰有翡翠的羽毛。

33. “临邛（qióng）道士”句：意思是这道士是临邛人，来到京城做客。鸿都，后汉首都洛阳宫门名。这里借指长安。

34. 碧落：道家称天界为碧落。

35. 五云起：耸立在五色的彩云中。

36. 绰约：美好轻盈貌。

37. 太真：杨贵妃原名玉环，被度为女道士时叫太真。

38. 参差（cēncī）：仿佛。

39. 金阙：金碧辉煌的神仙宫阙。扃（jiōng）：门户。

40. 转叫句：意思是仙府重深，须通过辗转通报的手续。小玉和双成都是古代神话中的女子。

41. 九华帐：张华《博物志》卷三：“汉武帝好仙道，祭祀名山大泽，以求神仙之道。时西王母遣使乘白鹿告帝当来，乃供帐九华殿以待之。”

42. 珠箔（bó）：用珍珠穿成的帘箔。银屏：镶嵌银丝花纹的屏风。迤逦（yǐlì）：绵延的样子。

43. 阑干：纵横的样子。

44. 含情凝睇（dì）：无限深情地注视着。

45. 昭阳殿：汉殿名，赵飞燕姊妹所居，这里借指贵妃生前的寝宫。

46. 蓬莱宫：泛指仙境。

47. 旧物：指生前和玄宗定情的信物。

48. 钿合：用珠宝镶嵌的一种饰物，用两片合成。

49. 擘（bò）：用手分开。

50. 长生殿：指华清宫内贵妃的寝殿。

51. 比翼鸟：本名鹣鹣（jiānjiān），飞时雌雄相从，比翼齐飞。

52. 连理枝：异本草木，枝或干连生在一起。

【作者简介】

白居易（公元772年—846年），字乐天，号香山居士，醉吟先生。原籍太原，后迁下邽（今陕西渭南），是中唐最杰出的诗人，主张“文章合为时而著，歌诗合为事而作”，诗风平易通俗，创作了大量指斥时弊的作品。著有《白氏长庆集》。

【思考练习题】

1. 如何理解《长恨歌》中表现的复杂思想情感？

2. 分析《长恨歌》的艺术魅力。

3. 《长恨歌》是一首抒情成分很浓的叙事诗，诗人是如何将叙事、写景与抒情结合起来表现唐玄宗刻骨铭心的思念之情的？

（袁宏选文）

无题[1] （唐）李商隐

相见时难别亦难，东风无力百花残[2]。春蚕到死丝方尽，蜡炬成灰泪始干[3]。
晓镜但愁云鬓改，夜吟应觉月光寒[4]。蓬山[5]此去无多路，青鸟[6]殷勤为探看（kān）。

【注释】

1. 这是一首描写失恋悲哀的诗，因为涉及爱情，不便明写，所以李商隐诗集中有关这类的诗，大部分都标作“无题”，有时也取首句二字为题。

2. “相见”二句：上句的见难，言机会难得；别难，谓不忍分离。下句说别时恰当春暮，更加使人感伤。

3. “春蚕”二句：上句以蚕丝象征情思；下句以烛泪象征别泪。蜡烛燃烧时，油脂流溢，称为烛泪。

4. “晓镜”二句：写对方相思之情。但愁、应觉，是设想的语气。云鬓，年轻女子的鬓发，丰盛如云。云鬓改，意思是青春的容颜逐渐消失。

5. 蓬山：即蓬莱山，海外三神山之一。这里指对方的住处。

6. 青鸟：神话中的鸟。这里借指传递消息的人。

【作者简介】

李商隐（公元813年—858年），字义山，号玉溪生，一号樊南，怀州河内（今河南沁阳）人。晚唐著名诗人，与杜牧并称“小李杜”，与温庭筠并称“温李”。擅长七律、七绝。其诗构思缜密，想象丰富，语言优美，韵调和谐。有《李义山诗集》三卷。

【思考练习题】

1. 此诗是一首传诵千古的爱情诗，诗人是如何表现别离的感伤和相思之情的？

2. 结合本诗分析李商隐诗歌的艺术风格。

（袁宏选文）

踏莎行[1] （宋）秦 观

雾失楼台，月迷津渡[2]，桃源望断无寻处[3]。可堪孤馆闭春寒，杜鹃声里[4]斜阳暮。
驿寄梅花[5]，鱼传尺素[6]，砌成此恨无重数。郴江幸自[7]绕郴山，为谁[8]流下潇湘去？

【注释】

1. 踏莎行：北宋时出现的词调。这首词用比兴手法，抒发秦观怅惘、失望和寂寞、愁苦的心情。此词凄婉，音调低沉，反映出封建士大夫遭贬失意时的脆弱性格。

2. 月迷津渡：月色朦胧，迷失渡口（含有找不到出路的意思）。

3. 桃源句：化用刘晨、阮肇入天台山之事，比喻所向往的事物渺不可寻。

4. 杜鹃声里：杜鹃鸟声啼凄切，容易引起离人的乡愁。

5. 驿寄梅花：陆凯《赠范晔诗》：“折梅逢驿使，寄与陇头人。江南无所有，聊寄一枝春。”此处作者以远离江南故乡的范晔自比。

6. 鱼传尺素：古人书写用素绢，通常为一尺，故称尺素，用为书信的代称。语出《古诗》：“客从远方来，遗我双鲤鱼。呼儿烹鲤鱼，中有尺素书。”

7. 幸自：本是。

8. 为谁：为什么。

【作者简介】

秦观（公元1049年—1100年），字少游，一字太虚，号淮海居士，扬州高邮（今江苏省高邮县）人。他以文学受知于苏轼，为苏门四学士之一。能诗文，词为北宋一大家，与黄庭坚齐名。其词内容多写柔情，亦有感伤身世之作，风调婉约清丽，辞情兼胜，但以气格不高为病。有《淮海词》。

【思考练习题】

1. 王国维《人间词话》中说道：“少游词境最为凄婉”，此首词上阙是如何表现凄婉意境的？

2. 词人通过《踏莎行》表达了怎样的思想情感？

（袁宏选文）

偶　然　　徐志摩

我是天空里的一片云，
偶尔投影在你的波心——
你不必讶异，
更无须欢喜——
在转瞬间消灭了踪影。

你我相逢在黑夜的海上，
你有你的，我有我的，方向；
你记得也好，
最好你忘掉
在这交会时互放的光亮！

【作者简介】

徐志摩（1897 年—1931 年），原名徐章垿，浙江海宁人。中国现代著名诗人。曾留学欧美。先后在北京大学等多所大学任教。1925 年主编《晨报副镌·诗刊》，1928 年主编《新月》月刊，是“新月派”的中坚。1931 年因飞机失事去世。

【思考练习题】

1. 以“偶然”为题有何独到之处？

2. 感受该诗节奏上的匀整和韵律上优美和谐的魅力。

3. 选读徐志摩的诗歌作品。

（方明松选文）

四月的纪念[1]　　刘　擎　王　嫣

（男）二十岁　我爬出青春的沼泽　像一把伤痕累累的六弦琴　喑哑在流浪的主题里　你来了
（女）我走向你
（男）用风铃草一样亮晶晶的眼神
（女）你说你喜欢我的眼睛
（男）擦拭着我裸露的孤独
（女）孤独　为什么你总是孤独
（男）真的
（女）真的吗
（男）第一次
（女）第一次吗
（男）太阳　暖融融的手
（女）暖融融的

（男）轻轻的
（女）轻轻的
（男）碰着我了
（女）碰着你了吗
（男）于是　往事再也没有冻结愿望
（女）再也没有冻结愿望
（男）我捧起我的歌
（女）捧起你的歌
（男）捧起一串串曾被辜负的音符
（女）捧起一串串曾被辜负的音符
（男）走进一个春日的黄昏
（女）一个黄昏　一个没皱纹的黄昏
（男）和黄昏里不再失约的车站
（女）不再失约　永远不再失约
（男）四月的那个夜晚　没有星星和月亮
（女）没有星星　也没有月亮　那个晚上很平常
（男）我用沼泽的经历交换了你过去的故事
（女）谁都无法遗忘　沼泽那么泥泞　故事那么忧伤
（男）这时候　你在我的视网膜里潮湿起来
（女）我翻着膝盖上的一本诗集　一本惠特曼的诗集
（男）我看见你是一只纯白的飞鸟
（女）我在想你在想什么
（男）我知道美丽的笼子囚禁了你　也养育了你绵绵的孤寂和优美的沉静
（女）是的　囚禁了我　也养育了我
（男）我知道　你没有料到会突然在一个早晨开始第一次放飞而且正好碰到下雨
（女）是的　第一次放飞就碰到了下雨
（男）我知道　雨水打湿了羽毛　沉重的翅膀也忧伤了你的心
（女）是的　雨水忧伤了我的心
（男）没有发现吧
（女）你在看着我吗
（男）我湿热的脉搏正在升起一个无法诉说的冲动
（女）真想抬起眼睛看看你
（男）可你却没有抬头
（女）没有抬头　我还在翻着那本惠特曼的诗集
（男）是的　我知道我并不是岩石也并不是堤坝
（女）不是岩石　不是堤坝
（男）并不是可以依靠的坚实的大树
（女）也不是坚实的大树
（男）可是如果你愿意
（女）你说如果我愿意

（男）我会的　我会勇敢地以我并不宽阔的肩膀和一颗高原培植出来忠实的心为你支撑起一块永远没有委屈的天空

（女）你说如果我愿意

（男）是的　如果你愿意

（男　女）如果你（我）愿意……

【注释】

1.《四月的纪念》：是流行于20世纪80年代大学校园的一首纯洁、明朗、优美的爱情诗。

【作者简介】

刘擎、王嫣，当代诗歌创作者，作品有《四月的纪念》《永生的和平鸽——献给我们同龄的中国士兵》《流失的季河》《远方的日子》等。

【思考练习题】

1.《四月的纪念》抒发了青年人怎样的情怀？

2. 此诗不仅意境优美而且富于音乐美，分析其语言及音律特点。

3. 此诗优美的朗诵在当时校园里感动了一批批学子，成为他们最深刻的青春纪念。朗诵这首诗，体会其中的韵味。

（袁宏选文）

吉祥三宝　（汉语歌词）

爸爸：哎！太阳出来月亮回家了吗？
对啦！
星星出来月亮去哪里啦？
在天上！
我怎么找也找不到它？
它回家啦！
太阳月亮星星就是吉祥的一家！

妈妈：哎！叶子绿了什么时候开花？
等夏天来了！
花儿红了果实能去摘吗？
等秋天到啦！
果实种在土里能发芽吗？
她会长大的！
花儿叶子果实就是吉祥的一家！

宝贝：啊？爸爸像太阳照着妈妈！
那妈妈呢？
妈妈像绿叶托着红花！
那我呢？
你像种子一样正在发芽！
噢！明白啦！
我们三个就是吉祥如意的一家！

【提示】

《吉祥三宝》是一首蒙族民歌，形式独特。由布仁巴雅尔、乌日娜夫妇及小侄女英格玛演唱，他们的歌声具有超越语言、民族、文化和年龄的魅力，是真正的原生态。在21世纪倡导和谐社会的旋律中，这是人们渴望听到的声音，爸爸、妈妈、宝贝，“我们三个就是吉祥如意的一家”。

（程红选文）

她走在美的光彩中　（英）拜　伦

一

她走在美的光彩中，像夜晚
皎洁无云而且繁星漫天。
明与暗的最美妙的色泽
在她的仪容和秋波里呈现，
仿佛是晨露映出的阳光，
但比那光亮柔和而幽暗。

二

增加或减少一份色泽
就会损害这难言的美，
美波动在她乌黑的发上
或者散布淡淡的光辉，
在那脸庞，恬静的思绪
指明它的来处纯洁而珍贵。

三

呵，那额际，那鲜艳的面颊，
如此温和，平静，而又脉脉含情，
那迷人的微笑，那明眸的顾盼，
都在说明一个善良的生命：
她的头脑安于世间的一切，
她的心流溢着真纯的爱情！

许自强，《欧洲名诗人抒情诗选析》，北京：北京出版社，1985

【作者简介】

拜伦（公元1788年—1824年），英国浪漫主义诗人。代表作有长篇叙事诗《唐璜》、抒情组诗《希伯来乐曲》等。这首短诗即选自《希伯来乐曲》，它不仅仅是对一位外表和内心都美的女性的赞美，而且表达了诗人对美好事物的追求。

【思考练习题】

1. 与塑造“拜伦式英雄”的诗不同，本诗诗人塑造了什么样的形象？
2. 阅读拜伦的其他诗作。

（袁宏选文）

自由颂（节选）　（俄）普希金

在无言的后代的见证下[1]，
路易昂扬地升向死亡，
他把黜免了皇冠的头
垂放在背信底血腥刑台上；
法理沉默了——人们沉默了，
罪恶的斧头降落了……
于是，在带枷锁的高卢人身上
覆下了恶徒的紫袍[2]。

我憎恨你和你的皇座，
专制的暴君和魔王！
我带着残忍的高兴看着
你的覆灭，你子孙的死亡。
人人会在你的额上
读到人民的诅咒的印记，
你是世上对神的责备，
自然的耻辱，人间的瘟疫。

【注释】

1. 这以下的六行诗指：革命者不合法理地处死了一个已被废黜的国王。法理沉默了，因而导致拿破仑的统治。
2. 诗人自称此句指拿破仑的王袍。

【作者简介】

普希金（公元1799年—1837年），具有世界声誉的俄罗斯诗人，俄国近代文学的奠基人，被誉为“俄罗斯诗歌的太阳”，代表作有诗歌《高加索囚徒》《茨冈》，诗体小说《叶甫盖尼·奥涅金》，小说《黑桃皇后》《上尉的女儿》等。《自由颂》是一首讴歌自由、反对专制的政治抒情诗。

【思考练习题】

1. 本文节选片段表现了诗人什么思想情感？
2. 阅读《自由颂》全文，品味普希金诗歌的特点。

（袁宏选文）

体育颂[1]　（法）顾拜旦

啊，体育，
天神的欢娱，生命的动力。
你猝然降临在灰蒙蒙的林间空地，
受难者激动不已。
你像是容光焕发的使者，
向暮年人微笑致意。

你像高山之巅出现的晨曦，
照亮了昏暗的大地。

顾拜旦

啊，体育，你就是美丽！
你塑造的人体变得高尚还是卑鄙，
要看它是被可耻的欲望引向堕落，
还是由健康的力量悉心培育。
没有匀称协调，便谈不上什么美丽。
你的作用无与伦比，
可使二者和谐统一，
可使人体运动富有节律，
使动作变得优美，
柔中会有刚毅。

啊，体育，你就是正义！
你体现了社会生活中追求不到的公平合理。
任何人不可超过速度一分一秒，
逾越高度一分一厘。
取得成功的关键，
只能是体力与精神融为一体。

啊，体育，你就是勇气！
肌肉用力的全部含义是敢于搏击。
若不为此，敏捷、强健有何用？
肌肉发达有何益？
我们所说的勇气，
不是冒险家押上全部赌注似的蛮干，
而是经过慎重的深思熟虑。

啊，体育，你就是荣誉！
荣誉的赢得要公正无私，
反之便毫无意义。
有人要弄见不得人的诡计，
以此达到欺骗同伴的目的，
他内心深处却受着耻辱的绞缢。
有朝一日被人识破，
就会落得名声扫地。

啊，体育，你就是乐趣！

想起你，内心充满欢喜，
血液循环加剧，思路更加开阔，
条理愈加清晰。
你可使忧伤的人散心解闷，
你可使欢乐的人生活更加甜蜜。

啊，体育，你就是培育人类的沃地！
你通过最直接的途径，
增强民族体质，
矫正畸形躯体，
防病患于未然，
使运动员得到启迪：
希望后代长得茁壮有力，
继往开来，夺取桂冠的胜利。

啊，体育，你就是进步！
为人类的日新月异，
身体和精神的改善要同时抓起。
你规定良好的生活习惯，
要求人们对过度行为引起警惕。
你告诫人们遵守规则，
发挥人类最大能力，
而又无损健康的肌体。

啊，体育，你就是和平！
你在各民族间建立愉快的联系。
你在有节制、有组织、有技艺的体力较量中产生，
使全世界的青年学会相互尊重和学习，
使不同民族特质成为高尚而和平竞赛的动力。

【注释】

1. 本文译著发表于1982年第8期《新体育》杂志。原文是顾拜旦于1912年斯德哥尔摩第5届奥林匹克运动会上，用一个法国名字和一个德国名字——霍罗德和艾歇巴赫发表的，根据国际奥委会委员、匈牙利人梅佐的解释，这个名字暗指即使像法、德这样有着世仇的国家，也能在奥林匹克大家庭中，增进相互了解而友好相处。

【作者简介】

皮埃尔·德·顾拜旦（Pierre de Coubertin，公元1863年—1937年），出生于法国巴黎的一个贵族家庭。是一位历史学家、教育家、人文主义者，也是国际奥委会的创始者之一。顾拜旦热衷于教育和体育事业，1893年，在他的不懈努力下，奥林匹克复兴大会在巴黎召开，并决定1896年4月在希腊举行第1届现代奥运会。1912年在瑞典斯德哥尔摩举行的第5届奥运会上，顾拜旦针对当时体育竞赛中的一些弊端，发表了著名的诗作《体育颂》，获得了该届奥运会文艺比赛的金质奖章。顾拜旦担任国际奥委会主席之职长达27年之久，终生倡导奥林匹克精神，被誉为“奥林匹克之父”。

【思考练习题】

1. 本诗如何评价体育在现代社会中的功能和作用？
2. 谈谈《体育颂》的艺术价值。

（张黎选文）

足球运动员　　（日）白石嘉寿子

他是足球运动员，
每天　踢呀　踢呀踢
有那么一天
高高踢起了爱　踢上了高空
就在那高空停住
不再掉落下来
不由得使我想起
那是太阳吗　月亮吗
新的星球吗

我的心中
也有踢上高空
没有掉落下来的一只皮球
我瞧见
那只足球
正在变成情热
变成爱
变成星星

【作者简介】

白石嘉寿子（1931 年—），日本女诗人。生于加拿大温哥华，7 岁回日本。诗风倾向于现代派，诗集有《黄色的旧街》《虎的游戏》《砂族》等。

【思考练习题】

1. 诗人通过这首诗表现了怎样的思想情感？
2. 作为体育人，朗诵此诗有何感悟？

（袁宏选文）

春江花月夜[1]　　（唐）张若虚

春江潮水连海[2]平，海上明月共潮生。滟滟[3]随波千万里，何处春江无月明！
江流宛转绕芳甸[4]，月照花林皆似霰[5]；空里流霜不觉飞，汀上白沙看不见。
江天一色无纤尘，皎皎空中孤月轮。江畔何人初见月？江月何年初照人？
人生代代无穷已，江月年年只相似；不知江月待何人？但见长江送流水。
白云一片去悠悠，青枫浦[6]上不胜愁。谁家今夜扁舟子[7]？何处相思明月楼[8]？
可怜楼上月徘徊，应照离人妆镜台。玉户帘中卷不去，捣衣砧上拂还来[9]。

此时相望不相闻，　愿逐月华流照君。　鸿雁长飞光不度，　鱼龙潜跃水成文。
昨夜闲潭梦落花，　可怜春半不还家。　江水流春去欲尽，　江潭落月复西斜。
斜月沉沉藏海雾，　碣石潇湘无限路[10]。　不知乘月几人归，　落月摇情满江树[11]。

【注释】

1.《春江花月夜》是乐府《清商曲·吴声歌》旧题。这首诗以春江花月夜为背景，细致、形象而有层次地描绘相思离别之苦。这首诗词清语丽，韵调优美，一向为人们所传诵。

2. 海：指宽阔的江面。

3. 滟（yàn）滟：动荡闪光的样子。

4. 芳甸（diàn）：遍生花草的原野。郊外之地叫甸。

5. 霰（xiàn）：小冰粒。这里用来形容洁白月光照映下的花朵。

6. 青枫浦：这里泛指遥远荒僻的水边。

7. 扁（piān）舟子：泛指飘荡江湖的客子。扁舟，小舟。

8. 明月楼：指月夜楼中的思妇。

9. "玉户"二句：卷不去，拂还来，意思是月色带着离愁渗进思妇的心头，无法排遣。

10. 碣石，山名，在今河北省昌黎县北；潇湘，二水名，在湖南省零陵县合流，北入洞庭湖。这里以碣石指北，潇湘指南。无限路，极言离人相距之远。

11. "落月"句：纷乱不宁的别绪离情，伴随着残月余辉散落在江边的树林里。

（袁宏选文）

【作者简介】

张若虚（公元660年—720年），字号不详，扬州（今江苏扬州）人。唐中宗神龙年间以"文词俊秀"闻名长安，唐开元初与贺知章、张旭、包融齐名，并称"吴中四士"。其作品大都散失，《全唐诗》仅存诗二首（另一首为《代答闺梦还》）。

【思考练习题】

1. 分析《春江花月夜》中创造的意境。

2. 玩味诗歌题目的独特魅力。

3. 背诵全诗，体会其韵律节奏之美。

（方明松、袁宏）

《春江花月夜》导读：走近张若虚

这是一首七言古诗。全诗用"春、江、花、月、夜"五种元素，就营造出令人心驰神往的艺术境界。诗人以柔婉似水的笔调，创造性地描摹了春江花月夜的良辰美景、游子思妇缠绵悱恻的离情别绪，发出对宇宙奥秘、人生真谛的追问，表现了诗人对美好人生的无限憧憬和对离别的幽怨惆怅，流露出珍惜青春年华、留恋美好生活的热切愿望。

前八句入手擒题，勾勒出一幅春江月夜的壮丽画面：

江潮连海，月共潮生，仅一"生"字，就赋予了明月与潮水以无尽的生命活力。在满江月色的衬托下，诗人轻挥一笔，点染出春江月夜的奇异之"花"，便创造了一个神话般美妙的境界，使春江花月夜显得格外恬静幽美。

次八句，"江天一色"的纯净世界，引起了诗人的遐想冥思：

江畔何人初见月？江月何年初照人？这种神思飞跃又引发出对人生意义的天问，体现了诗人对人生哲理和宇宙奥秘的大胆探索。"人生无穷，江月相似"是诗人从大自然的美景中找到的答案和欣慰，这淡淡的感伤却毫不颓废，真实地折射出诗人对生命的强烈热爱和崇高礼赞。

“白云”四句，总写春江花月夜中思妇与游子的两地思念之情：

“谁家”与“何处”互文见义，用一种相思，牵出两地离愁。为下面分写思妇与游子的不尽相思起总括作用。

“可怜”八句，写思妇对离人的怀念。

在“月”拟人化徘徊的烘托下，我们看到了思妇凄苦孤独的身影，悲泪盈眶的愁容，以及因思念尤甚而无法排遣的惆怅和迷惘。

末八句，诗人用落花、流水、残月来烘托游子的思归之情：

落花年年，江流朝朝，月升月落，春光将老，人还远漂天涯，思妇的芳容在期待中憔悴，游子的青春、幸福和憧憬在一天天伴着流水逝去，情何以堪!

总之，该诗“文本表层”主要是写普通男女离别相思之苦楚。可是，由于作者在写景抒怀的基础上，巧妙地融进了人生哲理议论和生存方式的探究，并将三者有机结合，竟然使全诗意象发生了多重指涉的修辞效果，极大地延阔了读者的审美想象空间，为后人提供了巨大的阅读意义空白去填充，虽经时光流转，吟诵诗文，却如饮甘洌，愈久弥笃，作品仍然经得起各样人物的反复阅读。或许，正是由于诗文具备了“文化、哲学”意义的“文本深层”建构，“春江花月夜”才拥有了持久魅力。

艺术表现手法：

构思巧妙，结构严谨。全诗以春、江、花、月、夜作为背景，突出“月”的主体地位。以月开头，以月结尾，以月一脉贯穿全诗。在诗中“月”犹如一条生命纽带，通贯上下，诗情随着月轮的升落而起伏曲折。在月的照耀下，海天一色，江面生辉，花林似霰（xiàn），鸿雁长飞，鱼龙潜跃，思妇游子出现于眼前。体现出春江花月夜清幽的美景。

景美情真，情景交融。全诗绘景相当出色。以月光聚焦群像，描绘了春江、波光、花林、白沙、闺房、镜台等景象，为我们展现出极为诱人的美景和颇富生活情趣的画面，又以这幅春江花月夜的水墨画卷为依托，承载了诗人对人生哲理和宇宙奥秘的大胆探索以及思妇游子的离情别绪。情与景的自然融合，使全诗形成一种开阔幽深、淡雅别致的意境美。

此外，比喻生动，形象鲜明；音乐节奏感强烈而优美也是该诗的过人之处。

张若虚一生仅留下两首诗，即《春江花月夜》和《代答闺梦还》。前者一问世，便成为千古绝唱，一千多年来使无以计数的读者为之倾倒。清代王闿（kǎi）运评价该诗道：“张若虚《春江花月夜》用《西州》格调。孤篇横绝，竟为大家。”（《湘绮楼说诗》卷一）闻一多先生在《宫体诗的自赎》一书中，赞誉《春江花月夜》：“这是诗中的诗，顶峰上的顶峰。”

（方明松撰写）

诗歌阅读资料推荐

中国古代诗词

关　雎	《诗经》	
离　骚	（战国）	屈　原
上　邪	（汉）	乐府诗
白马篇	（三国）	曹　植
咏　怀	（魏晋）	阮　籍
拟行路难	（南朝）	鲍　照
山居秋暝	（唐）	王　维

将进酒	（唐）	李　白
泊秦淮	（唐）	杜　牧
菩萨蛮	（唐）	温庭筠
蝶恋花——槛菊愁烟	（北宋）	晏　殊
雨霖铃——寒蝉凄切	（北宋）	柳　永
钗头凤——红酥手	（南宋）	陆　游
水龙吟——登建康赏心亭	（南宋）	辛弃疾
苔	（清）	袁　枚
论诗（其二）	（清）	赵　翼

中国现当代诗歌

天　狗	郭沫若
雪花的快乐	徐志摩
死　水	闻一多
寻梦者	戴望舒
大堰河——我的保姆	艾　青
别丢掉	林徽因
诗八首	穆　旦
错　误	郑愁予
乡　愁	余光中
致橡树	舒　婷
亚洲铜	海　子
午夜的钢琴曲	西　川

外国诗歌

夜	（古希腊）	萨　福
柯尔的野天鹅	（爱尔兰）	叶　芝
美之歌	（黎巴嫩）	纪伯伦
迷途的鸟	（印度）	泰戈尔
人　生	（美国）	惠特曼
我的心呀在高原	（英国）	彭　斯
致云雀	（英国）	雪　莱
芦　笛	（英国）	勃朗宁夫人
叶	（俄国）	莱蒙托夫
白　桦	（俄国）	叶赛宁
大自然	（德国）	歌　德
恶之花	（法国）	波特莱尔

（程红推荐）

第二章 散 文

内容提要：

1. 散文的发展概况。
2. 散文的分类。
3. 散文的特点及欣赏。

关键词： 散文　发展概况　叙事散文　抒情散文　说理散文　形散神不散　文眼

第一节 散文概述

散文是继诗歌之后又一古老的文体。

散文的雏形期： 文字尚未产生时，人类以口耳相传的方式表达思想、交流情感；其后，逐渐发展到以画面、击鼓、结绳及举火等形式，作为信息交流的媒介和手段。文字产生后，人们开始记载所见所闻，“左史记言，右史记事”，这种忠实地记言、记事的书面文字就是散文的始祖。因此，最初的文字记载没有押韵合辙，较少情节结构。它只简单记述生活内容，只要不是诗歌，那就是散文。

一般学者都认为：散文指一切不押韵、不重排偶的散体文章。由此区别于韵文、骈文。如：经、史、传、书、记、表、序、跋等，均可统称为散文。

先秦是散文的时代： 春秋战国时代是奴隶制向封建制转型的巨大社会变革时期，老子、庄子、孔子、孟子、墨子、孙子、韩非子等思想巨人层出不穷，争相著书立说，宣扬观点，表明立场，建立了各自系统的思想体系。诸子百家进行哲学思考的文字载体始终是散文，他们在不知疲倦的争辩中创造了中华民族璀璨辉煌的散文时代。

散文的迷失期： 汉代是大赋的天下。自汉以降，韵散参半的大赋兴起。这是一种散句中夹杂四、六句的文体，夸张比喻，铺彩扬厉，华丽无比，但凡歌功颂德的词句，应有尽有，一网打尽，空前绝后。汉赋适应大汉王朝开疆辟壤的要求而产生，尤其是汉武帝刘彻时期，皇帝穷兵黩武，好大喜功，需要更大篇幅的文字载体作为舆论手段，宣传其卓越功勋，营造汉代“威加海内”的强大意识形态话语权威，于是倍加宠幸善写大赋的士子，天下文人，争先恐后，挑灯夜战，邀功请赏，司马相如、贾谊、扬雄、枚乘等辈尽享荣耀，大赋篇幅终于达到了无以复加的最大；汉赋随着汉王朝的逐渐衰落而衰落，魏晋时期代之以抒情小赋，专门抒发乱离时期文人命运不济的自我感伤。之后，六朝时期继承汉赋中的四六遗风，片面追求形式主义的音韵美感，骈文兴盛，散文渐次式微。

唐代是诗人的天下，李白、杜甫、白居易名满天下。

宋代是词曲的王国，柳永、晏殊、晏几道、苏轼、秦观、贺铸、周邦彦、李清照、陆游、辛弃疾等，写尽了人间的喜怒哀乐。

唐宋两代，在合辙押韵的诗词吟颂中，清晰理性的散文一脉相承，仍然属于文章正宗。韩愈、柳宗元等人发起“古文运动”，拨乱反正，力排四、六骈俪文，反对以文害意的浮靡虚夸，倡导“文以载道”、“直陈指事”的现实主义创作。**形式的改变，意味着内容的改弦更张。** 从此，散文才重新确立了稳固的地位。史称“唐宋八大家”的文豪们多以散文得名。

散文的正式命名：散文的含义随着人类思维成长的阶段性变化而所指略有不同。英语中散文是Prose，其词源出自拉丁文prorsus，原意是“简明”、“直率”。西方世界，人们视散文的概念是平淡、通俗，不受任何约束，直截了当地描述事物的文章。欧洲各国散文发展较韵文为迟，18世纪前后散文与韵文并驾齐驱。19世纪以后散文获得与其他文学体裁同等的地位，并得以发展。在我国，“散文”名称是“五四运动”以后才名正言顺。

散文概念有广义和狭义之分：广义散文指与诗歌、小说、戏剧、影视文学并列的一种文学样式；狭义散文专指记人叙事或写景状物、记游抒情的散体文字。由于散文篇幅可长可短，形式活泼，文情并茂，体裁自由灵活，新奇隽美，意境取胜，故能够迅速地表情达意。

现代散文的认知：散文是作者将自己生命中喜怒哀乐的真切感悟和盘托出的产物。

散文的分类：按照表达方式，散文可分为叙事散文、抒情散文、说理散文。

叙事散文指写人记事为主的散文。以对人和事物的具体叙述和描绘为特色，同时表现作者的认识和感受，也带有较为浓厚的情感色彩。如报告文学、特写、速写、回忆录、游记、传记等；**抒情散文**注重表现作者内心复杂多变的思想情感。多是借景抒情，咏物抒怀，寓情于景，具有鲜明的个性；**说理散文**题材广泛，形式多样，举凡风俗民情，人文世态，时世杂感、杂谈、杂论、随笔都可归入此类。

按内容和文采，散文又可分为文艺性和非文艺性。

近年，叙事性散文中报告文学和议论性杂文越发独具特色，人们又把以抒情为主或抒情叙事并重的作品称为“散文小品”，它异军突起，独领风骚，成为创新散文体裁。“观古今于须臾，抚四海于一瞬”。散文是人类心灵的袒露，人生的真情告白，也是人类紧张劳碌中得以休憩的精神后花园。浏览古往今来充满智慧营养的名家名篇，可谓精神大餐，百味俱全。

读者的地位：没有读者，也便没有了作品。艺术创作不仅靠作者，更需要读者积极参与。刘勰《文心雕龙·知音》篇说：“夫缀文者情动而辞发，观文者披文以入情。沿波讨源，虽幽必显。”揭示了创作与鉴赏间的微妙关系。鉴赏散文的过程，也是一个认识美、发现美、创作美的过程。鉴赏散文，就是读者通过作品与作者进行心灵沟通、对话的过程，重在体会作者该时该地的思维方法和情感方式。不应拘泥于死记硬背词句、生吞活剥，而应循序渐进，掌握要领。诸如领悟立意，把握中心，善抓文眼，按图索骥。叙事、议论、抒情是散文的修辞策略，立足于整体去阐释局部，从局部去观照整体。从某种意义上说，理解了人生，也就领会了散文。分析散文结构，要体会创新特点。体味情言，明白其表达的意境与意趣所指。学习散文的写作技巧，从渲染、铺垫、象征、伏笔、照应、悬念等方面把握美文的蕴涵。

散文的表达手法：散文的题材品类范围非常广泛，但是表达手法不外5种：叙述、描写、抒情、议论和说明。

散文的题材：写人、叙事、写景、状物。

散文的基本特点：“形散神不散”。

所谓“**形散**”主要指四方面：**一是题材广泛**，无所不包。它不需以某个人物为中心，也不需叙述完整的故事情节，而往往摄取生活的几个片断、几个侧面，既有亲切动人的世态风俗画，也有给人以愉快休息的小夜曲。古今中外散文家，似神奇猎手，纵横驰骋，洒脱不羁。其选材的丰富灵活多样，是其他文学体裁不及的；**二是表现形式**，散文题材的广阔丰富，决定了灵活多变表达手法，就有了散文千姿百态的样式。叙述、描写、抒情、议论、说明，一文中交替使用，渗透穿插，有所侧重，或以事件激发人，或以性格吸引人，或以情感动人，或以理服人。作者大笔如椽，无拘无束、自由洒脱、淋漓尽致的表现，构成了多样的散文形式；**三是结构方法**，叙事动态过程为线索；以情感发展脉络为线索；以人物性格发展为线索；以事理间的逻辑联系为线索等。每一种基本线索基础上，其他线索又可互相交错，互为贯通，综合运用；**四是抒写个性**，散文重真情真意，贵绝假纯真，感动了自己，才会感动他人。所谓大千世界，人各有志，风格百样不嫌多。**雷同、模仿、抄袭才是文章最大的杀手**。

散文的"神不散"：主要指主题要集中。任何作家的散文，都会不经意中表现出特有的精神境界（思维方法和情感方式），这恰恰是散文存在的理由，是散文的灵魂。实现散文主题的途径很多，或思想集中、情感较明显，或较隐讳、含蓄等等。鲜明的主题思想就像建筑构件的龙骨、统帅三军的将帅、乐章中回环往复的主旋律。鉴赏时，要善于抓住中心、主题（或叫立意）。

散文"贵有文眼"之说：文眼是指篇中让人眼睛为之一亮的地方。陌生化的比喻，凝练精辟的词语，特殊难忘的生命体验、感悟等等。如：文天祥"零丁洋里叹零丁"的庆幸，范仲淹"先天下之忧而忧"的进取，韩愈"行成于思毁于随，业精于勤荒于嬉"的劝勉，朱自清的"背影"内疚意象等等。它们是作者精心安置的点睛之笔，也即散文主题的凝聚点，体现了作者的匠心。

散文的画面美感：一篇优秀的散文要有美的情思、美的画面。散文能营造出画面艺术的美感，具有"感动一大片"的魅力。如马志远的散曲小令《天净沙·秋思》，"古道、西风、瘦马，枯藤、老树、昏鸦，小桥、流水、人家"，就是一组永不退色的"黑白照片"，给人以无限开阔的审美想象空间。又如朱自清的散文《绿》《荷塘月色》中优美的情思与优美的画面，浑然一体，让人赏心悦目。

（张黎、吴志强撰写）

第二节　散文文选

道德经（节选）　　老　子

道可道也[1]，非恒道也[2]。名可名也[3]，非恒名也。无名[4]，万物之始也；有名[5]，万物之母也[6]。故恒无欲也[7]，以观其眇[8]；恒有欲也，以观其所徼[9]。两者同出，异名同谓[10]。玄之又玄[11]，众眇之门[12]。（第一章）

【注释】

1. 第一个"道"是名词，指的是宇宙的本原和实质，引申为原理、原则、真理、规律等。第二个"道"是动词。指解说、表述的意思，犹言"说得出"。

2. 恒：一般的，普通的。

3. 第一个"名"是名词，指"道"的形态。第二个"名"是动词，说明的意思。

4. 无名：指无形。

5. 有名：指有形。

6. 母：母体，根源。

7. 恒：经常。

8. 眇（miào）：通"妙"，微妙的意思。

9. 徼（jiào）：边际、边界。引申为端倪的意思。

10. 谓：称谓。此为"指称"。

11. 玄：深黑色，玄妙深远的含义。

12. 门：之门，一切奥妙变化的总门径，此用来比喻宇宙万物的唯一原"道"的门径。

天下皆知美之为美，斯恶矣[1]；皆知善之为善，斯不善矣。故有无相生，难易相成，长短相形[2]，高下相倾[3]，音声相和[4]，前后相随。是以圣人处无为之事，行不言之教[5]。（第二章）

【注释】

1. 斯：这。恶，丑。
2. 形：体现。
3. 相倾：相向，因对立而存在。
4. 音声相和：汉代郑玄为《礼记·乐记》作注，合奏出的音乐叫做“音”，单一发出的音响叫做“声”。
5. 圣人：古时人所推崇的最高层次的典范人物。无为，顺应自然，不加干涉，任凭人们去做事。此句意为：以“无为”的态度处世，用“不言”的方式去教诲别人。

曲则全[1]，枉则直，窪则盈[2]，敝则新[3]，少则得，多则惑[4]。是以圣人抱一为天下式[5]。不自见，故明；不自是，故彰[6]；不自伐，故有功[7]；不自矜，故长[8]。夫唯不争，故天下莫能与之争。古之所谓“曲则全”者，岂虚言哉！诚全而归之[9]。（第二十二章）

【注释】

1. 曲：委曲。全：保全，齐全。
2. 枉：弯曲。窪（wā）：凹陷，亏缺。盈：充满，充盈。
3. 敝：破旧，陈旧。
4. 得：获取（知识）。惑：迷惑。
5. 圣人抱一为天下式：抱，持，守。一，指“道”。式，也作栻，古代占卜者所用的一种器具，以它转动的结果，来判定吉凶祸福。此处可意为：法式、典范。
6. 彰：昭彰。
7. 伐：夸耀。功：功劳。
8. 矜：矜持。长：领导者。
9. 诚：确实。

为无为，事无事，味无味[1]。大小多少[2]，报怨以德。图难于其易；为大于其细。天下难事，必作于易[3]；天下大事，必作于细。是以圣人终不为大，故能成其大。夫轻诺必寡信[4]，多易必多难。是以圣人犹难之[5]，故终无难矣。（第六十三章）

【注释】

1. 味无味：以“无味”为“味”。前面的“为”、“事”、“味”均为动词，意动用法。后面的“为”、“事”、“味”均为名词。
2. 大：动词，使动用法，使……增大；多：动词，使动用法，使……增多。
3. 作：兴起，发生。
4. 诺：许诺，答应。
5. 犹：考虑。

【作者简介】

老子，姓李，名耳，字伯阳，也称老聃（dān），春秋末楚国苦县（今河南鹿邑县）人。生活于大约公元前571年至公元前471年之间，曾做过周朝的“守藏室之史”，后隐退蒙山著书立说，是道家学派的创始人。老子幼年牧牛耕读，聪颖勤快。晚年在故里陈国居住，后出关赴秦讲学，死于扶风。据传，老子著有《五千文》即《道德经》，又名《德道经》等，也叫《老子》。但经考证是后人或老子同时代稍后的人根据老子的言行编纂的，也是用韵文写成的一部哲理诗，基本上概述了老子的思想。它是道家的主要经典著作，是研究老子哲学思想的直接材料。其《五千文》被日、前苏联、德、英等国视为古代哲学中的奇葩而翻译出版。美国《纽约时报》列老子为世界十大古代作家之首。

【思考练习题】

1. 有人认为老子的“圣人处无为之事，行不言之教”是从利己主义的立场来对待辩证法，你认为如何？

2. 老子有关“图难于其易；为大于其细。天下难事，必作于易；天下大事，必作于细”的论述，对你的学习生活有何教益？

3. 通过以上诸篇的学习，老子所说“道”的本质是什么？对现实生活有何借鉴作用？

（张黎选文）

论 语（节选） 孔 子

孔子曰：“君子有九思：视思明，听思聪，色思温，貌思恭，言思忠，事思敬，疑思问，忿思难[1]，见得思义。”（《论语·季氏第十六》）

【注释】

1. 难：指患难，引申为后果、后患。

子曰：富与贵，是人之所欲也，不以其道得之[1]，不处也[2]。贫与贱，是人之所恶也[3]，不以其道得之，不去也[4]。君子去仁[5]，恶乎成名[6]？君子无终食之间违仁[7]，造次必于是[8]，颠沛必于是[9]。（《论语·里仁》）

【注释】

1. 子：先秦时对有学问、有道德的人的尊称。这里指孔子。道：正当的手段、途径。
2. 处：接受。
3. 恶（wù）：厌恶，不喜欢。
4. 去：离开，摒弃，摆脱。
5. 仁：爱。
6. 恶（wū）：通“乌”何，哪里，怎么。作副词。
7. 终食之间：在吃一顿饭的时间里。
8. 造次：匆忙，紧迫。
9. 颠沛：跌倒，挫折，流离失所。

【作者简介】

孔子（公元前551年—前479年），名丘，字仲尼，春秋时鲁国陬邑（今山东曲阜）人。儒家学派创始人，中国古代最著名的思想家、政治家、教育家，他的学说对中国思想文化的发展有极其深远的影响。《论语》是儒家经典，由孔子的弟子及再传弟子记录编纂而成，成书于战国初期，主要记载孔子及其弟子的言行。

【思考练习题】

1. 你认为孔子有关人格修养的论述，今天是否有借鉴作用？

2. 《论语·里仁》（节选）内容与现实生活有何联系？熟读并尽可能背诵两篇语录。

3. 泛读《论语》，谈谈孔子道德修养学说的主要内容。

（张黎选文）

大 学·经一章

大学之道[1]，在明明德[2]，在亲民[3]，在止于至善。知止[4]而后有定；定而后能静；静而后能安；安而后能虑；虑而后能得[5]。物有本末，事有终始。知所先后，则近道矣。古之欲明明德于天下者，先治其国；欲治其国者，先齐其家[6]；欲齐其家者，先修其身[7]；欲修其身者，先正其心；欲正其心者，先诚其意；欲诚其意者，先致其知[8]；致知在格物[9]。物格而后知至；知至而后意诚；意诚而后心正；心正而后身修；身修而后家齐；家齐而后国治；国治而后天下平。自天子以至于庶人[10]，壹是皆以修身为本[11]。其本乱而末治者否矣[12]。其所厚者薄，而其所薄者厚[13]，未之有也[14]！

【注释】

1. 大学之道：大学的宗旨。“大学”一词在古代有两种含义：一是“博学”的意思；二是相对于小学而言的“大人之学”，指人的道德修养，与偏重训诂文字音义的“小学”相对而言。“道”的本义是道路，引申为规律、原则等，在中国古代哲学、政治学里，也指宇宙万物的本原、个体，一定的政治观或思想体系等，在不同的上下文语境里有不同的意思。

2. 明明德：前一个“明”作动词，有使动的意味，即“使彰明”，也就是发扬、弘扬的意思。后一个“明”作形容词，明德也就是光明正大的品德。

3. 亲民：根据后面的“传”文，“亲”应为“新”，即革新、弃旧图新。亲民，也就是新民，使人弃旧图新、去恶从善。

4. 知止：知道目标所在。

5. 得：收获。

6. 齐其家：齐，整治。即管理好自己的家庭或家族，使家庭或家族和和美美，蒸蒸日上，兴旺发达。

7. 修其身：修养自身的品性。

8. 致其知：使自己获得知识。

9. 格物：认识、研究事物的道理。

10. 庶人：指平民百姓。

11. 壹是：壹，一。一切，一律，一概。本：根本。

12. 本乱：乱，紊乱、破坏。即本性败坏。末治：意指家齐，国治，天下平。

13. 厚者薄：该重视的不重视。薄者厚：不该重视的却加以重视。

14. 未之有也：之，代词。即未有之也。没有这样的道理（事情、做法等）。

【作者简介】

曾参又称曾子，字子舆。春秋末战国初鲁国南武城（今山东费县）人。《大学》是儒家经典之一，录存于西汉成书的《小戴礼记》。历代学者对《大学》的作者及成书年代有不同的看法，传统观点认为，《大学》是由继承孔子学说的曾参所撰，并由他的弟子广为传播。

【思考练习题】

1. 你认为“大学之道”更重视的是什么？
2. 谈谈你对“格物”、“致知”、“诚意”、“正心”、“修身”、“齐家”、“治国”、“平天下”之间关系的看法。
3. 结合当前现实生活，谈谈道德修养的现实意义。

（张黎选文）

中　庸·第二十章

天下之达道五，所以行之者三。曰：君臣也，父子也，夫妇也，昆弟也[1]，朋友之交也；五者，天下之达道也。知、仁、勇三者[2]，天下之达德也。所以行之者一也[3]：或生而知之[4]，或学而知之，或困而知之；及其知之一也。或安而行之，或利而行之，或勉强而行之；及其成功一也。子曰：“好学近乎知，力行近乎仁，知耻近乎勇。”知斯三者，则知所以[5]修身；知所以修身，则知所以治人；知所以治人，则知所以治天下国家矣。

【注释】

1. 昆弟：兄和弟，昆，兄长。也包括堂兄堂弟。

2. 知、仁、勇：这三者为儒家的伦理思想，被誉为通行于天下的美德。《论语·宪问》：“仁者必有勇，勇者不必有仁。”又：“君子道者三，我无能焉：仁者不忧，知者不惑，勇者不惧。”知，同“智”。达德：通行于天下的美德。

3. 一：专一，诚实。

4. 之：指代上文“天下之达道”。这里三句参见《论语·季氏》篇：“生而知之者，上也；学而知之者，次也；困而知之者，又其次也；困而不学，民斯为下矣。”

5. 所以：怎样。

【作者简介】

《中庸》儒家经典之一，录存于西汉成书的《小戴礼记》。相传为战国时孔伋（字子思，孔子之孙，后代尊称子思为“述圣”。）所作。有学者认为成书时代经历了战国后期或秦汉之际，直至汉初才最终成书。

【思考练习题】

1. 如何看待“天下之达道”与“知、仁、勇”二者之间的关系？

2. 谈谈你对“生而知之”的理解。

3. 为什么说“知耻近乎勇”？请举现实生活中的例子予以说明。

（张黎选文）

公孙丑上　　孟　子

孟子曰：“人皆有不忍人之心[1]。先王有不忍人之心，斯有不忍之政矣。以不忍人之心，行不忍人之政，治天下可运之掌上。所以谓人皆有不忍人之心者，今人乍[2]见孺子将入于井，皆有怵惕恻隐[3]之心——非所以内交[4]于孺子之父母也，非所以要誉[5]于乡党朋友也，非恶其声而然也。由是观之，无恻隐之心，非人也；无羞恶之心，非人也；无辞让之心，非人也；无是非之心，非人也。恻隐之心，仁之端[6]也；羞恶之心，义之端也；辞让之心，礼之端也；是非之心，智之端也。人之有是四端也，犹其有四体也。有是四端而自谓不能者，自贼者也；谓其君不能者，贼其君者也。凡有四端于我[7]者，知皆扩而充之矣，若火之始然[8]，泉之始达。苟能充之，足以保[9]四海；苟不充之，不足以事父母。”

【注释】

1. 不忍人之心：怜悯心，同情心。

2. 乍：突然、忽然。

3. 怵惕（chùtì）：惊惧的样子。恻隐：哀痛，同情。

4. 内交，内交即结交。“内”同“纳”。

5. 要（yāo）誉：博取名誉。“要”同“邀”，谋求。

6. 端：开端，起源、源头。

7. 我：同“己”。

8. 然，同“燃”。

9. 保：定，安定。

【作者简介】

孟子（约公元前372年—前289年），名轲，字子舆，战国中期邹（今山东邹县东南）人，离孔子的故乡曲阜不远。是著名的思想家、政治家、教育家，孔子学说的继承者，儒家的重要代表人物。《孟子》是儒家学说经典之作，主要记载孟子的言行，由孟子和他的弟子万章、公孙丑等编撰而成。

【思考练习题】

1. 简要评述孟子“仁政”思想的进步意义与借鉴作用。

2. 谈谈孟子“四”说，即“恻隐、羞恶、辞让、是非”之心，与他认为“不忍人之政”有什么关系与启迪。

3. 简述本文写作上的表现手法及作用。

（张黎选文）

形篇 孙武

孙子曰：昔之善战者，先为不可胜[1]，以待敌之可胜[2]。不可胜在己[3]，可胜在敌[4]。故善战者，能为不可胜，不能使敌之可胜[5]。故曰：胜可知而不可为[6]。

【注释】

1. 先为不可胜：先，首先。为，造成。不可胜，不可被战胜。先为不可胜，这里是指，首先造成一种不可被敌军战胜的形势。

2. 敌之可胜：待，等待。敌，敌方。可胜，可以被战胜。待敌之可胜，这里是指，等待敌人有可能被我军战胜的机会。

3. 己：在于自己，引申为决定于自己。

4. 在敌：在于敌人，引申为决定于敌人。

5. 不能使敌之可胜：这里是指不可能强使敌军提供被我军战胜的机会。

6. 不可为：为，强求。不可为，不可以强求。

不可胜者，守也；可胜者，攻也。守者不足[1]，攻者有余[2]。善守者，藏于九地之下[3]；善攻者，动于九天之上[4]；故能自保而全胜也。

【注释】

1. 守，防守，不足，这里是指兵力不足。

2. 攻，进攻。有余，指兵力有余。

3. 藏，隐藏、隐蔽。九地，极深的地下。“九”是虚数，古人常把“九”表示数的极点。

4. 动，发动。这里引申为进攻。

见胜不过众人之所知[1]，非善之善者也[2]。战胜而天下曰善[3]，非善之善者也。故举秋毫不为多力[4]，见日月不为明目[5]，闻雷霆不为聪耳[6]。古之所谓善战者胜，胜易胜者也。故善战者之胜也，无智名[7]，无勇功[8]。故其战胜不忒[9]；不忒者，其所措必胜，胜已败者也[10]。

故善战者，立于不败之地，而不失敌之败也[11]。是故胜兵先胜而后求战[12]，败兵先战而后求胜[13]。

【注释】

1. 见，预见。见胜，预见到胜利。众人，指一般的人、平常的人。知，知道，引申为预知、预测。

2. 善，好。善之善，好而又好。最好，最理想的。

3. 天下，这里指天下的人。

4. 举，举起。秋毫，野兽秋天长出的毫毛，比喻为极轻、极细的事物。多力，力量大。

5. 明目：眼睛很亮。

6. 聪耳：耳朵听觉很灵。

7. 智，智谋。名，名声。

8. 勇功，勇敢的战功。

9. 忒，差或差错。

10. 已败，已经失败、处于必败之地。

11. 指不放过使敌人失败的机会。

12. 兵，打胜仗的军队。先胜，指事先取得必胜的形势。求战，宣战。

13. 兵，打败仗的军队。求胜，谋求胜利。

善用兵者，修道而保法[1]。故能为胜败之政[2]。

【注释】

1. 修道，修明治道。保法，保持法度，严明法度。

2. 为，成为。政，正，引申为主宰。

兵法：一曰度[1]，二曰量[2]，三曰数[3]，四曰称[4]，五曰胜[5]。地生度，度生量，量生数，数生称，称生胜。故胜兵若以镒称铢[6]，败兵若以铢称镒，胜者之战民也[7]，若决积水于千仞之谿者[8]，形也[9]。

【注释】

1. 度：度量。这里指幅员的大小。

2. 量：容量。这里指物产的多少。

3. 数：数量。这里指兵员的多少。

4. 称：衡量。这里指衡量敌我双方实力的对比情况。

5. 胜：胜利。这里指取胜的可能性。

6. 以镒（yì）称铢（zhū）：镒与铢都是我国古代的重量单位。一镒等于24两；一两等于24铢。以镒称铢：以很重的事物去称量很轻的事物，自然是轻重悬殊。这里比喻胜兵对败兵的力量相差悬殊。胜兵的实力占有绝对优势。

7. 战民：民，作“人”解，此指作战的人，即士卒。

8. 决，冲决。仞，我国古代高度单位，一仞为七尺。谿，山涧。

9. 形也：这里的形指由军事实力而造成的形势。

【作者简介】

孙子，名武，字长卿，春秋末齐国人，生卒年不详。其曾祖、祖父都是齐国名将。受家庭影响，孙武从小喜兵法，盼望能有用武之地。但齐国的纷争和内乱使孙武18岁时便离开齐国，到了吴国。因大臣伍子胥举荐而效力于吴王阖闾，吴王“知孙子能用兵卒以为将。西破强楚，入郢，北威齐晋，名显诸侯。孙子与有力焉”（《史记·孙子吴起列传》）。《孙子》又名《孙子兵法》，大约起草于公元前515年左右。全书共十三篇，是我国现存最早、最著名的一部兵书，也是人类历史上第一部比较系统的军事论著。

【思考练习题】

1. 为什么说“先为不可胜，以待敌之可胜”？谈谈你对此话的理解。

2. 孙子所谓“善用兵者，修道而保法。故能为胜败之政”的具体内涵是什么？有何启迪？

（张黎选文）

李将军列传（节选）[1]　（汉）司马迁

李将军广者，陇西成纪人也[2]。其先曰李信[3]，秦时为将，逐得燕太子丹者也[4]。故槐里[5]，徙成纪[6]。广家世世受射[7]。孝文帝十四年[8]，匈奴大入萧关[9]，而广以良家子从军击胡[10]，用善骑射杀首虏多[11]，为汉中郎[12]。广从弟李蔡亦为郎[13]，皆为武骑常侍[14]，秩八百石[15]。尝从行[16]，有所冲陷折关[17]，及格猛兽[18]，而文帝曰：“惜乎，子不遇时！如令子当高帝时[19]，万户侯岂足道哉！[20]”

及孝景初立[21]，广为陇西都尉[22]，徙为骑郎将[23]。吴、楚军时[24]，广为骁骑都尉[25]，从太尉亚夫击吴、楚军[26]，取旗[27]，显功名昌邑下[28]。以梁王授广将军印，还，赏不行[29]。徙为上谷太守[30]。匈奴日以合战[31]，典属国公孙昆邪为上泣曰[32]：“李广才气，天下无双，自负其能[33]，数与虏敌战[34]，恐亡之[35]。”于是，乃徙为上郡太守[36]。后广转为边郡太守，徙上郡[37]。尝为陇西、北地、雁门、代郡、云中太守[38]，皆以力战为名。

匈奴大入上郡，天子使中贵人从广勒习兵击匈奴[39]。中贵人将骑数十纵[40]，见匈奴三人，与战。三人还射[41]。伤中贵人，杀其骑且尽。中贵人走广[42]。广曰："是必射雕者也[43]。"广乃遂从百骑往驰三人[44]。三人亡马步行[45]，行数十里。广令其骑张左右翼，而广身自射彼三人者[46]，杀其二人，生得一人，果匈奴射雕者也。已缚之，上马，望匈奴有数千骑，见广，以为诱骑[47]，皆惊，上山陈[48]。广之百骑皆大恐，欲驰还走。广曰："吾去大军数十里，今如此以百骑走，匈奴追射我立尽。今我留，匈奴必以我为大军诱之[49]，必不敢击我。"广令诸骑曰："前!"前，未到匈奴陈二里所[50]，止。令曰："皆下马解鞍!"其骑曰："虏多且近，即有急[51]，奈何?"广曰："彼虏以我为走[52]，今皆解鞍以示不走，用坚其意[53]。"于是胡骑遂不敢击。有白马将出护其兵[54]，李广上马与十余骑奔射杀胡白马将，而复还至其骑中，解鞍，令士皆纵马卧[55]。是时会暮[56]，胡兵终怪之，不敢击。夜半时，胡兵亦以为汉有伏军于旁，欲夜取之[57]，胡皆引兵而去。平旦[58]，李广乃归其大军。大军不知广所之，故弗从[59]。

……

后，汉以马邑城诱单于[60]，使大军伏马邑旁谷，而广为骁骑将军，领属护军将军[61]。是时，单于觉之，去，汉军皆无功。其后四岁，广以卫尉为将军，出雁门击匈奴[62]。匈奴兵多，破败广军，生得广。单于素闻广贤，令曰："得李广必生致之[63]。"胡骑得广，广时伤病，置广两马间，络而盛卧广[64]。行十余里，广详死[65]，睨其旁有一胡儿骑善马[66]，广暂腾而上胡儿马[67]，因推堕儿[68]，取其弓，鞭马南驰数十里，复得其余军，因引而入塞[69]。匈奴捕者骑数百追之，广行取胡儿弓[70]，射杀追骑，以故得脱。于是至汉，汉下广吏[71]。吏当广所失亡多[72]，为虏所生得，当斩，赎为庶人[73]。

……

广廉[74]，得赏赐辄分其麾下[75]，饮食与士共之。终广之身，为二千石四十余年[76]，家无余财，终不言家产事。广为人长[77]，猿臂[78]，其善射亦天性也[79]，虽其子孙他人学者[80]，莫能及广。广讷口少言[81]，与人居则画地为军陈，射阔狭以饮[82]。专以射为戏，竟死[83]。广之将兵[84]，乏绝之处[85]，见水，士卒不尽饮，广不近水，士卒不尽食，广不尝食[86]。宽缓不苛[87]，士以此爱乐为用[88]。其射，见敌急[89]，非在数十步之内，度不中不发[90]，发即应弦而倒[91]。用此[92]，其将兵数困辱，其射猛兽亦为所伤云。

……

太史公曰[93]：《传》曰"其身正，不令而行；其身不正，虽令不从[94]"。其李将军之谓也[95]？余睹李将军悛悛如鄙人[96]，口不能道辞[97]。及死之日，天下知与不知，皆为尽哀[98]。彼其忠实心诚信于士大夫也[99]！谚曰："桃李不言，下自成蹊[100]"。此言虽小，可以谕大也[101]。

【注释】

1. 本文选自《史记》卷一O九。

2. 陇西：郡名，在今甘肃东南部东乡以东、天水以西、礼县以北一带地区。成纪：县名，在今甘肃秦安北。

3. 先：祖先。

4. 逐得句：战国时燕太子丹派遣荆轲刺秦王，不中。秦王怒，派李信领兵击燕。燕王恐，乃斩太子丹首以献。事见《史记》卷八十六《刺客列传》。逐得：追获。

5. 故槐里：原来是槐里地方人。槐里：在今陕西兴平东南。

6. 徙：迁徙。

7. 受：通"授"，传授，学习。

8. 孝文帝十四年：公元前166年。孝文帝：汉文帝刘恒，刘邦子。

9. 匈奴：古代北方的一个游牧民族。大入：大举入侵。萧关：在今甘肃环县西北。

10. 良家子：家世清白人家的子弟。汉朝军队的来源有两种，一种即所谓"良家子"，另一种是罪犯和贫民等。根据汉朝的制度，医巫商贾百工都不能列入良家。

11. 用：由于，因为。杀首：斩杀敌人首级。虏：俘虏。

12. 中郎：担任侍卫皇宫等职务的官员。

13. 从弟：堂弟。郎：帝王侍从官的通称。

14. 武骑常侍：皇帝侍从官。

15. 秩：官吏俸禄的等级。

16. 尝从行：曾经跟随皇帝出行

17. 冲陷：冲锋陷阵。折关：指抵挡敌人。折，断，抵御、拦阻。

18. 格：格斗，搏击。

19. 当高帝时：意为处在汉高祖刘邦平定天下的时候。

20. 万户侯：封邑万户的侯爵。

21. 孝景：汉景帝刘启，文帝之子。初立：刚做皇帝。

22. 陇西都尉：即陇西郡尉，掌管一郡的武事。

23. 徙：徙调，调任。骑郎将：统率骑兵护从皇帝车驾的郎官的将领。

24. 吴楚军时：指景帝三年吴楚等七国起兵叛乱，反抗中央政权。其事详见《史记》卷一百六《吴王濞列传》。

25. 骁（xiāo）骑都尉：统率骁骑的将领。骁：勇猛。

26. 太尉：掌管全国军政大事的长官，汉时与丞相御史大夫并称三公。亚夫：即周亚夫。吴、楚七国反时，以周亚夫为主帅，率军征讨。

27. 取旗：夺得敌人的军旗。

28. 显：显扬。昌邑下：昌邑城下。昌邑故城在今山东金乡西北。

29. “以梁王”至“赏不行”：李广作战立功之地在梁国境内，所以梁王封他为将军并授给将军印。李广是直属中央政府领导的将领，接受地方（梁王）授给的将军印，这种做法违反汉朝廷的法令，因而李广还朝后，朝廷认为他功不抵过，不予封赏。梁王：汉景帝的同母弟刘武。

30. 上谷：郡名在今河北西北部及中部一带。

31. 日以合战；每天来与李广交战。以：与，同。

32. 典属国：掌管与外族交往事务的官员。公孙昆邪（húnyē）：复姓公孙，名昆邪。上：汉景帝。

33. 负：倚恃。

34. 数（shuò）：不止一次，屡次。

35. 亡之：失掉他。指在战斗中死亡。

36. 上郡：今陕西北部及内蒙古自治区南部部分地区。

37. 后广二句：一说这里的“徙上郡”与上句“徙为上郡太守”语意重复，疑有误。一说以为这两句与下面的话是插叙，说他是在转为边郡各地太守以后，才调任上郡太守的。

38. 北地：郡名，在今甘肃东北部及宁夏回族自治区东南部一带。雁门：郡名，在今山西西北部。代郡：在今山西西北部及河北西北部一带。云中：郡名，在今山西西北部及内蒙古自治区南部一带。

39. 天子：指汉景帝。中贵人：宫中贵人，指受到皇帝宠幸的太监。勒：部勒，约束指挥。习：训练，操练。兵：军队。

40. 将：带领。纵：放马驰骋。

41. 还射：回身射箭。

42. 走广：奔逃到李广处。

43. 雕：一种凶猛飞禽，飞翔时速度极快，非善射者不能得。

44. 乃，于是。遂：就，立即。驰：追逐。

45. 亡：通“无”，失去。

46. 身自：亲自。

47. 诱骑：诱敌的骑兵。

48. 陈：同“阵”。摆开阵势。

49. 匈奴句：匈奴一定以为我们是大军的诱骑来引诱他们的。
50. 所：表示大约的数目。“二里所”即二里左右。
51. 即：假如。
52. 以我为走：认为我们要逃跑。
53. 用坚其意：以（这个办法）来坚定他们（认为我们是大军诱兵）的想法。
54. 白马将：骑白马的将官。护，监护。
55. 纵马卧：把马放开，随意躺下。
56. 会：适逢。
57. 欲夜取之：准备夜间攻击他们。
58. 平旦：天刚亮时。
59. 弗从：没有办法跟从接应。
60. “汉以”句：汉武帝元光二年（公元前133年），汉朝派遣马邑人聂壹以马邑为诱饵，诱使单于带十万骑兵进攻马邑。马邑：在今山西朔县西。
61. 领属：隶属于，受统领节制。护军将军：即韩安国。韩安国率军埋伏在马邑附近，设计诱骗单于，但被单于发觉，匈奴兵退去，所以汉军无功。
62. 雁门：关名，在今山西代县西北。
63. 生致之：活捉他。
64. 络：用绳子编结的网兜。盛：放，装。
65. 详：通“佯”。假装。
66. 睨（nì）：斜视。
67. 暂：突然，骤然。
68. 因：顺势。
69. 塞：边关。
70. 行取：一边走一边拿起。
71. 下广吏：下：交付。吏：指执法的官吏。
72. 当：判断，判决。
73. 赎：古代罪犯交纳财物可减免刑罚，称为“赎罪”或“赎刑”。庶人：平民。
74. 廉：廉洁。
75. 辄：总是，就。麾下：部下。
76. 为二千石：做年俸二千石这一级的官。汉代的郡守、郎中令等都属于这个等级。
77. 长：指身材高大。
78. 猿臂：传说有一种通臂猿，左右两臂在肩部相通，可自由伸缩。这里是形容李广的两臂像猿那样长而且灵活。
79. 天性：天赋。
80. 学者：向他学习的人。
81. 讷口：说话迟钝，口拙。
82. 阔狭：指上句所说在地上画的军阵图中，有的行列宽，有的行列窄。这句的意思是，比赛射军阵图，射中窄的行列为胜，射中宽的行列及不中都为负，负者罚酒。
83. 竟死：直到死。
84. 将兵：指带兵之道。
85. 乏绝：指缺水断粮。
86. 不尝食：不曾食。指一口不食。
87. 宽缓：宽容。苛：苛刻。
88. 士以此句：兵士因此爱戴他并乐于听从他的指挥。
89. 急：逼近。

90. 度（duó）：估计。

91. 应弦而倒：随着弓弦声响而倒下。

92. 用此：因此。指上面说的见敌急才发箭的做法。

93. 太史公：司马迁，当时任太史令。以下的话都是他的评论。

94. 传：汉朝人称《诗》《书》《易》《礼》《春秋》为经，解说经书的著作都称为“传”。这里的传是指《论语》。因《论语》是孔子弟子及再传弟子所记，不是孔子亲笔著述，所以也称为传。所引四句见《论语·子路篇》。

95. “其李将军”句：不正是说的李将军吗？

96. 悛悛（xún xún）：通“恂恂”，老实厚道的样子。鄙人：乡野之人。

97. 不能道辞：不擅辞令。

98. 尽哀：极尽悲哀之情。

99. “彼其”句：他那忠诚老实的思想品德，确实得到了天下士大夫们对他的信任和称赞。

100. “桃李”二句：意思说，桃树李树虽然不会说话，但由于它们花实并茂，能够吸引人们爱慕，以至在树下自然地踏出一条条小路。蹊：小路。

101. 谕：通“喻”，比喻。

（张黎选文）

【作者简介】

司马迁（公元前145年—约前86年），字子长，夏阳（今陕西省韩城县）人，为汉代太史令。他是我国古代伟大的历史学家，以毕生的精力著述了《史记》这部空前巨著，为我国历史学树立了一座巍峨的丰碑。

【思考练习题】

1. 李广是汉代著名的将军，当时匈奴称之为“汉之飞将军”。本文节选了哪几个片段来塑造这一人物形象？表现了李将军什么样的品格？

2. 在“太史公曰”的议论中，作者是怎样评价李将军的？

3. 请阅读《李将军列传》全文，更好地把握李将军这一人物。

（袁 宏）

登楼赋[1]　　（东汉）王 粲

登兹楼以四望兮[2]，聊暇日以销忧[3]。览斯宇之所处兮[4]，实显敞而寡仇[5]。挟清漳之通浦兮[6]，倚曲沮之长洲[7]。背坟衍之广陆兮[8]，临皋隰之沃流[9]。北弥陶牧[10]，西接昭丘[11]。华实蔽野[12]，黍稷盈畴[13]。虽信美而非吾土兮[14]，曾何足以少留[15]！

遭纷浊而迁逝兮[16]，漫逾纪以迄今[17]。情眷眷而怀归兮，孰忧思之可任[18]？凭轩槛以遥望兮[19]，向北风而开襟[20]。平原远而极目兮，蔽荆山之高岑[21]。路逶迤而修迥兮[22]，川既漾而济深[23]。悲旧乡之壅隔兮[24]，涕横坠而弗禁。昔尼父之在陈兮，有归欤之叹音[25]。钟仪幽而楚奏兮[26]，庄舄显而越吟[27]。人情同于怀土兮[28]，岂穷达而异心[29]！

惟日月之逾迈兮[30]，俟河清其未极[31]。冀王道之一平兮[32]，假高衢而骋力[33]。惧匏瓜之徒悬兮[34]，畏井渫之莫食[35]。步栖迟以徙倚兮[36]，白日忽其将匿。风萧瑟而并兴兮，天惨惨而无色。兽狂顾以求群兮，鸟相鸣而举翼。原野阒其无人兮[37]，征夫行而未息[38]。心凄怆以感发兮，意忉怛而憯恻[39]。循阶除而下降兮[40]，气交愤于胸臆。夜参半而不寐兮[41]，怅盘桓以反侧[42]。

【注释】

1. 这篇小赋是王粲于建安九年（205年）在荆州登麦城城楼时所作。

2. 兹楼：此楼。指麦城城楼。麦城故城在今湖北当阳东南，漳、沮二水会合处。

3. 聊：姑且，暂且。暇日：假借此日。暇：通“假”，借。

4. 斯宇：此楼。

5. 显敞：明亮宽敞。寡仇：很少能与之匹敌。仇：匹敌。

6. 挟：带。漳：漳水，在麦城东。浦：大水有旁口别通曰浦。

7. 沮（jū）：沮水，在麦城西，与漳水会合南流入长江。长洲：水边沙洲。

8. 背：背靠，指北面。坟衍：地势高起为坟，广平为衍。

9. 临：面对，指南面。皋隰（xí）：水边之地为皋，低湿之地为隰。

10. 弥：终极。陶牧：相传为春秋时越国大夫范蠡葬地。范蠡人称陶朱公。

11. 昭丘：楚昭王墓，在沮水边。楚昭王是春秋时楚国的明君。

12. 华：同“花”。

13. 盈畴：长满田野。

14. 信美：确实很好。信：诚然，确实。

15. 少：稍许。

16. 纷浊：指动乱时世。迁逝：迁徙流亡。

17. 纪：一纪为十二年。

18. 任：当，受。

19. 轩槛：窗户的栏杆。

20. 向北风：王粲家乡在荆州之北，故云。

21. 荆山：在今湖北南漳，漳水发源于此。岑：小而高的山。

22. 修：长。迥：远。

23. 漾：水流漫长。济：渡。

24. 壅隔：阻塞隔绝。

25. “昔尼父”二句：孔子在陈国曾绝粮，只得叹息说：“归欤！归欤！”事见《论语·公冶长》。尼父：孔子。

26. “钟仪”句：钟仪是楚国乐官，被晋侯所俘，晋侯命弹琴，他仍操楚国乐调，所以《左传·成公九年》说：“乐操土风，不忘旧也。”幽，囚禁。

27. “庄舄（xì）”句：据《史记·陈轸传》，越人庄舄在楚国做大官，病中呻吟，仍为越国的语音。显，显达，做大官。

28. 土：故土，故乡。

29. 穷：逆境。达：顺境。

30. 惟：念。日月：指光阴。逾迈：流走，消逝。

31. 河清：据《左传·襄公八年》，逸《诗》有“俟河之清，人寿几何”的说法。古人以黄河水清比喻时世太平。极：至，到。

32. 冀：希望。王道：即“王政”，朝廷政局。一：统一。平：平定。

33. 假：借。高衢：大道。

34. “惧匏（páo）瓜”句：据《论语·阳货》载，孔子曾说：“吾岂匏瓜也哉，焉能系而不食？”这是以匏瓜徒悬比喻不被任用。匏瓜，葫芦。

35. “畏井渫（xiè）”句：《周易·井卦》：“井渫不食，为我心恻。”这是比喻自己虽志向高洁，仍不被任用。渫，除去井中污浊。

36. 栖迟：欲行而止的样子。徙倚，徘徊。

37. 阒（qù）：寂静。

38. 征夫：行人。

39. 忉怛（dāo dá）：悲痛。憯（cǎn）恻：凄伤。

40. 阶除：阶梯。

41. 夜参半：半夜。参：分。

42. 盘桓：逗留不进的样子。这里意为思前想后。反侧：翻来覆去，难以入睡。

【作者简介】

王粲（公元177年—217年），字仲宣，山阳高平（今山东邹县西南）人。东汉末年著名文学家。身遭乱离，官至侍中。其诗辞气慷慨，现实性较强。小赋抒情真挚，风格清丽。在“建安七子”中成就最高，与曹操并称“曹王”。后人辑有《王侍中集》。

【思考练习题】

1. 文中抒发的忧思，其内涵是怎样逐步深化的？

2. 找出文中景物描写的部分，说明这些景物描写对抒情起到了什么作用？

3. 文中多处用典，试说出这些典故在文中的含义。

（方明松选文）

贺火灾[1]　　（唐）柳宗元

得杨八书，知足下遇火灾[2]，家无余储。仆始闻而骇[3]，中而疑，终乃大喜。……京城人多言足下家有积货[4]，士之好廉名者，皆畏忌不敢道足下之善。独自得之，心蓄之，衔忍而不出诸口；以公道之难明，而世之多嫌也，一出口则嗤嗤者以为得重赂[5]。……乃今幸为天火之所涤荡，凡众之疑虑，举为灰埃。黔其庐[6]，赭其垣，以示其无有。而足下之才能，乃可以显白而不污。其实出矣，是祝融、回禄之相吾子也[7]。……故将吊而更以贺也[8]。

【注释】

1. 选自《贺进士王参元失火书》。友人家失火，不吊而贺，题目很吸引人；内容是“积货”掩“多能”是不幸，货亡“实出”是喜事。这就是说：就“士”而言，应轻财货，重才能。货亡实出，王参元就可以“出群士之上”了。

2. 足下：称同辈的敬辞。古时下对上也称足下。

3. 仆：自我谦称。

4. 货：钱财。

5. 嗤嗤：讥笑的样子；赂：贿赂，可连用，也可分用，指赠送财物（动词）或赠送的财物（名词）。本来是中性词，后逐渐变成贬义词，指私给财物，进行不正当的请托，或从事收买。

6. 黔：黑，形容词动用，使变黑。

7. 祝融、回禄：都是火神。相：帮助。

8. 吊；慰问不幸者。更：改变。

【作者简介】

柳宗元（公元773年—819年），唐代文学家、哲学家，字子厚，河东解（今山西运城县解州镇）人，曾做礼部员外郎、永州司马、柳州刺史，所以又称柳河东、柳柳州。唐宋古文“八大家”之一，与韩愈共同倡导了中唐古文运动，并称为“韩柳”。柳宗元重视文章内容，强调“文须有益于世”，在哲学上也有独到见解。有《河东先生集》。

【思考练习题】

1. “贺火灾”是不合常理的，作者为什么以此为题？

2. 作者得悉友人家遭火灾后“始闻而骇，中而疑，终乃大喜”，谈谈作者思想情感的变化过程。

3. 用现代汉语翻译这段文字。

（方明松选文）

人间词话[1]　（二六）王国维

古今之成大事业、大学问者，必经过三种之境界："昨夜西风凋碧树。独上高楼，望尽天涯路[2]。"此第一境也。"衣带渐宽终不悔，为伊消得人憔悴[3]。"此第二境也。"众里寻他千百度，回头蓦见（当作'蓦然回首'），那人正（当作'却'）在，灯火阑珊处[4]。"此第三境也。此等语皆非大词人不能道，然遽以此意解释诸词，恐为晏欧[5]诸公所不许也。

【注释】

1. 选自王国维的《人间词话》，人民文学出版社，1982 年。
2. 宋代词人晏殊《蝶恋花》中的词句。这是一首写离别之苦的名作。
3. 宋代文学家欧阳修《蝶恋花》中的词句。也是一首抒写离愁别恨的词。
4. 宋代词人辛弃疾《青玉案·元夕》中的词句。"回头蓦见"一般作"蓦然回首"。"那人"，词中指苦苦寻找的心上人。
5. 晏欧：指晏殊、欧阳修。

【作者简介】

王国维（公元 1877 年—1927 年），字静安，浙江海宁人，近代著名学者。对史学、文艺学等均有研究。早年追求新学，深受西方哲学和文艺思想影响。辛亥革命后，曾侨居日本。1925 年任清华国学研究院教授，1927 年 6 月 2 日，自沉于北京颐和园昆明湖。

【思考练习题】

1. 简要概括三种境界的内涵。
2. 获得成功的三种境界之间有何内在联系？
3. 谈谈你学习成功必经三种境界后的体会。

（方明松选文）

记梁任公先生的一次演讲[1]　梁实秋

梁任公先生晚年不谈政治，专心学术。大约是在民国十年左右，清华学校请他作第一次演讲，题目是"中国韵文里表现的情感"。我很幸运地有机会听到这一篇动人的演讲。那时候的青年学子，对梁任公先生怀着无限的景仰，倒不是因为他是戊戌政变的主角，也不是因为他是云南起义的策划者，实在是因为他的学术文章对于青年确有启迪领导的作用。过去也有不少显宦，以及叱咤风云的人物，莅校讲话。但是他们没有能留下深刻印象。

任公先生的这一篇演讲稿，后来收在《饮冰室文集》里，他的演讲稿是预先写好的，整整齐齐地写在宽大的宣纸制的稿纸上面，他的书法很是秀丽，用浓墨写在宣纸上，十分美观。但是读他这篇文章和听他这篇演讲，那趣味相差很多，犹之乎读剧本与看戏之迥然不同。

我记得清清楚楚，在一个风和日丽的下午，高等科楼上大教室里坐满了听众，随后走进来一位短小精悍、秃头顶、宽下巴的人物，穿着肥大的长袍，步履稳健，风神潇洒，左右顾盼，光芒四射，这就是梁任公先生。

他走上讲台，打开他的讲稿，眼光向下面一扫，然后是他极简短的开场白，一共只有两句，头一句是："启超没有什么学问——"眼睛向上一翻，轻轻点一下头："可是他也有一点喽！"这样谦逊同时又这样自负的话是很难听到的。他的广东官腔是很标准的，距离国语甚远，但是他的声音沉着而有力，有时又是宏亮而激亢，所以我们还是能听懂他每一字，我们甚至想如果他说标准国语，其效果可能反要差一点。

我记得他开头讲一首古诗，箜篌引：“公无渡河。公竟渡河。渡河而死，其奈公何！”这四句十六字，经他一朗诵，再经他一解释，活画出一出悲剧，其中有起承转合，有情节，有背景，有人物，有情感。我在听先生这篇演讲后约二十年，偶然获得机缘在茅津渡候船渡河。但见黄沙弥漫，黄流滚滚，景象苍茫，不禁哀从中来，顿时忆起先生讲的这首古诗。

先生博闻强记，在笔写的讲稿外，随时引证许多作品，大部分他都能背诵得出。有时候，他背到酣畅处，忽然记不起下文，他便用手指敲打他的秃头，敲几下之后，记忆力便又畅通，成本大套的背诵下去了。他敲头的时候，我们屏息以待，他记起来的时候，我们也跟着他欢喜。

先生的演讲，到紧张处，便成为表演。他真是手之舞之足之蹈之，有时掩面，有时顿足，有时狂笑，有时太息，听他讲到他最喜爱的《桃花扇》，讲到“高皇帝，在九天，不管……”那一段，他悲从中来，竟痛哭流涕而不能自已。掏出手巾拭泪，听到的人不知有许多也泪下沾巾了！又听到他讲到“剑外忽传收蓟北，初闻涕泪满衣裳……”，先生又真是于涕泗交流之中张口大笑。

这一篇演讲分三次讲完，每次讲过，先生大汗淋漓，状极愉快。听过这篇演讲的人，除了当时所受的感动之外，不少人从此对中国文学产生了强烈的爱好。先生常自谓：“笔锋常带情感”，其实先生在言谈演讲之中所带的情感不知要更强烈多少倍！

有学问，有文采，有热心肠的学者，求之当世能有几人？于是我想起了从前的一段经历，笔而记之。

【注释】

1. 选自《槐园梦忆》，海南出版社，1994 年。

【作者简介】

梁实秋（1903 年—1987 年），浙江杭州人，原名治华。著名文学评论家、散文家、翻译家。1915 年入北京清华学校，1923 年赴美留学，入哈佛大学研究院，获文学硕士学位。回国后任教于东南大学、北京大学等。1928 年与徐志摩等创办《新月》月刊，是新月社的中坚。1949 年移居台湾，历任台北师范学院英语系主任、国立编译馆馆长等。散文作品显示了深厚的文化底蕴与美学功力。代表作有《雅舍小品》等，译著有《莎士比亚全集》。

【思考练习题】

1. 作者对梁启超的肖像描写有哪些突出之处？
2. 梁启超是一位“有学问、有文采、有热心肠的学者”，作者用了什么事例具体表述？请举例说明。
3. 从梁启超的演讲中，你得到了什么启示？

（方明松选文）

沉默的大多数（节选）[1] 王小波

君特·格拉斯[2]在《铁皮鼓》里，写了一个不肯长大的人。小奥斯卡发现周围的世界太过荒诞，就暗下决心要永远做小孩子。在冥冥之中，有一种力量成全了他的决心，所以他就成了个侏儒。这个故事太过神奇，但很有意思。人要永远做小孩子虽办不到，但想要保持沉默是能办到的。在我周围，像我这种性格的人特多——在公众场合什么都不说，到了私下里则妙语连珠，换言之，对信得过的人什么都说，对信不过的人什么都不说。起初我以为这是因为经历了严酷的时期（“文革”），后来才发现，这是中国人的通病。龙应台女士就大发感慨，问中国人为什么不说话。她在国外住了很多年，几乎变成了个心直口快的外国人。她把保持沉默看作怯懦，但这是不对的。沉默是一种生活方式，不但是中国人，外国人中也有选择这种生活方式的。

我就知道这样一个例子：他是前苏联的大作曲家肖斯科维奇。有好长一段时间他写自己的音乐，一声也不吭。后来忽然口授了一厚本回忆录，并在每一页都签了名，然后他就死掉了。据我所知，回忆录的主要内容，就是谈自己在沉默中的感受。阅读那本书时，我得到了很大的乐趣——当然，当时我在沉默中。把这本书借给一个话语圈子里的朋友去看，他却得不到任何的乐趣，还说这本书格调低下，气氛阴暗。那本书里有一段讲到了苏联三十年代，有好多人忽然就不见了，所以大家都很害怕，人们之间都不说话。邻里之间起了争纷都不敢吵架，所以有了另一种表达感情的方式，就是往别人烧水的壶里吐痰。顺便说一句，苏联人盖过一些宿舍的房子，有公用的卫生间、盥洗室和厨房，这就给吐痰提供了方便。我觉得有趣，是因为像肖斯科维奇那样的大音乐家，戴着夹鼻眼镜，留着山羊胡子，吐起痰来一定多有不便。可以想见，他必定一手抓住眼镜，另一手护住胡子，探着头去吐。假如就这样被人逮到揍上一顿，那就更有趣了。其实肖斯科维奇长得什么样，我也不知道。我只是想象他是这个样子，然后就哈哈大笑。我的朋友看了这一段就不笑，他以为这样吐痰动作不美，境界不高，思想也不好。这使我不敢与他争辩——再争辩就要涉入某些话语的范畴，而这些话语，就是阴阳两界的分界线。

看过《铁皮鼓》的人都知道，小奥斯卡后来改变了他的决心，也长大了。我现在已决定了要说话，这样我就不是小奥斯卡，而是大奥斯卡。我现在当然能同意往别人的水壶里吐痰是思想不好，境界不高。不过有些事继续发生在我身边，举个住楼的人都知道的例子：假设有人常把一辆自行车放在你门口的楼道上，挡了你的路，你可以开口去说：打电话给居委会；或者直接找到车主，说道：同志，“五讲四美”，请你注意。此后他会用什么样的语言来回答你，我就不敢保证。我估计他最起码要说你“事儿”，假如你是女的，他还会说你“事儿妈”，不管你有多大岁数，够不够做他妈。当然，你也可以选择沉默的方式来表达自己对这种行为的厌恶之情：把他车胎里的气放掉。干这件事时，当然要注意别被车主看见。还有一种更损的方式，不值得推荐，那就是在车胎上按上个图钉。有人按了图钉再拔下来，这样车主找不到窟窿在哪儿，补带时更困难。假如车子可以搬动，把它挪到难找的地方去，让车主找不着它，也是一种选择。这方面就说这么多，因为我不想教坏。这些事使我想到了福柯先生的话：话语即权力。这话应该倒过来说：权力即话语。就以上面的例子来说，你要给人讲“五讲四美”，最好穿上一身警服。“五讲四美”虽然是些好话，讲的时候最好有实力或者说是身份作为保证。话说到这个地步，可以说说当年和朋友讨论肖斯科维奇，他一说到思想、境界等等，我为什么就一声不吭——朋友倒是个很好的朋友，但我怕他挑我的毛病。

一般人从七岁开始走进教室，开始接受话语的熏陶。我觉得自己还要早些，因为从我记事时开始，外面总是装着高音喇叭，没黑没夜地乱嚷嚷。从这些话里我知道了土平炉可以炼钢，这种东西和做饭的灶相仿，装了一台小鼓风机，嗡嗡地响着，好像一窝飞行的屎克螂。炼出的东西是一团团火红的粘在一起的锅片子，看起来是牛屎。从那些话里我还知道了一亩地可以产三十万斤粮，然后我们就饿得要死。总而言之，从小我对讲出来的话就不大相信，越是声色俱厉，嗓门高亢，我越是不信。这种怀疑态度起源于我饥饿的肚肠。和任何话语相比，饥饿都是更大的真理。除了怀疑话语，我还有一个恶习，就是吃铅笔。上小学时，在课桌后面一坐定就开始吃。那种铅笔一毛三一支，后面有橡皮头。我从后面吃起，先吃掉柔软可口的橡皮，再吃掉柔韧爽口的铁皮，吃到木头笔杆以后，软糟糟的没什么味道，但有一点香料味，诱使我接着吃。终于把整支铅笔吃得只剩了一支铅芯，用橡皮膏缠上接着使。除了铅笔之外，课本、练习本，甚至课桌都可以吃。我说到的这些东西，有些被吃掉了，有些被啃得十分狼藉。这也是一个真理，但没有用话语来表达过：饥饿可以把小孩子变成白蚁。

这个世界上有个很大的误会，那就是以为人的种种想法都是由话语教出来的。假设如此，话语就是思维的样板。我说它是个误会，是因为世界还有阴的一面。除此之外，同样的话语也可能教出些很不同的想法。从我懂事的年龄起，就常听人们说：我们这一代，生于一个神圣的时代，多么幸福，而且肩负着解放天下三分之二受苦人的神圣使命等等。同年龄的人听了都很振奋，很爱听，但我总有点疑问，这么多美事怎么都叫我赶上了。除此之外，我以为这种说法不够含蓄。而含蓄是我们的家教。在三年困难时期，有一天开饭时，每人碗里有一小片腊肉。我弟弟见了以后，按捺不住心中的狂喜，冲上阳台，朝全世界放声高呼：我们家吃大鱼大肉了！结果是被我爸爸拖回来臭揍了一顿。经过这样的教育，我一直比较深沉。所以听到别人说我们多么幸福、多么神圣，别人在受苦，我们没有受等等，心里老在想着：假如我们真遇上了这么多美事，不把它说出来会不会更好。当然，这不是说，我不想履行自己的神圣职责。对于天下三分之二的受苦人，我是这么想的：与其大呼小叫说要去解放他们、让人家苦等，倒不如一声不吭，忽然有一天把他们解放，给他们一个意外惊喜。总而言之，我总是从实际的方面去考虑，而且考虑得很周到。幼年的经历、家教和天性谨慎，是我变得沉默的起因。

【注释】

1. 本文节选自王小波的杂文随笔全编《沉默的大多数》，中国青年出版社，1997 年。

2. 君特·格拉斯，德国作家。

【作者简介】

王小波（1952 年—1997 年），主要作品有《黄金时代》《白银时代》《青铜时代》三部中长篇小说集，合称《时代三部曲》。20 世纪 90 年代，王小波开辟了新的创作领域，从事杂文随笔写作，作品涉猎广泛，思想深邃，幽默犀利。

【思考练习题】

1. 王小波说："在我周围，像我这种性格的人特多——在公众场合什么都不说，到了私下里则妙语连珠，换言之，对信得过的人什么都说，对信不过的人什么都不说。"你有这种性格吗？

2. 王小波的《时代三部曲》是由哪三部作品构成的？

3. 王小波说："任何人说话都会有毛病，圣贤说话也有毛病，这种毛病还相当严重。"在你所熟悉的古代圣贤中，谁说的哪一句话有相当严重的毛病？

（马化宇选文）

鱼是我们的敌人，也是我们的知心朋友　万伯翱

爱好文学的中国读者都读过 1954 年诺贝尔文学奖得主海明威的名著《老人与海》。这部被称为"千锤百炼的诗一样的不朽著作"是一件深邃完善的艺术品，被世人公认为"描写海洋和渔夫最深刻的文学作品"，它来源于生活，来源于鱼和大海。

我最近在香港凤凰电视台上看到海明威白发苍苍的儿子在荧屏上说："我父亲除了写作外，最大的爱好就是海洋上的垂钓，他把垂钓视为他生命的一部分。"我和海明威也算有点缘分，访问古巴时，刚好来到当年作家垂钓和写《老人与海》时取材的地方。在哈瓦那机场我惊喜地发现了印有他全神贯注海钓形象的精美明信片，便请服务小姐拿出来仔细观赏，明信片有着明显的凹凸感，上面用西班牙文和英文印着："海明威是一位旅行家、猎手、钓鱼家和举世闻名的作家，生于美国伊利诺依州的奥克帕克，他从 1938 年到 1960 年一直住在古巴哈瓦那。"海明威热爱古巴这块土地和人民，美国和古巴也有着千丝万缕的联系和渊源，难怪 2002 年初夏，美国前

总统吉米·卡特应古巴总统之邀，历史性地访问古巴时，强调美国应改变对古巴长期封锁的敌对政策，对这个美国后院小国应实行开放和友好政策。我这个钓鱼迷和海明威迷对明信片爱不释手，当即将其买下。

从海明威的传略上可以看出，早在儿童和青年时期他一直是一位体育运动爱好者。他对拳击、长跑、摔跤等体育运动都有着浓厚的兴趣，而且成绩不凡。

喜爱钓鱼和打猎都和他父亲言传身教分不开，因为他父亲爱德华·海明威是位身材魁伟的医生，非常喜爱钓鱼和打猎，海明威还不到3岁，父亲就给了他钓鱼竿，到了10岁就给了他猎枪。这样小就开始了“钓”和“打”，恐怕已创下这方面的“吉尼斯”世界纪录了。

鲁迅先生说过，成功的作家描写他周围最熟悉的人和事物，而不是看到、知道一点点就随意动笔的。海明威太熟悉钓鱼和打猎了，他初期的一系列短篇作品中不少人物是参与钓鱼和打猎了的。直到五十多岁荣获大奖的《老人与海》，更是人类最出色的大鱼和大海搏斗的精彩华章。因为他自己就曾钓起过468磅重的蓝旗鱼和300磅重的鲔鱼。远远超过了高大而健壮，当时体重225磅的海明威自身的重量了。他的打猎活动也非同凡响。作家的敏锐、勇敢和快速使他击倒过野牛、犀牛、猎豹、狮子以及机敏的羚羊和凶猛的飞禽等，而且罕见地在最近距离打死了非洲的雄狮。

值得一提的是，20世纪50年代，海明威对古巴人民革命领袖卡斯特罗有好感，并暗中资助他。到1959年卡氏革命胜利时，喜爱钓鱼的卡斯特罗参加了海明威举办的钓蓝旗鱼大赛。钓友们都知道钓巨鱼蓝旗在美国夏威夷被称为“运动钓鱼”（sports fishing）。难怪夏威夷钓场高高悬挂的广告牌上写着：“钓坛的最高境界——搏斗——钓鱼高手们来钓蓝色大马林吧，试试你的运气和手气吧！”和这种海钓的冒险与搏击比起来，我们平时在内陆塘边柳下、清风明月的淡水垂钓，就得称作“小儿科”了。但满以为自己能夺冠的海明威，在这次比赛中竟以二三十磅之差败给了身强力壮的大胡子领袖，使他最不服的还是在卡氏拖拉巨鱼时，有好几位警卫人员和老钓手帮助这位显赫的人物（按钓场规定大鱼不离水，是不允许别人插手帮助的）。当然也有过这样的比赛，海明威钓大鱼夺冠，古巴人不高兴了，“怎么让美国人抢了头名，这是我们的大海，我们的鱼啊！”海明威知道后慷慨地拿出全部奖金，请全体钓手和全镇的钓鱼爱好者痛饮啤酒，跳舞唱歌，以慰失落的古巴人。

评论家说：海明威极讲究遣词造句，他的晚年文章很少使用修饰词，只用名词和动词，再用连接词把它们连接起来，使文章显得非常简洁有力，用最亲切的笔触把它们描写出来。让我们好好来欣赏这一段《老人与海》吧：

“鱼没有吃饵，但也没有逃开。过了片刻，它又触动了。拉拽力量很大，一定是条大鱼。正如老人所期待的，鱼已咬住了，好像把小船轻轻拖动。这样的状态维持了4个钟头。老人的心充满了希望。再过几个小时，大鱼一定会浮上来。老人一感觉孤独就想到那个孩子，如果能陪着他该多好。但他的心还是和大海以及这条大鱼紧紧连在一起。所以他才怜惜钓到这条大鱼。他知道此鱼比一般的鱼了不起。老人的心已被这条鱼吸引住了。他忽然想到一件事。他曾经遇到一对马林鱼，他先钓上了雌的，雄的却一直盘桓在船边，一直不离左右啊！老人赞美鱼的美德。他知道现在这一条鱼，也不是一条平常的鱼。鱼把老人拖倒，伤到他的眼睛下方，但老人永远不会气馁，因为鱼是他的敌人，同时也是知心朋友。”

这样超脱的笔力，如此亲切美好的描写，我相信每一个真正的钓鱼好手和爱好文学、热爱海洋动物的人都会永远记住。

【作者简介】

万伯翱，山东东平人，中国作家协会会员。他的作品《鱼是我们的敌人，也是我们的知心朋友》是2003年首届“华夏作家网杯”文学大赛中获奖的唯一一篇体育散文。

【思考练习题】

1. 结合本文分析海明威为什么能够写出“千锤百炼的诗一样的不朽著作”——《老人与海》。
2. 本文展现了海明威是怎样的一个人？
3. 简述本文的艺术特色。

（袁宏选文）

热爱生命[1]　　（法）蒙　田

我对某些词语赋予特殊的含义：拿“度日”来说吧，天色不佳，令人不快的时候，我将“度日”看作是“消磨光阴”，而风和日丽的时候，我却不愿意去“度”，这时我是在慢慢赏玩、领略美好的时光。坏日子，要飞快去“度”，好日子，要停下来细细品尝。“度日”、“消磨时光”的常用语令人想起那些“哲人”的习气。他们以为生命的利用不外乎在于将它打发、消磨，并且尽量回避它，无视它的存在，仿佛这是一件苦事、一件贱物似的。至于我，我却认为生命不是这个样的，我觉得它值得称颂，富有乐趣，即便我自己到了垂暮之年也还是如此。我们的生命受到自然的厚赐，它是优越无比的，如果我们觉得不堪生之重压或是白白虚度此生，那也只能怪我们自己。

“糊涂人的一生枯燥无味，躁动不安，却将全部希望寄托于来世[2]。”

不过，我却随时准备告别人生，毫不惋惜。这倒不是因生之艰辛或苦恼所致，而是由于生之本质在于死。因此只有乐于生的人才能真正不感到死之苦恼。享受生活要讲究方法，我比别人多享受到一倍的生活，因为生活乐趣的大小是随我们对生活的关心程度而定的。尤其在此刻，我眼看生命的时光无多，我就愈想增加生命的分量。我想靠迅速抓紧时间，去留住稍纵即逝的日子；我想凭时间的有效利用去弥补匆匆流逝的光阴。剩下的生命愈是短暂，我愈要使之过得丰盈饱满。

【注释】

1. 本文选自《蒙田随笔》，梁宗岱等译，湖南文艺出版社，1987年。
2. 语出古罗马哲学家塞内加。

【作者简介】

蒙田（公元1533年—1592年），法国伟大的思想家、作家，独具个性的人文主义者。38岁开始撰写随笔。蒙田的创作开创了随笔这一体裁的先河，使散文作品进入了文学殿堂，同时也奠定了他在世界文学史上不可替代的地位。

【思考练习题】

1. 生命的意义是什么？
2. 怎样理解作者“度日”的不同意义？
3. 讨论“糊涂人的一生枯燥无味，躁动不安，却将全部希望寄托于来世。”

（罗遥选文）

地狱的箴言[1]　　（英）布莱克

播种是学习，收获是教导，冬天享受。
让你的大车和犁头碾着死人的白骨前进吧。
离经叛道是通向智慧宫殿的必由之路。
审慎是无能所追求的一位富有而丑陋的老处女。
有欲望而无行动者滋生瘟疫。
被犁断的蛆虫原谅犁头。
把好水者置于河中。
傻瓜和聪明人看到的不是同一棵树。
谁的脸上不发光就永远成不了星星。
永恒与时间的产品谈情说爱。
忙碌的蜜蜂没时间悔恨。
愚蠢的钟点由时钟衡量，但智慧的时间没法衡量。
一切有益健康的食品都不是由网或陷阱得来的。
度量衡要在荒年颁布。
如果单凭自己的翅膀，没有一只鸟儿会飞得很高。
只有尸体才不会为受到的伤害复仇。
最高尚的行为是把别人置于你前面。
如果愚人坚持其愚蠢他就会变得聪明了。
愚蠢是无赖的斗篷。
羞涩是骄傲的外衣。
监狱是法律的石头砌就，妓院是宗教的砖块造成。
孔雀的骄傲是上帝的荣耀。
山羊的淫欲是上帝的博爱。
狮子的愤怒是上帝的智慧。
女人的裸体是上帝的杰作。
过悲会笑，极乐会哭。
狮子的咆哮、狼的嚎叫、暴风雨中海的发怒，和毁灭
一切的剑在凡人眼中都是过于伟大的永恒之组成部分。
狐狸责怪陷阱，而不责怪自己。
欢乐授胎，悲哀生育。
让男人穿狮皮，女人穿羊毛。
鸟有巢，蜘蛛有网，人有友谊。
窃窃自笑的傻瓜和愁眉苦脸的傻瓜都应看作是聪明的，
他们也许是同一个家族中的一支。
凡现已证实的都曾是想象的。
鼠、鼹、狐、兔，眼望树根。狮、虎、马、象，眼望果实。
水池蓄，泉水涌。

一个思想可充塞太空。

永远准备说真话，这样卑鄙的人就会避开你。

一切可信之物都是真理之象。

鹰决不会浪费很多时间屈尊向乌鸦学习。

狐狸供养自己，但上帝供养狮子。

清晨思想。中午行动。黄昏进食。夜晚睡眠。

上过你的当的人最了解你。

犁头听人吆喝，上帝报答祈祷者。

愤怒的虎比说教的马更聪明。

死水有毒。

除非你知道什么是过度，你决不会知道什么是足够。

听听傻瓜的恶名：这是一个尊称。

火的眼睛，风的鼻孔，水的嘴巴，大地的胡子。

怯于勇气者善于使诡计。

苹果树从不问山毛榉如何生长，狮子从不问如何觅食。

感恩的接受者带来一个丰收。

如果别人从来不傻，那一定是我们傻了。

甜蜜而快乐的灵魂决不会受污损。

当你看鹰时，你就在看天才的一部分：抬起头来！

毛虫总爱在最美的叶子上产卵，教士总爱诅咒最正当的欢乐。

诅咒使人振作，祝福使人懈怠。

酒越陈越好，水越鲜越好。

祈祷者不耕作，赞美者不收获。

极乐不笑。极悲不哭。

崇高为头，痛苦为心，生殖为美，平衡为手足。

卑鄙之于卑鄙者正如风之于鸟海之于鱼一样。

乌鸦希望一切皆黑，猫头鹰希望一切皆白。

丰盛却美。

如果狮子听从狐狸的劝告，它也只会使使诡计。

修整使道路变得平直，但未加修整的曲折的道路才是天才之路

有欲望而无行动等于把婴儿扼杀在摇篮中。

人迹未到之处，自然一片荒凉。

真理绝不会是只能理解而不能信仰的。

够了，太多了！

【注释】

1. 本文选自布莱克散文诗集《天堂与地狱的婚姻》。箴（zhēn）言，劝戒的话。

【作者简介】

威廉·布莱克（公元1757年—1827年），1757年11月28日生于英国伦敦一个商人家庭。天生倔强，不愿接受呆板的正规教育，进入一家雕版作坊当学徒。其后即自办印刷所，以雕版印刷为业，同时刻苦自学，写诗作画，自己印刷出版，分赠友人。1827年8月12日去世。

【思考练习题】

1. 布莱克认为“最高尚的行为是把别人置于你前面”，在你心目中最高尚的行为是什么？

2. “如果愚人坚持其愚蠢他就会变得聪明了”你同意这一说法吗？请简要说明理由。

3. 读罢此则《地狱的箴言》，你的第一感受是什么？试用一句话加以概括。

（马化宇选文）

世间最美的坟墓[1]

——记1928年的一次俄国旅行　（奥地利）茨威格

我在俄国所见到的景物再没有比列夫·托尔斯泰[2]墓更宏伟、更感人的了。这将被后代怀着敬仰之情来朝拜的圣地，远离尘嚣，孤零零地躺在林阴里。顺着一条羊肠小路信步走去，穿过林间空地和灌木丛，便到了坟墓前。这只是一个长方形的土堆而已，无人守护，无人管理，只有几株大树荫蔽[3]。他的外孙女跟我讲，这些高大挺拔、在初秋的风中微微摇动的树木是托尔斯泰亲手栽种的。小的时候，他的哥哥尼古莱和他听保姆或村妇讲过一个古老传说，提到亲手种树的地方会变成幸福的所在。于是他们俩就在自己庄园的某块地上栽了几株树苗，这个儿童游戏不久也就被忘掉了。托尔斯泰晚年才想起这桩儿时往事和关于幸福的奇妙许诺，饱经忧患的老人突然从中获得了一个新的、更美好的启示。他当即表示愿意将来埋骨于那些亲手栽种的树木之下。

后事就这样办了，完全按照托尔斯泰的愿望。他的坟墓成了世间最美的、给人印象最深刻的、最感人的坟墓。它只是树林中的一个小小长方形土丘，上面开满鲜花，没有十字架，没有墓碑，没有墓志铭[4]，连托尔斯泰这个名字也没有。这个比谁都感到被自己声名所累的伟人，就像偶尔被发现的流浪汉、不为人知的士兵一般不留名姓地被人埋葬了。谁都可以踏进他最后的安息地，围在四周的稀疏的木栅栏是不关闭的——保护列夫·托尔斯泰得以安息的没有任何别的东西，唯有人们的敬意，而通常，人们总是怀着好奇，去破坏伟人墓地的宁静。这里，逼人的朴素禁锢住任何一种观赏的闲情，并且不容许大声说话。夏天，风儿在俯临这座无名者之墓的树木之间飒飒响着，和暖的阳光在坟头嬉戏；冬天，白雪温柔地覆盖这片幽暗的土地。无论你在夏天或冬天经过这儿，你都想象不到，这个小小的、隆起的长方形包容着当代最伟大人物当中的一个。然而，恰恰是不留姓名，比所有挖空心思置办的大理石和奢华装饰更扣人心弦：在今天这个特殊的日子里，成百上千到他的安息地来的人中间没有一个有勇气，哪怕仅仅从这幽暗的土丘上摘下一朵花留作纪念。人们重新感到，这个世界上再也没有比这最后留下的、纪念碑式的朴素更打动人心的了。老残军人退休院大理石穹隆底下拿破仑的墓穴，魏玛[5]公侯之墓中歌德的灵寝，西敏司寺[6]里莎士比亚的石棺，看上去都不像树林中的这个只有风儿低吟，甚至全无人语声，庄严肃穆，感人至深的无名墓冢那样能剧烈震撼每一个人内心深藏着的感情。

【注释】

1. 选自《外国优秀散文选》，中国文联出版公司，1985年。有改动，张厚仁译。

2. 列夫·托尔斯泰（1828年—1910年）：俄国伟大作家，代表作有长篇小说《战争与和平》《安娜·卡列尼娜》《复活》等。

3. 荫蔽（yīnbì）：掩盖，遮蔽。

4. 墓志铭：旧时刻在石上埋在坟里的文字。在中国，墓志铭包括志和铭两部分。志多用散文，叙述死者姓氏、生平。铭是韵文，用于对死者的颂扬、悼念。本文的墓志铭是指墓碑上的悼念文字。

5. 魏玛：德国西南部城市。

6. 西敏司寺：英国的一座寺。

【作者简介】

茨威格（1881 年—1942 年），奥地利作家、文艺评论家。早期作品带有印象主义色彩。作品有短篇小说集《初次经历》《阿莫克》和长篇历史小说《约瑟夫·富歇》等。还写有巴尔扎克等作家的传记和关于司汤达、狄更斯等作家的论述。

【思考练习题】

1. 朗读《世间最美的坟墓》，结合有关语句，体会托尔斯泰墓的朴素美，并用简明的语言加以概括。

2. 联系上下文，揣摩下列语句，回答问题。

①“夏天，风儿在俯临这座无名者之墓的树木之间飒飒响着，和暖的阳光在坟头嬉戏；冬天，白雪温柔地覆盖这片幽暗的土地。”这样描写景物，有什么效果？

②“在今天这个特殊的日子里，成百上千到他的安息地来的人中间没有一个有勇气，哪怕仅仅从这幽暗的土丘上摘下一朵花留作纪念。”作者在这里抒发了怎样的情怀？

（方明松选文）

青春　（美）塞缪尔·乌尔曼[1]

青春不是年华，而是一种心态；不是玫瑰般的脸庞，红润的嘴唇和敏捷的双腿，而是坚韧的意志，丰富的想象力，以及无穷的激情；青春是生命深处的一股清泉。

青春意味着勇气多于怯懦，青春意味着喜欢冒险而讨厌安逸。拥有此种品质的人之中，六十岁的老人往往多于二十岁的年轻人。没有人只因年龄的增长而年老，人们往往因放弃理想而年老。

岁月可使肌肤长满皱纹，但放弃激情可使心灵布满灰尘。焦虑、疑惑、猜疑、恐惧和沮丧——都会挫伤心灵，磨损意志。

不管是白发老人还是青春少年，每个人的心里皆有其喜欢之新奇事物，对星星和类似的东西皆有好奇之心，敢于挑战，对未知事物的孩子般的渴求之心，乐于享受生活带来的乐趣。

我们因充满信心而变得年轻；因心存疑虑而变得年老；因自信而年轻，因心存恐惧而年老；因充满希望而年轻，因满怀沮丧而年老。

人人心里都有一座无线电台，只要接收到来自地球、人类和宇宙的美好、希望、勇气、庄严及力量，就会变得年轻。

当心灵的天线倒地，心如大雪般的悲观、如冰块般的愤世嫉俗时，那时，唯有那时，我们将真正老去。

【注释】

1. 本文选自徐翰林编译的《最优美的散文》，中国对外翻译出版公司，2006 年。

【作者简介】

塞缪尔·乌尔曼（1840 年—1920 年），犹太人，出生于德国，1851 年随家人移民到美国密西西比。乌尔曼虽以教育家和社会活动家而闻名于世，但在文学创作方面也很有才华。《青春》受到美国麦克阿瑟将军的推崇。

【思考练习题】

1. 作者认为“青春”是什么？

2. 文中运用了什么修辞手法？有何作用？

3. 你对青春有什么理解？

（程红选文）

听　泉[1]　（日）东山魁夷

鸟儿飞过旷野。一批又一批，成群的鸟儿接连不断地飞了过去。

有时候四五只联翩飞翔，有时候排成一字。看，多么壮观的鸟群啊！……

鸟儿鸣叫着，它们和睦相处，互相激励；有时又彼此憎恶，格斗，伤残。有的鸟儿因疾病、疲惫或衰老而失掉队伍。

今天，鸟群又飞过旷野，它们时而飞过碧绿的田原，看到小河在太阳照耀下流泻；时而飞过丛林，窥见鲜红的果实在树荫下闪烁。想从前，这样的地方有的是。可如今，到处都是望不到边的漠漠荒原。任凭大地改换了模样，鸟儿一刻也不停歇，昨天，今天，明天，它们继续打这里飞过。

不要认为鸟儿都是按自己的意志飞翔的。它们为什么飞？它们飞向何方？谁都弄不清楚，就连那些领头的鸟儿也无从知晓。

为什么必须飞得这样快？为什么就不能慢一点儿呢？

鸟儿只觉得光荫在匆匆忙忙中逝去了。然而，它们不知道时间是无限、永恒的，逝去的只是鸟儿自己。它们像着了迷似的那样剧烈，那样急速地振翅翱翔。它们没有想到，这会招来不幸，会使鸟儿更快地从这块土地上消失。

鸟儿依然呼啦啦拍着翅膀，更急速，更剧烈地飞过去……

森林中有一泓清澈的泉水，发出叮叮咚咚的响声，悄然流淌。这里有鸟群休息的地方，尽管是短暂的，但对于飞越荒原的鸟群来说，这小憩何等珍贵！地球上的一切生物，都是这样，一天过去了，又去迎接明天的新生。

鸟儿在清泉旁歇歇翅膀，养养精神，倾听泉水的絮语。鸣泉啊，你是否指点了鸟儿要去的方向？

泉水从地层深处涌出来，不间断地奔流着，从古到今，阅尽地面上一切生物的生死、荣枯。因此，泉水一定知道鸟儿应该飞去的方向。

鸟儿站在清澈的水边，让泉水映照着身影，它们想必看到了自己疲倦的模样。它们终于明白了鸟儿作为天之骄子的时代已经一去不复返了。

鸟儿想随处都能看到泉水，这是困难的。因为，它们只顾尽快飞翔。

不过，它们似乎有所觉悟，这样连续飞翔下去，到头来，鸟群本身就会泯灭的，但愿鸟儿尽早懂得这个道理。

我也是群鸟中的一只，所有的人们都是在荒凉的不毛之地上飞翔不息的鸟儿。

人人心中都有一股泉水，日常的烦乱生活，遮蔽了它的声音。当你夜半突然醒来，你会从心灵的深处，听到幽然的鸣声，那正是潺潺的泉水啊！

回想走过的道路，多少次在这旷野上迷失了方向。每逢这个时候，当我听到心灵深处的鸣泉，我就重新找到了前进的标志。

泉水常常问我：你对别人、对自己是诚实的吗？我总是深感内疚，答不出话来，只好默默地低着头。

我从事绘画，是出自内心的祈望：我想诚实地生活。心灵的泉水告诫我：要谦虚，要朴素，要舍弃清高和偏执。

心灵的泉水教导我：只有舍弃自我，才能看见真实。

舍弃自我是困难的，甚至是不可能的，我想。然而，絮絮低语的泉水明明白白地对我说：美，正在于此。

【注释】

1. 本文选自《东山魁夷散文选》，陈德文译，百花文艺出版社，1989 年。

【作者简介】

东山魁夷（1908 年—1999 年），是日本当代著名的风景画家，又是颇有成就的散文家。他把画中的诗意和蕴藏的哲理用文字表达出来，因此，他的散文有一种常人很难描绘出的意境。他集画家和散文家于一身，形成了风格独特的散文。

【思考练习题】

1. 东山魁夷的艺术风格与中国古代哪位诗人的艺术风格有相似之处？

2. 细读以下文字，试分析比较其所营造的意境。

听 泉（片段）

森林中有一泓清澈的泉水，发出叮叮咚咚的响声，悄然流淌。这里有鸟群休息的地方，尽管是短暂的，但对于飞越荒原的鸟群来说，这小憩何等珍贵！地球上的一切生物，都是这样，一天过去了，又去迎接明天的新生。

《鸟鸣涧》 王维

人闲桂花落，夜静春山空。月出惊山鸟，时鸣春涧中。

3. “舍弃自我是困难的，甚至是不可能的，我想。然而，絮絮低语的泉水明明白白地对我说：美，正在于此。”东山魁夷这句话与我国古代哪位作家的哪句话有异曲同工之妙？

（马化宇选文）

先秦诸子语录导读：与先秦诸子对话

公元前约 770 年至公元前 221 年是春秋战国时期。我国社会由奴隶制转变为封建制的急遽变化时期，在我国文化史上第一次呈现“百花齐放、百家争鸣”的局面。

与此相应的是思想文化领域各种学说方兴未艾，出现了“九流互作，百家争鸣”的繁荣景象。儒家、道家、墨家、法家、兵家、名家、纵横家等流派纷纷倡言立说，内容涉及政治、经济、军事、思想、文化、道德等各个方面。此时，人才辈出、群星璀璨，各抒己见，提出了富于原创性、充满智慧的各种学说，产出了丰富多彩的文化典籍。

老子：“辩证法”的始祖，中国哲学第一人。

道家鼻祖是老子，姓李，名耳，也称老聃（dān）。著有传世之作《道德经》。其主要学术思想集中在后人门徒整理编著的《老子》一书。道家通过日常的社会现象与自然现象的观察，阐述了世间万物的存在，都具有相互依存、联系、作用的关系及对立统一的规律。确认了“对立统一”是永恒的普遍的法则。

“自然、无为”的天道观：道法自然，无为而治。老子主张无神论，其唯物主义体系的**核心是“道”，“形而上者为之道，形而下者为之器”**。通过“道”与“器”的解说，也就首次提供了“抽象与具体、综合与分析”意义上的哲学思辨游戏规则。通俗地讲：道就是天地万物和人共同遵守的宇宙规律。借此，反对“天道有知”，大胆地提出了“天道无为”的思想。老子说“道常无为而无不为”，认为道是构成万物的基础，是世界万物自身的规律。在世界上最先提出了朴素的唯物论和辩证法，为千百年来的后人提供了观察社会、思索人生的独特视角。他的思想是中华文化思想体系的重要组成部分。虽跨越千年，但老子的思想和精神已经深入人心，融入百姓生活，老子学说，常读常新，犹有广泛读者。他创立的道家学说，对 2000 多年来东、西方思想文化的发展，均产生了最为深远的影响。

儒家的鼻祖：孔子，姓孔，名丘，字仲尼，民间又俗称“孔老二”。稍后，荀子、孟子继承发展了其思想体系，经后人整理为“五经四书”。如《大学》提出了“三纲领”和“八条目”，强调“修己”是“治人”的前提，强调了“修身、齐家、治国、平天下”，政治抱负与道德修养统一，齐家和治国相联系，体现了儒家追求和谐的思想特色。约从宋代以来，就有“半部《论语》治天下”之说，这是对孔子与儒教的称颂。

《论语》是儒家言论：成书于春秋战国之际，由孔子弟子及孔门后学辑录而成。论，通“伦”，含有“条理”、“顺序”的意思，也就是论纂、编辑之意。语，即言语，言论。内容涉及教育、文艺、哲学、政治、经济等诸多方面，全面体现孔子政治、学术和教育思想，是儒家最重要的经典，也是研究孔学重要的文献。孔子认为：君子要注意自我修养，处处严格要求自己。他要求自己和学生们一言一行都要认真思考和自我反省，这里包括个人道德修养的各种行为规范，如“温、良、恭、俭、让、忠、孝、仁、义、礼、智、信”等等。

论语谈君子标准：一是要随时注意戒除个人的欲念；二是处事中要有敬畏之心，防止肆无忌惮；三是处事态度认真，随时严格要求自己。认为从政者必须“温良恭俭让”。先做人，后做事。“己所不欲，勿施于人。”一个人的言行举止、一视一听都要自我省察，文化知识、品德修养、忠诚笃厚、坚守信约，做到自律。建立和谐社会也是很有现代意义的。

《孙子兵法》是军事经典：这是对上古以来，特别是春秋时期频繁、激烈、多样的战争经验的总结和升华，揭示了重要的战争规律，对当时及后世的军事思想有十分深远的影响。早在一千多年前的唐朝就流传国外，陆续被译成英、日、法、德、意等多种文字，受到世界普遍关注，被奉为“兵学圣典”。

此外，文中所选的几则先秦语录，都体现了诸子朴素的辩证法思想。有些见解受历史局限，或带有明显封建遗痕，其中仍有不少论述涵盖了人生体验，深邃的思想学识，富有启迪意义。

（张黎、吴志强撰写）

散文阅读资料推荐

中国古代散文

晋公子重耳之亡	（春秋）	《左传》
逍遥游	（战国）	庄　子
五蠹、孤愤、说难	（战国）	韩　非
七　发	（西汉）	枚　乘
与山巨源绝交书	（魏晋）	嵇　康
归去来兮辞	（东晋）	陶渊明
与陈伯之书	（南朝）	丘　迟
滕王阁序	（唐）	王　勃
赵武灵王胡服骑射	（北宋）	司马光
湖心亭看雪	（明末清初）	张　岱
与友人论学书	（明清）	顾炎武

中国现当代散文

山中杂记之七	冰　心
喝　茶	周作人
藕与莼菜	叶圣陶

泪与笑	梁遇春
给我的孩子们	丰子恺
故都的秋	郁达夫
想北平	老　舍
天才梦	张爱玲
怀念萧珊	巴　金
故乡的野菜	汪曾祺
我的四个假想敌	余光中
秦　腔	贾平凹
我与地坛	史铁生

外国散文

艰辛的人生	（美国）	西奥多·罗斯福
爱是艰难的	（奥地利）	勒内·马利亚·里尔克
与书为伴	（苏格兰）	塞缪尔·斯迈尔斯
人类的精神	（美国）	威廉·福克纳
美腿与丑腿	（美国）	本杰明·富兰克林
微尘与栋梁	（英国）	威廉·萨默塞特·毛姆
中庸之道	（西班牙）	巴尔塔沙·葛拉西安
如果我休息，我就生锈	（美国）	奥里森·马登
一个完全相反的地方	（法国）	阿尔伯特·卡缪

（程红推荐）

第三章　戏　剧

内容提要：

1. 戏剧的特点及鉴赏。

2. 戏剧的发展概况。

3. 戏剧的分类。

关键词：戏剧　发展概况　舞台艺术　悲剧　喜剧　正剧

第一节　戏剧概述

戏剧：戏剧是通过舞台空间由演员和观众进行面对面交流的表演型综合艺术。

戏剧是具备文学、美术、表演、音乐、建筑、雕塑和舞蹈等多种艺术样式的综合艺术。**外在看：**一部剧作的演出：剧作家负责提供演出“脚本”，即戏剧文学文本，导演、美术家、化妆师、灯光师等通力合作完成舞台布景的设计、人物的表演动作造型等，音乐家完成戏剧音乐、唱腔的创作，而演员则尽量通过自己的形体表演来展示整个剧情，台下观众“鼓掌”或者“喝倒彩”，总是一次大家共同参与的集体劳动过程。在此，文学、美术、音乐、舞蹈、表演等艺术类型相互融汇，取消了各自的独立性，综合为一种整体的艺术样式；**内在看：**从创作角度说，戏剧就是制造矛盾冲突，“没有冲突，就没有戏剧”。千变万化的社会生活是无限“开放的”，舞台对话空间却是相对“封闭的”，怎样寓无限于有限？巨大的压力在挑战剧作家的才华！如何使舞台上下的演员和观众顺利完成交流对话，表现生活时总觉得“纸短话长”。

可见，戏剧艺术的综合性包括“外在的综合”和“内在的综合”两个层面。

戏剧核心因素：演员、观众和舞台。作为综合艺术，戏剧是一个通过舞台空间发生在演员与观众之间的“事件”。它必然地要受到时间和空间的严格限制，它必须在一定的时间内完成一个由连续的“动作”构成的戏剧事件，即剧情；同时，它必须在一个有限的舞台空间完成对于剧情的展示。

戏剧要受到时空限制：从具体文本的实际形态来看，有别于小说和诗歌等，戏剧时刻受到时间、空间的限制，舞台剧不能无休止地演下去，必须考虑到观众的耐性和演员的精力，因此必须在一个人为的、被硬性规定的时间长度之内完成。同时，戏剧展示的剧情也是经过精心选择、提炼、加工，高度浓缩后的表演。戏剧艺术创作，始终得面对“舞台空间的有限‘封闭性’和生活空间的无限‘开放性’”的矛盾。如何有效、妥善地处理这一矛盾挑战，也是实现戏剧的“两个层面”综合的关键。

戏剧艺术的特点：艺术的综合性、舞台上下演员面对观众的表演性、时空有限性。

中国戏剧主要包括：戏曲和话剧。戏曲是中国固有的传统戏剧，话剧则是20世纪引进的西方戏剧形式。中国古典戏曲是中华民族文化的一个重要组成部分，它以富于艺术魅力的表演形式，不仅一直为百姓喜闻乐见，而且在世界剧坛上也占有重要地位。

世界三大古剧：中国戏曲、古希腊悲喜剧和印度梵剧齐名。

戏曲的形成：早起于秦汉时代，形成过程相当漫长，宋元之际才成型。戏曲的成熟要从元杂剧算起，经历明、清的不断发展成熟后进入现代，历八百多年繁盛不败，如今有360多个剧种。

中国戏曲的几种基本形式：古典戏曲发展过程中，曾先后出现了宋元南戏、元代杂剧、明清传奇、清代地方戏及近、现代戏曲。

宋元南戏：大约产生在北宋末年和南宋初年，浙江的温州以及福建的泉州、福州一带，是戏曲的成型时期。

元代杂剧：也叫北曲杂剧，最早产生于金朝末年河北真定（今正定）、山西平阳一带，盛行于元代。元杂剧是中国戏曲的第一个黄金时代，它达到了很高的文学水准。如：古人早就将唐诗、宋词、元曲并称。

明清传奇：是由宋元南戏发展而成的戏曲形式。它产生于元末，在明初流传，明嘉靖年间兴盛，至万历而极盛，并延至明末清初，作品之多号称“词山曲海”。

清代地方戏：是古典戏曲的第三个阶段。它和近、现代戏曲有着共同的艺术形式。清康熙末叶，各地的地方戏蓬勃兴起，被称为花部，进入乾隆年代开始与称为雅部的昆剧争胜。至乾隆末叶，花部压倒雅部，占据了舞台统治地位，直至道光末叶。这150多年就是清代地方戏的时代。1840年至1919年的戏曲称近代戏曲，内容包括同治、光绪年间形成的京剧以及20世纪初出现的一段戏曲改良运动。

现代戏曲时代：“五四”新文化运动中，风行民主、科学，传统戏曲因其浓重封建色彩受到激烈的批判，此后戏曲便进入现代戏曲时代。

京剧的形成：是清代地方戏发达的结果，而京剧成为全国性的代表剧种后没有压抑地方戏的发展。从清代地方戏到京剧，是中国戏曲极度繁盛的时代。

中国话剧：从西方引入中国，只有百年的历史。20世纪初到“五四”前称“文明新戏”。这种早期话剧仍具有一些戏曲的特点。“五四”以后，照原样引进西方戏剧，形式是现实主义戏剧，称“新剧”。1928年起称“话剧”，沿用至今。

戏剧的分类：按作品的类型可分为悲剧、喜剧、正剧。

悲剧：悲剧主要用来塑造英雄伟大、庄严、肃穆、崇高的美。主人公的理想追求和环境现实必然产生矛盾，矛盾冲突往往属于不可调和的，如：进步与落后，光明与黑暗，正义和邪恶，新老贵族的交替，新旧秩序的转型，“游戏规则”的重新确立，利益面临再分配之际，往往产生殊死搏杀，代表新生力量或者社会发展进步方向的主人公，因反对者太强大，主人公又不肯妥协，那就选择了失败、受难、牺牲，完成了悲剧。

有时，主人公追求的进步理想、从事的正义事业，受到历史条件局限，强大反对势力阻挠，最终不能实现。如古希腊神话中为人类盗取“天火”的普罗米修斯、争取爱情的杜十娘；有时，主人公不纯粹是正面人物，甚至性格上有一定缺陷，但他的行动存在合理的因素，受黑暗势力的打击而惨败，其牺牲也值得人们同情。如莎士比亚戏剧中的反复犹豫的哈姆莱特、楚国忠君爱国洁身自好、投河自尽的三闾大夫屈原。有时，主人公面临巨大突发性自然灾变，舍己救人。如抗洪抢险的英雄群体。

老百姓说，主人公“虽然倒下了，可精神还在”。人类总是需要一种精神的，尤其是能够超越世俗和传统束缚的英雄精神。精神指引未来的希望。

喜剧：喜剧主要用来制造笑声，塑造滑稽荒诞或轻松幽默的美。主要反映主人公与现实环境的冲突，在正常人或正常情况下，冲突不是不可避免的，然而由于主人公错误的行为方式与所处环境形成冲突，随着冲突的开展，主人公的缺失性格和反常行为的暴露，引起人们发笑。有些喜剧中主人公的错误，是品质的恶劣、行为的乖谬，随着冲突的开展而彻底暴露时，引起人们的笑是讽刺的，这是讽刺性喜剧。而有些喜剧中主人公的错误，只是某种行为失检，或机缘不巧，随着冲突的开展而暴露时，引起人们的笑是幽默的，这是幽默性喜剧。

创设一个喜剧时代：英国的萧伯纳也曾经专使政治讽刺，讽刺资本主义金钱社会的弊端，编写了《芭芭拉少校》等大量喜剧。被誉为“勇敢的斗士”，促进了该国的社会文明。英国人认为：“幽默是温和的笑”。英国乃至欧洲大陆所谓闲适、幽雅的“绅士文化”曾经是他们的自豪，甚至长期蔑视美国的乡土文化。喜剧的文化氛围总是以讽刺口吻表达善意的劝诫：日本作家高桥敷1985年撰写的《丑陋的日本人》，痛斥日本“集体奔跑”等不文明行为，虽然受到当时民族主义者的驱逐臭骂，但是，却促进了该国社会文明秩序的进步。1984年台湾地区的作家柏杨先生也曾写《丑陋的中国人》，对国人性格缺陷进行疗治性讽刺，有异曲同工的效果。

我国新时期致力于改革开放，经济发展迅猛，预计随着“全面建设小康社会”步伐的加快，物质文明和精神文明积累渐趋丰厚，温饱解决以后的国人，娱乐游戏市场空间巨大。虽然目前“中产阶级”队伍等待发展壮大，然而文化建设中“调侃、戏谑、幽默”氛围也在日趋浓厚，近代数百年苦大仇深的“后发展国家”就会心态平和、走向自信与成熟，必然要求“创设一个喜剧的时代”，英达、冯小刚、陈佩斯、郭德刚们会更受追捧，这将是一项长期任务。

正剧：是悲剧和喜剧两种因素的互相补充、互相渗透。易卜生的《玩偶之家》、王实甫的《西厢记》都是正剧中最著名的代表作。《玩偶之家》反映了资产阶级家庭关系的深刻矛盾；娜拉的出走，是喜剧式地摆脱了玩偶地位，又是悲剧式地抛弃了家庭和孩子。《西厢记》则反映封建社会中青年男女为争取爱情自由，面对礼教观念和门阀制度的斗争，呼唤“有情人终成眷属”的理想；它的经过悲剧式的冲突转为喜剧式的结局，正是表现了中国封建社会腐朽时期市民生活的要求和理想。正剧中的主人公大多是普通人物，情节也往往是比较平凡的事迹。

人生戏剧，戏剧人生。戏剧永远是人生的虚拟性沙盘游戏，或者兵棋推演。

（高海燕、吴志强撰写）

第二节　戏剧文选

被缚的普罗米修斯（节选）[1]　（古希腊）埃斯库罗斯

人物（以选文中出场的人物为限）

普罗米修斯——伊阿伯托斯和忒弥斯的儿子。

俄刻阿诺斯——天（乌剌诺斯）和地（该亚）的儿子，为河神。

赫耳墨斯——宙斯和迈亚的儿子，为众神的使者。

歌队——由俄刻阿诺斯的十二个女儿组成。

普罗米修斯　可是宙斯是会屈服的，不管他的意志多么坚强；因为他打算结一个姻缘，那姻缘会把他从王权和宝座上推下来，把他毁灭；他父亲克洛诺斯被推下那古老的宝座时所发出的诅咒，立刻就会完全应验。除了我，没有一位神能给他明白地指出一个办法，使他避免灾难。这件事将怎样发生，这诅咒将怎样应验，只有我知道。且让他安心坐在那里，手里挥舞着喷火的霹雳，信赖那高空的雷声吧。可是这些东西都不能使他避免那可耻的不堪忍受的失败。他现在要找一个对手，一个无敌的怪物来和他自己作对；这对手会发现一种比闪电更强的火焰和一种比霹雳更大的声音；他还会把海神的武器，那排山倒海的三叉打得粉碎。等宙斯碰上这场灾祸，他就会明白做君王和做奴隶有天渊之别。

歌队长 你这样咒骂宙斯，这不过是你的愿望罢了。

普罗米修斯 我说的是事实，也是我的愿望。

歌队长 怎么？我们能指望一位神来控制宙斯吗？

普罗米修斯 他脖子上承受的痛苦将比这些更难受！

歌队长 你说这样的话，不害怕吗？

普罗米修斯 我命中注定死不了，怕什么呢？

歌队长 可是他会给你更大的苦受。

普罗米修斯 随便他吧；一切事我都心中有数。

歌队长 那些向惩戒之神告饶的人真是聪明！

普罗米修斯 那么你就向你的主子致敬，祈祷，永远奉承他吧！我却一点也不把宙斯放在眼里！他打算怎么样就怎么样吧，让他统治这短促的时辰吧；因为他在天上为王的日子不会长久。我看见了宙斯的走狗，新王的小厮，他一定是来宣布什么新的命令的。

（赫耳墨斯自空中下降。）

赫耳墨斯 你这个十分狡猾、满肚子怨气的家伙，我是在说你——你得罪了众神，把他们的权利送给了朝生暮死的人，你是个偷火的贼；父亲叫你把你常说的会使他丧失权力的婚姻指出来；告诉你不要含糊其词，要详详细细讲出来；普罗米修斯，不要使我再跑一趟；你知道，含含糊糊的话平不了宙斯的忿怒。

普罗米修斯 你说话多么漂亮，多么傲慢，不愧为众神的小厮。你们还很年轻，才得势不久，就以为你们可以住在那安乐的卫城上吗？难道我没有看见两个君王从那上面被推倒吗？我还要看见第三个君王，当今的主子，很快就会不体面地被推倒。你以为我会惧怕这些新得势的神，会向他们屈服吗？我才不怕呢，绝对不怕。快顺着原路滚回去吧；因为你问也问不出什么来。

赫耳墨斯 你先前也是由于这样顽固，才进入了这苦难的港口。

普罗米修斯 你要相信，我不肯拿我这不幸的命运换你的贱役。

赫耳墨斯 我认为你伺候这块石头，比做父亲宙斯的亲信使者强得多。

普罗米修斯 傲慢的使者自然可以说傲慢的话。

赫耳墨斯 你在目前的境况下好像还很得意。

普罗米修斯 我得意吗？愿我看我的仇敌这样得意，我把我也计算在内。

赫耳墨斯 怎么？你受苦受难，怪得着我吗？

普罗米修斯 一句话告诉你，我憎恨所有受了我的恩惠、恩将仇报、迫害我的神。

赫耳墨斯 听了你这话，知道你的疯病不轻。

普罗米修斯 如果憎恨仇敌也算疯病，我倒是疯了！

赫耳墨斯 你要是逢时得势，别人还受得了！

普罗米修斯 唉！

赫耳墨斯 宙斯从来不认识这个“唉”字。

普罗米修斯 但是越来越老的时间会教他认识。

赫耳墨斯 但是它没有教会你自制自重。

普罗米修斯 它没有教会我；要不然，我就不会同你这小厮搭话。

赫耳墨斯 你好像不回答父亲所问的事。

普罗米修斯 我欠了他的情，应当报答！

赫耳墨斯 你把我当孩子讥笑。

普罗米修斯 如果你想从我这里打听什么，你岂不是个孩子，岂不比孩子更傻吗？宙斯无法用苦刑或诡计强迫我道破这秘密，除非他解了侮辱我的镣铐。让他扔出燃烧的电火吧，让他用白羽似的雪片和地下响出的雷霆使宇宙紊乱吧；可是这一切都不能强迫我告诉他，谁来推翻他的王权。

赫耳墨斯 你要考虑这样对你是不是有利。

普罗米修斯 我早就考虑过了，而且下了决心。

赫耳墨斯 傻子，面对着眼前的苦难，你尽可能，尽可能放明白一点吧。

普罗米修斯 你白同我纠缠，好像劝说那无情的波浪一样。别以为我会由于害怕宙斯的意志而成为妇人女子，伸出柔弱的手，手心向上，求我最痛恨的仇敌解了我的镣铐。我决不那样做。

赫耳墨斯 这许多话都像是白说了；因为我的请求没有使你的心变温和或软下来。你像一匹新上轭的马驹嚼着嚼铁，桀骜不驯，和缰绳挣扎。你太相信你那不中用的诡计了。一个傻子单靠顽固成不了事。如果你不听我的话，你要注意，什么样的风暴和灾难的鲸涛鲵（ní）浪会落到你身上，逃也逃不掉：首先，父亲将用雷电，把这峥嵘的峡谷劈开，把你的身体埋葬，这块石的手臂依然会拥抱着你。你在那里住满了很长的时间，才能回到阳光里来；那时候宙斯的有翅膀的狗，那凶猛的鹰，会贪婪地把你的肉撕成一长条一长条的，它是个不速之客，整天地吃，会把你的肝子啄得血淋淋的。

不要盼望这种痛苦是有期限的，除非有一位神来替你受苦，自愿进入那幽暗的冥界和漆黑的塔耳塔洛斯深坑。

所以，你还是考虑考虑吧，这不是虚假的夸口，而是真实的话；因为宙斯的嘴是不会说假话的；他所说的话都是会实现的。你仔细思考，好生想想吧，不要以为顽固比谨慎好。

歌队长 在我们看来，赫耳墨斯这番话并不是不合时宜；他劝你改掉顽固，采取明哲的谨慎。你听从吧；聪明的神犯了错误，是一件可耻的事。

普罗米修斯 这家伙所说的消息我早已知道。仇敌忍受仇敌的迫害算不得耻辱。让电火的分叉鬈须射到我身上吧，让雷霆和狂风的震动扰乱天空吧；让飓风吹得大地根基动摇，吹得海上的波浪向上猛冲，紊乱了天上星辰的轨道吧；让宙斯用严厉的定数的旋风把我的身体吹起来，使我落进幽暗的塔耳塔洛斯吧；总之，他弄不死我。

赫耳墨斯 只有从疯子那里才能听见这样的语言和意志。他这样祈祷不就是神经错乱吗？这疯病怎样才能减轻呢？你们这些同情他的苦难的女子啊，赶快离开这里吧，免得那无情的霹雳把你们震得昏头昏脑。

歌队长 请你说别的话，劝我做你能劝我做的事吧；你插进这句话，使我受不了！为什么叫我做这卑鄙的事呢？我愿意和他一起忍受任何注定的苦难；我学会了憎恨叛徒，再也没有什么恶行比出卖朋友更使我恶心。

赫耳墨斯 可是你们记住我发出的警告吧；当你们陷入灾难的罗网的时候，切不要抱怨你们的命运，不要怪宙斯把你们打进事先不知道的苦难中；不，你们要抱怨自己；因为你们早就知道了，你们将不知不觉就由于你们的愚蠢而被缠在灾难的解不开的罗网里。

（赫耳墨斯自空中退出。）

普罗米修斯 看呀，话已成真：大地在动摇，雷声在地底下作响，闪电的火红的鬈须在闪烁，旋风卷起了尘土，各处的狂风在奔腾，彼此冲突，互相斗殴；天和海已经混淆了！这风暴分明是从宙斯那里吹来吓唬我的。我的神圣的母亲啊，推动那普照的阳光的天空啊，你们看见我遭受什么样的迫害啊！

（普罗米修斯在雷电中消失，歌队长也跟着不见了。）

【注释】

1.《普罗米修斯》或译《被缚的普罗米修斯》。选自《埃斯库罗斯悲剧二种》，罗念生译，人民文学出版社，1961 年。一般认为这是《普罗米修斯》三部曲的第一部，第二部是《被释的普罗米修斯》，写宙斯与普罗米修斯和解，赫拉克勒斯把普罗米修斯释放；第三部是《带火的普罗米修斯》，写雅典人崇拜恩神普罗米修斯，举行火炬游行。

【作者简介】

埃斯库罗斯（公元前 525 年—前 456 年），希腊的“悲剧之父”。他出身贵族，少年时经历过雅典僭主希庇阿斯的暴政，亲身参加过反对波斯侵略的马拉松和萨拉米战役。拥护民主制度，赞美爱国精神。但又有因果报应思想。一生写过约 70 部剧本，生前得过 13 次奖，传世剧本 7 部。

【思考练习题】

1. 为什么说普罗米修斯是个英雄？普罗米修斯最让我们佩服的是什么？
2. 如何理解普罗米修斯与宙斯的斗争？

（高海燕选文）

哈姆莱特（节选）　（英）莎士比亚

第一幕　第二场　城堡中的大厅

国王、王后、哈姆莱特、波洛涅斯、雷欧提斯、伏提曼德、考尼律斯、群臣、侍从等上。

国王　虽然我们亲爱的王兄哈姆莱特新丧未久，我们的心里应当充满了悲痛，我们全国都应当表示一致的哀悼，可是我们凛于后死者责任的重大，不能不违情逆性，一方面固然要用适度的悲哀纪念他，一方面也要为自身的利害着想；所以，在一种悲喜交集的情绪之下，让幸福和忧郁分据了我的两眼，殡葬的挽歌和结婚的笙乐同时并奏，用盛大的喜乐抵消沉重的不幸，我已经和我旧日的长嫂，当今的王后，这一个多事之国的共同的统治者，结为夫妇；这一次婚姻事先曾经征求各位的意见，多承你们诚意的赞助，这是我必须向大家致谢的。现在我要告诉你们知道，年轻的福丁布拉斯看轻了我们的实力，也许他以为自从我们亲爱的王兄驾崩以后，我们的国家已经瓦解，所以挟着他的从中取利的梦想，不断向我们书面要求把他的父亲依法割让给我们英勇的王兄的土地归还。这是他一方面的话。现在要讲到我们的态度和今天召集各位来此的目的。我们的对策是这样的：我这儿已经写好了一封信给挪威国王，年轻的福丁布拉斯的叔父——他因为卧病在床，不曾与闻他侄子的企图——在信里我请他注意他的侄子擅自在国内征募壮丁，训练士卒，积极进行各种准备的事实，要求他从速制止他的进一步的行动；现在我就派遣你，考尼律斯，还有你，伏提曼德，替我把这封信送给挪威老王，除了训令上所规定的条件以外，你们不得僭用你们的权力，和挪威成立逾越范围的妥协。你们赶紧去吧，再会！

考尼律斯
伏提曼德　我们敢不尽力执行陛下的旨意。

国王　我相信你们的忠心；再会！（伏提曼德、考尼律斯同下）现在，雷欧提斯，你有什么话说？你对我说你有一个请求；是什么请求，雷欧提斯？只要是合理的事情，你向丹麦王说了，他总不会不答应你。你有什么要求，雷欧提斯，不是你未开口我就自动许给了你？丹麦王室和你父亲的关系，正像头脑之于心灵一样密切；丹麦国王乐意为你父亲效劳，正像双手乐于为嘴服役一样。你要些什么，雷欧提斯？

雷欧提斯　陛下，我要请求您允许我回到法国去。这一次我回国参加陛下加冕的盛典，略尽臣子的微忱，实在是莫大的荣幸；可是现在我的任务已尽，我的心愿又向法国飞驰，但求陛下开恩允准。

国王　你父亲已经答应你了吗？波洛涅斯怎么说？

波洛涅斯　陛下，我却不过他几次三番的恳求，已经勉强答应他了；请陛下放他去吧。

国王　好好利用你的时间，雷欧提斯，尽情发挥你的才能吧！可是来，我的侄儿哈姆莱特，我的孩子——

哈姆莱特　（旁白）超乎寻常的亲族，漠不相干的路人。

国王　为什么愁云依旧笼罩在你的身上？

哈姆莱特　不，陛下；我已经在太阳里晒得太久了。

王后　好哈姆莱特，抛开你阴郁的神气吧，对丹麦王应该和颜悦色一点；不要老是垂下了眼皮，在泥土之中找寻你的高贵的父亲。你知道这是一件很普通的事情，活着的人谁都要死去，从生活踏进永久的宁静。

哈姆莱特　嗯，母亲，这是一件很普通的事情。

王后　既然是很普通的，那么你为什么瞧上去好像老是这样郁郁于心呢？

哈姆莱特　好像，母亲！不，是这样就是这样，我不知道什么“好像”不“好像”。好妈妈，我的墨黑的外套、礼俗上规定的丧服、难以吐出来的叹气、像滚滚江流一样的眼泪、悲苦沮丧的脸色，以及一切仪式、外表和忧伤的流露，都不能表示出我的真实的情绪。这些才真是给人瞧的，因为谁也可以做作成这种样子。它们不过是悲哀的装饰和衣服；可是我的郁结的心事却是无法表现出来的。

国王　哈姆莱特，你这样孝思不匮，原是你天性中纯笃过人之处；可是你要知道，你的父亲也曾失去过一个父亲，那失去的父亲自己也失去过父亲；那后死的儿子为了尽他的孝道，必须有一个时期服丧守制，然而固执不变的哀伤，却是一种逆天悖理的愚行，不是堂堂男子所应有的举动；它表现出一个不肯安于天命的意志，一个经不起艰难痛苦的心，一个缺少忍耐的头脑和一个简单愚昧的理性。既然我们知道那是无可避免的事，无论谁都要遭遇到同样的经验，那么我们为什么要这样固执地把它介介于怀呢？嘿！那是对上天的罪戾，对死者的罪戾，也是违反人情的罪戾；在理智上它是完全荒谬的，因为从第一个死了的父亲起，直到今天死去的最后一个父亲为止，理智永远在呼喊，“这是无可避免的。”我请你抛弃了这种无益的悲伤，把我当作你的父亲；因为我要让全世界知道，你是王位的直接的继承者，我要给你的尊荣和恩宠，不亚于一个最慈爱的父亲之于他的儿子。至于你要回到威登堡去继续求学的意思，那是完全违反我们的愿望的；请你听从我的劝告，不要离开这里，在朝廷上领袖群臣，做我们最亲近的国亲和王子，使我们因为每天能看见你而感到欢欣。

王后　不要让你母亲的祈求全归无用，哈姆莱特；请你不要离开我们，不要到威登堡去。

哈姆莱特　我将要勉力服从您的意志，母亲。

国王　啊，那才是一句有孝心的答复；你将在丹麦享有和我同等的尊荣。御妻，来。哈姆莱特这一种自动的顺从使我非常高兴；为了表示庆祝，今天丹麦王每一次举杯祝饮的时候，都要放一响高入云霄的祝炮，让上天应和着地上的雷鸣，发出欢乐的回声。来。（除哈姆莱特外均下。）

哈姆莱特 啊，但愿这一个太坚实的肉体会融解、消散，化成一堆露水！或者那永生的真神未曾制定禁止自杀的律法！上帝啊！上帝啊！人世间的一切在我看来是多么可厌、陈腐、乏味而无聊！哼！哼！那是一个荒芜不治的花园，长满了恶毒的莠草。想不到居然会有这种事情！刚死了两个月！不，两个月还不满！这样好的一个国王，比起当前这个来，简直是天神和丑怪；这样爱我的母亲，甚至于不愿让天风吹痛了她的脸。天地呀！我必须记着吗？嘿，她会偎倚在他的身旁，好像吃了美味的食物，格外促进了食欲一般；可是，只有一个月的时间，我不能再想下去了！脆弱啊，你的名字就是女人！短短的一个月以前，她哭得像个泪人儿似的，送我那可怜的父亲下葬；她在送葬的时候所穿的那双鞋子还没有破旧，她就，她就——上帝啊！一头没有理性的畜生也要悲伤得长久一些——她就嫁给我的叔父，我的父亲的弟弟，可是他一点不像我的父亲，正像我一点不像赫剌克勒斯一样。只有一个月的时间，她那流着虚伪之泪的眼睛还没有消去红肿，她就嫁了人了。啊，罪恶的匆促，这样迫不及待地钻进了乱伦的衾被！那不是好事，也不会有好结果；可是碎了吧，我的心，因为我必须噤住我的嘴！

朱生豪译，《莎士比亚全集》（九），北京：人民文学出版社，1986

（袁宏选文）

【作者简介】

莎士比亚（公元1564年—1616年），英国文艺复兴时期戏剧家，著名的戏剧有《罗密欧与朱丽叶》《威尼斯商人》《亨利四世》《哈姆莱特》《奥瑟罗》《李尔王》《麦克白》等。莎士比亚的创作标志着近代戏剧的成熟。

【思考练习题】

1. 为什么说哈姆莱特的复仇是一个悲剧？
2. 谈谈哈姆莱特关于“生存还是毁灭”这个著名的命题。
3. 结合本文节选内容，分析哈姆莱特这一人物形象。

（高海燕）

崔莺莺待月西厢记（节选）[1]　　（元）王实甫[2]

第三本　张君瑞害相思
第二折

［旦[3]上，云］红娘伏侍老夫人不得空便，偌早晚敢待来也。起得早了些儿，困思上来，我再睡些儿咱。（睡科[4]）［红上，云］奉小姐言语去看张生，因伏侍老夫人，未曾回小姐话去。不听得声音，敢以睡哩，我入去看一遭。（红唱）

［中吕］［粉蝶儿］风静帘闲，透纱窗麝兰香散，启朱扉摇响双环。绛台高，金荷小，银釭犹灿[5]。比及将暖帐轻弹，先揭起这梅红罗软帘[6]偷看。

［醉春风］则见他钗亸玉斜横[7]，髻偏云乱挽。日高犹自不明眸，畅好是[8]懒、懒。（旦做起身长叹科）（红唱）半晌抬身，几回搔耳，一声长叹。

（红云）我待便将简帖儿[9]与他，恐俺小姐有许多假处哩。我则将这简帖儿放在妆盒儿上，看他见了说什么。（旦做照镜科，见帖看科）（红唱）

［普天乐］晚妆残，乌云亸，轻匀了粉脸，乱挽起云鬟。将简帖儿拈，把妆盒儿按，开拆封皮孜孜看，颠来倒去不害心烦。（旦怒叫）红娘！（红做意云）呀，决撒了也[10]！厌的早、扢皱[11]了黛眉。（旦云）小贱人，不来怎么！（红唱）忽的波低垂了粉颈，氲的[12]呵改变了朱颜。

（旦云）小贱人，这东西哪里将来的？我是相国的小姐，谁敢将这简帖来戏弄我，我几曾惯看

这等东西？告过夫人，打下你个小贱人下截来。（红云）小姐使将我去，他着我将来。我不识字，知他写着什么？（红唱）

［快活三］分明是你过犯[13]，没来由把我摧残；使别人颠倒恶心烦，你不惯，谁曾惯？

（红云）姐姐休闹，比及你对夫人说呵，我将这简帖儿去夫人行出首[14]去来。（旦做揪住科）我逗你耍来。（红云）放手，看打下下截来。（旦云）张生近日如何？（红云）我则不说。（旦云）好姐姐，你说与我听咱！（红唱）

［朝天子］张生近间、面颜，瘦得来实难看。不思量茶饭，怕待动弹；晓夜将佳期盼，废寝忘餐。黄昏清旦，望东墙淹泪眼。（旦云）请个好太医看他证候咱[15]。（红云）他证候吃药不济。（红唱）病患、要安，则除是出几点风流汗。

［四边静］怕人家调犯[16]，“早共晚夫人见些破绽，你我何安。”问什么他遭危难？咱撺断得上竿，掇了个梯儿看[17]。

（旦云）红娘，不看你面时，我将与老夫人看，看他有何面目见夫人？虽然我家亏他，只是兄妹之情，焉有外事。红娘，早是你口稳哩；若别人知呵，甚么模样。将描笔儿[18]过来，我写将去回他，着他下次休是这般。（旦做写科）（起身科，云）红娘，你将去说：“小姐看望先生，相待兄妹之礼如此，非有他意。再一遭儿是这般呵，必告夫人知道。”和你个小贱人都有说话。（旦掷书下）（红唱）

［脱布衫］小孩儿家口没遮拦，一味的[19]将言语摧残。把似你使性子，休思量秀才，做多少好人家风范[20]。（红做拾书科）

［小梁州］他为你梦里成双觉后单，废寝忘餐。罗衣不奈五更寒，愁无限，寂寞泪阑干[21]。

［幺篇］似这等辰勾[22]空把佳期盼，我将这角门儿世不曾牢拴，则愿你做夫妻无危难。我向这筵席头上整扮，做一个缝了口的撮合山[23]。

（红云）我若不去来，道我违拗他，那生又等我回报，我须索走一遭。（下）

（末[24]上，云）那书倩红娘将去，未见回话。我这封书去，必定成事，这早晚敢待来也。（红上，云）须索回张生话去。小姐你性儿忒惯得娇了；有前日的心，哪得今日的心来？

［石榴花］当日个晚妆楼上杏花残，犹自怯衣单，那一片听琴心清露月明间。昨日个向晚，不怕春寒，几乎险被“先生馔”，那其间岂不胡颜[25]。为一个不酸不醋风魔汉，隔墙儿险化做了望夫山。

［斗鹌鹑］你用心儿拨雨撩云[26]，我好意儿传书寄简。不肯搜自己狂为[27]，则待要觅别人破绽。受艾焙[28]权时忍这番。畅好是奸。“张生是兄妹之礼，焉敢如此！”对人前巧语花言；——没人处便想张生，——背地里愁眉泪眼。

（红见末科）（末起云）小娘子来了。擎天柱[29]，大事如何了也？（红云）不济事了，先生休傻。（末云）小生简帖儿是一道会亲的符篆，则是小娘子不用心，故意如此。（红云）我不用心？有天理，你那简帖儿好听！

［上小楼］这的是先生命悭[30]，须不是红娘违慢。那简帖儿倒做了你的招状，他的勾头[31]，我的公案。若不是觑面颜，厮[32]顾盼，担饶轻慢。（红云），先生受罪，礼之当然。贱妾何辜？争些儿把你娘拖犯[33]。

［幺篇］从今后相会少，见面难。月暗西厢，凤去秦楼，云敛巫山[34]。你也赸，我也赸；请先生休讪，早寻个酒阑人散[35]。

（红云）只此再不必申诉足下肺腑，怕夫人寻，我回去也。（末云）小娘子此一遭去，再着谁与小生分剖[36]；必索做一个道理，方可救小生一命。（末跪下揪住红科）（红云）张先生是读书人，岂不知此意，其事可知矣。

［满庭芳］你休要呆里撒奸；你待要恩情美满，却教我骨肉摧残[37]。老夫人手执着棍儿摩挲看，

粗麻线怎透得针关。直待我拄着拐帮闲钻懒，缝合唇送暖偷寒[38]。（红云）待去呵，小姐性儿撮盐入火[39]，（唱）消息儿踏着泛；（红云）待不去呵，（末跪哭云）小生这一个性命，都在小娘子身上。（红唱）禁不得你甜话儿热趱[40]：好着我两下里难人做。

（红云）我没来由分说；小姐回与你的书，你自看者。（末接科，开读科）呀，有这场喜事，撮土焚香，三拜礼毕。早知小姐简至，理合远接，接待不及，勿令见罪！小娘子，和[41]你也欢喜。（红云）怎么？（末云）小姐骂我都是假，书中之意，着我今夜花园里来，和他“哩也波，哩也啰”哩。（红云）你读书我听。（末云）“待月西厢下，迎风户半开，隔墙花影动，疑是玉人来。”（红云）怎见得他着你来？你解与我听咱。（末云）“待月西厢下”，着我月上来；“迎风户半开”，他开门待我；“隔墙花影动，疑是玉人来”，着我跳过墙来。（红笑云）他着你跳过墙来，你做下来。端的有此说么？（末云）俺是个猜诗谜的社家，风流隋何，浪子陆贾，我哪里有差的勾当[42]。［红云］你看我姐姐，在我行也使这般道儿[43]。

［耍孩儿］儿曾见寄书的颠倒瞒着鱼雁，小则小心肠儿转关[44]。写着西厢待月等得更阑，着你跳东墙“女”字边“干”。原来那诗句儿里包笼着三更枣，简帖儿里埋伏着九里山[45]。他着紧处将人慢，您会云雨闹中取静，我寄音书忙里偷闲。

［四煞］纸光明玉板[46]，字香喷麝兰，行儿边湮透非春汗？一缄情泪红犹湿，满纸春愁墨未干。从今后休疑难，放心波玉堂学士，稳情取金雀鸦鬟[47]。

［三煞］他人行别样的亲，俺跟前取次看，更做道孟光接了梁鸿案[48]。别人行甜言美语三冬暖，我跟前恶语伤人六月寒。我为头儿看：看你个离魂倩女，怎发付掷果潘安[49]。

（末云）小生读书人，怎跳得那花园过也？（红唱）

［二煞］隔墙花又低，迎风户半拴，偷香手段今番按[50]。怕墙高怎把龙门跳[51]，嫌花密难将仙桂攀。放心去，休辞惮；你若不去呵，望穿他盈盈秋水，蹙损他淡淡春山。

（末云）小生曾到那花园里，已经两遭，不见那好处；这一遭知他又怎么？（红云）如今不比往常。

［煞尾］你虽是去了两遭，我敢道不如这番。你那隔墙酬和都胡侃，证果[52]的是今番这一简。（红下）

（末云）万事自有分定，谁想小姐有此一场好处。小生是猜诗谜的社家，风流隋何，浪子陆贾，到那里扢扎帮便倒地。今日颓天百般的难得晚。天，你有万物于人，何故争此一日？疾下去波！读书继晷[53]怕黄昏，不觉西沉强掩门；欲赴海棠花下约，太阳何苦又生根？（看天云）呀，才晌午也，再等一等。（又看科）今日万般的难得下去也呵。碧天万里无云，空劳倦客身心；恨杀鲁阳贪战[54]，不教红日西沉！呀，却早倒西也，再等一等咱。无端的三足乌[55]，团团光烁烁；安得后羿弓，射此一轮落？谢天地！却早日下去也！呀，却早发擂也！呀，却早撞钟也！拽上书房门，到得那里，手挽着垂杨滴流扑跳过墙去。（下）

【注释】

1.《西厢记》是元代爱情剧中的杰作，故事虽本元稹《莺莺传》，实际上却是从董解元《西厢记诸宫调》脱胎而来。作品通过莺莺、张生等反抗礼教的典型形象的塑造，热情讴歌了青年一代追求个性解放与美好理想的斗争精神。

2. 王实甫：元代剧坛最有才华的杰出作家之一。

3. 旦：指女角，女主角叫“正旦”。

4. 科：指元杂剧中演员的主要动作表演、表情和舞台效果。

5. 绛台：红色烛台。金荷：烛台上部承接烛泪的铜盘，盘呈荷花形。银釭（gāng）：灯。

6. 梅红罗软帘：深红色绫罗做的床帐。

7. 亸（duǒ）：斜坠。玉：玉钗。

8. 畅好是：真是，正是。

9. 简帖儿：书信。

10. 决撒：败露，坏了事。

11. 扢（gē）皱：皱起。

12. 氲（yūn）：同“晕”。此处含有恼怒、嗔怪之意。

13. 过犯：过失、过错。

14. 出首：告发、检举。

15. 证候：即症候、病状、病情。

16. 调犯：嘲笑讥讽之意。

17. 撺断：怂恿之意。掇了个梯儿看：当时流行的世俗语言，即鼓动别人登梯子爬上竿去，自己却撤了梯子看人下不来的情形。掇，移动，挪开。

18. 描笔儿：女孩家用以描图刺绣的笔。

19. 一味的：一个劲儿的。

20. 把似：假如，与其。风范：模样。

21. 奈：同“耐”。阑干：纵横貌。

22. 辰勾：星名，终岁难见。

23. 撮合山：指媒人。

24. 末：指男角。男主角叫“正末”。

25. 先生馔（zhuàn）：《论语·为政》：“有酒食，先生馔”。原意是学生应取酒食奉养老师，此处借作调侃，意为险些被你张先生吃了。胡颜：羞愧无颜。

26. 拨雨撩云：挑动情感。

27. 搜：检查。狂为：狂作非为。

28. 艾焙（bèi）：用艾草熏灼患处，这里指责备、处分之意。

29. 擎天柱：天之支柱。此处比喻红娘在张、崔婚姻中所起的擎天柱的作用。

30. 命悭（qiān）：命运不好。悭，欠缺，不美好。

31. 招状：供词。勾头：逮捕罪人的据票。

32. 厮：作“相”解。

33. 拖犯：连累。

34. 凤去秦楼：秦穆公以爱女弄玉嫁萧史，萧史善吹箫，常教弄玉吹作凤鸣，群凤毕集，二人乃双双乘之飞去。此处指秦楼无凤，比喻婚事无成。云敛巫山：与楚怀王欢会之神女，旦为朝云，暮为行雨。没有巫山之云，则就没有神女。比喻婚事无成。

35. 赸（shàn）：北方方言，走开，散伙。讪（shàn）：埋怨、毁谤。

36. 分剖：辩解、诉说。

37. 呆里撒奸：即呆里耍奸，故作呆傻而藏奸诈。骨肉摧残：摧残身体，指挨打。

38. 帮闲钻懒：管别人闲事，替被人做无聊的事，这里指为男女传情。送暖偷寒：指男女间传情达意。

39. 撮盐入火：把盐撒向火里。盐入火即爆，用以形容脾气暴躁。

40. 热趱（zǎn）：急忙地奔走。

41. 和：连。

42. 猜诗谜的社家：猜诗谜是宋元时伎艺的一种，参加某一会社的人，即称某某社家。张生自夸善于猜谜，故自称猜诗谜的社家。隋何、陆贾：汉初智谋之士，长于说辞。

43. 道儿：诡计。

44. 转关：变化莫测、耍手段之意。

45. 三更枣：枣与“早”谐音。传说禅宗五祖弘忍预传法于惠能（六祖），赐以粳米三粒，枣子一枚，惠能当即悟出“三更早来”之意。九里山：楚汉战争时，韩信在六里山前布下六十四卦阵势，十面埋伏，使项羽被围垓下，自刎乌江。此处比喻莺莺在简帖里打了埋伏，骗过了红娘。

46. 玉板：宣纸之最光洁坚韧者。

47. 金雀鸦鬟：指莺莺。李公垂《莺莺传》："金雀鸦鬟年十七。"

48. 取次看：等闲视之，小看之意。孟光接了梁鸿案：东汉梁鸿，与妻孟光隐居吴地，夫妇相爱深厚，每次吃饭，孟光都举案齐眉，对梁鸿表示敬重。

49. 离魂倩女：唐代《离魂记》云，张镒曾将女儿倩娘许配给外甥王宙，后又以女许嫁他人。倩娘与王宙感情深厚，在王赴京途中，倩娘的魂魄脱离躯体追王而去，与王同居五年，且生二子。后偕归衡州，魂身才合一。此处以倩女喻莺莺。掷果潘安：晋代潘安容貌出众，每乘车出，路旁妇女为表爱慕，争以果掷之。此处喻张生。

50. 按：审定，检验之意。

51. 龙门：旧传鲤鱼跳过龙门而成龙，后人以此比喻士子考试及第，飞黄腾达。

52. 证果：佛教徒认为长期修行，可以悟入妙道，谓之证果。此处借以喻好事成就。

53. 读书继晷（guǐ）：谓读书时争分夺秒。晷，日影，日光。

54. 鲁阳贪战：《淮南子·冥览训》："鲁阳公与韩构难，战酣日暮，援戈而挥之，日为之反三舍"，此处指太阳迟迟不落。

55. 三足乌：代指太阳。

（袁宏选文）

【作者简介】

王实甫（公元1260年—1336年），名德信，字实甫，大都（今北京）人。早年曾经为官，宦途坎坷，他常在演出杂剧及歌舞的游艺场所出入，是个不为封建礼法所拘，与倡优（当时的演员）有密切交往的文人。晚年弃官归隐，过着吟风弄月、纵游园林的生活。王实甫的杂剧如今仅存《西厢记》《破窑记》和《丽春园》等13种。

【思考练习题】

1. 分析红娘的人物形象。
2. 谈谈《西厢记》的戏剧冲突。
3. 分析剧中崔莺莺复杂的心理活动。

（高海燕、袁宏）

《西厢记》导读：愿普天下有情人都成眷属

《西厢记》是王实甫的代表作，在元、明两代就为人推崇，被称为杂剧之冠。剧本描写穷书生张生，偶然在山西永济县境内的普救寺庙中，遇见崔相国之女崔莺莺，两人一见钟情，产生爱情，通过婢女红娘的穿针引线的帮助，历经坎坷，终于冲破封建礼教束缚而结合的故事。

男女自由婚恋的先声：王实甫的杂剧《西厢记》有鲜明、深刻的反封建的主题。张生和崔莺莺的恋爱故事，已经不再停留在"才子佳人"的模式上，也没有把"夫贵妻荣"作为婚姻的理想。他大胆否定了封建社会传统的联姻方式，让剧中人物始终追求真挚的感情，爱情已被置于功名利禄之上。《西厢记》结尾处，在中国文学史上第一次正面地表达了"愿普天下有情人都成眷属"的美好愿望，表达了反对封建礼教、封建婚姻制度、封建等级制度的进步主张，鼓舞了无数青年男女为争取爱情自由、婚姻自主而抗争。《西厢记》之所以能成为元杂剧的"压卷"之作，不仅在于其表现了反对封建礼教和封建婚姻制度的进步思想，还因为它在戏剧冲突、结构安排、人物塑造等方面，都取得了很高的艺术成就。

《西厢记》的戏剧冲突有两条线索：一条是封建贵族势力的代表老夫人与年轻人崔莺莺、张生、红娘之间展开的冲突。封建秩序下的婚姻游戏规则是"门当户对"，这是维护规则一方和反对规则一方的冲突。最后作者让"叛逆一方"获胜。此外，《西厢记》还有由崔莺莺、张生、红娘之间的种种矛盾，引起的另一条戏剧冲突的副线，这些冲突虽属次要，却是大量错综复杂的，常常和主要矛盾交织在一起，互相影响，环环相扣，推动戏剧情节向前发展，具有强烈的戏剧效果。这正是《西厢记》令人叫绝之处。

《西厢记》的结构规模：在中国戏剧史上是空前的。它突破了元杂剧的一般惯例，率先用长篇巨制来表现一个曲折动人的完整爱情故事。因此，避免了既往元杂剧篇幅限制、剧情简单化、模式化的缺点，剧作家就能够游刃有余地展开情节、刻画人物。

《西厢记》的戏味很浓：全戏的角色并不多，戏却很多，情节曲折生动，此起彼伏。尤其是丫鬟红娘的塑造，足以称为“永远的红娘”。《西厢记》最突出的艺术成就是成功地塑造了栩栩如生、性格各异的人物形象。王实甫很善于按照人物的地位、身份、教养以及彼此之间的具体关系，准确地把握人物的性格特征，并且调动多种艺术手段，生动、鲜明地将其表现出来。崔莺莺、张生、红娘、老夫人，借助王实甫的卓越才能，也成为不朽的艺术典型。

《西厢记》影响深远：王实甫的《西厢记》问世以后，在中国文学史上产生了广泛而深远的影响。为戏剧创作艺术手法“冲破教条”提供了垂范，其版本数量众多，流传至今的明清刻本约有一百种。明清两代的众多学者对《西厢记》评价很高，直到近现代，《西厢记》的各种版本依旧活跃在舞台上，备受人们的赞赏。

（高海燕撰写）

戏剧阅读资料推荐

中国古代十大悲剧

1. 《窦娥冤》　（元）　关汉卿
2. 《汉宫秋》　（元）　马致远
3. 《赵氏孤儿》　（元）　纪君祥
4. 《琵琶记》　（元）　高　明
5. 《精忠旗》　（明）　冯梦龙
6. 《娇红记》　（明）　孟称舜
7. 《清忠谱》　（清）　李　玉
8. 《长生殿》　（清）　洪　升
9. 《桃花扇》　（清）　孔尚任
10. 《雷峰塔》　（清）　方成培

中国古代十大喜剧

1. 《救风尘》　（元）　关汉卿
2. 《墙头马上》　（元）　白　朴
3. 《西厢记》　（元）　王实甫
4. 《李逵负荆》　（元）　康进之
5. 《看钱奴》　（元）　郑延玉
6. 《幽闺记》　（元）　施　惠
7. 《中山狼》　（明）　康　海
8. 《玉簪记》　（明）　高　濂
9. 《绿牡丹》　（明）　吴　炳
10. 《风筝误》　（清）　李　渔

中国现当代戏剧

名优之死	田　汉
酒后	丁西林
屈原	郭沫若
北京人	曹　禺
茶馆	老　舍

外国戏剧

俄狄浦斯王	（古希腊）	索福克勒斯
美狄亚	（古希腊）	欧里庇得斯
威尼斯商人	（英国）	莎士比亚
力士参孙	（英国）	弥尔顿
悭吝人	（法国）	莫里哀
青鸟	（比利时）	梅特林克
等待戈多	（爱尔兰）	塞缪尔·贝克特

中国影视作品

小城之春	（中国·1948）
林家铺子	（中国·1959）
城南旧事	（中国·1982）
黄土地	（中国·1984）
红高粱	（中国·1987）
新龙门客栈	（中国香港·1992）
霸王别姬	（中国·1993）

外国影视作品

党同伐异	（美国·1916）
淘金记	（美国·1925）
母　亲	（前苏联·1926）
乱世佳人	（美国·1939）
偷自行车的人	（意大利·1948）
罗生门	（日本·1950）
红色沙漠	（意大利·1964）
音乐之声	（美国·1965）
这里的黎明静悄悄	（前苏联·1972）
教　父	（美国·1972）
克莱默夫妇	（美国·1979）
现代启示录	（美国·1979）
最后一班地铁	（法国·1980）
法国中尉的女人	（英国·1981）
外星人	（美国·1982）
钢琴课	（澳大利亚·1993）

（高海燕、程红推荐）

第四章　小　说

内容提要：

1. 中西方小说的发展历程。
2. 分析小说的人物、情节、环境三要素。
3. 把握不同类型小说的叙事特点和叙事结构。
4. 结合时代背景，理解小说的社会意义及价值。

关键词：小说　人物形象　情节　环境　叙事特点　社会价值

第一节　小说概述

一、小说的特点与三要素

小说作为一种文学体裁，不同于诗歌、散文、戏剧，主要特点是叙述性。所谓叙述性，即通过某种故事情节的叙述和具体环境的描摹，塑造出具有典型性格的各种人物，用艺术的手段赋予被叙述的虚构世界以真实感，从而显示出人生的意义和价值等等。同时，小说在艺术传达上，较之诗歌、散文、戏剧都具有更大的灵活性。

小说的叙述人称：在叙述方式上，第一人称，如自传体、日记体、书信体、回忆录体等；第三人称，可以是平铺直叙的，也可以是倒叙插叙、意识流式，甚至是梦幻式的。

小说的篇幅：可以是小小说、短篇小说，也可以是中篇小说和长篇巨制。

小说的创作流派：可以是贴近现实生活的所谓现实主义的，也可以是偏于主体情感理想表现的所谓浪漫主义的。这就使小说有最充分的可能反映纷纭复杂的广阔社会生活，刻画各种各样的人物性格，表现人物之间各种极其微妙的关系，容纳叙写对象的详情细节，描写丰富多彩的精神心灵世界。

小说三要素：小说是通过人物、情节和环境的具体描写来反映现实生活的叙事作品，人物、情节、环境是小说不可缺少的三个基本要素。

人物：小说以多方面细致刻画人物见长，人物塑造是小说的核心。小说在人物形象的塑造上手法是多样化的，既可以通过详细描绘人物的外貌、举止，表现人物的对话、行动，也可以通过环境气氛的渲染烘托来显示人物个性，还可以直接进入人物的内心世界，进行深层的心理描写和剖析，直接揭示人的无限丰富的精神世界；既可以静态地表现人物身上占主导地位的最明显的特征，塑造出福斯特所谓的“扁平人物”，又可以动态地揭示人们心灵中各种对立因素的相互撞击、相互转化，创造出富有空间立体感和生活真实感的“圆形人物”。

情节：在小说中多展现人与人、人与自然、人与其自身的冲突，是塑造人物形象、生成小说审美价值的必不可少的组成部分。情节既可以表现为外在现实的矛盾斗争，又可以展示为内在心理的波动激荡。通过不同情节线索的逐步展开与交错穿插，充分显示人物性格的不同侧面和层次。中国传统小说更注重情节的展开，更注重情节的完整性、复杂性和多样性，波澜起伏的情节不仅引人入胜，对读者产生强烈的感染力，还是展现人物性格、深化作品主题的重要手段。

环境：是人物活动与情节展开的载体，对于塑造人物和展现情节都具有极其重要的意义和作用。小说中的环境包括自然环境和社会环境。自然环境是人物活动的时间、地点、时令、气候、地理风貌。小说中自然环境的描写，常常是为制造气氛、衬托人物的情趣、心境、表现人物的心理而安排的。社会环境即人物活动、事件发展的社会背景，诸如时代特征、社会风貌等，决定人物命运的往往是社会环境。

二、小说分析的基本方法

人物分析

首先，从人物自身的语言来分析。通过人物对话和独白的描写表现人物的身份、经历、心理活动、思想感情等；其次，从人物自身的行动来分析。行动描写，指人物的行为、动作。作品中的人物是靠动作活起来的，人物的行为是受其思想意识支配的，因此，人物的行动反映着人物的思想和内心世界；其三，从人物的外貌来分析。对人物外貌的描写在一定程度上反映了人物的性格或折射出人物的经历、命运；其四，从情节的发展来分析。人物性格总是在人物相互联系的一系列生活事件的发展变化中逐步展现的；其五，从人物的心理活动分析。心理描写，指对人物在一定环境中思想活动的描写。心理描写也是刻画人物形象，展示人物精神世界和思想品质的重要方法之一。以上介绍了分析小说中人物的几种方法，这些方法都不是孤立的，要注意综合运用，来体验人物形象的精神世界，领悟作品的深刻意蕴。

情节分析

小说的故事情节来源于现实生活。但小说中的情节不是现实生活的原本照抄，它是现实生活的提炼，它比现实生活更集中，更有代表性。现实生活中的事件和矛盾总是有始有终，有起有伏的，并有一定发展过程，因而小说情节的展开，也是有过程的。小说情节的发展主要分为四个部分：开端、发展、高潮、结局。有时在前面可以有序幕，在后面有尾声。

环境分析

首先，要注意人物和环境的辩证关系，环境决定人物命运及其性格，人物又能动地作用于环境，应该透过人物的言谈举止，深入挖掘社会历史内涵；其二，社会环境往往含有多种因素，展开了诸多层面，要多角度地加以分析；其三，注意环境本身所展示的世态风情。环境不仅为塑造人物服务，还有它自己独立的审美价值。优秀的小说家，总是通过对特定时代、特定地域的环境描写，展示出独特的世态风情，为人们提供了一幅幅社会历史的生动图景。

叙事视点

从叙事学的角度分析，在小说叙述过程中，作者叙事视点包括三种。

一是全知全能的叙事视点：即叙事者对每一件事都能了然，他能随意进入任何人物的内心深处，并直接告诉读者，某一小说人物正在想些什么。这类小说通常是以第三人称来叙事，其优点是具有高度弹性和丰富的表现力。

二是有限制的叙事视点：即其叙述者所知有限，他可能是小说中的人物，以第一人称（我）的方式去叙事，也可能置身于小说之外，以第三人称叙事。

三是多重叙事观点：即实际上是“有限制的叙事观点”的特殊应用。透过不同的“观点人物”来看事件的发展。使读者轮流从每个不同人物的观点来看事物。最常见的是书信体小说，其全由不同人物所写的书信所构成。

不同的观点往往隐喻着不同的价值体系，作者对于叙事观点的选择，对于小说艺术效果的营造，自有其一定的影响。而必要时，小说家可以转换叙事观点，以造成小说经验的变化多姿。在小说分析中，有意识地把握、分析其叙事视点有助于准确理解作品的内涵。

语言风格与意象运用

小说的语言表达方式日趋多元化，语言不只是表达的工具，而且本身具有丰富的意蕴，因此要注重对小说语言的风格和蕴含的意象进行分析。语言风格是作家使用语言以向读者显现其知觉经验及组织知觉的方式。许多不同的字可能在本质上有同样的内涵，但在外延意义上却不一样。作家善用语言外延的暗示力量，往往可形成特定的作品风格。意象运用是透过具体可见的形象，以传达幽微、复杂、不可见的感觉经验。类似意象的重复出现，往往会产生象征和暗示的效果。

三、中、西方小说发展历程

中、西方的小说，都以神话传说为其渊源，具有悠久的发展历史。

中国：小说一词始于庄子所说的“饰小说以干县令，其于大达亦远矣”。（《庄子·外物》）但此处的“小说”是指琐屑之言，不同于现在的小说概念。然而古代神话（如《精卫填海》《女娲补天》）、先秦散文中的寓言故事（如《列子》）等都孕育着小说的艺术因素，为小说的形成准备了条件。汉晋六朝时期，中国的小说初具规模，志人、志怪小说较为兴盛，《汉书·艺文志》中记载，汉代约有小说 15 家，1380 篇。

志人志怪小说：其中以干宝的《搜神记》最为有名，此时的志人、志怪小说合称笔记小说。汉代史书中的人物传记和志人、志怪小说情节比较简单，文笔比较粗糙。班固所说的“街谈巷语，道听途说者之造”是对这类小说准确、形象的评价。

唐代传奇小说：其出现标志着中国古典小说的成熟。唐代的文化有了很大的发展，文人的思想也更加开阔，唐代传奇小说脱离了历史记录而成为文学创作，多为虚构想象，而且讲求文采，如李朝威的《柳毅传》、陈鸿的《长恨歌传》等。宋元时期的话本小说如《错斩崔宁》《三国志平话》《大宋宣和遗事》等大量涌现，标志着白话小说进一步走进了文学的舞台，开始发挥主流作用。

小说的成熟：明清时代小说类型得到了发展，出现了多种体裁的小说，如“章回小说”“文言小说”“神魔小说”等。而且出现了小说特别是长篇小说创作的高峰期，涌现了无数的经典小说作品，如《西游记》《水浒传》《三国演义》，为后来的长篇小说做了准备。

我国第一部文人创作的小说：《金瓶梅》，署名兰陵笑笑生。之前的小说多属于集体创作整理，《金瓶梅》却是由文人独立创作完成，以明代氏族豪绅家庭生活为主要叙事内容，辐射全明封建社会全貌的第一本言情小说。

《红楼梦》是世界小说史上的丰碑：标志了中国古代小说创作的成熟。之后，《儒林外史》《二十年目睹之怪现象》《水浒后传》《醒世姻缘传》《说岳全传》等，相继问世，小说创作的艺术手法已经达到了极高的水准。

我国第一部白话文小说：鲁迅先生的《狂人日记》。“五四”以后，中国小说开始借鉴西方小说的写作手法，逐步走出了一条新路，小说的形式种类也得到了发展，创作出了许多优秀的作品，如《家》《春》《秋》《呐喊》《倪焕之》《子夜》《边城》《围城》《倾城之恋》《骆驼祥子》《长恨歌》《怀念狼》《看上去很美》《狼图腾》等。

西方：希腊神话、罗马神话、北欧神话、《荷马史诗》《伊索寓言》等都是西方小说的雏形，中世纪小说发展近乎停滞，14 世纪末的“文艺复兴”推翻了教会对文学的控制后，西方小说则快速地发展、成熟起来。

一部伟大的诗体小说：意大利诗人但丁的《神曲》。它是欧洲走出中世纪教会黑暗统治迈向新世纪的号角。也是伟大的文艺复兴运动的开山之作。

15 世纪末西方出现了提倡思想自由和个性解放，以描写现实生活和刻画各阶层的人物形象为内容的人文主义小说，这类小说是为配合当时欧洲反封建而产生的，同时它也定下了西方小说以记叙凡人凡事为主的基调，如意大利卜伽丘的《十日谈》。

最后一部骑士小说：西班牙塞万提斯的《堂吉诃德》，用中世纪流行的骑士小说形式来清算骑士小说的害人误国，结束了该小说形式的同时，开启了一个民族伟大觉醒的时代。该作与《神曲》《浮士德》并列齐名，但丁、塞万提斯、莎士比亚、歌德被尊为欧洲最伟大的作家。

古典主义小说：17 世纪出现的，主张用典雅的民族规范语言去写作，使西方小说语言得到了一次大幅的提高。古典主义小说法国发展得最完备，代表作是高乃依的《熙德》。

启蒙主义小说：18 世纪开始流行以宣传科学知识、启蒙大众意识为目的，其中比较著名的有德国歌德的《浮士德》，英国笛福的《鲁滨逊飘流记》，斯威夫特的《格列佛游记》等。

19 世纪，浪漫主义小说、现实主义小说和批判现实主义小说交替占据小说领域的主导地位。

浪漫主义小说：如法国雨果的《巴黎圣母院》《笑面人》《悲惨世界》，德国歌德的《少年维特之烦恼》等，都具有奇特构思想象、强烈抒发情感、语言奔放不羁的时代特点。

现实主义小说：着力反映现实社会生活的真实，描绘典型人物和典型生活现象，代表作家有英国的狄更斯、法国的都德等。

世界短篇小说巨匠：19 世纪世界齐名的短篇小说巨匠是俄国的契诃夫、法国的莫泊桑、美国的欧·亨利，都属于靠叙事情节曲折取胜的伟大现实主义作家。

批判现实主义小说：着力暴露封建制度的腐朽没落和资本主义社会的黑暗，深刻批判现实的罪恶，代表作家有法国的巴尔扎克和莫泊桑，英国的夏洛蒂·勃朗特，俄国的果戈里、托尔斯泰、陀思妥耶夫斯基，美国的马克·吐温等。

现代派小说：20 世纪的西方现代派小说有着变幻莫测的不稳定性和流派纷呈的丰富性，作品多针对资本主义金钱世界物质对人性的异化压迫，或者工业社会对生态环境的污染改变人类生存习惯等，叙事笔触也从外部客观环境的精确描摹，转入了人类内心主观世界复杂微妙意识的感觉层面，意识流、魔幻现实主义、黑色幽默、感觉派、印象派、寻根派等等，对现代社会人类的生存方式进行质疑，对工业革命以来的科学理性主义曾经对人类的庄严承诺进行反思，多角度地揭露、控诉其中的谎言、悖谬，如奥地利卡夫卡的《变形记》、哥伦比亚马尔克斯的《百年孤独》、爱尔兰乔伊斯的《尤利西斯》、捷克米兰·昆德拉的《生命中不能承受之轻》等，为我们留下了大批优秀的作品。

迄今，小说仍然是文学的正宗，言文学者必称小说，大有取代文学一词的实力。甚至许多中外大部分经典电影、电视剧作的创作，都是由小说原著改编。

（袁宏撰写）

第二节　小说文选

中国古代神话故事两则

山海经——后羿射日

逮至尧之时[1]，十日并出，焦禾稼，杀草木[2]，而民无所食。猰貐[3]、凿齿[4]、九婴[5]、大风[6]、封豨[7]、修蛇[8]，皆为民害。尧乃使羿诛凿齿于畴华之野[9]，杀九婴于凶水之上[10]，缴大风于青丘之泽[11]，上射十日而下杀猰貐，断修蛇于洞庭[12]，禽封豨于桑林[13]。万民皆喜，置尧以为天子[14]。

【注释】

1. 逮至：等到。尧：相传是原始部落首领，传说中的五帝之一。

2. 焦禾稼：把庄稼晒枯烧焦。杀：晒死。

3. 猰貐（yà yǔ）：神话中的怪兽，形状如龙首，或说是蛇身人面。又像狸，它走得极快，其叫声像婴儿啼哭，能吃人。

4. 凿齿：神话中的怪兽，齿长三尺，如凿形，露在下巴外面，能持戈盾等武器。

5. 九婴：神话中长着九个头的怪物，能喷水吐火。

6. 大风：神话中的风神，即风伯。一说是一种凶猛的大鸟，即大凤，它一飞过，大风随至，能毁坏民房。

7. 封豨（xī）：大野猪。

8. 修蛇：很长的大蟒蛇。据《山海经》说，它能吞大象。

9. 羿（yì）：神话中弓箭的发明者，尧时善于射箭的武士。畴（chóu）华：南方大泽名。

10. 凶水：神话中的北方大河。

11. 缴（zhuó）：这里作动词用，一种系着绳的箭（射取），意谓用箭去射大风。青丘：传说中的东方的水泽名。

12. 断：斩断。洞庭：即洞庭湖。

13. 禽：同“擒”。桑林：地名，传说商汤因大旱曾在这里祈雨，可能在中原地区。

14. 置：设置。引申为“拥戴”。

山海经——夸父逐日

夸父与日逐走[1]，入日[2]。渴，欲得饮，饮于河、渭[3]；河、渭不足，北饮大泽[4]。未至，道渴而死[5]。弃其杖，化为邓林[6]。

【注释】

1. 夸父（fǔ）：人名，神话传说中一个善于奔跑的巨人，是敢于与太阳赛跑的英雄。一说为族名。逐走：竞跑，追赶，赛跑。走，古代是跑的意思。

2. 入日：进入太阳里，一说赶到太阳下山的地方。

3. 河：黄河。渭：渭水，在今陕西省境内，是黄河的一大支流。

4. 大泽：大湖，传说其大纵横千里，在雁门山北。

5. 道渴而死：在路上干渴而死。

6. 邓林：据清代毕沅考证，“邓”、“桃”古音近，“邓林”即“桃林”。另据《列子·汤问》载：邓林大小数千里。一说是地名，在今大别山附近（河南、湖北、安徽三省交界处）。

【作品介绍】

《山海经》是我国现存最古的地理书，主要记载古代传说中的地理。全书共十八卷，记述了海内外山川、道里、部族、物产等，多及异物和神奇灵怪，保存了不少我国古代的神话资料。

【思考练习题】

1. 《后羿射日》《夸父逐日》创造的后羿、夸父这样的英雄形象有什么意义？
2. 中国古代神话的艺术价值是什么？
3. 中国古代神话的特点是什么？

（张黎选文）

纪昌学射[1]　　（战国）列　子

甘蝇，古之善射者[2]，彀弓[3]而兽伏鸟下。弟子名飞卫，学射于甘蝇，而巧过其师。

纪昌者，又学射于飞卫。飞卫曰："尔先学不瞬[4]，而后可言射矣。"

纪昌归，偃卧[5]其妻之机[6]下，以目承牵挺[7]。二年之后，虽锥末倒眦[8]，而不瞬也。

以告飞卫。飞卫曰："未也，必学视[9]而后可。是视小如大，视微如著[10]，而后告我。"

昌以氂[11]悬虱于牖[12]，南面而望之。旬日之间，浸大[13]也；三年之后，如车轮焉。以睹余物，皆丘山也。乃以燕角之弧，朔蓬之簳[14]射之。贯[15]虱之心，而悬不绝。

以告飞卫。飞卫高蹈拊膺[16]曰："汝得之矣！"

【注释】

1. 选自《列子·汤问》。
2. 善射者：善于射箭的人。
3. 彀（gòu）弓：使劲地把弓拉足。
4. 不瞬：不眨眼。
5. 偃卧：仰面躺着。
6. 机：织布机。
7. 以目承牵挺：承，接受。以，用。牵挺，织布机的挂件。全句意为"用两眼直瞪着织布机的牵挺"。
8. 锥末倒眦（zì）：倒，倒刺。眦，眼眶边。全句意为"锥尖刺到眼眶边"。
9. 视：看的本领。
10. 著：明显。
11. 氂（máo）：牛尾毛。
12. 牖（yǒu）：窗户。
13. 浸大：渐渐大起来。
14. 燕角之弧，朔蓬之簳（gǎn）：燕国的角衬里的弓，楚国的竹做成的箭杆。朔，"荆"字之误。荆就是楚国（在今湖南湖北一带）。蓬，竹。簳，箭杆。
15. 贯：穿过。
16. 高蹈拊（fǔ）膺（yīng）：高兴得跳起来，拍着胸脯。

（方明松选文）

【作者简介】

列子，名寇，又名御寇，郑国人，生卒年不详。相传是战国前期的道家。今本《列子》8篇，内容多为民间故事、寓言和神话传说。从思想内容和语言使用上来看，可能是晋人所作，是东晋人搜集有关古代资料编成的，晋张湛注释并作序。

【思考练习题】

1. 本文篇幅短小，文笔洗练，如何将实写与虚写紧密结合在一起的？
2. 纪昌学射的成功经验是什么？谈谈这一成功经验对你学习、训练有什么影响？
3. 以“纪昌学射”为例，说明寓言记事简略、表意深刻的特点。
4. 选读古代寓言作品。

（袁宏、方明松）

世说新语[1]三则　　（南朝）刘义庆

王恭从会稽还

王恭从会稽还[2]，王大看之。见其坐六尺簟[3]，因语恭：“卿东来[4]，故应有此物，可以一领及我。”恭无言。大去后，既举所坐者送之。既无余席，便坐荐上。后大闻之，甚惊，曰：“吾本谓卿多，故求耳”。对曰：“丈人[5]不悉恭，恭作人无长物[6]。”

【注释】

1. 《世说新语》，笔记小说集，南朝宋临川王刘义庆撰，梁刘孝标注。全书分德行、言语、政事、文学等三十六门，记载汉末到东晋士族的轶事和言谈，比较全面地反映了这个时期士族的放诞生活和清谈风气。
2. 本则选自《世说新语·德行》。会（guì）稽，古郡名，今浙江绍兴。
3. 簟（diàn）：竹席。一说是细草席。
4. 东来：从东方归来。
5. 丈人：古时候卑幼称尊长为丈人，后人专以之称妻之父。
6. 长（cháng）物：多余的东西。

王子猷居山阴

王子猷居山阴[1]，夜大雪，眠觉，开室，命酌酒，四望皎然[2]。因起彷徨，咏左思《招隐诗》[3]，忽忆戴安道[4]。时戴在剡[5]，即便夜乘小舟就之。经宿方至[6]，造门不前而返[7]。人问其故，王曰：“吾本乘兴而行，兴尽而返，何必见戴？”

【注释】

1. 本则选自《世说新语·任诞》。王子猷（yóu），王徽之的字，王羲之的儿子。山阴，今浙江省绍兴市。
2. 皎然：洁白光明的样子。
3. 左思：西晋著名诗人。他的《招隐诗》是描写隐居田园乐趣的诗。
4. 戴安道：戴逵的字。逵，谯国（今安徽省北部）人，学问广博，善属文，音乐、书、画等方面也很有修养，隐居不仕。
5. 剡（shàn）：今浙江省嵊县。
6. 这句说：经过一宿的工夫才到达。
7. 造：到，至。这句说，到了门口不进去就回头了。

王子猷出都

王子猷出都[1]，尚在渚下。旧闻桓子野善吹笛，而不相识。遇桓于岸上过，王在船中，客有识之者云：“是桓子野。”王便令人与相闻，云：“闻君善吹笛，试为我一奏。”桓时已贵显，素闻王名，即便回下车，踞胡床，为作三调。弄毕，便上车去。客主不交一言。

【注释】

1. 本则选自《世说新语·任诞》。

（高海燕选文）

【作者简介】

刘义庆（公元403年—444年），彭城（今江苏省徐州市）人，刘宋宗室，袭封临川王。性喜文学，门下招聚了不少才学之士。除《世说新语》外，还编有《幽明录》等。

【思考练习题】

1. 分析“王恭从会稽还”的语言特色。

2. 本文后两则通过王子猷的两个小故事表现了魏晋士人的精神风貌，史称“魏晋风度”。结合本文谈谈何谓“魏晋风度”？这与当代“作秀”有何区别？

（袁宏）

太平广记三则　　（北宋）李　昉

薛仁贵[1]

唐太宗征辽东，驻跸[2]于阵。薛仁贵著白衣，握戟橐鞬[3]，张弓大呼，所向披靡。太宗谓曰：“朕不喜得辽东，喜得卿也。”后率兵击突厥于云州。突厥先问唐将为何，曰：“薛仁贵也。”突厥曰：“吾闻薛仁贵流会州死矣，安得复生？”仁贵脱兜鍪[4]见之，突厥相视失色，下马罗拜，稍遁去。

【注释】

1. 本文出自《谭宾录》。《谭宾录》，唐朝胡璩（qú）著。

2. 驻跸（bì）：指帝王出行时沿途停留暂住。

3. 橐（tuó）鞬（jiān）：指马上盛弓箭的袋子。

4. 兜鍪（móu）：古代作战时戴的盔。

辛承嗣[1]

唐忠武将军辛承嗣轻捷。曾解鞍绊马，脱衣而卧，令一人百步，走马持枪而来。承嗣鞴[2]马解绊，著衣擐[3]甲，上马盘枪，逆拒刺马，擒人而还。承嗣后与将军元帅奖驰聘，一手捉鞍桥，双足直上捺蜻蜓[4]，走马二十里。与中郎裴绍业，于青海被吐番所围。谓绍业曰：“将军相随共出。”绍业惧，不敢。承嗣曰：“为将军试之。”单马持枪，所向皆靡，却迎绍业出。承嗣马被箭，乃跳下，夺贼壮马乘之，一无所伤。

【注释】

1. 本文出自《朝野佥（qiān）载》。《朝野佥载》，唐朝张鷟（zhuó）著。

2. 鞴（bèi）：把鞍辔等套在马上。

3. 擐（huàn）：穿。

4. 双足直上捺蜻蜓：即双足倒立竖蜻蜓。

京西店老人[1]

唐韦行规自言：少时游京西，暮止店中，更欲前进。店有老人方工作，谓曰：“客勿夜行，此中多盗。”韦曰：“某留心弧矢，无所患也。”因行数十里。天黑，有人起草中尾之。韦叱不应，连发矢中之，复不退。矢尽，韦惧奔焉。有顷，风雷总至，韦下马，负一大树，见空中有电光相逐，如鞠杖，势渐逼树杪（miǎo），觉物纷纷坠其前。韦视之，乃木札也。须臾，积札埋至膝。韦惊惧，投弓矢，仰空中乞命。拜数十，电光渐高而灭，风雷亦息。韦顾大树，枝干尽矣。

鞍驮已失，遂返前店。见老人方箍桶。韦意其异人也，拜而且谢。老人笑曰：“客勿恃弓矢，须知剑术。”引韦入后院，指鞍驮言：“却领取，聊相试耳”。又出桶板一片，昨夜之箭，悉中其上。韦请役力承事，不许；微露击剑事，韦也得一二焉。

【注释】

1. 本文出自《酉阳杂俎（zǔ）》，唐朝段成式著。

【作者简介】

李昉，北宋人。与他人奉宋太宗之命编纂了小说集《太平广记》，此书搜集了自汉至宋初的各种小说、笔记、野史等500多种，保存了大量的古小说资料。因成书于太平兴国年间，取名《太平广记》。

【思考练习题】

1. 在《薛仁贵》中，作者通过哪几个情节表现薛仁贵的神勇？
2. 《辛承嗣》通过三个情节来表现主人公高强的武功，分析此文的叙述层次和叙述特点。
3. 《京西店老人》是如何表现这位老人高超的武功的？

（袁宏选文）

关公过五关斩六将[1]　　（明）罗贯中

前至一关，名东岭关。把关将姓孔，名秀，引五百军兵在岭上把守。当日关公押车仗上岭，军士报知孔秀，秀出关来迎。关公下马，与孔秀施礼。秀曰：“将军何往？”公曰：“某辞丞相，特往河北寻兄。”秀曰：“河北袁绍，正是丞相对头；将军此去，必有丞相文凭。”公曰：“因行期慌迫，不曾讨得。”秀曰：“既无文凭，待我差人禀过丞相，方可放行。”关公曰：“待去禀时，须误了我行程。”秀曰：“法度所拘，不得不如此。”关公曰：“汝不容我过关乎？”秀曰：“汝要过去，留下老小为质。”关公大怒，举刀就杀孔秀。秀退入关去，鸣鼓聚军，披挂上马，杀下关来，大喝曰：“汝敢过去么？”关公约退车仗，纵马提刀，竟不打话，直取孔秀，秀挺枪来迎。两马相交，只一合，钢刀起处，孔秀尸横马下。众军便走。关公曰：“军士休走。吾杀孔秀，不得已也，与汝等无干。借汝众军之口，传语曹丞相，言孔秀欲害我，我故杀之。”众军俱拜于马前。关公即请二夫人车仗出关，望洛阳进发。

早有军士报知洛阳太守韩福。韩福急聚众将商议，牙将孟坦曰：“既无丞相文凭，即系私行，若不阻挡，必有罪责。”韩福曰：“关公猛勇，颜良、文丑俱为所杀。今不可力敌，只须设计擒之。”孟坦曰：“某有一计：先将鹿角拦定关口，待他到时，小将引兵和他交锋，佯败诱他来追。公可用暗箭射之。若关某坠马，即擒解许都，必得重赏。”商议停当，人报关公车仗已到。韩福弯弓插箭，引一千人马摆列关口，问：“来者何人？”关公马上欠身言曰：“吾汉寿亭侯关某，敢借过路。”韩福曰：“有曹丞相文凭否？”关公曰：“事冗不曾讨得。”韩福曰：“吾奉丞相钧命，镇守此地，专一盘诘往来奸细。若无文凭，即系逃窜。”关公怒曰：“东岭孔秀，已被吾杀，汝亦欲寻死耶？”韩福曰：“谁人与我擒之？”孟坦出马，抡双刀来取关公。关公约退车仗，拍马来迎。孟坦战不三合，拨回马便走，关公赶来。孟坦只指望引诱关公，不想关公马快，早已赶上，只一刀砍为两段。关公勒马回来，韩福闪在门首，尽力放了一箭，正射中关公左臂。公用口拔出箭，血流不住，飞马径奔韩福，冲散众军。韩福急走不迭，关公手起刀落，带头连肩斩于马下。杀散众军，保护车仗。

关公割帛束住箭伤，于路恐人暗算，不敢久住，连夜投汜水关来。把关将乃并州人氏，姓卞，名喜，善使流星锤，原是黄巾余党，后投曹操，拨来守关。当下闻知关公将到，寻思一计，就关前镇国寺中，埋伏下刀斧手二百余人，诱关公至寺，约击盏为号，欲图相害。安排已定，出关迎接关公。公见卞喜来迎，便下马相见。喜曰："将军名震天下，谁不敬仰！今归皇叔，足见忠义。"关公诉说斩孔秀、韩福之事。卞喜曰："将军杀之是也。某见丞相，代禀衷曲。"关公甚喜，同上马过了汜水关，到镇国寺前下马。众僧鸣钟出迎。原来那镇国寺乃汉明帝御前香火院，本寺有僧三十余人。内有一僧，却是关公同乡人，法名普净。当下普净已知其意，向前与关公问讯，曰："将军离蒲东几年矣？"关公曰："将及二十年矣。"普净曰："还认得贫僧否？"公曰："离乡多年，不能相识。"普净曰："贫僧家与将军家只隔一条河。"卞喜见普净叙出乡里之情，恐有走泄，乃叱之曰："吾欲请将军赴宴，汝僧人何得多言！"关公曰："不然，乡人相遇，安得不叙旧情耶？"普净请关公方丈待茶。关公曰："二位夫人在车上，可先献茶。"普净教取茶先奉夫人，然后请关公入方丈。普净以手举所佩戒刀，以目视关公，公会意，命左右持刀紧随。卞喜请关公于法堂筵席。关公曰："卞君请关某，是好意，还是歹意？"卞喜未及回言，关公早望见壁衣中有刀斧手，乃大喝卞喜曰："吾以汝为好人，安敢如此！"卞喜知事泄，大叫："左右下手！"左右方欲动手，皆被关公拔剑砍之。卞喜下堂，绕廊而走，关公弃剑，执大刀来赶。卞喜暗取飞锤，掷打关公，关公用刀隔开锤，赶将入去，一刀劈卞喜为两段。随即回身来看二嫂，早有军士围住，见关公来，四下奔走。关公赶散，谢普净曰："若非吾师，已被此贼害矣。"普净曰："贫僧此处难容，收拾衣钵，亦往他处云游也。后会有期，将军保重。"关公称谢，护送车仗，往荥阳进发。

荥阳太守王植，却与韩福是两亲家，闻得杀了韩福，商议欲暗害关公，乃使人守住关口。待关公到时，王植出关，喜笑相迎。关公诉说寻兄之事。植曰："将军于路驱驰，夫人车上劳困，且请入城，馆驿中暂歇一宵，来日登途未迟。"关公见王植意甚殷勤，遂请二嫂入城。馆驿中皆铺陈了当。王植请公赴宴，公辞不往；植使人送筵席至馆驿。关公因于路辛苦，请二嫂晚膳毕，就正房歇定。遂吩咐从者各自安歇，饱喂马匹，关公亦解甲憩息。却说王植密唤从事胡班听令曰："关某背丞相而逃，又于路杀太守并守关将校，死罪不轻。此人武勇难敌，汝今晚点一千军围住馆驿，一人一个火把，待三更时分，一齐放火，不问是谁，尽皆烧死。吾亦自引军接应。"胡班领命，便点起军士，密将干柴引火之物搬于馆驿门首，约时举事。胡班寻思："我久闻关云长之名，不识如何模样，试往窥之。"乃至驿中，问驿吏曰："关将军在何处？"答曰："正厅上观书者是也。"胡班潜至厅前，见关公左手绰髯，于灯下凭几看书。班见了，失声叹曰："真天人也！"公问何人，胡班入拜曰："荥阳太守部下从事胡班。"关公曰："莫非许都城外胡华之子否？"班曰："然也。"公唤从者于行李中取书付班。班看毕，叹曰："险些误杀忠良！"遂密告曰："王植心怀不仁，欲害将军，暗令人四面围住馆驿，约于三更放火。今某当先去开了城门，将军急收拾出城。"关公大惊，忙披挂提刀上马，请二嫂上车，尽出馆驿。果见军士各执火把听候。关公急来到城边，只见城门已开。关公催车仗急急出城，胡班还去放火。关公行不到数里，背后火把照耀，人马赶来，当先王植大叫："关某休走！"关公勒马，大骂："匹夫！我与你无仇，如何令人放火烧我？"王植拍马挺枪，径奔关公，被关公拦腰一刀，砍为两段，人马都赶散。关公催车仗速行，于路感胡班不已。

行至滑州界首，有人报与刘延，延引数十骑出郭而迎。关公马上欠身而言曰："太守别来无恙！"延曰："公今欲何往？"公曰："辞了丞相，去寻家兄。"延曰："玄德在袁绍处，绍乃丞相仇人，如何容公去？"公曰："昔日曾言定来。"延曰："今黄河渡口关隘，夏侯部将秦琪据守，恐不容将军过渡。"公曰："太守应付船只若何？"延曰："船只虽有，不敢应付。"公曰："我前者诛颜良、文丑，亦曾与足下解厄，今日求一渡船而不与，何也？”延曰：“只恐夏侯知之，必然罪我。”关公知刘延无用之人，遂自催车仗前进。到黄河渡口，秦琪引军出，问：“来者何人？”关公曰：“汉寿亭侯关某也。”琪曰：“今欲何往？”关公曰：“欲投河北去寻兄长刘玄德，敬来借渡。”琪曰：“丞相公文何在？”公曰：“吾不受丞相节制，有甚公文！”琪曰：“吾奉夏侯将军将令，守把关隘，你便插翅也飞不过去！”关公大怒曰：“你知我于路斩戮拦截者乎？”琪曰：“你只杀得无名下将，敢杀我么？”关公怒曰：“汝比颜良、文丑若何？”秦琪大怒，纵马提刀，直取关公。二马相交，只一合，关公刀起，秦琪头落。关公曰：“当吾者已死，余人不必惊走，速备船只，送我渡河。”军士急撑舟傍岸，关公请二嫂上船渡河。渡过黄河，便是袁绍地方。关公所历关隘五处，斩将六员。后人有诗叹曰：

挂印封金辞汉相，寻兄遥望远途还。
马骑赤兔行千里，刀偃青龙出五关。
忠义慨然冲宇宙，英雄从此震江山。
独行斩将应无敌，今古留题翰墨间。

【注释】

1. 本文选自《三国演义》第二十七回“美髯公千里走单骑 汉寿侯五关斩六将”。

【作者简介】

罗贯中（约公元1330年—约1400年），名本，号湖海散人，山西太原人，一说钱塘（今浙江杭州）或庐陵（今江西吉安）人。元末明初著名小说家。作品有小说《三国演义》《隋唐志传》《残唐五代史演义》《三遂平妖传》，杂剧《赵太祖龙虎风云会》等。

【思考练习题】

1. 本文通过对关公过五关斩六将的叙述，突出了关公什么样的性格？
2. 本文叙事特点是什么？
3. 在《三国演义》中，关公被当作义气的化身。如何正确看待关公的“义气”？

（袁宏选文）

铸　剑（节选）[1]　　鲁　迅

并不要许多工夫，就望见六个人向金阶趋进。先头是宦官，后面是四个武士，中间夹着一个黑色人。待到近来时，那人的衣服却是青的，须、眉、头发都黑；瘦得颧骨、眼圈骨、眉棱骨都高高地突出来。他恭敬地跪着俯伏下去时，果然看见背上有一个圆圆的小包袱，青色布，上面还画上一些暗红色的花纹。

“奏来！”王暴躁地说。他见他家伙简单，以为他未必会玩什么好把戏。

“臣名叫宴之敖者[2]；生长汶汶乡[3]。少无职业；晚遇明师，教臣把戏，是一个孩子的头。这把戏一个人玩不起来，必须在金龙之前，摆一个金鼎，注满清水，用兽炭[4]煎熬。于是放下孩子的头去，一到水沸，这头便随波上下，跳舞百端，且发妙音；欢喜歌唱。这歌舞为一人所见，便解愁释闷，为万民所见，便天下太平。”

“玩来！”王大声命令说。

并不要许多工夫，一个煮牛的大金鼎便摆在殿外，注满水，下面堆了兽炭[4]，点起火来。那黑色人站在旁边，见炭火一红，便解下包袱，打开，两手捧出孩子的头来，高高举起。那头是秀眉长眼，皓齿红唇；脸带笑容；头发蓬松，正如青烟一阵。黑色人捧着向四面转了一圈，便伸手擎到鼎上，动着嘴唇说了几句不知什么话，随即将手一松，只听得扑通一声，坠入水中去了。水花同时溅起，足有五尺多高，此后是一切平静。

许多工夫，还无动静。国王首先暴躁起来，接着是王后和妃子，大臣，宦官们也都有些焦急，矮胖的侏儒们则已经开始冷笑了。王一见他们的冷笑，便觉自己受愚，回顾武士，想命令他们就将那欺君的莠民掷入牛鼎里去煮杀。

但同时就听得水沸声；炭火也正旺，映着那黑色人变成红黑，如铁的烧到微红。王刚又回过脸来，他也已经伸起两手向天，眼光向着无物，舞蹈着，忽地发出尖利的声音唱起歌来：

哈哈爱兮爱乎爱乎![5]
爱兮血兮兮谁乎独无。
民萌冥行兮一夫壶卢。
彼用百头颅，千头颅兮用万头颅!
我用一头颅兮而无万夫。
爱一头颅兮血乎呜呼!
血乎呜呼兮呜呼阿呼，
阿呼呜呼兮呜呼呜呼!

随着歌声，水就从鼎口涌起，上尖下广，像一座小山，但自水尖至鼎底，不住地回旋运动。那头即随水上上下下，转着圈子，一面又滴溜溜自己翻筋斗，人们还可以隐约看见他玩得高兴的笑容。过了些时，突然变了逆水的游泳，打旋子夹着穿梭，激得水花向四面飞溅，满庭洒下一阵热雨来。一个侏儒忽然叫了一声，用手摸着自己的鼻子。他不幸被热水烫了一下，又不耐痛，终于免不得出声叫苦了。

黑色人的歌声才停，那头也就在水中央停住，面向王殿，颜色转成端庄。这样的有十余瞬息之久，才慢慢地上下抖动；从抖动加速而为起伏的游泳，但不很快，态度很雍容。绕着水边一高一低地游了三匝，忽然睁大眼睛，漆黑的眼珠显得格外精采，同时也开口唱起歌来：

王泽流兮浩洋洋；
克服怨敌，怨敌克服兮，赫兮强!
宇宙有穷止兮万寿无疆。
幸我来也兮青其光!
青其光兮永不相忘。
异处异处兮堂哉皇!
堂哉皇哉兮嗳嗳唷，
嗟来归来，嗟来陪来兮青其光!

头忽然升到水的尖端停住；翻了几个筋斗之后，上下升降起来，眼珠向着左右瞥视，十分秀媚，嘴里仍然唱着歌：

阿呼呜呼兮呜呼呜呼，
爱乎呜呼兮呜呼阿呼!
血一头颅兮爱乎呜呼。
我用一头颅兮而无万夫!
彼用百头颅，千头颅……

唱到这里，是沉下去的时候，但不再浮上来了；歌词也不能辨别。涌起的水，也随着歌声的微弱，渐渐低落，像退潮一般，终至到鼎口以下，在远处什么也看不见。

"怎了?"等了一会儿，王不耐烦地问。

“大王，”那黑色人半跪着说。“他正在鼎底里作最神奇的团圆舞，不临近是看不见的。臣也没有法术使他上来，因为作团圆舞必须在鼎底里。”

王站起身，跨下金阶，冒着炎热立在鼎边，探头去看。只见水平如镜，那头仰面躺在水中间，两眼正看着他的脸。待到王的眼光射到他脸上时，他便嫣然一笑。这一笑使王觉得似曾相识，却又一时记不起是谁来。刚在惊疑，黑色人已经掣出了背着的青色的剑，只一挥，闪电般从后项窝直劈下去，扑通一声，王的头就落在鼎里了。

仇人相见，本来格外眼明，况且是相逢狭路。王头刚到水面，眉间尺的头便迎上来，很命[6]在他耳轮上咬了一口。鼎水即刻沸涌，澎湃有声；两头即在水中死战。约有二十回合，王头受了五个伤，眉间尺的头上却有七处。王又狡猾，总是设法绕到他的敌人的后面去。眉间尺偶一疏忽，终于被他咬住了后项窝，无法转身。这一回王的头可是咬定不放了，他只是连连蚕食进去；连鼎外面也仿佛听到孩子的失声叫痛的声音。

上自王后，下至弄臣，骇得凝结着的神色也应声活动起来，似乎感到暗无天日的悲哀，皮肤上都一粒一粒地起粟；然而又夹着秘密的欢喜，瞪了眼，像是等候着什么似的。

黑色人也仿佛有些惊慌，但是面不改色。他从从容容地伸开那捏着看不见的青剑的臂膊，如一段枯枝；伸长颈子，如在细看鼎底。臂膊忽然一弯，青剑便蓦地从他后面劈下，剑到头落，坠入鼎中，淜的一声，雪白的水花向着空中同时四射。

他的头一入水，即刻直奔王头，一口咬住了王的鼻子，几乎要咬下来。王忍不住叫一声“阿唷”，将嘴一张，眉间尺的头就乘机挣脱了，一转脸倒将王的下巴下死劲咬住。他们不但都不放，还用全力上下一撕，撕得王头再也合不上嘴。于是他们就如饿鸡啄米一般，一顿乱咬，咬得王头眼歪鼻塌，满脸鳞伤。先前还会在鼎里面四处乱滚，后来只能躺着呻吟，到底是一声不响，只有出气，没有进气了。

黑色人和眉间尺的头也慢慢地住了嘴，离开王头，沿鼎壁游了一匝，看他可是装死还是真死。待到知道了王头确已断气，便四目相视，微微一笑，随即合上眼睛，仰面向天，沉到水底里去了。

（方明松选文）

【注释】

1. 选自《故事新编》（《鲁迅全集》第2卷，人民文学出版社，1981年）。全文共4节，这里节选自第3节。

2. 宴之敖者：作者虚拟的人名。1924年9月，鲁迅辑成《俟堂砖文杂集》一书，题记后用宴之敖者作为笔名，但以后即未再用。

3. 汶汶乡：作者虚拟的地名。汶汶，昏暗不明。

4. 兽炭：古时豪富之家将木炭屑做成各种兽形的一种燃料。

5. 这里和下文的歌，意思介于可解不可解之间。作者在1936年3月28日给日本增田善的信中曾说：“在《铸剑》里，我以为没有什么难懂的地方。但要注意的是，那里面的歌，意思都不明显，因为是奇怪的人和头颅唱出来的歌，我们这种普通人是难以理解的。”

6. 很命：同“狠命”。

【作者简介】

鲁迅（1881年—1936年），原名周樟寿，字豫山，后改名周树人，字豫才。浙江绍兴人，是中国现代文学的奠基人。作品有小说集《呐喊》《彷徨》《故事新编》，散文集《野草》《朝花夕拾》及杂文集十余部。1981年由人民文学出版社出版了《鲁迅全集》16卷本。

【思考练习题】

1. 从文中三处描写黑色人的文字分析这个人物的性格特征。

2. 试分析本文的艺术特色。

3. 小说通过古代的民间传说表现了怎样的主题？

4. 选读鲁迅的小说集《故事新编》。

（方明松、袁宏）

黄蓉智斗状元郎[1]　金　庸

两人顺着山路向前走去，行不多时，山路就到了尽头，前面是条宽约尺许的石梁，横架在两座山峰之间，云雾笼罩，望不见尽处。若是在平地之上，尺许小径又算得了甚么，可是这石梁下临深谷，别说行走，只望一眼也不免胆战心惊。黄蓉叹道："这位段皇爷藏得这么好，就算谁和他有泼天仇恨，找到这里，也已先消了一半气。"郭靖道："那渔人怎么说段皇爷已不在尘世了？可好教人放心不下。"黄蓉道："这也当真猜想不透，瞧他模样，不像是在撒谎，又说咱们师父是亲眼见段皇爷死的。"郭靖道："到此地步，只是有进无退。"蹲低身子背起黄蓉，使开轻功提纵术，走上石梁。石梁凹凸不平，又加终年在云雾之中，石上溜滑异常，走得越慢，反是越易倾跌。郭靖提气快步而行，奔出七八丈，黄蓉叫道："小心，前面断了。"郭靖也已看到那石梁忽然中断，约有七八尺长的一个缺口，当下奔得更快，借着一股冲力，飞跃而起。黄蓉连经凶险，早已把生死置之度外，笑道："靖哥哥，你飞得可没白雕儿稳呢。"

奔一段，跃过一个缺口，接连过了七个断崖，眼见对面山上是一大片平地，忽听书声朗朗，石梁已到尽头，可是尽头处却有一个极长缺口，看来总在一丈开外，缺口彼端盘膝坐着一个书生，手中拿了一卷书，正自朗诵。那书生身后又有一个短短的缺口。郭靖止步不奔，稳住身子，登感不知所措："若要纵跃而过，原亦不难，只是这书生占住了冲要，除了他所坐之处，别地无可容足。"于是高声说道："晚辈求见尊师，相烦大叔引见。"那书生摇头晃脑，读得津津有味，于郭靖的话似乎全没听见。郭靖提高声音再说一遍，那书生仍是充耳不闻。郭靖低声道："蓉儿，怎么办？"

黄蓉蹙眉不答，她一见那书生所坐的地势，就知此事甚为棘手，在这宽不逾尺的石梁之上，动上手即判生死，纵然郭靖获胜，但此行是前来求人，如何能出手伤人？见那书生全不理睬，不由得暗暗发愁，再听他所读的原来是一部最平常不过的"论语"，只听他读道："暮春者，春服既成，冠者五六人，童子六七人，浴乎沂，风乎舞雩，咏而归。"读得兴高采烈，一诵三叹，确似在春风中载歌载舞，喜乐无已。黄蓉心道："要他开口，只有出言相激。"当下冷笑一声，说道："'论语'纵然读了千遍，不明夫子微言大义，也是枉然。"那书生愕然止读，抬起头来，说道："甚么微言大义，倒要请教。"黄蓉打量那书生，见他四十来岁年纪，头戴逍遥巾，手挥折叠扇，颏下一丛漆黑的长须，确是个饱学宿儒模样，于是冷笑道："阁下可知孔门弟子，共有几人？"那书生笑道："这有何难？孔门弟子三千，达者七十二人。"黄蓉问道："七十二人中有老有少，你可知其中冠者几人，少年几人？"那书生愕然道："'论语'中未曾说起，经传中亦无记载。"黄蓉道："我说你不明经书上的微言大义，岂难道说错了？刚才我明明听你读道：冠者五六人，童子六七人。五六得三十，成年的是三十人，六七四十二，少年是四十二人。两者相加，不多不少是七十二人。瞧你这般学而不思，嘿，殆哉，殆哉！"那书生听她这般牵强附会的胡解经书，不禁哑然失笑，可是心中也暗服她的聪明机智，笑道："小姑娘果然满腹诗书，佩服佩服。你们要见家师，为着何事？"

黄蓉心想："若说前来求医，他必多方留难。可是此话又不能不答，好，他既在读'论语'，我且掉几句孔夫子的话来搪塞一番。"于是说道："圣人，吾不得而见之矣！得见君子者，斯可矣。有朋自远方来，不亦乐乎？"

那书生仰天大笑，半晌方止，说道："好，好，我出三道题目考考你，若是考得出，那就引你们去见我师父。倘有一道不中式，只好请两位从原路回去了。"黄蓉道："啊哟，我没读过多少书，太难的我可答不上来。”那书生笑道：“不难，不难。我这里有一首诗，说的是在下出身来历，打四个字儿，你倒猜猜看。”黄蓉道：“好啊，猜谜儿，这倒有趣，请念罢!”那书生捻须吟道：“六经蕴藉胸中久，一剑十年磨在手……”黄蓉伸了伸舌头，说道：“文武全才，可了不起!”那书生一笑接吟：“杏花头上一枝横，恐泄天机莫露口。一点累累大如斗，却掩半床无所有。完名直待挂冠归，本来面目君知否?”黄蓉心道：“‘完名直待挂冠归，本来面目君知否?’瞧你这等模样，必是段皇爷当年朝中大臣，随他挂冠离朝，归隐山林，这又有何难猜?”便道：“‘六’字下面一个‘一’一个‘十’，是个‘辛’字。‘杏’字上加横、下去‘口’，是个‘未’字。半个‘床’字加‘大’加一点，是个‘状’字。‘完’挂冠，是个‘元’字。辛未状元，失敬失敬，原来是位辛未科的状元爷。”那书生一呆，本以为这字谜颇为难猜，纵然猜出，也得耗上半天，在这窄窄的石梁之上，那少年武功再高，只怕也难以久站，要叫二人知难而退，乖乖的回去，岂知黄蓉竟似不假思索，随口而答，不由得惊讶异常，心想这女孩儿原来绝顶聪明，倒不可不出个极难的题目来难难她，四下一望，见山边一排棕榈，树叶随风而动，宛若挥扇，他是状元之才，即景生情，于是摇了摇手中的折叠扇，说道：“我有一个上联，请小姑娘对对。”黄蓉道：“对对子可不及猜谜儿有趣啦，好吧，我若不对，看来你也不能放我们过去，你出对吧。”

那书生挥扇指着一排棕榈道：“风摆棕榈，千手佛摇折叠扇。”这上联既是即景，又隐然自抬身份。

黄蓉心道：“我若单以事物相对，不含相关之义，未擅胜场。”游目四顾，只见对面平地上有一座小小寺院，庙前有一个荷塘，此时七月将尽，高山早寒，荷叶已然凋了大半，心中一动，笑道：“对子是有了，只是得罪大叔，说来不便。”那书生道：“但说不妨。”黄蓉道：“你可不许生气。”那书生道：“自然不气。”黄蓉指着他头上戴的逍遥巾道：

“好，我的下联是：‘霜凋荷叶，独脚鬼戴逍遥巾’。”

这下联一说，那书生哈哈大笑，说道：“妙极，妙极！不但对仗工整，而且敏捷之至。”郭靖见那莲梗撑着一片枯凋的荷叶，果然像是个独脚鬼戴了一顶逍遥巾，也不禁笑了起来。黄蓉笑道：“别笑，别笑，一摔下去，咱俩可成了两个不戴逍遥巾的小鬼啦!”那书生心想：“寻常对子是定然难不倒她的了，我可得出个绝对。”猛然想起少年时在塾中读书之时，老师曾说过一个绝对，数十年来无人能对得工整，说不得，只好难她一难，于是说道：“我还有一联，请小姑娘对个下联：‘琴瑟琵琶，八大王一般头面’。”黄蓉听了，心中大喜：“琴瑟琵琶四字中共有八个王字，原是十分难对。只可惜这是一个老对，不是你自己想出来的。爹爹当年在桃花岛上闲着无事，早就对出来了。我且装作好生为难，逗他一逗。”于是皱起了眉头，作出愁眉苦脸之状。那书生见难倒了她，甚是得意，只怕黄蓉反过来问他，于是说在头里：“这一联本来极难，我也对不工稳。不过咱们话说在先，小姑娘既然对不出，只好请回了。”

黄蓉笑道：“若说要对此对，却有何难？只是适才一联已得罪了大叔，现在这一联是一口气要得罪渔、樵、耕、读四位，是以说不出口。”那书生不信，心道：“你能对出已是千难万难，岂能同时又嘲讽我师兄弟四人?”说道：“但求对得工整，取笑又有何妨?”黄蓉笑道：“既然如此，我告罪在先，这下联是：‘魑魅魍魉，四小鬼各自肚肠’。”

那书生大惊，站起身来，长袖一挥，向黄蓉一揖到地，说道：“在下拜服。”黄蓉回了一礼，笑道：“若不是四位各逞心机要阻我们上山，这下联原也难想。”

原来当年黄药师作此对时，陈玄风、曲灵风、陆乘风、冯默风四弟子随侍在侧，黄药师以此与四弟子开个玩笑。其时黄蓉尚未出世，后来听父亲谈及，今日却拿来移用到渔、樵、耕、读四人身上。那书生哼了一声，转身纵过小缺口，道：“请罢。”郭靖站着静听两人赌试文才，只怕黄蓉一个回答不出，前功尽弃，待见那书生让道，心中大喜，当下提气跃过缺口，在那书生先前坐处落足一点，又跃过了最后那小缺口。那书生见他负了黄蓉履险如夷，心中也自叹服："我自负文武双全，其实文不如这少女，武不如这少年，惭愧啊惭愧。"侧目再看黄蓉，只见她洋洋得意，想是女孩儿折服了一位饱学的状元公，掩不住的心中喜悦之情，心想："我且取笑她一番，好教她别太得意了！"于是说道："姑娘文才虽佳，行止却是有亏。"黄蓉道："倒要请教。"那书生道："'孟子'书中有云：'男女授受不亲，礼也。'瞧姑娘是位闺女，与这位小哥并非夫妻，却何以由他负在背上？孟夫子只说嫂溺，叔可援之以手。姑娘既没有掉在水里，又非这小哥的嫂子，这样背着抱着，实是大违礼教。"黄蓉心道："哼，靖哥哥和我再好，别人总知道他不是我丈夫。陆乘风陆师哥这么说，这位状元公又这么说。"当下小嘴一扁，说道："孟夫子最爱胡说八道，他的话怎么也信得的？"那书生怒道："孟夫子是大圣大贤，他的话怎么信不得？"黄蓉笑吟道："乞丐何曾有二妻？邻家焉得许多鸡？当时尚有周天子，何事纷纷说魏齐？"那书生越想越对，呆在当地，半晌说不出话来。

原来这首诗是黄药师所作，他非汤武、薄周孔，对圣贤传下来的言语，挖空了心思加以驳斥嘲讽，曾作了不少诗词歌赋来讽刺孔孟。孟子讲过一个故事，说齐人有一妻一妾而去乞讨残羹冷饭，又说有一个人每天要偷邻家一只鸡。黄药师就说这两个故事是骗人的。这首诗最后两句言道：战国之时，周天子尚在，孟子何以不去辅佐王室，却去向梁惠王、齐宣王求官做？这未免是大违于圣贤之道。

那书生心想："齐人与攘鸡，原是比喻，不足深究，但最后这两句，只怕起孟夫子于地下，亦难自辩。"又向黄蓉瞧了一眼，心道："小小年纪，怎恁地精灵古怪？"当下不再言语，引着二人向前走去。经过荷塘之时，见到塘中荷叶，不禁又向黄蓉一望。黄蓉扑哧一笑，转过头去。

【注释】

1. 本文节选自《射雕英雄传》第三十回《一灯大师》。

【作者简介】

金庸（1924 年—），原名查良镛，金庸是其笔名。金庸是我国武侠小说史上伟大的当代作家，作品有《天龙八部》《射雕英雄传》《神雕侠侣》《碧血剑》《笑傲江湖》《鹿鼎记》等 15 部，他的武侠小说包含着迷人的文化气息、丰富的历史、深刻的民族精神以及对现代精神的自觉追求和深入开拓，赢得了社会各种层次读者的喜爱。

【思考练习题】

1. 黄蓉是金庸着力塑造的一个女性形象，本文节选的内容表现了黄蓉怎样的性格？
2. 《射雕英雄传》是金庸武侠小说中的优秀作品，结合选文分析其语言特色。
3. 思考金庸武侠小说的文化内涵。

（袁宏选文）

棋　王（节选）[1]　　阿　城

棋开始了。上千人不再出声儿。只有自愿服务的人一会儿紧一会儿慢地用话传出棋步，外边儿自愿服务的人就变动着棋子儿。风吹得八张大纸哗哗地响，棋子儿荡来荡去。太阳斜斜地照在一切上，烧得耀眼。前几十排的人都坐下了，仰起头看，后面的人也挤得紧紧的，一个个土眉土眼，头发长长短短吹得飘，再没人动一下，似乎都把命放在棋里搏。

我心里忽然有一种很古的东西涌上来，喉咙紧紧地往上走。读过的书，有的近了，有的远了，模糊了。平时十分佩服的项羽、刘邦都在目瞪口呆，倒是尸横遍野的那些黑脸士兵，从地下爬起来，哑了喉咙，慢慢移动。一个樵夫，提了斧在野唱。忽然又仿佛见了棋呆子的母亲，用一双弱手一页一页地折书页。

我不由伸手到王一生的书包里去掏摸，捏到一个小布包儿，拽出来一看，是个旧蓝斜纹布的小口袋，上面用线绣了一只蝙蝠，布的四边儿都用线做了圈口，针脚很是细密。取出一个棋子，确实很小，在太阳底下竟是半透明的，像是一只眼睛，正柔和地瞧着。我把它攥在手里。

太阳终于落下去，立刻爽快了。人们仍在看着，但议论起来。里边儿传出一句王一生的棋步，外边儿的人就嚷动一下。专有几个人骑车为在家的冠军传送着棋步，大家就不太客气，笑话起来。

我又进去，看见脚卵[2]很高兴的样子，心里就松开一些，问："怎么样？我不懂棋。"脚卵抹一抹头发，说："蛮好，蛮好。这种阵式，我从来也没见过，你想想看，九个人与他一个人下，九局连环！车轮大战！我要写信给我的父亲，把这次的棋谱都寄给他。"这时有两个人从各自的棋盘前站起来，朝着王一生一鞠躬，说："甘拜下风。"就捏着手出去了。王一生点点头儿，看了他们的位置一眼。

王一生的姿势没有变，仍旧是双手扶膝，眼平视着，像是望着极远极远的远处，又像是盯着极近极近的近处，瘦瘦的肩挑着宽大的衣服，土没拍干净，东一块儿，西一块儿。喉结许久才动一下。我第一次承认象棋也是运动，而且是马拉松，是多一倍的马拉松！我在学校时，参加过长跑，开始后的五百米，确实极累，但过了一个限度，就像不是在用脑子跑，而像一架无人驾驶飞机，又像是一架到了高度的滑翔机，只管滑翔下去。可这象棋，始终是处在一种机敏的运动之中，兜捕对手，逼向死角，不能疏忽。我忽然担心起王一生的身体来。这几天，大家因为钱紧，不敢怎么吃，晚上睡得又晚，谁也没想到会有这么一个场面。看着王一生稳稳地坐在那里，我又替他赌一口气：死顶吧！我们在山上扛木料，两个人一根，不管路不是路，沟不是沟，也得咬牙，死活不能放手。谁若是顶不住软了，自己伤了不说，另一个也得被木头震得吐血。可这回是王一生一个人过沟过坎儿，我们帮不上忙。我找了点儿凉水来，悄悄走近他，在他眼前一挡，他抖了一下，眼睛刀子似的看了我一下，一会儿才认出是我，就干干地笑了一下。我指指水碗，他接过去，正要喝，一个局号报了棋步。他把碗高高地平端着，水纹丝儿不动。他看着碗边儿，回报了棋步，就把碗缓缓凑到嘴边儿。这时下一个局号又报了棋步，他把嘴定在碗边儿，半晌，回报了棋步，才咽一口水下去，"咕"的一声儿，声音大得可怕，眼里有了泪花。他把碗递过来，眼睛望望我，有一种说不出的东西在里面游动，苦甜苦甜的。嘴角儿缓缓流下一滴水，把下巴和脖子上的土冲开一道沟儿。我又把碗递过去，他竖起手掌止住我，回到他的世界里去了。

我出来，天已黑了。有山民打着松枝火把，有人用手电照着，黄乎乎的，一团明亮。大约是地区的各种单位下班了，人更多了。狗也在人前蹲着，看人摆动棋子，不知是懂不懂，只是眼神凄凄的，像是在担忧。几个同来的队上知青，各被人围了打听。不一会儿，"王一生""棋呆子""是个知青""棋是道家的棋"，就在人们嘴上传。我有些发噱，本想到人群里说说，但又止住了。随人们传吧，我开始高兴起来。这时墙上只有三局在下了。

忽然人群发一声喊。我回头一看，原来只剩了一盘，恰是与冠军的那一盘。盘上只有不多几个子儿。王一生的黑子儿远远近近地峙在对方棋营格里，后方老帅稳稳地呆着，尚有一"士"伴着。好像帝王与近侍在聊天儿，等着前方将士得胜回朝；又似乎隐隐看见有人在伺候酒宴，点起尺把长的红蜡烛，有人在悄悄地调整管弦，单等有人跪奏捷报，鼓乐齐鸣。我的肚子拖长了音儿在响，脚下觉得软了，就拣个地方坐下，仰头看最后的围猎，生怕有什么差池。

红子儿半天不动，大家不耐烦了，纷纷看骑车的人来没来，嗡嗡地响成一片。忽然人群乱起来，纷纷闪开。只见一老者，精光头皮，由旁人搀着，慢慢走出来，嘴嚼动着，上上下下看着八张定局残子。众人纷纷传着，这就是本届地区冠军，是这个山区的一个世家后人，这次"出山"玩玩儿棋，不想就夺了头把交椅，评了这次比赛的大势，直叹棋道不兴。老者看完了棋，轻轻抻一抻衣衫，跺一跺土，昂了头，由人搀进棋场。众人都一拥而起。我急忙抢进了大门，跟在后面。只见老者进了大门，立定，往前看去。

王一生孤身一人坐在大屋子中央，瞪眼看着我们，双手支在膝上，铁铸一个细树桩，似无所见，似无所闻。高高的一盏电灯，暗暗地照在他脸上，眼睛深陷进去，黑黑的似俯视大千世界，茫茫宇宙。那生命像聚在一头乱发中，久久不散，又慢慢弥漫开来，灼得人脸热。

众人都呆了，都不说话。外面传了半天，眼前却是一个瘦小黑魂，静静地坐着，众人都不禁吸了一口凉气。

半晌，老者咳嗽一下，底气很足，十分洪亮，在屋里荡来荡去。王一生忽然目光短了，发觉了众人，轻轻地挣了一下，却动不了。老者推开搀的人，向前迈了几步，立定，双手合在腹前摩挲了一下，朗声叫道："后生，老朽身有不便，不能亲赴沙场。命人传棋，实出无奈。你小小年纪，就有这般棋道，我看了，汇道禅于一炉，神机妙算，先声有势，后发制人，遣龙治水，气贯阴阳，古今儒将，不过如此。老朽有幸与你接手，感触不少，中华棋道，毕竟不颓，愿与你做个忘年之交。老朽这盘棋下到这里，权做赏玩，不知你可愿意平手言和，给老朽一点面子？"

王一生再挣了一下，仍起不来。我和脚卵急忙过去，托住他的腋下，提他起来。他的腿仍然是坐着的样子，直不了，半空悬着。我感到手里好像只有几斤的分量，就示意脚卵把王一生放下，用手去揉他的双腿。大家都拥过来，老者摇头叹息着。脚卵用大手在王一生身上，脸上，脖子上缓缓地用力揉。半晌。王一生的身子软下来，靠在我们手上，喉咙嘶嘶地响着，慢慢把嘴张开，又合上，再张开。"啊啊"着。很久，才呜呜地说："和了吧。"

（方明松选文）

【注释】

1. 本文节选自中篇小说《棋王》第四章。前三章写"我"等在火车上与王一生对弈，交谈；山上王一生大战倪斌（外号脚卵）；倪斌说情，王一生拒绝参加地区棋赛。第四章写王一生与包括全县前三名在内的九大高手的"盲棋"大战。

2. 棋虽然是家里传下的：脚卵出身于一个破落的文化人家庭，下乡时带着一副祖传的明朝乌木棋，为调到地区文教部门工作，将棋作为礼物送给地区文教书记。

【作者简介】

钟阿城（1949年—），"文革"时下乡知青。1984年开始创作，其处女作《棋王》先后获1984年福建《中短篇小说选刊》评选优秀作品奖和第三届全国优秀中篇小说奖。著有作品集《棋王》、杂论《文化制约着人类》等。

【思考练习题】

1. 结合文本，分析王一生这一人物形象。
2. 《棋王》是当时寻根文学的上乘之作，其中的道家思想是如何体现的？
3. 小说状物写情简洁高超，体现了中国小说的神韵，请举例解读。

（方明松、袁宏）

绳子的故事（节选）　（法）莫泊桑

消息已经传开了。老人一走出乡政府就有人围拢来问长问短。有的人确实出于好奇，有的人则是出于嘲弄癖，但都没有任何愤慨。于是老人讲起绳子的故事来。他讲的，大家听了不信，一味地笑。

他走着走着，凡是碰着的人都拦住他问，他也拦住熟人，不厌其烦地重复他的故事，重复他的抗议，把只只口袋都翻转来给大家看，表明他什么也没有。

有人对他说：

“老滑头，滚开！”

他生气，着急，由于别人不相信他而恼火，痛苦，不知怎么办，总是向别人重复绳子的故事。

天色将晚，该回去了。他和三位村邻一起往回走，把捡到绳头的地方指给他们看，一路不停地讲他的遭遇。

晚上，他在布雷奥戴村里走了一圈，目的是把他的遭遇讲给大家听，但是没有一个人相信他。

他为此心里难过了整整一夜。

第二天，午后一时左右，依莫维尔村的农民布列东大爷的长工马利于斯·博迈勒，把皮夹子和里面的钞票、单据一并送还给了曼纳维尔村的乌勒布雷克大爷。

这位长工声称确是在路上捡着了皮夹子，但他不识字，所以就带回家去交给了东家。

消息传到了四乡。奥士高纳大爷得到消息后立即四出游说，叙述起他那有了结局的故事来。他胜利了。

“要知道，使我伤心的是，”他说，“根本不是那么回事，而是污蔑。由于污蔑而遭众人非难，这种事是再损人不过的了。”

他整天讲他的遭遇，在路上向过路的人讲，在酒馆里向喝酒的人讲，星期天在教堂门口讲。不相识的人，他也拦住讲给人家听。现在他心里坦然了，不过，他觉得有某种东西使他感到不自在。是什么东西，他说不清楚。人家在听他讲故事时，脸上带着嘲弄的神气。看来人家并不信服。他好像觉得别人在他背后指指戳戳。

下一个星期二，他纯粹出于讲自己遭遇的欲望，又到戈德维尔来赶集。

马朗丹站在家门口，看见他走过，笑了起来。为什么呢？

他朝克里格多村的一位庄稼汉走过去。这位老农民没有让他把话说完，在他胸口推了一把，冲着他大声说：“老滑头，滚开！”然后扭转身就走。

奥士高纳大爷目瞪口呆，越来越感到不安。为什么人家叫他“老滑头”呢？

他在朱尔丹的客店里坐下之后，又解释起来。

蒙迪维利埃村的一位马贩子对他大声说：

“好了，好了，老主顾，你那根绳子，我知道啦！”

奥士高纳大爷嘀咕道：

“皮夹子既然找到了嘛。”

但那个人接着说：

“老爹，别说了。有个人捡着了，又有个人送还了。俗话说，没人见，没人晓，骗你你也不知道。”

奥士高纳气得连话也说不上来。他终于明白了。人家指责他是叫一个同伙，一个同谋，把皮夹子送回去的。

他想抗议。满座的人都笑了起来。

他午饭没能吃完便在一片嘲笑声中走了。

他回到家里，又羞又恼。忿怒和羞耻使他痛苦到了极点。他特别感到狼狈，因为，凭他诺曼第人的刁钻，他是做得出别人指责他的事来的，甚至可以自夸手段高明。他门槛精是出名的，所以他模模糊糊意识到他无法证明自己是清白的了。他遭到无端的怀疑，因而伤透了心。

于是，他重新向人讲述自己的遭遇，故事每天都长出一点来，每天都加进些新的理由，更加有力的抗议，更加庄严的发誓。这些都是他一人独处的时候编出来的，准备好的，因为他的心思专门用在绳子的故事上了。他的辩解越是复杂，理由越是多，人家越不相信他。

有人背后议论说："这都是骗子的歪理。"

别人的议论，他有所感。他闷闷不乐，用尽了力气洗刷自己，还是白费。

他眼看着消瘦下去。

现在，爱开玩笑的人为了逗乐而请他讲绳子的故事，就像人家请打过仗的士兵讲他亲身经历的战斗故事一样。他那鼓到顶点的士气垮了下来。

将近年底的时候，他卧病不起。

年初，他含冤死去。临终昏迷的时候，他还在证明自己是清白无辜的，一再说：

"一根细绳……一根细绳……乡长先生，您瞧，绳子在这儿。"

【作者简介】

莫泊桑（公元1850年—1893年），法国作家，主要作品有《一生》《俊友》等6部长篇、3部游记，以及《羊脂球》《项链》等300多篇中短篇小说。其作品以揭露资本主义的社会罪恶，尤其是金钱污染下的道德堕落与炎凉世态最为出色。

【思考练习题】

1. 本文通过老人因一小段绳子而含冤死去，表现了什么思想内涵？
2. 分析本文的心理描写和语言特色。

（袁宏选文）

★变形记（节选）[1]　　（奥）卡夫卡

一天早晨，格里高尔·萨姆沙从不安的睡梦中醒来，发现自己躺在床上变成了一只巨大的甲虫。他仰卧着，那坚硬的像铁甲一般的背贴着床，他稍稍抬了抬头，便看见自己那穹顶似的棕色肚子分成了好多块弧形的硬片，被子几乎盖不住肚子尖，都快滑下来了。比起偌大的身躯来，他那许多只腿真是细得可怜，都在他眼前无可奈何地舞动着。

"我出了什么事啦？"他想。这可不是梦。他的房间，虽是嫌小了些，的确是普普通通人住的房间，仍然安静地躺在四堵熟悉的墙壁当中。在摊放着打开的衣料样品——萨姆沙是个旅行推销员——的桌子上面，还是挂着那幅画，这是他最近从一本画报上剪下来装在漂亮的金色镜框里的。画的是一位戴皮帽子围皮围巾的贵妇人，她挺直身子坐着，把一只套没了整个前臂的厚重的皮手筒递给看画的人。

格里高尔的眼睛接着又朝窗口望去，天空很阴暗——可以听到雨点敲打在窗槛上的声音——他的心情也变得忧郁了。"要是再睡一会儿，把这一切晦气事统统忘掉那该多好。"他想。但是完全办不到，平时他习惯于向右边睡，可是在目前的情况下，再也不能采取那样的姿态了。无论怎样用力向右转，他仍旧滚了回来，肚子朝天。他试了至少一百次，还闭上眼睛免得看到那些拼命挣扎的腿，到后来他的腰部感到一种从未体味过的隐痛，才不得不罢休。

"啊，天哪，"他想，"我怎么单单挑上这么一个累人的差使呢！长年累月到处奔波，比坐办公室辛苦多了。再加上还有经常出门的烦恼，担心各次火车的倒换，不定时而且低劣的饮食，而萍水相逢的人也总是些泛泛之交，不可能有深厚的交情，永远不会变成知己朋友。让这一切都见鬼去吧！"他觉得肚子上有点儿痒，就慢慢地挪动身子，靠近床头，好让自己头抬起来更容易些；他看清了发痒的地方，那儿布满着白色的小斑点，他不明白这是怎么回事，想用一条腿去搔一搔，可是马上又缩了回来，因为这一碰使他浑身起了一阵寒颤。

他又滑下来恢复到原来的姿势。“起床这么早，”他想，“会使人变傻的。人是需要睡觉的。别的推销员生活得像贵妇人。比如，我有一天上午赶回旅馆登记取回订货单时，别的人才坐下来吃早餐。我若是跟我的老板也来这一手，准定当场就给开除。也许开除了倒更好一些，谁说得准呢。如果不是为了父母亲而总是谨小慎微，我早就辞职不干了，我早就会跑到老板面前，把肚子里的气出个痛快。那个家伙准会从写字桌后面直蹦起来！他的工作方式也真奇怪，总是那样居高临下坐在桌子上面对职员发号施令，再加上他的耳朵又偏偏重听，大家不得不走到他跟前去。但是事情也未必毫无转机；只要等我攒够了钱还清了父母欠他的债——也许还得五六年——可是我一定能做到。到那时我就会时来运转了。不过眼下我还是起床为妙，因为火车五点钟就要开了。”

他看了看柜子上滴滴嗒嗒响着的闹钟。天哪！他想到。已经六点半了，而时针还在悠悠然向前移动，连六点半也过了，马上就要七点差一刻了。闹钟难道没有响过吗？从床上可以看到闹钟明明是拨到四点钟的；显然它已经响过了。是的，不过在那震耳欲聋的响声里，难道真的能安宁地睡着吗？嗯，他睡得并不安宁，可是却正说明他睡得不坏。那么他现在该干什么呢？下一班车七点钟开；要搭这一班车他得发疯似的赶才行，可是他的样品都还没有包好，他也觉得自己的精神不甚佳。而且即使他赶上这班车，还是逃不过上司的一顿申斥，因为公司的听差一定是在等候五点钟那班火车，这时早已回去报告他没有赶上了。那听差是老板的心腹，既无骨气又愚蠢不堪。那么，说自己病了行不行呢？不过这将是最不愉快的事，而且也显得很可疑，因为他服务五年以来没有害过一次病。老板一定会亲自带了医药顾问一起来，一定会责怪他的父母怎么养出这样懒惰的儿子，他还会引证医药顾问的话，粗暴地把所有的理由都驳掉，在那个大夫看来，世界上除了健康之至的假病号，再也没有第二种人了。再说今天这种情况，大夫的话是不是真的不对呢？格里高尔觉得身体挺不错，只除了有些困乏，这在如此长久的一次睡眠以后实在有些多余，另外，他甚至觉得特别饿。

【注释】

1. 本文节选自《变形记》第一部分。《变形记》通过小职员格里高尔突然变成一只使家人都厌恶的大甲虫的荒诞情节，表现现代社会中人“异化”现象，也是表现被充满敌意的社会环境所包围的孤立、绝望的小人物的杰出作品。

【作者简介】

卡夫卡（公元1883年—1924年），奥地利现代主义小说家。作品有长篇小说《美国》《审判》（又译《诉讼》）、《城堡》和短篇小说《判决》《变形记》等。他的作品通过离奇怪诞的艺术形式表现了现代资本主义社会在现实生活重压下人的全面异化。卡夫卡生前默默无闻，身后获得殊荣，被尊为西方现代主义文学的先驱和大师，他的创作对后来现代主义各派都产生了重大影响。

【思考练习题】

1. 格里高尔突然发现自己变成大甲虫后的心理变化大致是怎样的？
2. 格里高尔变成大甲虫这个情节是荒诞的，但读者却感到合情合理。作者是如何把握这种“艺术真实”的？

（袁宏、罗遥选文）

★尤利西斯（节选）[1]　（爱尔兰）乔伊斯

“曲棍球!”

孩子们立刻散开，纷纷穿过桌椅，有的侧身从凳子前挤出去的，有的从上边跳过去的。很快人都走光了，接着，从贮藏室传来棍棒的撞击声、乱哄哄的脚步声和说话声。

只有萨金特没有走，他捧着一本打开的抄本，慢慢地走上前来。厚厚的头发，瘦骨嶙峋的脖子，都证明他的迟钝；模糊的镜片后面是两只无神的眼睛，仰望着，乞求着。他的脸灰暗而无血色，面颊上有一块新抹上去的墨水，枣子形，还湿漉漉的呢，像蜗牛的窝儿似的。

他捧上抄本，页头标着“算术”二字。字下面是斜斜的数目字，最底下是曲里拐弯的签名，带圈儿的笔划都是实心的；另外还有一团墨水渍。西里尔·萨金特：姓名加图记。

“老师，戴汐先生叫我全部重抄一遍，”他说，“还要交给您看。”

斯蒂芬摸着抄本的边。徒劳无功。

“你现在会做了吗？”他问。

“十一题到十五题，”萨金特回答说。“老师，戴汐先生叫我照着黑板上抄的。”

“你自己会做吗？”斯蒂芬问。

“不会，老师。”

又丑，又没出息；细脖子，厚头发，一抹墨水，蜗牛的窝儿。然而也曾经有人爱过他，在怀里抱过他，在心里疼过他。要不是有她，他早就被你争我夺的社会踩在脚下，变成一摊稀烂的蜗牛泥了。她疼爱从自己身上流到他身上去的孱弱稀薄的血液。那么那是真实的喽？是人生唯一靠得住的东西喽[2]？他母亲平卧的身子上，跨着盛情高涨的烈性子的高隆班[3]。她已经不复存在：一根在火中烧化了的小树枝，只留下颤巍巍的残骸，花犁木和沾湿了的灰烬的气味[4]。她保护了他，使他免受践踏，自己却还没有怎么生活就与世长辞了。一个可怜的灵魂升了天：而在闪烁不已的繁星底下，在一块荒地上，一只皮毛带着劫掠者的红色腥臭的狐狸，眼中放出残忍的凶光，用爪子刨着地，听着，刨起了泥土，刨了又听，听了又刨。

斯蒂芬坐在孩子旁边解题。他用代数证明莎士比亚的阴魂是哈姆莱特的祖父[5]。萨金特歪戴着眼镜，斜眼瞅着他。贮藏室里有球棍的磕碰声，球场上传来了发闷的击球声和喊叫声。

抄本页面上的代数符号在演出一场字母的哑剧，它们头上戴着平方形、立方形的古怪帽子，来回跳着庄严的摩利斯舞[6]。拉手，交换位置，相对鞠躬。就是这样，摩尔人的幻想的产物。阿威罗伊和摩西·迈蒙尼德[7]也都已经不在人间，这些在容貌举止上都是深沉的人，用他们的嘲弄的明镜对准世界，照出它那隐蔽的灵魂。这是一种在明亮之中闪光而又不为明亮所理解的深沉。

“现在懂了吗？第二道自己会做了吧？”

“会了，老师。”

萨金特用长大而颤巍巍的笔划抄录着数字。他一边不断地期待着老师开口指点，一边忠实地描摹那些多变的符号，他那灰暗的皮肤下隐隐地闪烁着羞愧的色调。母亲之爱：主生格与宾生格。她用自己孱弱的血液和清淡发酸的奶汁喂养了他，并且把他的襁褓布藏在人们看不见的地方。

有些像他，我这个人：也是这么瘦削的肩膀，也是这么叫人看不上眼。在我旁边弯着腰的就是我的童年。太遥远了，想用手摸一下或是轻轻碰一下都够不着。我的是远了，而他的呢，像我们的眼睛一样深奥莫测。我们两人心灵深处的黑殿里，都盘踞着沉默不语、纹丝不动的秘密，这些秘密已经倦于自己的专横统治，是情愿被人赶下台去的暴君。

题做好了。

“很简单，”斯蒂芬说，同时站起身来。

“是的，老师。谢谢您，”萨金特回答说。

他用一张薄薄的吸墨纸把本上的墨水吸干，拿着抄本走回自己的座位。

“快去拿上球棍，出去找同学们吧，”斯蒂芬一边说，一边跟着孩子的笨头笨脑的背影向门口走去。

【注释】

1. 本文节选自《尤利西斯》第二章《涅斯托耳》。

2. 斯蒂芬的朋友兰利曾规劝他对母亲要体贴，并说："在这个臭粪堆似的世界上，不管别的东西怎么靠不住，母亲的爱总是靠得住的。"见乔伊斯的另一部小说《艺术家青年时期写照》最后一章。

3. 高隆班（约543年—615年），爱尔兰著名僧侣和圣人，以学问高深和布道热心著称。他不顾其母反对外出传道。"高隆"在拉丁文和爱尔兰语中是"鸽子"的意思，而根据《圣经·新约》（《约翰福音》），圣灵曾化为鸽子降落在耶稣身上，因此斯蒂芬有可能借此影射圣灵。按《新约》记载，圣母玛丽亚是由圣灵受孕而生耶稣的。

4. 花梨木和沾湿的灰烬等都是小说第一章中提到的。斯蒂芬的母亲临死时要求他跪下为她祈祷，他没有照办。此后与他同住的马利根传姑母的谴责，说他害死了母亲，他也经常感到良心受谴责。他梦见母亲时，闻到她身上有蜡和花梨木的气息，嘴里有沾湿的灰烬味。

5. 斯蒂芬有一套关于莎士比亚的理论，在小说第九章中，他向一些朋友发表了他的观点，其中涉及莎士比亚和哈姆雷特及其父亲的阴魂之间究竟是什么关系。在第一章里，马利根讽刺他是用代数证明这些关系的。

6. 摩利斯舞是一种禳灾祈福的舞蹈。

7. 阿威罗伊是十二世纪的阿拉伯哲学家、医学家，摩西·迈蒙尼德是十二至十三世纪的犹太哲学家、医学家，二人对亚里士多德哲学思想有深入研究，对中世纪西方思想界产生了重大的影响。

【作者简介】

詹姆斯·乔伊斯（公元1882年—1941年），生于爱尔兰。意识流文学的泰斗，代表作有长篇小说《尤利西斯》《为芬尼根守灵》，短篇小说集《都柏林人》，小说《青年艺术家肖像》等。

【思考练习题】

1. 本文中弱智学生萨金特站在面前，斯蒂芬产生了怎样的意识？

2. 本文表现了斯蒂芬怎样的性格？

3. 思考本文意识流的表现手法。

（袁宏选文）

★百年孤独（节选）[1]　（哥伦比亚）马尔克斯

怀孕期间，阿玛兰塔·乌苏娜曾想用鱼脊骨编制一些项链去卖，可是除了梅尔塞德斯买去大约一打之外，其他主顾一个也没找到。奥雷连诺·布恩蒂亚这才第一回明白过来，他那语言上的才能、渊博的知识以及罕见的记性（他能把那些似乎是他不熟悉的遥远的地方和各种琐碎事情一一记住），都跟他妻子收藏的世代相传的首饰箱一样无用，想当初单是箱里首饰的价值大概就抵得上马孔多最后一批居民的全部存款。但他俩终于奇迹般地活了下来。阿玛兰塔·乌苏娜既没有失去良好的情绪，也没有失去爱情上的创造才能，却养成了饭后坐在长廊上的习惯，仿佛要把晌午时刻昏昏欲睡、浮想联翩的神态保持下去似的，奥雷连诺·布恩蒂亚总是陪伴着她。有时他俩就那么默默无语、面对面地坐到深夜，彼此凝望着休息。在这种怡然自得的沉静中，他俩的爱情仍跟早先在响声不停的鏖战中一样炽烈。只是渺茫的未来使他俩的心灵总是转向过去。他俩常常忆起失去的天堂中连绵不断的雨景；他们怎样在院子的水塘里噼里啪啦地戏水，怎样打死一只只蜥蜴，把它们挂在乌苏娜身上；怎样跟乌苏娜老太婆逗乐，假装要活埋她的样子。这些回忆向他们揭示了一条真理，从他们能够记事的那一刻起，他俩在一块儿就始终是幸福的。阿玛兰塔·乌苏娜想起，有一天午后，她走进首饰作坊，菲兰达向她说，小奥雷连诺不知是谁家的孩子，他是从一个漂在河上的柳条筐里捡来的。在他俩看来，这个解释不足为信，但是他俩没有更可靠的材料来代替这种说法，在探讨了一切可能性之后，他俩深信不疑的一点是，菲兰达绝不可能是奥雷连诺·布恩蒂亚的母亲。阿玛兰塔·乌苏娜倾向于这样一种看法：他可能是佩特娜·柯特生的儿子，但关于这个妇人的情况，她记得的仅仅是各种污秽丑恶的流言蜚语，所以这种猜测在他们心里不免引起反感。

他怀疑自己可能是妻子的弟弟，这种想法不时折磨着他，使他忍不住钻到神父的屋子里去，在那些潮气侵蚀、虫子毁坏的文献中，寻找自己的出身的可靠线索。他发现，一本最老的出生登记簿上提到一个奥雷连诺·布恩蒂亚，说他在少年时代曾受过尼康诺·莱茵纳神父的洗礼，又说他当时曾想通过玩巧克力把戏来证明上帝的存在，奥雷连诺·布恩蒂亚顿时产生一线希望，以为他自己可能就是十七个奥雷连诺当中的一个，他在四大本厚书里寻出这十七个奥雷连诺受洗礼的记录，但他们受洗礼的日期，离他的年龄实在太远，正在一旁受着风湿痛折磨的神父，从自己的吊床上望见奥雷连诺·布恩蒂亚激动得不住地哆嗦，被血统的问题搞得晕头转向，便同情地问他叫什么名字。

“奥雷连诺·布恩蒂亚，”他说。

“那么，你就不要白白地折磨自己了，”神父满有把握地大声说：“多年以前，这儿就有一条街用过这个名称，当时的人都习惯用街名来给自己的儿女起名字。”

奥雷连诺不觉气得浑身颤抖。

“哼!”他说。“这么说，你也不相信啰。”

“相信什么?”

“奥雷连诺上校发动过三十二次国内战争，但每一次都失败了，”奥雷连诺·布恩蒂亚回答。“政府军包围并打死了三千多工人，后来又用一列二百节车厢的火车把尸体运走，扔到了海里。”

神父以充满怜悯的目光打量了他一眼。

“哎，我的孩子，”他叹息道，“对我来讲，单是相信我们两人这会儿还活着，就足够了。”

这样，奥雷连诺·布恩蒂亚和阿玛兰塔·乌苏娜只好默认关于柳条筐的说法，这倒不是因为他们相信它的真实性，而是它能把他们从苦恼的恐惧中解脱出来。随着阿玛兰塔·乌苏娜腹中胎儿的逐渐成长，他们越来越协调一致，在这座只需最后一阵风就会倒塌的房子里，他们越来越习惯于孤独的生活。他们把自己的活动限制在一个最小的空间里，这空间从菲兰达的卧室开始，直到长廊的一角。他们在菲兰达的卧室里，已经感到了夫妇生活的欢乐。奥雷连诺·布恩蒂亚给博学的加泰隆尼亚人写回信时，阿玛兰塔·乌苏娜就在长廊上为未来的婴儿编织毛线袜和小便帽。然而，房子的其他部分在破坏力的不断冲击下都已摇摇欲坠，首饰作坊、梅尔加德斯的房间、圣索菲娅·德拉佩德那个原始的寂静王国，都陷在房子的深处，就象陷在一片茂密的丛林里，谁也没有足够的勇气走进这片丛林。贪得无厌的大自然从四面八方包围着奥雷连诺·布恩蒂亚和阿玛兰塔·乌苏娜，他们继续栽种牛至草和秋海棠，用生石灰划一条分界线，围住自己的世界，在早已开始的蚂蚁和人的战斗中筑起最后一个堡垒。这时。阿玛兰塔·乌苏娜头发很长，没有梳理，脸上现出黑斑，两腿浮肿，她那古希腊人似的柔和体形也由于怀孕变丑了，已经不像她提着一笼不合心意的金丝雀、带着俘获的丈夫回到家里的那一天那么年轻了，但依然保持着原来的振奋精神。“真见鬼!”她笑着说，“谁能想到，咱们最后竟会像野兽一样生活!”在阿玛兰塔·乌苏娜怀孕的第六个月，他们跟外界的最后一点联系也中断了，当时他们收到一封信，看得出这封信不是出自博学的加泰隆尼亚人之手。它是从巴塞罗那寄出的，但信封上的地址却是用蓝墨水写的，笔迹工整，有点像官方的通知。信的样子普普通通，无可指摘，但又好像是不怀好意的人寄来的，阿玛兰塔·乌苏娜正准备拆信，奥雷连诺·布恩蒂亚却从她手里夺了过去。

“我不要看，”他说。“我不想知道信里写的什么。”

正像他预感的那样，博学的加泰隆尼亚人再也写不了信了。陌生人的这封来信，结果谁也没看，就躺在菲兰达有一次忘记订婚戒指的那块搁板上，留给蛀虫去啮食，让噩耗的烈火把它慢慢烧掉。这时，一对与世隔绝的情人，正驾着一叶扁舟，逆时代潮流而行。这是一个将使他们生命终止的时代，一个将置他们于死地的不可抗拒的时代，这个时代正在竭尽全力地把这一对情人引到使他们灭绝的沙漠里去。由于意识到这种危险，奥雷连诺·布恩蒂亚和阿玛兰塔·乌苏娜同舟共济地度过了最后的几个月，他们忠诚相爱地等着那个在他们失去理智的情欲中受胎的儿子出世。夜里，他们相互依偎地躺在床上时，既不怕蚂蚁在月光下发出的响声，也不怕蛀虫的活动声，更不怕隔壁房间里正在滋长的杂草那清晰可闻、接连不断的沙沙声，他们常常被死者掀起的嘈杂声惊醒。他们听到，乌苏娜为了维护自己的天堂，怎样跟自然规律进行斗争；霍·阿·布恩蒂亚怎样毫无结果地寻求伟大发明的真谛；菲兰达怎样吟诵祷文；失望、战争和小金鱼怎样使奥雷连诺上校陷入牲畜般的境地；奥雷连诺第二又怎样在欢乐的酒宴方兴未艾时孤独地死去。于是他俩懂得人的爱情是高于一切的、不可抑制的，它能够战胜死亡，他俩重又感到自己无比幸福。他俩坚信自己将要继续相爱下去，坚信他们变成幽灵时，在昆虫很快就要从他们这儿夺去可怜的天堂、未来其他一些生物又要从昆虫那儿夺去这个天堂时，他们仍将久久地相爱下去。

一个星期日，傍晚六点，阿玛兰塔·乌苏娜感到一阵临产的剧痛。笑容可掬的助产婆领着几个由于饥饿而出来干活的小女孩，把阿玛兰塔·乌苏娜抬到餐桌上，然后叉开双腿，骑在她的肚子上，不断用野蛮的动作折磨产妇，直到一个健壮小男孩的哭声代替了产妇的叫喊声。阿玛兰塔·乌苏娜噙着泪水的眼睛看见了一个真正的布恩蒂亚，就象那些名叫霍·阿卡蒂奥的人一样，婴儿明澈的眼睛又酷似那些名叫奥雷连诺的人；这孩子命中注定将要重新为这个家族奠定基础，将要驱除这个家族固有的致命缺陷和孤独性格，因为他是百年里诞生的所有的布恩蒂亚当中唯一由于爱情而受胎的婴儿。

“他是一个真正吃人的野兽，”阿玛兰塔·乌苏娜说。“咱们就管他叫罗德里格吧。”

“不，”她的丈夫不同意。“咱们还是管他叫奥雷连诺，他将赢得三十二次战争的胜利。”

在给婴儿剪掉脐带之后，助产婆开始用一块布擦拭他小身体上一层蓝莹莹的胎毛，奥雷连诺·布恩蒂亚为她掌着灯。他们把婴儿肚子朝下地翻过身来时，忽然发现他长着一个别人没有的东西；他们俯身一看，竟然是一条猪尾巴！

奥雷连诺·布恩蒂亚和阿玛兰塔·乌苏娜并没有惊慌失措，他俩不知道布恩蒂亚家族中是否有过类似的现象，也早已忘记乌苏娜曾发出过的可怕的警告了，而助产婆的一番话使他们完全放了心。她说，等到小孩脱去乳牙以后，也许可以割掉这条无用的尾巴。然后，他们就再也没有时间去考虑这件事了，因为阿玛兰塔·乌苏娜开始大出血，血如泉涌，怎么也止不住。助产婆在产妇的出血口上撒了一些蜘蛛网和灰末，但这就像用手指按住喷泉口一样毫无用处。起先，阿玛兰塔·乌苏娜还竭力保持镇静，她拉着惊恐万状的奥雷连诺·布恩蒂亚的手，求他不要难过——因为象她这么一个人，是心甘情愿地来到这个世界，也是心甘情愿离开这个世界的，——她望着助产婆的忙劲，不由得发出爽朗的笑声。但是奥雷连诺·布恩蒂亚渐渐丧失了希望，因为她的脸色暗淡下来，好像亮光正从她脸上移开，最后，她陷入了沉睡状态。星期一黎明，人们领来一个女人，这女人开始在她床边大声念止血的祷词，据说这种祷词对人和牲畜同样灵验，可是阿玛兰塔·乌苏娜殷红的鲜血，对于任何同爱情无关的妙方都毫无知觉。晚上，在充满绝望的二十四小时之后，他们眼看着阿玛兰塔·乌苏娜死去了，像泉水一般喷涌的鲜血已经流尽。她的侧影变得轮廓分明，脸上仿佛回光返照，已不见痛苦的神色，嘴角边似乎还挂着一丝微笑。

直到此刻，奥雷连诺·布恩蒂亚才感到自己多么热爱自己的朋友们，多么需要他们，为了在这一瞬间能和他们相处一起，他是愿意付出任何代价的。他把婴儿安放在阿玛兰塔·乌苏娜生前准备的摇篮里，又用被子蒙住死者的脸，然后就独自在空旷的小镇上踯躅，寻找通往昔日的小径，他先是敲那家药房的门。他已经好久没来这儿了，发现药房所在地变成了木器作坊，给他开门的是一个老太婆，手里提着一盏灯。她深表同情地原谅他敲错了门，但执拗地肯定说，这儿不是药房，从来不曾有过药房，她有生以来从没见过一个名叫梅尔塞德斯的、脖子纤细、睡眼惺忪的女人。当他把额头靠在博学的加泰隆尼亚人昔日的书店门上时，禁不住啜泣起来，他懊悔自己当初不愿摆脱爱情的迷惑，没能及时为博学的加泰隆尼亚人的逝世哀悼，如今只能献上一串串悔恨的眼泪。他又挥动拳头猛击“金童”的水泥围墙，不住地呼唤着皮拉·苔列娜。此时，他根本没有注意到天上掠过一长列闪闪发光的橙黄色小圆盘，而他过去曾在院子里怀着儿童的天真，不知多少次观看过这种小圆盘。在荒芜的妓院区里，在最后一个完好无损的沙龙里，几个拉手风琴的正在演奏弗兰西斯科人的秘密继承者——一个主教的侄女——拉法埃尔·埃斯卡洛娜的歌曲。沙龙主人的一只手枯萎了，仿佛被烧过了，原来有一次他竟敢举手揍他的母亲。他邀奥雷连诺·布恩蒂亚共饮一瓶酒，奥雷连诺·布恩蒂亚也请他喝了一瓶。沙龙主人向他讲了讲他那只手遭到的不幸，奥雷连诺·布恩蒂亚也向沙龙主人谈了谈他心灵的创伤，他的心也枯萎了，仿佛也被烧过了，因为他竟敢爱上了自己的姑姑。临了，他们两人都扑簌簌地掉下了眼泪，奥雷连诺·布恩蒂亚感到自己的痛苦刹那间消失了。但他独自一人沐浴在马孔多历史上最后的晨曦中，站在广场中央的时候，禁不住张开手臂，像要唤醒整个世界似的，发自内心地高喊道：

“所有的朋友原来全是些狗崽子!”

最后，尼格罗曼塔把他从一汪泪水和一堆呕出的东西中拖了出来。她把他带到自己的房间里，把他身上擦干净，又让他喝了一碗热汤。想到自己的关心能够安慰他，尼格罗曼塔便一笔勾销了他至今还没偿还她的多日情场之账，故意提起自己最忧愁、最痛苦的心事，免得奥雷连诺·布恩蒂亚独自一人哭泣。翌日拂晓，在短暂地沉睡了一觉之后，奥雷连诺·布恩蒂亚醒了过来，他首先感到的是可怕的头痛，然后睁开眼睛，想起了自己的孩子。

谁知婴儿已不在摇篮里了。刹那间，一阵喜悦涌上奥雷连诺·布恩蒂亚的心头——他想，也许阿玛兰塔·乌苏娜从死亡中复活过来，把儿子领去照顾了。可是，她依然躺在被子下面，僵硬得象一大块石头。奥雷连诺·布恩蒂亚还依稀地记得，他回到家里时，卧室的门是开着的。他穿过早晨散发着牛至草香味的长廊，走进餐厅，只见分娩以后，那只大锅，那条血迹斑斑的垫被，那块装灰用的瓦片，那块铺在桌子上的尿布，那条放在尿布中央、绕在一起的婴儿脐带，还有旁边的那些剪刀和带子，全都没有拿走。奥雷连诺·布恩蒂亚心想，也许是助产婆昨夜回来把婴儿抱走了。这个推测给了他集中思想所需的片刻喘息的机会，他在一把摇椅上躺下，在这把摇椅里，雷贝卡学过刺绣，阿玛兰塔曾跟格林列尔多·马克斯上校下过棋，阿玛兰塔·乌苏哪曾给婴儿缝过衣服：就在这一刹那间——在他恍然大悟的刹那间——他终于明白自己的心再也承受不了往日那么多的重负。他自己的和别人的往事象致命的长矛刺痛了他的心。他诧异地望见放肆的蜘蛛网盘在枯死的玫瑰花丛上，望见到处都长满了顽固的莠草，望见二月里明朗的晨空一片宁静。就在这时，他看到了自己的儿子——一块皱巴巴的咬烂了的皮肤，从四面八方聚集而来的一群蚂蚁正把这块皮肤沿着花园的石铺小径，往自己的洞穴尽力拖去。奥雷连诺·布恩蒂亚一下子呆住了，但不是由于惊讶和恐惧，而是因为在这个奇异的一瞬间，他感觉到了最终破译梅尔加德斯密码的奥秘。他看到过羊皮纸手稿的卷首上有那么一句题辞，跟这个家族的兴衰完全相符：

“家族中的第一个人将被绑在树上，家族中的最后一个人将被蚂蚁吃掉。”

在自己的一生中，奥雷连诺·布恩蒂亚的行为从来不象这天早晨如此理智：他忘记了死去的亲人，忘记了对死者的悲痛，重新把菲兰达的那些木十字架钉在所有的门窗上，不让人世间的任何一种诱惑扰乱他。奥雷连诺·布恩蒂亚已经知道，梅尔加德斯的羊皮纸手稿也指明了他的命运。在远古的植物、冒气的水塘以及光闪闪的昆虫（这些昆虫消灭了菲兰达房间里人的足迹）中间，他找到了这些依然完整无损的羊皮纸手稿。他无法克制自己迫不及待的心情，还没把它们拿到光亮的地方，就伫立在那儿嘀嘀咕咕地破译起来——他没有碰到任何困难，仿佛这些手稿是用西班牙文写的，仿佛他是在晌午令人目眩的阳光下阅读的。这是布恩蒂亚的一部家族史，在这部家族史中，梅尔加德斯对这个家族里的事件提前一百年作了预言，并且陈述了一切最平常的细节。梅尔加德斯先用他本族的文字——梵文——记下这个家族的历史，然后把这些梵文译成密码诗，诗的偶数行列用的是奥古斯都皇帝（奥古斯都（公元前63年—公元14年），罗马第一位皇帝。）的私人密码，奇数行列用的是古斯巴达的军用密码。至于梅尔加德斯采取的最后一个防范措施，奥雷连诺·布恩蒂亚早在自己迷恋阿玛兰塔·乌苏娜的时候就已经开始思索了，那就是老头儿并没有按照人们一般采用的时间顺序来排列事件，而是把整整一个世纪里每一天的事情集中在一起，让它们同时存在于一瞬之间。奥雷连诺·布恩蒂亚对这个发现入了迷，一口气地读完了改成乐谱的“教皇通谕”——这些通谕是梅尔加德斯从前打算念给阿卡蒂奥听的，实际上是预言阿卡蒂奥将被处死；接着，奥雷连诺·布恩蒂亚发现了世上最美的一个女人诞生的预言，她的躯体和灵魂都将升天；然后，奥雷连诺·布恩蒂亚还查明了一对孪生兄弟的诞生，他们是在自己的父亲死后出世的，他们未能破译羊皮纸手稿，不仅是由于他们缺乏能力和韧劲，也是因为他们的尝试为时过早。读到这儿，奥雷连诺·布恩蒂亚急于想知道自己的出身，不由得把羊皮纸手稿翻过去几页。刹那间吹来一阵微风，在这刚刚开始的微风中，夹杂着往日的声响——老天竺葵发出的沙沙声和顽固的怀旧病之前失望的叹息声。奥雷连诺·布恩蒂亚没有觉察到这阵微风，因为此刻他正好在他那好色的祖父身上发现了自己出身的初步迹象，这个祖父曾经轻率地闯到海市蜃楼的一片沙漠中去找一个不会使他幸福的美女。查明自己的祖父以后，奥雷连诺·布恩蒂亚继续顺着本族血统的神秘小径寻去，突然碰上了小蝎子和黄蝴蝶在半明不暗的浴室里刹那间交配的情景，就在这间浴室里，一个女人开头是一种抗拒心情，后来向一个工人屈服了，满足了他的情欲。奥雷连诺·布恩蒂亚全神贯注地探究，没有发觉第二阵风——强烈的飓风已经刮来，飓风把门窗从铰链上吹落下来：掀掉了东面长廊的屋顶，甚至撼动了房子的地基。此刻，奥雷连诺·布恩蒂亚发现阿玛兰塔·乌苏娜并不是他的姐姐，而是他的姑姑，而且发现弗兰西斯·德拉克爵士围攻列奥阿察，只是为了搅乱这里的家族血统关系，直到这里的家族生出神话中的怪物，这个怪物注定要使这个家族彻底毁灭。此时，《圣经》所说的那种飓风变成了猛烈的龙卷风，扬起了尘土和垃圾，团团围住了马孔多。为了避免把时间花在他所熟悉的事情上，奥雷连诺·布恩蒂亚赶紧把羊皮纸手稿翻过十一页，开始破译和他本人有关的几首诗，就像望着一面会讲话的镜子似的，他预见到了自己的命运，他又跳过了几页羊皮纸手稿，竭力想往前弄清楚自己的死亡日期和死亡情况。可是还没有译到最后一行，他就明白自己已经不能跨出房间一步了，因为按照羊皮纸手稿的预言，就在奥雷连诺·布恩蒂亚译完羊皮纸手稿的最后瞬刻间，马孔多这个镜子似的（或者蜃景似的）城镇，将被飓风从地面上一扫而光，将从人们的记忆中彻底抹掉，羊皮纸手稿所记载的一切将永远不会重现，遭受百年孤独的家族，注定不会在大地上第二次出现了。

【注释】

1. 本文节选自《百年孤独》第二十章，描述了布恩蒂亚家族的灭亡和他们所生存的小镇化为乌有的结局，深刻地反映了哥伦比亚乃至拉丁美洲的历史演变和社会现实。

【作者简介】

加西亚·马尔克斯（1927年—），生于马格达莱纳省阿拉卡塔卡镇。哥伦比亚作家、记者。其作品的主要特色是幻想与现实的巧妙结合，以此来描绘社会现实生活，审视人生和世界。代表作有长篇小说《百年孤独》《家长的没落》等。1982年《百年孤独》获得诺贝尔文学奖。

【思考练习题】

1. 如何理解“孤独”的内涵？

2.《百年孤独》的最后一句“遭受百年孤独的家族，注定不会在大地上第二次出现了”，如何理解？

3. 思考本文魔幻现实主义的写作手法。

（袁宏选文）

大围巾（节选）[1]　　（美）辛茜亚·奥齐克

从此丝蒂拉总冷呀冷；寒气已浸入她的肺腑：罗莎注意到丝蒂拉的心变得冷酷了。玛格达只能用笔杆似的细腿踉踉跄跄向前扑去，四处寻找她的围巾；笔杆腿跌倒在营房门槛上，那里射进一线阳光。罗莎这才看到孩子的身影，追了过去。可是玛格达已经爬出营房，进入屋前列队点名的广场，欣赏着灿烂的阳光。要知道罗莎每天早起便把玛格达暗藏在营房墙角的大围巾包里，然后携着丝蒂拉到营房外那个斗狮广场上和数百名囚徒一起罚站几个小时；而被遗弃的玛格达则静悄悄地躺在围巾下，口里嚼着流苏的尖角。日复一日，玛格达哑然无声，躺在那里也没有死去。今天瞧着她爬出营房，罗莎便意识到她非死不可了，可是做母亲的却又手心里滚烫，惊喜万分，顿时全身好似发了高烧：这是她第一次在太阳底下见到玛格达笔杆似的双腿摇摇晃晃，口中干嚎着向前。自从罗莎的乳汁枯竭，玛格达的最后哭叫在大路上窒息后，再也没有听到那张小嘴出过一个声；玛格达说不定是个聋哑儿。罗莎觉得这孩子的声带一定有缺陷，毛病也许出在气管里或是喉头上；玛格达将是一个残疾人，既哑又聋；也可能是个低能儿；她会是个呆子。即使在满布死灰的阴风吹乱玛格达的大围巾时，她所发出的嘻笑也只是露齿一闪而已，有形无声。每当虱子咬她的头部和全身时，逼得她奇痒难忍，就像黎明前在营房里四处乱窜的大老鼠搜寻腐尸来充饥那样，她又挠又抓，又踢又咬，也只是饮泣着满地滚。但是来到阳光下，她忽然发出一声长啸：

“妈妈妈……呀！”

再次发出响声！玛格达在斗狮场的充满危险阳光中踉踉跄跄，支着笔杆似的可怜胫骨[2]在移动。罗莎瞧见了。罗莎看得清清楚楚，玛格达是在寻找那条失去的大围巾，她看到玛格达正在走向死亡。母亲的胸膛里像是敲起了一阵鼓：追回来，快抓，快揪住！但是慌乱中她又不知先抓哪件要紧，玛格达还是那条大围巾？她若箭步跳入斗狮广场去揪玛格达，那是无法止住孩子的叫嚎的，玛格达没有大围巾是不肯罢休的；要是她奔回营房去找，万一找到了便能手持围巾向玛格达挥舞示意，把孩子哄回来，玛格达最多抱住围巾把流苏塞入口里，再次变成哑巴而已。

罗莎不顾一切奔进黑屋子。要找到围巾倒不难，丝蒂拉正蜷睡在里面，也是一堆瘦骨头。罗莎一把掀起大围巾，飞步往外跑她已体轻如气流，完全能随风飞回斗兽场。有了太阳和热量才有截然不同的生命；才有暑天里蝴蝶的生命。室外的阳光静悄悄地柔和又亲切。铁丝网外的远处，青青的草坪上点缀着金色的蒲公英和浓郁的紫罗兰；再往远去，一直到那不可及的地方高大的萱草怒放着橘红色的花冠。在营房的暗处人们谈论花呀雨呀：原来是地上的屎尿，层层泥泞的粪土，加上高层床架上慢慢渗透的臭污水，掺上不知哪里来的尘烟和油腻，糊住了罗莎的浑身肌肤。她站在斗狮场边沿上踌躇了片刻，好像听见铁丝网上电流的嗡嗡响；丝蒂拉怪妈妈只是幻想而已。但是罗莎明明听到电网间的响声：一种混浊不清的耳中呜咽。她愈想躲开电网，那凄厉的声音愈涌向耳边。哀号是如此的逼真，激越地呜响着，怎能叫她不相信这是幽灵之声呢。这一响声催促她快把围巾高举；快快挥动大围巾，用力地挥舞使它随风飘扬。罗莎果真高举着它，挥舞又抖动，使它在晨风中高扬。已跑远的玛格达居然从气囊似的肚皮上伸出她细枝般的胳臂转向大围巾。可是她已被人举上肩头，但却不是朝着罗莎和围巾的方向。而是朝着相反的方向，把玛格达送得越来越远，直至她在尘埃中缩成一个小黑点。那人头上的钢盔，在阳光下闪闪发光，远远看起来真像是一只高脚酒杯。戴钢盔的是个全身墨黑的骨牌形的人，足踏高统靴，他直奔电网而去。电网中的声音又开始呜响了，这次是四面八方响着的狂叫："妈妈……妈妈，妈妈妈妈呀！"此刻的玛格达离开罗莎有多远呀，她已穿过整个广场，越过十几排营房，完全被送到营房的后头去了！她不过是扑向灯火的一只小小的飞蛾。

玛格达忽然被抛向空中，整个身子毫不费力地被高高扬起。从远处看去简直像一只小蝴蝶划出一条银色的弧线。正当玛格达软毛蓬松的圆脑袋仰向空中，笔杆子腿和气鼓肚子，夹在左右挥动的细胳臂中，她一下子被扔进电网，钢柱上立即发出疯狂的咆哮，召唤那个做母亲的狂奔起来，直向玛格达落入电网的地方冲去；可是罗莎没有听从这一冲动的呼唤。她呆呆地站着不动，她知道只要她胆敢移动一步，子弹就立即会向她射来；只要她胆敢收殓[3]小玛格达的尸骸，子弹就会向她飞来；她心中不断升起的母狼般的嚎叫一旦冒出胸膛，子弹就会向她飞来；她唯一能做的便是拾起玛格达的大围巾，用它来堵住嘴，把狼一样的干嚎往肚里吞咽，深深地吮吸着孩子在围巾中留下的肉桂和银杏儿香的唾沫。罗莎饥渴地吸着玛格达留下的津液，直到再没有什么可吸的时候。

【注释】

1. 本文译自1981年美国最佳短篇小说选，是由冯亦代和郑之岱编译的。节选部分通过罗莎母女三人在纳粹集中营里的遭遇，反映了集中营里无辜的犹太人所经历的残酷无情的生活。

2. 胫（jìng）骨：小腿内侧的长骨。

3. 收殓（liàn）：指把人的尸体放进棺材。这里指抱回小玛格达的尸体。

【作者简介】

辛茜娅·奥齐克，美国犹太女作家。曾先后得过数次美国文学奖，迄今三次荣获欧·亨利短篇小说头等奖，以及最高荣誉的美国文学艺术院奖状。其主要作品有长篇小说《信任》、中篇集《流血和其他中篇小说》、短篇集《异教神父及其他》等。

【思考练习题】

1. 本文通过玛格达为寻找大围巾而悲惨死去的情节，表现了什么内涵？

2. 分析本文场面描写的特点。

3. 分析本文在人物塑造上的特点。

（袁宏选文）

★生命中不能承受之轻（节选）[1]　（捷克）米兰·昆德拉

5

有些人相信世界是上帝创造的，有些人认为世界乃自然生成，这两种人之间的争论涉及到一些超越我们理智和经验的现象。更为现实的倒是这条界线，区分着两类人，后者怀疑人的生命是受赐的（不论如何赐予，以及由谁来赐予），前者却毫无保留地接受赐予观点。

在欧洲所有宗教和政治的信仰后面，我们都可以找到《创世纪》第一章，它告诉我们，世界的创造是合理的，人类的存在是美好的，我们因此才得以繁衍。让我们把这种基本信念称为无条件认同生命存在。

直到最近，"大粪（Shit）"这个词才以"s……"的形式出现在印刷品中，这个事实与道德上的考虑毫无关系。你毕竟不能说大粪是不道德的！对大粪的反对是形而上的。每天排出大粪的程序，就是创世说不可接受的每天的证据。二者必居其一：或者大粪是可以接受的（在这种情况下，不要把你锁在卫生间里！），或者，我们就是被一种不可接受的方式所造就。

那么，无条件认同生命存在的美学理想，必然是这样一个世界，在那里，大粪被否定，每个人都做出这事根本不存在的样子。这种美学理想可称为“媚俗作态”。

“kiscll”是个德国词，产生于伤感的十九世纪的中期，后来进入了所有的西方语言。经过人们的反复运用，它形而上的初始含义便渐渐淹没了：不论是从大粪的原义还是从比喻意义上来说，媚俗就是对大粪的绝对否定；媚俗就是制定人类生存中一个基本不能接受的范围，并排拒来自它这个范围内的一切。

6

萨宾娜对国家当局最初的内心反感，与其说是具有道德性，还不如说带有美学性。她倒不怎么反感当局管辖下的丑陋（把荒废的城堡变成牛栏），却厌恶当局企图戴上美的假面具——换句话来说，就是当局的媚俗作态。当局媚俗作态的样板就是称为“五一节”的庆典。

她看见过这种庆典游行，是在人们依然有热情或依然尽力装出热情的年代。女人们穿上红色、白色以及蓝色的衣裙，游行者队伍齐步行进时，阳台上或窗子前观看的老百姓便亮出各种五角星、红心、印刷字体。铜管小乐队伴随着一个个游行群体，使大家的步伐一致。当某个群体接近检阅台时，即使是最厌世的面孔上也要现出令人迷惑不解的微笑，似乎极力证明他们极其欢欣，更准确地说，是他们完全认同。不仅仅是认同当局的政治，不，更是对生命存在的认同。从无条件认同生命存在的深井里，这种庆典汲取了灵感。没有写出来、没有唱出来的游行口号不是“共产主义万岁！”而是“生活万岁！”这种白痴式的同义反复（“生活万岁！”），使那些漠然处之的人对当局的论点和游行也发生了兴趣。对这一口号的盗用，表现了当局的威力和灵巧。

7

十年后（这时她住在美国），萨宾娜朋友之一，一位美国参议员，用他的大轿车带她出去兜风。他的四个孩子在车后座跳上蹦下。参议员把车停在一个带有人造滑冰场的体育馆前面，四个孩子从车上跳出来，开始在四周宽阔的草坪上跑起来。参议员坐在方向盘后，美美地看着那四个活蹦乱跳的小身影，对萨宾娜说：“看看他们吧，”他用手臂划了个圆圈，把运动场、草地以及孩子都划在圈里，“瞧，这就是我所说的幸福。”

他的话里面，不仅有看着孩子奔跑和绿草生长的欢欣，还有对一个来自共产党国家的难民的深深理解。参议员深信，在那个国家里是不会有绿草生长和孩子奔跑的。

一瞬间，萨宾娜的脑子中闪现过一个幻影：这位参议员正站在布拉格广场的一个检阅台上。他脸上的微笑，就是那些当权者在高高的检阅台上，对下面带着同样笑容的游行公民发出的笑。

8

参议员怎么知道孩子就意味着幸福？他能看透他们的灵魂？如果此刻他们都不见了，其中三个向第四个扑过去并狠狠揍他，那又意味着什么？

参议员只有一条理由对他有利：他的感情。心灵和大脑经常意见不合抵触龃龉。而在媚俗作态的王国里，心灵的专政是最高的统治。

媚俗所引起的感情是一种大众可以分享的东西。媚俗可以无须依赖某种非同寻常的情势，是铭刻在人们记忆中的某些基本印象把它派生出来的：忘恩负义的女儿，被冷落了的父亲，草地上奔跑的孩子，被出卖的祖国，第一次恋情。

媚俗引起两种前后紧密相连的泪流。第一种眼泪说：看见孩子们在草地上奔跑着，多好啊！

第二种眼泪说：和所有的人类在一起，被草地上奔跑的孩子们所感动，多好啊！

第二种眼泪使媚俗更媚俗。

地球上人的博爱将只可能以媚俗作态为基础。

9

没有比政客更懂得这一点了。无论何时，一个照相机即将开拍，他们会立即奔向最近前的孩子，把他举到空中，亲吻他的脸蛋。媚俗是所有政客的美学理想，也是所有政治党派和政治活动的美学理想。

各种政治倾向并存的社会里，竞争中的各种影响互相抵销或限制，我们居于其中，还能设法或多或少地逃避这种媚俗作态的统治：各人可以保留自己的个性，艺术家可以创造不见的作品。但是，无论何时一旦某个政治运动垄断了权力，我们便发现自己置身于媚俗作态的极权统治王国。

我说到极权统治，我的意思是一切侵犯媚俗的东西必将从生活中清除掉：每一种个性的展示（在博爱者微笑的眼里，任何偏离集体的东西均遭藐视）；每一种怀疑（任何以怀疑局部开始的人，都将以怀疑生活自身而终）；所有的嘲讽（在媚俗的王国里，一切都必须严肃对待），以及抛弃了家庭的女人，或者爱男性胜过爱女性的男人。于是，“丰富而且多彩”这样神圣的法令，就成为了疑问。

根据这一点，我们可以把布拉格当作媚俗作态之极权统治，用来处理垃圾的化粪池。

10

紧接着第二次世界大战的十年，是最可怕的斯大林恐怖时期。当时特丽莎的父亲由于鬼混而被捕，十岁的特丽莎被逐出家门。这也是二十岁的萨宾娜在美术学院学习的时候。在那里，她的马列教授向她解释社会主义艺术的理论：社会主义社会如此飞跃进展，其基本矛盾不再是好与坏的矛盾，而是好与更好的矛盾。所以大粪（那是无论如何也根本不能接受的了）只能存在“在那一边（比如说，在美国）”，像一些异己的东西（比如说特务），只有从那里，从外部，才能打入这个“好与更好”的世界。

事实上，在那最严酷的时代，苏联电影在所有“好与更好”的国家泛滥。电影中充满了不可信的纯洁和高雅。两个苏联人之间可以出现的最大冲突，无非是情人的误会：他以为她不再爱他；她以为他不再爱她。但在最后一幕，两人都投入对方的怀抱，幸福的热泪在脸上流淌。

对这些电影流行的老一套解释就是：电影表现了共产主义的理想，现实当然比理想要差一些。

萨宾娜总是反感这些解释。只要一想到苏式媚俗的世界行将成为现实，就感到背上一阵发麻。她毫不犹豫地愿意选择当局统治下那种受迫害和受宰割的现实生活，这种现实生活还是能过下去的。如果在那种理想式的现实世界里，那些白痴们咧嘴傻笑的世界里，她将无话可说，一个星期之内就会被吓死。

苏式媚俗给萨宾娜的感觉，非常像特丽莎梦中所经历的恐怖一样震动了我。特丽莎与一群裸体女人绕着游泳池行进，被迫高兴地唱歌。下面的水面上漂浮着一具具尸体。特丽莎不能对任何女人提一个问题，说一个字，唯一能够做出的反应，就是接唱下一段流行歌。她甚至不能对她们任何人偷偷眨眼，她们会立即向那个游泳池上篮子里的男人指出她来，他将把她枪毙。特丽莎的梦揭示了媚俗的真实作用：媚俗是一道为掩盖死亡而关起来的屏幕。

11

在媚俗作态的极权统治王国里，所有答案都是预先给定的，对任何问题都有效。因此，媚俗极权统治的真正死敌就是爱提问题的人。一个问题就像一把刀，会划破舞台上的景幕，让我们看到藏在后面的东西。事实上，这就是萨宾娜向特丽莎解释的自己画作的准确意义：表面上是明白无误的谎言，底下却透出神秘莫测的真理。

但是，反对我们称为媚俗作态极权统治的这种东西的人们，感到质问和怀疑无补于事，他们也需要确定而简单的真理，让大众理解，激发群体的眼泪。

德国一个政治组织曾为萨宾娜举办过一次画展。她打开目录，第一张图就是自己的照片，上面添画了一些铁丝网。她在照片旁边，还发现了一份读上去像某位圣女或某位烈士的小传：她遭受过极大的痛苦，为反对非义而斗争，被迫放弃了正在流血的家园，却继续在斗争着。“她的画作是争取幸福的斗争”，文章以这句话而告结束。

她抗议，但他们不能理解她。

你是说共产主义不迫害现代艺术吗？

“我的敌人是媚俗，不是共产主义！”她愤怒地回答。

那以后，她开始在自己的小传中故弄玄虚，到美国后，甚至设法隐瞒自己是个捷克人的事实。唯一的目的，就是不顾一切地试图逃离人们要强加在她生活中的媚俗。

12

她站在画架前，上面有一幅未完成的作品。身后椅子上的老人，仔细观察着她的每一笔触。

“该回家了。”他终于看了看表。

她放下调色板，去卫生间洗手。老人也使自己从椅子里站起来，去拿斜靠在身边的杖。画室的门通向外边的草地。天已渐渐落黑了，五十英尺开外，是一栋白色的隔板房，一楼的窗口亮着灯光。萨宾娜被这两个光辉投照着暮色的窗口感动了。

她一生都宣称媚俗是死敌，但实际上她难道就不曾有过媚俗吗？她的媚俗是关于家庭的幻象，一切都那么安宁，那么静谧，那么和谐，由一位可爱的母亲和一位聪慧的父亲掌管。这种幻觉是双亲死后她脑子里形成的。她的生活越是不似那甜美的梦，她就越是对这梦境的魔力表现出敏感。当她看到伤感影片中忘恩负义的女儿终于拥抱无人关心的苍苍老父，每当她看到幸福家庭的窗口向迷蒙暮色投照出光辉，她就不止一次地流出泪水。

她是在纽约遇见这位老人的。他富裕而且爱画，身边只有上了年纪的老伴，住在一栋乡间房舍里。正对着那房舍，他的土地上有一间旧马厩。他为萨宾娜把马厩改建成画室，而且每天都目随萨宾娜的画笔运行，直到黄昏。

现在他们三人一起吃晚饭。老太太把萨宾娜唤作“我的女儿”，但一切迹象都会使人导出相反的结论，就是说，萨宾娜倒是母亲，而她的这两个孩子喜欢她，崇拜她，愿意做她所要求的一切。

她这个也即将进入老年的人，像一个小女孩那样找回了曾被夺走的父母吗？她终于找回了她自己从未有过的孩子吗？

她清楚地意识到，这只是一个幻觉。她与这老两口过的日子只是一个短暂的间歇。老头病得很重，一旦撇下老伴去了，老太太将去加拿大跟儿子一块儿过。那么，萨宾娜的背叛之途又将在别的什么地方继续。一曲关于两个闪光窗口及其窗后幸福家庭生活的歌，感伤而脆弱，不时从她生命的深处飘出，汇入那生命中不可承受之轻。

她被这首歌打动，但并不对这种感情过于认真。她太知道了，这首歌只是一个美丽的谎言。媚俗一旦被识破为谎言，它就进入了非媚俗的环境牵制之中，就将失去它独裁的威权，变得如同人类其他弱点一样动人。我们中间没有一个超人，强大得足以完全逃避媚俗。无论我们如何鄙视它，媚俗都是人类境况的一个组成部分。

【注释】

1. 本文节选自《生命中不能承受之轻》第六章《伟大的进军》。

【作者简介】

米兰·昆德拉，1929年生于捷克，后加入法籍。是世界当代最著名的小说家之一，先后多次获得诺贝尔文学奖提名。代表作有长篇小说《玩笑》《生活在别处》《为了告别的聚会》《生命中不能承受之轻》，论文集《小说的艺术》等。

【思考练习题】

1. 如何理解"媚俗"？萨宾娜的存在观是什么？

2. 分析本文的幽默风格。

3. 思考小说"复调"的艺术手法？

（袁宏选文）

挪威的森林（节选）[1]　（日）村上春树

我继续旅行，时而住进廉价旅店，洗个澡，刮刮胡须。一次对镜看去，发现我的嘴脸甚是丑恶。由于风吹日晒，皮肤粗糙不堪，双眼下陷，两腮深凹，而且有来历不明的污垢和擦伤，活像刚刚从黑洞穴深处爬出来的。但自己端详，的确是自家嘴脸无疑。

当时我行走的是山阴海岸。鸟取或兵库的北海岸即在这一带。沿着海岸赶路还是轻松的，因为沙滩上肯定找得到惬意的睡眠场所。并且可以捡来海水冲上岸的木柴升起炊火，从鱼店买来干鱼烤熟来吃。我还打开威士忌，一面谛听涛声一面怀念直子。真是奇怪——她已经死了，已经不在这个世界。我无论如何也不能理解这一事实，无论如何也不能相信。我甚至亲耳听到了钉其棺盖的叮当声，然而却无论如何也不能接受她已魂归九泉这一事实。

她给我留下的记忆实在过于鲜明了。她轻轻地吻我，头发垂落在我的小腹——这光景至今历历在目。我还记得她的温情和喘息，以及一泄而出后无可排遣的感伤。这一切就像5分钟前刚刚发生过一样，仿佛直子就在身边，伸手即可触及她的身体。然而她已经不在了，已经不存在这世界的任何一个地方。

在辗转反侧的不眠之夜，我会回想直子的种种音容笑貌，不容我不想起。因为我心里关于直子的记忆堆积如山，只要稍稍开启一点缝隙，它们便争先恐后，鼓涌而出，而我根本无法遏止其突发的攻势。

我想起直子在晨雨中身穿雨衣清扫鸟社和手拿鸟饵口袋的情景，想起坏了半边的生日蛋糕，想起那天夜里浸湿我衬衣的泪水。是的，那天也是个雨夜。冬日来临，她身穿驼绒大衣在我身旁移动步履。她总是戴一个发卡，总是用手摸它，而且总是用晶莹澈明的眸子凝视我的眼睛。她身披一件蓝色睡衣，在沙发上抱膝而坐，下颌搭在膝头。

就是这样，直子的形象如同汹涌而来的潮水向我联翩袭来，将我的身体冲往奇妙的地带。在这奇妙的地带里，我同死者共同生活。直子也在这里活着，同我交谈，同我拥抱。在这个地方，所谓死，并非使生完结的决定性因素，而仅仅是构成生的众多因素之一。直子在这里仍在含有死的前提下继续生存，并且对我这样说："不要紧，渡边君，那不过是一死罢了，别介意。"

在这样的地方，我感觉不出悲哀为何物。因为死是死，直子是直子。"瞧，这有什么，我不是在这里么？"直子羞涩地笑着说道。她这一如既往的平平常常的一言一行，使我顿感释然，心绪平和如初。于是我这样想道：如果说这就是所谓死，则死并不坏。"是啊，死有什么大不了的。"直子说，“死单单是死罢了。再说我在这里觉得非常快活。”直子在浊浪轰鸣的间歇里这样告诉我。

但为时不久，潮水退去，剩我一个人在沙滩。我四肢无力，欲走不能，任凭悲哀变成深重的夜幕将自己合拢。每当这时，我时常独自哭泣——与其说是哭泣，莫如说任由浑似汗珠的泪滴不由自主地涟涟而下。

木月死时，我从他的死中学到了一个道理，并将其作为大彻大悟的人生真谛铭刻或力图铭刻在心。那便是：

“死并非生的对立面，死潜伏在我们的生之中。”

实际也是如此，我们通过生而同时培育了死，但这仅仅是我们必须懂得的哲理的一小部分。而直子的死还使我明白：无论谙熟怎样的真理，也无意解除所爱之人的死带来的悲哀。无论怎样的哲理，怎样的真诚，怎样的坚韧，怎样的柔情，也无以排遣这种悲哀。我们唯一能做到的，就是从这片悲哀中挣脱出来，并从中领悟某种哲理。而领悟后的任何哲理，在继之而来的意外悲哀面前，又是那样的软弱无力——我形影相吊地倾听着暗夜的涛声和风响，日复一日地如此冥思苦索。我喝光了几瓶威士忌，啃着面包，喝着水筒里的水，满头沾满沙子，背负旅行背囊，踏着初秋的海岸不断西行、西行。

【注释】

1. 本文节选自《挪威的森林》最后一章，描述了主人公在恋人直子死后悲伤的心情。

【作者简介】

村上春树（1949 年—），日本当代知名作家。其作品以独特的艺术魅力和语言特色拥有着广大的年轻读者群。作品有小说《且听风吟》《挪威的森林》《奇鸟行状录》《海边的卡夫卡》等。作品被翻译介绍到三十多个国家和地区，在世界各地影响深远。

【思考练习题】

1. 本文不仅描述了主人公的悲伤心情，而且蕴含着主人公对“生”与“死”的思考，如何理解主人公对生死的领悟？

2. 分析本文的文体风格。

（袁宏、罗遥选文）

断魂枪（节选）　　老　舍

到了客栈，他心中直跳，唯恐沙老师不在家，他急于报仇。他知道老师不爱管这种事，师弟们已碰过不少钉子，可是他相信这回必定行，他是大伙计，不比那些毛孩子；再说，人家在庙会上点名叫阵，沙老师还能丢这个脸么？

“三胜，”沙子龙正在床上看着本《封神榜》，“有事吗？”

三胜的脸又紫了，嘴唇动着，说不出话来。

沙子龙坐起来，“怎么了，三胜？”

“栽了跟头！”

只打了个不甚长的哈欠，沙老师没别的表示。

王三胜心中不平，但是不敢发作；他得激动老师：“姓孙的一个老头儿，门外等着老师呢，把我的枪，枪，打掉了两次！”他知道“枪”字在老师心中有多大分量。没等吩咐，他慌忙跑出去。

客人进来，沙子龙在外间屋等着呢。彼此拱手坐下，他叫三胜去泡茶。三胜希望两个老人立刻交了手，可是不能不沏茶去。孙老者没话讲，用深藏着的眼睛打量沙子龙。沙很客气：

“要是三胜得罪了你，不用理他，年纪还轻。”

孙老者有些失望，可也看出沙子龙的精明。他不知怎样好了，不能拿一个人的精明断定他的武艺。“我来领教领教枪法!”他不由地说出来。

沙子龙没接碴儿。王三胜提着茶壶走进来——急于看二人动手，他没管水开了没有，就沏在壶中。

“三胜，”沙子龙拿起个茶碗来，“去找小顺们去，天汇见，陪孙老者吃饭。”

“什么!”王三胜的眼珠几乎掉出来。看了看沙老师的脸，他敢怒而不敢言地说了声“是啦!”走出去，撅着大嘴。

“教徒弟不易!”孙老者说。

“我没收过徒弟。走吧，这个水不开！茶馆去喝，喝饿了就吃。”沙子龙从桌子上拿起缎子褡裢，一头装着鼻烟壶，一头装着点钱，挂在腰带上。

“不，我还不饿!”孙老者很坚决，两个“不”字把小辫从肩上抡到后边去。

“说会子话儿。”

“我来为领教领教枪法。”

“功夫早搁下了，”沙子龙指着身上，“已经放了肉!”

“这么办也行，”孙老者深深地看了沙老师一眼：“不比武，教给我那趟五虎断魂枪。”

“五虎断魂枪?”沙子龙笑了：“早忘干净了！早忘干净了！告诉你，在我这儿住几天，咱们各处逛逛，临走，多少送点盘缠。”

“我不逛，也用不着钱，我来学艺!”孙老者立起来，“我练趟给你看看，看够得上学艺不够!”一屈腰已到了院中，把楼鸽都吓飞起去。拉开架子，他打了趟查拳：腿快，手飘洒，一个飞脚起去，小辫儿飘在空中，像从天上落下来一个风筝；快之中，每个架子都摆得稳、准、利落；来回六趟，把院子满都打到，走得圆，接得紧。身子在一处，而精神贯串到四面八方。抱拳收势，身儿缩紧，好似满院乱飞的燕子忽然归了巢。

“好！好!”沙子龙在台阶上点着头喊。

“教给我那趟枪!”孙老者抱了抱拳。

沙子龙下了台阶，也抱着拳：“孙老者，说真的吧，那条枪和那套枪都跟我入棺材，一齐入棺材!”

“不传?”

“不传!”

孙老者的胡子嘴动了半天，没说出什么来。到屋里抄起蓝布大衫，拉拉着腿：“打搅了，再会!”

“吃过饭走!”沙子龙说。

孙老者没言语。

沙子龙把客人送到小门，然后回到屋中，对着墙角立着的大枪点了点头。

他独自上了天汇，怕是王三胜们在那里等着。他们都没有去。

王三胜和小顺们都不敢再到土地庙去卖艺，大家谁也不再为沙子龙吹腾；反之，他们说沙子龙栽了跟头，不敢和个老头儿动手；那个老头子一脚能踢死个牛。不要说王三胜输给他，沙子龙也不是他的对手。不过呢，王三胜到底和老头子见了个高低，而沙子龙连句硬话也没敢说。“神枪沙子龙”慢慢似乎被人们忘了。

夜静人稀，沙子龙关好了小门，一气把六十四枪刺下来；而后，拄着枪，望着天上的群星，想起当年在野店荒林的威风。叹一口气，用手指慢慢摸着凉滑的枪身，又微微一笑，“不传！不传!”

【作者简介】

老舍（1899年—1966年），原名舒庆春，字舍予，满族人。现代著名作家，被授予“人民艺术家”称号。代表作有长篇小说《骆驼祥子》《离婚》《四世同堂》等，中短篇小说《月牙儿》《断魂枪》等，话剧《龙须沟》《茶馆》等。

【思考练习题】

1. 夜静人稀，被人们遗忘的沙子龙关好了小门，独自一人练着武艺，自我欣赏着，却坚决“不传”，表现了沙子龙怎样的内心世界？

2. 结合武术专业，谈谈武术的社会价值和现实意义。

3. 很多人把《断魂枪》定位在武侠小说，但《断魂枪》中武侠浪漫光环的消失，表现出社会转型期侠客和武侠行当的真实处境。阅读全文，思考沙子龙时代侠客和武侠行当的处境。

（袁宏、马化宇）

《断魂枪》导读：老舍笔下的侠客沙子龙

《断魂枪》写于1935年，当时的中国社会发生了巨大变化，坚船利炮轰醒东方大梦，走镖已没有饭吃，而国术还未被提倡。小说讲述了一个老拳师——沙子龙的故事。沙子龙开镖局，练就“五虎断魂枪”的绝技，威震西北无敌手，创出“神枪沙子龙”的英名，镖局的兴旺发达可想而知。但是腐朽的晚清被帝国主义大炮打开大门后，变了另一副样子，走镖局已经无法在这种环境下生存了，沙子龙在这个时代的变迁中变得“颓废”了。他将镖局改成了客栈，不再走镖护院了，不再使他的“断魂枪”了，然而还是有人对这个久负盛名的沙子龙崇拜有加。有个叫王三胜的自称是沙子龙的徒弟，到处吹捧沙子龙并请求沙子龙能够教其“五虎断魂枪”，这些都被沙子龙婉拒。在一次练场子的时候，一位叫孙老者的不服，要挑战沙子龙。本文节选部分的情节是在打败好吹嘘的王三胜后，孙老者登门向沙子龙挑战并要求学艺，沙子龙这样告诉孙老者，“那条枪和那套枪都跟我入棺材，一齐入棺材”，孙老者最后只能希望而来郁闷离去。

小说塑造了三位人物：沙子龙、孙老者、王三胜。节选部分着力塑造了主要人物沙子龙的形象。沙子龙身怀盖世绝技，但他不张扬，不大谈武艺与往事，坚决不教慕名前来学艺的孙老者“五虎断魂枪”，同时，文中提到他只在夜深人静时一显身手，“孤芳自赏”，“叹了一口气，用手指慢慢摸着凉滑的枪身，又微微一笑，‘不传！不传！’”作品塑造了一个精神世界丰富的侠客形象。在这样的大背景下，如果让沙子龙传，又能传给谁？如果传给王三胜，不过是给他土地庙前的场子添一个让人叫好儿的节目而已。威慑西北的五虎断魂枪从此变成花拳绣腿的卖艺行当，岂不是白白糟蹋？若传给孙老者，他虽是真心学艺，也无非是一个爱好者，武术迷，学去了也没什么实际价值，不过是带到棺材里的东西。沙子龙叹息自己生不逢时，对自己在剧烈变迁的时代中无所作为而无可奈何，对已逝历史记忆无尽叹惋。他的武艺，事业，都梦似的变成了过去，他的世界已被狂风吹走了，这些如梦般的人生，瞬即变成过眼云烟。但沙子龙以清醒的难得的坦然态度，任一江春水向东流去，一切由大势所趋，听其自然，不争不怨。老舍剥夺了武侠题材的伪饰，却又赋予了沙子龙最为丰富的精神生活，让他超出了武侠行当的意义，成为人类历史上一切落末英雄的典型。

很多人把《断魂枪》定位在武侠小说，但《断魂枪》中武侠的浪漫光环消失了，通过沙子龙这个人物形象，表现出社会转型期侠客和武侠行当的真实处境。沙子龙不是那种轻财、轻生、重义、重交的战国游侠，不是权门豢养的私剑，不是济人困厄的超人，而是明清以后商贾雇用的镖客。作者让沙子龙随时代变化而变动着地位与心态，把世俗眼中的超人变成了无所作为的凡人。随传统意识的落潮，沙子龙这样的人物一下子水落石出，被晾在了严峻的现实土地上：一个外表超脱的大侠，内心痛苦空虚，生命价值无所寄托，全盘展示在我们面前。这是残酷的，但却是真实的，因为随着交通发达与武器进步，沙子龙必然要经受他的价值的沉沦。

本文在塑造沙子龙这个人物形象时采用了多样化的手法。一方面，通过语言描写、动作描写、心理描写来正面塑造人物；另一方面通过王子胜、孙老者的对比衬托，来突现主人公复杂的内心世界。

（袁宏撰写）

小说阅读资料推荐

中国古代小说

《史记》	（汉）	司马迁
《搜神记》	（汉）	干　宝
《世说新语》	（南朝）	刘义庆
《虬髯客传》	（唐）	杜光庭
《水浒传》	（明）	施耐庵
《三国演义》	（明）	罗贯中
《红楼梦》	（清）	曹雪芹
《聊斋志异》	（清）	蒲松龄
《儒林外史》	（清）	吴敬梓

中国现当代小说

《呐喊》	鲁　迅
《子夜》	茅　盾
《家》《春》《秋》	巴　金
《四世同堂》	老　舍
《围城》	钱钟书
《倾城之恋》	张爱玲
《边城》	沈从文
《黑骏马》	张承志
《白鹿原》	陈忠实
《长恨歌》	王安忆
《九月的寓言》	张　炜
《怀念狼》	贾平凹

外国小说

《荷马史诗》	（古希腊）	
《伊索寓言》	（古希腊）	
《十日谈》	（意大利）	卜伽丘
《唐吉诃德》	（西班牙）	塞万提斯
《浮士德》	（德）	歌　德
《鲁滨孙漂流记》	（英）	笛　福
《巴黎圣母院》	（法）	雨　果
《安娜·卡列尼娜》	（俄）	列夫·托尔斯泰

《老人与海》	（美）	海明威
《月亮和六便士》	（英）	毛　姆
《约翰·克利斯朵夫》	（法）	罗曼·罗兰
《静静的顿河》	（俄）	肖洛霍夫
《追忆似水流年》	（法）	普鲁斯特
《荒原狼》	（德）	黑　塞
《喧哗与骚动》	（美）	福克纳

（袁宏推荐）

中编　析理类文本与阐释

人们将析理活动获得的理论结果写成文章，就形成了析理类文体。

析理类文体的范围：议论文、学年论文、毕业论文、专业论著、哲学专著等等。

析理类文体的目的：揭示事物内部的规律，以理论的形式实现人类对世界的把握。作文的过程就是寻找事物发展过程中的各种内在联系，给人们提供规律性的答案。析，从木从金，就是用斧头将粗的木料分成细的木条。理，就是事物内在的联系。

析理类文体的逻辑特点：自然科学的实证逻辑。论证方法包括：归纳、演绎、类比、分析、引申、例证等，思考过程属于客观理性的探究、研讨。整篇文章一般要求“三段论”的章法。

析理类文体的真假判断：严格遵照“客观可验证性，定性定量的准确性”。讲求一丝不苟的科学推理，崇尚实事求是，坚持实践是检验真理的唯一标准。

析理类文体的语体风格：语言要求准确、严谨、客观。用“概念、判断、推理、结论”的严谨语言，提出问题，分析问题，解决问题。摆事实，讲道理，以思考、辩论为主，不仅要知其然，还要知其所以然。具有很强的“思辨”特色。行文多用层层深入的整句，上下呼应的关联词语等，以加强说理的缜密性。

析理类文体的表达方式：主要以议论为主，辅以少量的叙述、说明。

第五章　古代析理类文体

第一节　古代析理类文体概述

内容提要：

通过对中、西方析理类文体发展概况的介绍，帮助学生了解中外析理文体的发展脉络、主要作家作品的作用和贡献，培养对理论思维的情感，为学生更好地学习和掌握此类作品打下基础。

关键词：析理文　思辩　归纳　演绎　中、西方析理文发展述略

析理文，也就是说理的文章，是我国古代散文中的大宗。最早研究析理性文章性质和特点的是南朝齐、梁时期文学理论批评家刘勰，他在《文心雕龙·论说》篇中说："论也者，弥纶群言，而研精一理者也。"意即：所谓析理文，就是概括各种言论、意见，精密地研求出唯一的道理。

中国古代析理类文体源远流长：春秋战国时期的诸子散文，谈古论今，纵横天下，实际上就具有鲜明的析理成分，或直接述志，或重在说理，已有较为显著的思考辩论即思辩色彩。最初的诸子散文大多为语录体，而后才向着有组织、有结构的析理文形式发展。

韩非子是先秦时期析理类文体的集大成者：由于当时一些思想家、政治家的主张不同、流派复杂、性格各异，诸子散文形成了不同的风格，如《论语》的雍容和顺、迂徐含蓄；《孟子》的灵活善譬，笔带锋芒；《庄子》的气势恢弘，奇气袭人；韩非子的连类譬喻，入木三分。据史料称，韩非子由于口吃，所以发愤写作，著述丰富，成为法家一代宗师。他的"法、术、势"三论，至今仍然闪射着思想者的光辉。诸子散文在说理论事时，除讲究辞章的修饰和逻辑的严密外，常将哲理寄托于生动的形象之中。

秦代：一把大火竹帛烟消，文字湮灭，只有秦客卿李斯的《谏逐客书》著名，其文笔势健举，辞采华赡整饬。秦代文字统一的过程中，文章的种类和格式也有了规范。

汉代析理文：代表是贾谊和晁错，他们继承了先秦诸子的特点并加以发展。贾谊《过秦论》气势充沛如飞流直下，铺扬蹈厉，大有战国纵横家的风采；晁错之文立论精当，推理严密，极具政治家的语言特点。

魏晋南北朝文论兴盛：这是一个社会大变动时期，也是思想界的一个大活跃时期，儒学匿声，老庄兴盛。曹丕《典论·论文》不仅是我国第一部文艺批评之作，还提出了文章价值、作家个性和作品风格等内容，首开文气之说。钟嵘的《诗品》认为诗歌创作以自然为最高美学原则，提出了"直寻"说和"滋味"论。嵇康《与山巨源绝交书》，词锋毕现，凌厉高蹈，抨击之情、不满之意溢于言表。陶渊明文风亦如诗风，平和质朴，耐人咀嚼。

唐、宋八大家的文章：初唐时期，骆宾王一篇《代李敬业传檄天下文》，气势雄健，词句铿锵，尽管李敬业的十万大军难免灰飞烟灭，但这篇文章在文学史上一直受到人们的称赞。中唐韩愈、柳宗元力反浮艳文风，倡导"古文运动"，主张文道合一，气盛言宜，务去陈言，倡导文从字

顺。韩愈作为一代文章大家，其文气势夺人，语言明快，曲折变化，《进学解》一文骈散相糅，文句长短错落、韵白相间，“业精于勤，荒于嬉；行成于思，毁于随。”因上下对偶，读之上口，听之入耳，过目便能铭刻在心。柳宗元的《驳复仇议》敢于突破礼与法的框子，提出了“考其实”的观点，见解精确，论驳透辟。

北宋欧阳修的文章，现实性强，说理畅达，抒情委婉。王安石为文亦如为政，挺拔劲健，言情少，说理多，逻辑性强，重在立意、生发，超拔卓越。苏轼的析理文，或精辟透彻，或深入浅出，或见识超异，或行文自如。他的《刑赏忠厚之至论》，雄文健笔，纵横捭阖，跌宕顿挫，姿态自然。

元、明时期的论说文：经过元代的沉寂，明代的析理性散文开始中兴，归有光、王世贞、李贽、张岱等人的作品，有的朴素简洁，有的拟古厚重，有的激烈张扬，有的清新诙谐，尽显明人风范。

明末清初论说文：黄宗羲、顾炎武等人之作对社会历史进行反思，针砭时弊，反对空谈心性，在中国学术史上划出了一个新时代。

在集中国文学大成的清代，大家迭出。方苞之文古朴简约，用语典雅；姚鼐行文以韵味胜，偏于阴柔；刘大櫆上承方苞，下启姚鼐，雄奇恣睢，铿锵绚烂；郑燮家书议论读书作文的准则，阐述立身处世之道，感情真挚，文笔质朴无华；钱大昕以观棋来喻理，文字浅近但丝丝入扣。

中国与西方论说文的比较：从先秦诸子散文到清桐城派散文，我国古代的析理性文章不啻汗牛充栋，其内容更广泛渗透到社会生活的方方面面。这不仅有力地推动了政治、经济、科学、文化教育事业的发展，同时也积淀了深厚的民族文化传统。

中国古代析理文与西方古代析理文不同。中国人的思维从一开始，就是一种天地人和谐统一的整体性思维。例如：老子“道常无为而无不为”中的“道”，不仅贯通了理性与感性两种逻辑，而且也超越了过去、现在、将来的广阔时空。我国古代析理文讲究文气、情韵，少纯理论的论述。其议则一气贯注、汩汩滔滔，其体随物赋形、行止自然、不拘一格，其思则雄浑而不失细密，曲致中自有规模。人们不仅能够看到作家的思想品格，同时也可看到文章大师们是怎样把“文气”、“情韵”、“文心”完美地统一起来，将文意升华到一个全新的思想领域——诸存在者的世界。

罗素曾经为维特根斯坦的语言学哲学勃然大怒，认为其是一种哲学的堕落。西方人的思维在古希腊时期，如苏格拉底、柏拉图、亚里士多德等，也具有包罗万象穷尽真理的气度；而近现代以来的分析哲学，一转而为“就事论事”的客观理性逻辑，推崇“客观可验证性、定性定量的准确性”的同时，有意地排除了“感性思维”逻辑的参与。尽管也有维柯（著有《新科学》）、恩斯特·卡西尔（著有《人论》）、海德格尔阐释学哲学等向感性逻辑回归的倾向，但在总体上，西方的论说多以看待物的眼光与图示来看待人，分析机器一样分析人，从而导致人的物化。

西方析理类文体的沿革：从古希腊起，西方的这类文章就具有分析性和系统性，如柏拉图的对话式文章《理想国》，就从具体事例出发，以浅喻深，由近及远，去伪存真，层层深入，使人不但看到思想的最后成就或结论，而且也看到活的思想的辩证发展过程；郎加纳斯在《论崇高》中试图找出崇高风格的因素，指出希腊、罗马古典作品的“崇高”品质，引导读者去向古典学习；英国的培根，提倡知识和科学，用归纳逻辑代替演绎逻辑；艾迪生强调文艺的想象作用，认为想象对于创造和欣赏都具有重大意义，而丰富的想象力是与生俱来的。

法国启蒙作家：伏尔泰在《论诗史》中，讽刺批评教条化和学究习气，强调被古典主义所忽视的想象的作用和发挥，主张从各民族的史实和语言风格、时代风尚中寻求史诗的共同法则和鉴赏标准。

英国经验主义集大成者休谟：继承英国经验派的传统，用心理学分析方法探讨他所关心的问题，由于他把感觉主义推到了极端，把事物间的因果关系归结为观念联想上的一致性，从而事物间的必然规律，走向了怀疑主义和唯心主义。

德国启蒙运动：著名诗人、剧作家、美学家和史学家席勒在《审美教育书简》中认为，人不可能由自然的物质世界一下子上升到理性的道德世界，这当中应当经过一个审美教育的阶段。审美活动能够最先出现在精力过剩的游戏中，而艺术正是起源于游戏；德国唯心主义哲学家、唯意志论者叔本华则认为，哲学根本不是一门逻辑推理的科学，而是一门艺术，一种天才的直觉洞观；真正的哲学，只有少数天才才能懂得。他认为意志是一种盲目的永远得不到满足的冲动，所以人生充满了挣扎和痛苦。处在德国启蒙运动高潮时期的康德，他的关于天才、自由、主观创造、人性尊严的见解，使他成为浪漫主义运动在哲学方面的奠基人。

需要补充的是：尼采是德国唯心主义哲学家，权力意志论者，法西斯主义思想的先驱之一，他的《悲剧的诞生》，把悲剧当成解脱人生痛苦的手段，从而陷入悲观主义的泥潭不能自拔。尼采主要讨论“上帝死了以后”怎么办？人们曾经一度陷入了严重的恐慌，尼采站了出来，提倡人的自我意识觉醒，自我拯救。

通过上述介绍可以看出，尽管中西方哲学家、文学家在世界观上、本体观上存在着差异，但这差异并不是根本对立的，人们应当以唯物史观为基础，多角度地去学习、了解中西方析理类的文章，培养自己发现问题、分析问题和解决问题的能力。

本章分中国古代析理文和外国古代析理文两部分，选文较多，多取广义，望读者能披沙拣金，有所选择。

（王勤、吴志强撰写）

第二节　古代析理类文选

说　剑[1]　　庄子·杂篇

庄　子

昔赵文王喜剑，剑士夹门[2]而客三千余人，日夜相击于前，死伤者岁百余人，好之不厌[3]。如是三年，国衰，诸侯谋之。太子悝（kuī）患之，募[4]左右曰：“孰能说（shuì）王之意止剑士者，赐之千金。”左右曰：“庄子当能。”

太子乃使人以千金奉[5]庄子。庄子弗（fú）受，与使者俱[6]往，见太子曰：“太子何以教周，赐周千金？”太子曰：“闻夫子明圣，谨奉千金以币[7]从者。夫子弗受，悝尚何敢言！”庄子曰：“闻太子所欲用周者，欲绝王之喜好也。使[8]臣上说（shuì）大王而逆王意，下不当太子，则身刑而死，周尚安所事金乎？使臣上说大王，下当太子，赵国何求而不得也！”太子曰：“然。吾王所见，唯剑士也。”庄子曰：“诺。周善为剑。”太子曰：“然吾王所见剑士，皆蓬头突鬓（jì）垂冠，曼胡[9]之缨，短后之衣，瞋目[10]而语难，王乃说[11]之。今夫子必儒服而见王，事必大逆。”庄子曰：“请治[12]剑服。”治剑服三日，乃见太子。太子乃与见王，王脱白刃[13]待之。

庄子入殿门不趋[14]，见王不拜。王曰："子欲何以教寡人，使太子先[15]。"曰："臣闻大王喜剑，故以剑见王。"王曰："子之剑何能禁制[16]？"曰："臣之剑，十步一人，千里不留行[17]。"王大悦之，曰："天下无敌矣！"

庄子曰："夫为剑者，示之以虚[18]，开[19]之以利，后之以发，先之以至。愿得试之。"王曰："夫子休就舍[20]待命，令设戏请夫子。"王乃校剑士[21]七日，死伤者六十余人，得五六人，使奉剑于殿下，乃召庄子。王曰："今日试使士敦剑[22]。"庄子曰："望之久矣。"王曰："夫子所御杖[23]，长短何如？"曰："臣之所奉皆可。然臣有三剑，唯王所用，请先言而后试。"

王曰："愿闻三剑。"曰："有天子剑，有诸侯剑，有庶人剑。"王曰："天子之剑何如？"曰："天子之剑，以燕谿（xī）石城为锋，齐岱[24]为锷[25]，晋魏为脊，周宋为镡[26]，韩魏为夹；包以四夷，裹以四时，绕以渤海，带以常山 27；制以五行[28]，论以刑德；开以阴阳，持以春秋，行以秋冬。此剑，直之无前，举之无上，案之无下，运之无旁，上决浮云，下绝地纪。此剑一用，匡[29]诸侯，天下服矣。此天子之剑也。"文王芒然自失，曰："诸侯之剑何如？"曰："诸侯之剑，以知勇士为锋，以清廉士为锷，以贤良士为脊，以忠圣士为镡，以豪杰士为夹。此剑，直之亦无前，举之亦无上，案之亦无下，运之亦无旁；上法圆天以顺三光[30]，下法方地以顺四时，中和民意以安四乡。此剑一用，如雷霆之震也，四封之内，无不宾服而听从君命者矣。此诸侯之剑也。"王曰："庶人之剑何如？"曰："庶人之剑，蓬头突髻垂冠，曼胡之缨，短后之衣，瞋目而语难。相击于前，上斩颈领，下决肝肺，此庶人之剑，无异于斗鸡，一旦命已绝矣，无所用于国事。今大王有天子之位而好庶人之剑，臣窃为大王薄[31]之。"

王乃牵[32]而上殿。宰人[33]上食，王三环之。庄子曰："大王安坐定气，剑事已毕奏矣。"于是文王不出宫三月，剑士皆服毙[34]自处也。

【注释】

1.《庄子》，亦称《南华经》，道家经典之一。《汉书·艺文志》著录《庄子》五十二篇，但留下来的只有三十三篇。其中内篇七篇，一般定为庄子著；外篇杂篇可能掺杂有他的门人和后来道家的作品。《庄子》汪洋恣肆，并采用寓言故事形式，想象丰富，在哲学、文学上都有较高的研究价值。

2. 夹门：门口挤满人，喻人多。

3. 厌：满足。

4. 募：召集。

5. 奉：送给。

6. 俱：一起（来）。

7. 币：古时以束帛为祭祀或赠送宾客的礼物，称"币"。此处用如动词。

8. 使：假如。

9. 曼胡：长戟，汉代称之为"曼胡"。曼胡之缨，意为胡乱地拿着武器，不规整。

10. 瞋（chēn）目：发怒时瞪大眼睛。

11. 说（yuè）：通悦，高兴、喜欢。

12. 治：准备。

13. 脱白刃：拔剑出鞘。

14. 趋：小步快走。不趋表示不礼貌。

15. 先：先来告知，引荐。

16. 禁制：阻挡和制服（我）。

17. 十步一人，千里不留行：十步之内可杀一人，走千里也无人能阻挡（我）。

18. 虚：空，弱点。把弱点显露给对方。

19. 开：展开。用有机可乘之处引诱对方。

20. 休就舍：休，休息；就舍，回旅舍。
21. 校剑士：使剑士较量，训练剑士。
22. 敦剑：比试剑术。
23. 所御杖：使用的武器。
24. 岱：齐国泰山。
25. 锷（è）：刀剑的刃。
26. 镡（xín）：剑柄的顶端。
27. 常山：恒山。
28. 五行：①xíng，五种物质。金、木、水、火、土。②xìng，五种品德。仁、义、礼、智、信。
29. 匡：纠正、匡正。
30. 三光：日、月、星。
31. 薄：鄙视。
32. 牵：拉。拉着庄子的手。
33. 宰人：厨师。
34. 服毙：自杀。

（清）郭庆藩，《庄子集释》，北京：中华书局，1997

【作者简介】

庄子，名周，公元前4世纪宋国人，战国时期道家学派的代表人物。他曾做过宋国的地方小吏。一生率性任真，崇尚自然，非毁礼法，傲视王侯。楚王曾以厚礼聘其为相，被他拒绝，从此终身不做官，退隐江湖，以编草鞋为生，寓言传道，著书《庄子》十余万言。

【思考练习题】

1. 本文中庄子的言行与传统的庄子形象有何不同？
2. 本文庄子的语言有什么特点？
3. 文中庄子劝谏赵王为何能成功？从本文可以借鉴怎样的劝说人的方法？

（杨一虹选文）

★典论·论文[1]　（魏）曹　丕

文人相轻，自古而然。傅毅之于班固[2]，伯仲之间耳；而固小之，与弟超[3]书曰："武仲以能属（zhǔ）文为兰台令史[4]，下笔不能自休[5]。"夫人善于自见，而文非一体，鲜能备善，是以各以所长，相轻所短。里语曰："家有敝帚，享[6]之千金。"斯不自见之患也。

今之文人，鲁国孔文举、广陵陈琳孔璋、山阳王粲仲宣、北海徐幹伟长、陈留阮瑀元瑜、汝南应玚德琏、东平刘桢公干，斯七子者[7]，于学无所遗，于辞无所假，咸自以骋骥騄[8]于千里，仰[9]齐足而并驰。以此相服，亦良难矣！盖君子[10]审己以度人，故能免于斯累而作论文。

王粲长于辞赋，徐幹时有齐气[11]，然粲之匹也。如粲之《初征》《登楼》《槐赋》《征思》，幹之《玄猿》《漏卮[12]》《圆扇》《橘赋》，虽张、蔡[13]不过也。然于他文，未能称是。琳、瑀之章表书记，今之隽[14]也。应玚和而不壮；刘桢壮而不密。孔融体气高妙，有过人者，然不能持论，理不胜辞[15]；以至乎杂以嘲戏[16]；及其所善，扬、班俦[17]也。

常人贵远贱近，向声背实[18]，又患暗于自见，谓己为贤。

夫文本同而末异，盖奏议宜雅，书论宜理，铭诔（lěi）尚实，诗赋欲丽。此四科[19]不同，故能之者偏也；唯通才能备其体。

文以气为主，气之清浊有体[20]，不可力强而致。譬诸音乐，典度虽均，节奏同检[21]，至于引气[22]

不齐，巧拙有素，虽在父兄，不能以移子弟。

盖文章，经国[23]之大业，不朽之盛事[24]。年寿有时而尽，荣乐止乎其身，二者必至之常期，未若文章之无穷。是以古之作者，寄身于翰墨，见意于篇籍，不假[25]良史之辞，不托飞驰之势，而声名自传于后。故西伯[26]幽而演易，周旦[27]显而礼，不以隐约[28]而弗务，不以康乐而加思。夫然则古人贱尺璧而重寸阴，惧乎时之过已。而人多不强力；贫贱则慑于饥寒，富贵则流于逸乐，遂营目前之务，而遗千载之功。日月逝于上，体貌衰于下，忽然与万物迁化，斯志士之大痛也！

融等已逝，唯幹著论，成一家言。

【注释】

1. 本文选自郭绍虞主编的《中国古代文论选》，人民文学出版社，1984 年。

2. 傅毅、班固：傅毅，字武仲，扶风茂陵人，东汉文学家，《后汉书·文苑传》有传；班固，字孟坚，扶风安陵人，父班彪，《后汉书》卷四十有传。

3. 超：班超，字令升，班彪少子，投笔从戎，曾成功地出使西域。《后汉书》卷四十七有传。

4. 兰台令史：兰台，本为汉代宫廷藏书处，由御史中丞掌管，后置兰台令史，掌书奏。

5. 休：止。

6. 享：当作。语见《东观汉记》卷一《光武帝记》。

7. 七子：后世称为建安七子：即孔融、陈琳、王粲、徐幹、阮禹、应玚、刘桢七人。

8. 骥騄（jìlù）：千里马。

9. 仰：恃，仗着，凭借。

10. 君子：曹丕自谓。

11. 齐气：舒缓的文气。李善注："言齐俗文体舒缓，而徐干亦有斯累。"

12. 卮（zhī）：古代盛酒的器皿。

13. 张、蔡：汉代文学家张衡、蔡邕。

14. 隽：同俊。

15. 理不胜辞：指辞过于理。

16. 嘲戏：嘲谑，一种以诙谐为特色的文体。

17. 扬、班：指文学家扬雄、班固。俦（chóu）：伴侣。

18. 向声背实：崇尚虚名，不重实际。

19. 四科：指奏议、书论、铭诔、诗赋这四类文体；偏：指各有所长。

20. 气之清浊：气，本为哲学名词，这里运用到文学上，指作家的气质；清浊，指风格的特点；清，近于刚健；浊，近于柔弱。

21. "曲度虽均"二句：曲度，音乐的曲调旋律；均，相同；检，法度。

22. 引气：运气。

23. 经国：治国。

24. 盛事：不朽的事业。《左传·襄公二十四年》："太上有立德，其次有立功，其次有立言。虽久不废，此之谓不朽。"

25. 假：借用。

26. 西伯：指周文王姬昌。《史记·太史公自序》："昔西伯拘前羑里，演《周易》。"

27. 周旦：即周公旦，周武王之弟，成王之叔，在摄政国事期间制订礼乐。

28. 隐约：穷困。

【作者简介】

曹丕（公元 187 年—226 年），字子桓，即魏文帝。沛国谯县（今安徽亳县）人，三国时魏国的建立者、文学家。他的《燕歌行》是现存最早的文人七言诗。《典论·论文》，是我国较早的文学批评著作。有《魏文帝集》。

【思考练习题】

1. 曹丕将文章分为几种样式？每种样式有何要求？
2. 曹丕谈的“气”指什么？
3. 曹丕是如何论述作家才能与文体性质特点之关系？
4. 怎样理解曹丕的“盖文章，经国之大业，不朽之盛事”的观点？

（王勤选文）

★诗品序（节选）[1]　　（梁）钟　嵘

气之动物，物之感人，故摇荡性情，形诸舞咏。照烛三才[2]，晖丽万有，灵祇（zhī）待之以致飨，幽微[3]藉之以昭告。动天地，感鬼神，莫近于诗。

……

夫四言文约意广[4]，取效风骚，便可多得，每苦文繁而意少，故世罕习焉。五言居文词之要，是众作之有滋味者也，故云会于流俗。岂不以指事造形，穷情写物，最为详切者耶！故诗有三义[5]焉：一日兴，二日比，三日赋。文已尽而意有余，兴也；因物喻志，比也；直书其事，寓言写物，赋也。宏思三义，酌而用之，幹之以风力[6]，润之以丹采，使味之者无极，闻之者动心，是诗之至也。若专用比兴，患在意深，意深则词踬[7]。若但用赋体，患在意浮，意浮则文散，嬉成流移，文无止泊，有芜漫之累[8]矣。

若乃春风春鸟，秋月秋蝉，夏云暑雨，冬日祁寒，斯四候[9]之感诸诗者也。嘉会寄诗以亲，离群托诗以怨。至于楚臣去境，汉妾辞宫。或骨横朔野，魂逐飞蓬，或负戈外戍[10]，杀气雄边。塞客衣单，孀闺泪尽。或士有解佩出朝，一去忘返。女有扬蛾入宠，再盼倾国。凡斯种种，感荡心灵，非陈诗何以展其义？非长歌何以骋其情[11]？故曰：“诗可以群，可以怨。”使穷贱易安，幽居靡闷，莫尚于诗矣。故词人作者，罔不爱好。……

至乎吟咏情性，亦何贵于用事？“思君如流水”，既是即目；“高台多悲风”，亦惟所见；“清晨登陇首”，羌无故实；“明月照积雪”，讵出经、史[12]。观古今胜语，多非补假[13]，皆由直寻。颜延、谢庄，尤为繁密，于时化之。故大明、泰始中，文章殆同书抄[14]。近任昉、王元长等，词不贵奇，竞须新事，尔来作者，寖以成俗。遂乃句无虚语，语无虚字，拘挛补衲，蠹（dù）文已甚。但自然英旨[15]，罕值其人。词既失高，则宜加事义，虽谢天才，且表学问，亦一理乎！……

昔曹刘殆文章之圣，陆谢为体贰之才，锐精研思，千百年中，而不闻宫商之辨，四声[16]之论。或谓前达偶然不见，岂其然乎？尝试言之：古曰诗颂，皆被之金竹，故非调五音无以谐会。若“置酒高堂上”，“明月照高楼”，为韵之首。故三祖之词，文或不工，而韵入歌唱，此重音韵之义也，与世之言宫商异矣。今既不被管弦，亦何取于声律耶？齐有王元长者，尝谓余云：“宫商与二仪俱生，自古词人不知之，唯颜宪子乃云律吕音调，而其实大谬；唯见范哗、谢庄颇识之耳。尝欲进知音论，未就”。王元长创其首，谢朓、沈约扬其波，三贤或贵公子孙，幼有文辩，于是士流景慕，务为精密，襞（bì）积细微，专相陵架，故使文多拘忌，伤其真美。余谓文制，本须讽读，不可蹇碍，但令清浊通流，口吻调利，斯为足矣。至平上去入，则余病未能；蜂腰鹤膝[17]，闾里已具。

陈思《赠弟》，仲宣《七哀》，公干“思友”，阮籍《咏怀》，子卿“双凫”，叔夜“双鸾”，茂先“寒夕”，平叔“衣单”，安仁“倦暑”，景阳“苦雨”，灵运“邺中”，士衡《拟古》，越石“感乱”。景纯“咏仙”，王微“风月”，谢客“山泉”，叔源“离宴”，鲍照“戍边”，太冲《咏史》，颜延“入洛”，陶公《咏贫》之制，惠连《捣衣》之作，斯皆五言之警策者也。所以谓篇章之珠泽，文采之邓林[18]。

【注释】

1. 本文选自郭绍虞主编的《中国古代文论选》，人民文学出版社，1984年。

2. 照烛三才：照烛，照耀。三才，指天、地、人。

3. 幽微：与神灵对言，指鬼魂。

4. 夫四言文约意广：指四言的一个句子字少而意多。

5. 三义：这里指兴、比、赋三种表现手法。

6. 风力：即感染人的力量。

7. 词踬：不顺通流畅，滞涩。踬（zhì）：不顺利。

8. 嬉成流移：意谓文辞油滑，不严肃。文无止泊：意谓文章没有一定的旨归。芜漫之累：芜杂散漫的毛病。

9. 暑雨：夏天的雨。祁寒：大寒。《尚书·君牙》："夏暑雨，小民惟日怨咨；冬祁寒，小民亦惟日怨咨。"四候：指春、夏、秋、冬四季。

10. 负戈外戍：戈，古代一种兵器。句谓扛着戈矛去外地戍边。

11. 骋其情：意谓尽情抒发它的感情。

12. 讵出经、史：讵（jù），岂。句谓"明月照积雪"诗句难道是出自经书、史书！意即不是出于经、史。

13. 补假：补充借用，这里指借用经、史典故来补充诗文。

14. 文章殆同书抄：文章几乎等同抄书。意谓当时文章堆砌典故，同抄书差不多。

15. 自然英旨：意谓文章自然而美好。

16. 宫商：古代音乐有宫、商、角、徵、羽五音，这里代指诗歌的音调。宫商之辨，指辨别音调。四声：指平、上、去、入四声。四声之论，指讨论、议论四声。声律派诗人沈约等讲究四声八病。

17. 蜂腰鹤膝：是沈约"八病"说里的两种声病。蜂腰，指五言诗两句中的一句五字前两字与后两字用仄声，中一字用平声。鹤膝，指五言诗两句中的另一句五字前两字与后两字用平声，中一字用仄声。八病，指平头、上尾、蜂腰、鹤膝、大韵、小韵、旁纽、正纽八种声病，为沈约所规定，要求繁密冗杂，难以做到。但四声八病说对后世近体诗的声律的形成有很大影响。

18. 邓林：《山海经》所载夸父逐日的神话，为夸父"弃其杖，化为邓林"。用来比喻以上作品为文采之宝库。

【作者简介】

钟嵘（约公元480年—552年），字仲伟，南朝梁代颍川长社（今河南长葛县）人。著名文学理论批评家，所撰《诗品》是我国古代著名的文学理论和文学批评专著，提倡自然、风力、滋味之说。反对声病，主张自然和谐的音律；反对做诗用典。

【思考练习题】

1. 钟嵘认为诗歌的本质是什么？

2. 钟嵘提出的"自然英旨"说主要包括哪些内涵？

3. 钟嵘的"诗有三义"说有什么新意？

4. 钟嵘"滋味"论的内涵是什么？

（王勤选文）

代李敬业传檄天下文[1]　（唐）骆宾王

伪临朝武氏者[2]，人非温顺，地实寒微[3]。昔充太宗下陈[4]，尝以更衣入侍[5]。洎乎晚节[6]，秽乱春宫[7]。密隐先帝之私，阴图后庭之嬖[8]。入门见嫉，蛾眉不肯让人；掩袖工谗[9]，狐媚偏能惑主。践元后于翚翟[10]，陷吾君于聚麀[11]。加以虺蜴为心[12]，豺狼成性，近狎邪僻[13]，残害忠良，杀姊屠兄[14]，弑君鸩母[15]。神人之所共疾，天地之所不容。犹复包藏祸心，窥窃神器[16]。君之爱子，幽之于别宫[17]；贼之宗盟，委之以重任。呜呼！霍子孟之不作[18]，朱虚侯之已亡[19]。燕啄皇孙[20]，知汉祚[21]之将尽；龙漦帝后[22]，识夏庭之遽衰。

敬业皇唐旧臣，公侯冢子[23]。奉先帝之遗训，荷本朝之厚恩。宋微子之兴悲[24]，良有以也；桓君山之流涕[25]，岂徒然哉！是用气愤风云，志安社稷。因天下之失望，顺宇内之推心，爰[26]举义旗，誓清妖孽。南连百越[27]，北尽三河[28]，铁骑成群，玉轴相接。海陵红粟[29]，仓储之积靡穷；江浦黄旗[30]，匡复之功何远。班声[31]动而北风起，剑气冲而南斗[32]平。喑呜则山岳崩颓，叱咤则风云变色。以此制敌，何敌不摧；以此攻城，何城不克！

公等或家传汉爵[33]，或地协周亲[34]，或膺重寄于爪牙[35]，或受顾命于宣室[36]。言犹在耳，忠岂忘心？一抔之土[37]未干，六尺之孤安在[38]？倘能转祸为福，送往事居[39]，共立勤王之勋，无废旧君之命，凡诸爵赏，同指山河[40]。若其眷恋穷城，徘徊歧路，坐昧先几[41]之兆，必贻后至之诛[42]。

请看今日之域中，竟是谁家之天下！

移檄州郡，咸使知闻。

【注释】

1. 本文选自《骆临海集笺注》十卷，唐代骆宾王撰，清代陈熙晋注，上海古籍出版社1985年据中华书局上海编辑所1961年排印本修订，重印中华书局1980年排印本。光宅元年（684年）武则天废中宗李显为庐陵王，积极准备改唐为周，引起一些忠于唐室的大臣勋贵的愤怒。9月，身为开国元勋英国公李勣嗣孙的李敬业（本姓徐，赏赐国姓，故改姓李），以已故太子李贤为号召，在扬州起兵反对武则天，骆宾王参加了这一军事行动，任艺文令，掌管文书机要，作《代李敬业传檄天下文》，后人又称《讨武曌檄》。这篇檄文立论严正，先声夺人，将武则天置于被告席上，列数其罪，借此宣告天下，共同起兵，起到了很大的宣传鼓动作用。据《新唐书》所载，武则天初观此文时，还嬉笑自若，当读到“一抔之土未干，六尺之孤安在”句时，惊问是谁写的，叹道：“有如此才，而使之沦落不偶，宰相之过也！”可见这篇檄文煽动力之强了。

2. 伪：指非法的，表示不为正统所承认的意思。

3. 地：指家庭、家族的社会地位。

4. 下陈：古人宾主相馈赠礼物、陈列在堂下，称为“下陈”，因而在古代代指妾婢所站之处。这里指武则天曾充当过唐太宗的才人，是地位较低的宫妃。

5. 曾以更衣入侍：更衣，换衣；古人在宴会中常以此作为离席休息或如厕的托言。《汉书》记载：汉武帝皇后卫子夫原为平阳侯家的歌妓，因汉武帝到平阳侯家宴饮，乘汉武帝更衣时入侍而得宠幸。这里借以抨击武则天以不光彩的手段得到唐太宗的宠幸。

6. 洎（jì）乎晚节：洎，及、到。

7. 春宫：亦称东宫，是太子居住的地方，此处借指太子。

8. 嬖（bì）：宠爱。

9. 掩袖工谗：语出《战国策·楚策》。魏王送美人给楚怀王，怀王十分宠幸美人。楚王夫人郑袖假意和美人交好，并对她说：“怀王爱你的美貌，但讨厌你的鼻子，以后见到怀王，最好掩住你的鼻子。”美女依言而为，怀王奇怪，便问缘由，王后说是因为美人不喜欢怀王身上的气味。怀王因而发怒，割去美女的鼻子。作者借此暗指武则天进谗陷害人。她曾偷偷窒息亲生女儿，而嫁祸于王皇后，使皇后失宠被废。

10. 翚翟（huīdí）：翚，五彩雉鸡；翟，长尾山鸡；指皇后的礼服图案画为翚翟的样子。

11. 聚麀（yōu）：多只公鹿共有一匹母鹿。麀，母鹿。语出《礼记·曲礼上》：“夫惟禽兽无礼，故父子聚麀。”这句意指武则天原是唐太宗的姬妾，现在当上高宗的皇后，使高宗乱伦。

12. 虺（huǐ）蜴：虺，一种毒蛇；蜴，蜥蜴。

13. 邪僻：奸邪小人。

14. 杀姊屠兄：据《旧唐书·外戚传》记载，武则天被册立为皇后之后，陆续杀死侄儿武惟良、武怀远和姊女贺兰氏。兄武元庆、武元爽也被贬谪而死。

15. 弑君鸩（zhèn）母：弑，臣下杀死君王。鸩，传说中的一种鸟，用其羽毛浸酒能毒死人。

16. 神器：指皇位。

17. 君之爱子，幽之于别宫：指唐高宗死后，中宗李显继位，随后被武后废为庐陵王被幽禁起来，改立睿宗李旦为帝。

18. 霍子孟：名霍光，西汉大臣，受汉武帝遗诏，辅助幼主汉昭帝；昭帝死后，昌邑王刘贺继位，荒嬉无道，霍光又废刘贺，更立宣帝，是安定西汉王朝的重臣。

19. 朱虚侯：汉高祖子齐惠王肥的次子，名刘章，封朱虚侯。高祖死后，吕后专政，重用吕氏，危及刘氏天下，刘章与丞相陈平、太尉周勃等合谋，诛灭吕氏，拥立文帝，稳定了西汉王朝。

20. 燕啄皇孙：《汉书·五行志》记载，汉成帝时有童谣"燕飞来，啄皇孙"，指成帝皇后赵飞燕入宫后，因无子而妒杀了许多皇子，汉成帝因此无后嗣。不久，王莽篡政，西汉灭亡。这里借汉朝故事，指斥武则天先后废杀太子李忠、李弘、李贤，致使唐室倾危。

21. 祚：指皇位，国统。

22. 龙漦（lí）帝后：漦，涎沫。据《史记·周本纪》记载：当夏朝末年，有二龙降临宫廷中，夏帝把龙的唾涎用木盒收藏。到周厉王时，开启木盒，龙漦溢出，化为玄（黑色）鼋爬入后宫，一年幼宫女感而有孕，生褒姒。后褒姒成为幽王的皇后，幽王宠褒姒，废太子，导致犬戎入侵，杀幽王于骊山，西周灭亡。

23. 冢子：嫡长子。

24. 宋微子之兴悲：微子名启，是殷纣王的庶兄，被封于宋，所以称"宋微子"。殷亡后，微子去朝见周王，路过荒废了的殷旧都废墟，作《麦秀歌》来抒发亡国的悲哀。

25. 桓君山之流涕：东汉人，名谭，字君山，汉光武帝时为给事中，因上书反对图谶神学，被贬为六安郡丞，流泪忧郁而死。

26. 爰：于是。

27. 百越：通"百粤"。古代越族有百种，故称"百越"。这里指越人所居的偏远的东南沿海。

28. 三河：洛阳附近河东、河内、河南三郡，是当时政治中心所在的中原之地。

29. 海陵红粟：海陵，古指扬州，即今江苏省泰州市，西汉吴王刘濞曾在此囤积军粮。红粟：粮食因陈年久藏而变成红色。

30. 江浦：浦，水边的平地。黄旗：指王者之旗。

31. 班声：马嘶鸣声。

32. 南斗：星名，即二十八星宿中的斗宿，紫气冲于斗、牛星宿之间，代指帝王正统。

33. 家传汉爵：拥有世代传袭的爵位。汉初曾大封功臣以爵位，可世代传下去，所以称"汉爵"。

34. 地协周亲：协，相配，相合。周亲，至亲。指身份地位都是皇家的宗室或姻亲。

35. 膺（yìng）重寄于爪牙：膺，承受。爪牙，勇猛的得力帮手。

36. 受顾命于宣室：宣室，汉代宫中有宣室殿，是皇帝斋戒的地方，汉文帝曾在此召见并咨问贾谊，此处借指皇帝郑重召问大臣之处。

37. 一抔（póu）之土：借指皇帝的陵墓。

38. 六尺之孤安在：有本作"六尺之孤何托"。

39. 送往事居：送走死去的，侍奉在生的。

40. 同指山河：汉初大封功臣，有誓词"使河如带，泰山若厉。国以永宁，爰及苗裔。"这里意为指山河为誓。

41. 坐昧先几：坐，白白的，徒然。昧，看不清楚。几，显示吉兆。

42. 贻（yí）后至之诛：贻，遗下，留下。后至之诛，据说夏禹为北伐共工氏，在会稽山大会诸侯，防风氏因为后至被处以死刑。

【作者简介】

骆宾王（约公元640年—684年），婺州义乌（今浙江义乌）人，唐代诗人。

骆宾王天资聪颖，7岁能赋诗，有《咏鹅》名作，以诗文著称，其作品雄伟峭劲，才情汪洋恣肆，与王勃、杨炯、卢照邻并称"初唐四杰"。因曾经做过临海丞（今浙江天台），故世称"骆临海"。

他善为五言诗，七言歌行尤为擅长，代表作《在狱咏蝉》《于易水送人》《帝京篇》和本文等。

作品最早收录为唐中宗时郗云卿所辑《骆宾王集》10卷本，已佚。明代胡应麟收集整理为《临海集》，清代陈熙晋作《骆临海集笺注》，最为完善，有中华书局排印本。

【思考练习题】

1. 本文如何彰显了锋芒犀利、气势磅礴的特点？

2. 同一个现象，从不同视角深入，会产生截然不同的结论，请阅读下文回答问题。

长胜曰：文人恶语，男女偏见，此檄为最。文字固佳，风格却劣，千古皆赞慕宾王，吾不知其可也。所谓“入门见嫉，蛾眉不肯让人；掩袖工谗，狐媚偏能惑主”，是何言欤？辱及宫闱，则置两代唐皇何地？“杀姐屠兄，弑君鸩母”，捕风捉影，卑劣之态毕见。从来发檄讨逆，固应夸大事实，笑骂敌寇，然捏造不经、侮辱人格，此行吾不屑为也！

“一抔之土未干，六尺之孤安在？”此句为全文之眼，固妙，然为人子而檄人母，可乎？

（1）分析该段文字的论证角度和层次。

（2）指出使用的论证方法。

3. 本文多用对仗和典故，效果如何？

（张晓丹选文）

驳复仇议[1]　　（唐）柳宗元

臣伏见天后时[2]，有同州下邽人徐元庆者[3]，父爽为县吏赵师韫所杀[4]，卒能手刃父仇，束身归罪[5]。当时谏臣陈子昂建议诛之而旌其闾[6]，且请编之于令，永为国典[7]。臣窃独过[8]之。

臣闻礼之大本[9]，以防乱也。若曰无为贼虐[10]，凡为子者杀无赦。刑[11]之大本，亦以防乱也。若曰无为贼虐，凡为理者[12]杀无赦。其本则合，其用则异，旌与诛莫得而并焉。诛其可旌，兹[13]谓滥，黩[14]刑甚矣。旌其可诛，兹谓僭[15]，坏礼甚矣。果以是示于天下，传于后代，趋义者不知所向，违害者不知所立，以是为典可乎？盖圣人之制[16]，穷理[17]以定赏罚，本情[18]以正褒贬，统于一而已矣。

向使刺谳[19]其诚伪，考正其曲直，原始而求其端[20]，则刑礼之用，判然离矣。何者？若元庆之父不陷于公罪，师韫之诛，独以其私怨，奋其吏气，虐于非辜，州牧[21]不知罪，刑官不知问，上下蒙冒[22]，吁号[23]不闻；而元庆能以戴天[24]为大耻，枕戈[25]为得礼，处心积虑，以冲仇人之胸，介然自克[26]，即死无憾，是守礼而行义也。执事者宜有惭色，将谢[27]之不暇，而又何诛焉？

其或[28]元庆之父，不免于罪，师韫之诛，不愆[29]于法，是非死于吏也，是死于法也。法其可仇乎？仇天子之法，而戕[30]奉法之吏，是悖骜而凌上也[31]。执而诛之，所以正邦典[32]，而又何旌焉？

且其议[33]曰：“人必有子，子必有亲，亲亲相仇，其乱谁救？”是惑于礼也甚矣。礼之所谓仇者，盖其冤抑沉痛而号无告也，非谓抵罪触法，陷于大戮。而曰：“彼杀之，我乃杀之”。不议曲直，暴寡胁弱[34]而已。其非经背圣[35]，不亦甚哉！

《周礼》[36]：“调人[37]，掌司万人之仇。凡杀人而义者，令勿仇，仇之则死。有反杀者，邦国交仇之。”又安得亲亲相仇也？《春秋·公羊传》[38]曰：“父不受诛，子复仇可也。父受诛，子复仇，此推刃之道[39]，复仇不除害。”今若取此以断两下相杀，则合于礼矣。且夫不忘仇，孝也；不爱[40]死，义也。元庆能不越于礼，服孝死义，是必达理而闻道者也。夫达理闻道之人，岂其以王法为敌仇者哉？议者反以为戮，黩刑坏礼，其不可以为典，明矣。

请下臣议附于令。有断斯狱者，不宜以前议从事。

谨议。

【注释】

1. 本文选自《柳宗元集》卷四，中华书局，1979年。

2. 伏见天后：天后，指武则天。伏，表示虔敬的词，旧时下对上有所陈述时的表敬之辞。下文的“窃”，也是下对上表示敬意的。

3. 同州下邽：同州，唐代地名，在今陕西渭水以北、洛水以东、黄梁河以南一带。下邽（guī），地名，位于今陕西省渭南县东北一带。

4. 父爽为县吏赵师韫所杀：父爽，指徐元庆的父亲徐爽。赵师韫，当时的下邽县尉。

5. 卒能手刃父仇，束身归罪：刃，用作动词，杀死。这里指赵师韫升任御史后，徐元庆更名换姓，到驿站附近做佣工，寻机在驿亭里用刀刺死他，而后自行捆绑双手投案的事情。

6. 陈子昂（661 年—702 年）：字伯玉，梓州射洪（今四川省射洪县）人。武后时曾任右拾遗，为谏诤之官。徐元庆案件上报朝廷后，武则天让群臣提出处理办法。当时有人认为徐元庆孝烈，应予以赦免。陈子昂认为国法规定擅自杀人者要处死，因而徐元庆应处以死刑，但同时对他的孝义加以表扬，当时群臣都同意其建议。旌（jīng）：表彰。闾（lǚ）：里巷的大门。

7. 国典：国家的法典。

8. 过：名词用作意动用法，认为……错误。

9. 礼：封建时代道德和行为规范的泛称。大本，最根本的作用。

10. 若曰：譬如说，如果说。无为：古汉语虚词固定短语，意为“不要、不用”。贼：杀害，伤害。虐：残暴、侵害。

11. 刑：法律。

12. 为理者：此指做法官的人。

13. 兹：代词，这。

14. 黩（dú）：轻慢不敬。

15. 僭（jiàn）：超越、过分。

16. 制：制定，规定。

17. 穷理：究清一切事理。

18. 本情：根据事物原本的情理。

19. 刺谳（yàn）：审讯判罪。

20. 原始而求其端：原，推究。端，原因。

21. 州牧：州的行政长官。

22. 蒙冒：蒙蔽，包庇。

23. 吁号（xū háo）：呼喊。

24. 戴天：头上顶着天。《礼记·曲礼上》：“父之仇，弗与共戴天。”意为“孝子不能和杀父仇敌共同生活在一个天底下，一定要杀掉仇敌。

25. 枕戈：睡觉时枕着兵器。《礼记·檀弓上》：“子夏问孔子曰：‘居父母之仇，如之何?’夫子曰：‘寝苫枕戈不仕，弗与共天下也’。”

26. 介然自克：介然，坚定的样子。自克，自我控制。

27. 谢：道歉。

28. 其或：其，副词，或许。或，有的人。

29. 愆（qiān）：罪过，过失，过错。

30. 戕（qiāng）：杀害。

31. 悖骜（bèi' ào）而凌上：悖，违背、违反。骜，轻视、傲慢。凌，侵凌。

32. 邦典：国法。

33. 其议：其，代词，此处代指陈子昂。议，意见。

34. 暴寡胁弱：暴虐孤寡，逼迫弱小。

35. 非经背圣：经，儒家经典。圣，圣人之道。

36. 《周礼》：又名《周官》，《周官经》，儒家经典之一，内容是汇编周朝的典章制度。

37. 调人：司法官，周代官名，负责百姓的仇杀（刑事）案件工作。

38.《春秋公羊传》：即《公羊传》，相传是孔子再传弟子公羊高著的一部解释《春秋》的书，与《春秋左氏传》《春秋穀梁传》并称为“春秋三传”。

39. 推刃：一往一来，互相残杀。

40. 爱：吝惜。

【思考练习题】

1. 本文论题的针对性体现在哪里？

2. “向使刺谳其诚伪……而又何诛焉？”这一段，作者采用了什么论证方法？

（张晓丹选文）

进学解[1] （唐）韩 愈

国子先生[2]晨入太学，招诸生立馆下，诲之曰：“业精于勤，荒于嬉；行成于思，毁于随。方今圣贤相逢，治具毕张[3]。拔去凶邪，登崇畯良[4]。占小善者率以录，名一艺者无不庸[5]。爬罗剔抉，刮垢磨光[6]。盖有幸而获选，孰云多而不扬？诸生业患不能精，无患有司之不明；行患不能成，无患有司之不公[7]。”

言未既，有笑于列者曰：“先生欺余哉！弟子事先生，于兹有年矣。先生口不绝吟于六艺之文，手不停披于百家之编[8]。记事者必提其要，纂言者必钩其玄[9]。贪多务得，细大不捐。焚膏油以继晷，恒兀兀以穷年[10]。

先生之业，可谓勤矣。抵排异端，攘斥佛老[11]。补苴（jū）罅（xià）漏，张皇幽眇[12]。寻坠绪之茫茫[13]，独旁搜而远绍。障百川而东之，回狂澜于既倒。先生之于儒，可谓有劳矣。沈浸醲郁，含英咀华，作为文章，其书满家[14]。上规姚、姒，浑浑无涯；周诰、殷《盘》，佶（jí）屈聱（áo）牙；《春秋》谨严，《左氏》浮夸；《易》奇而法，《诗》正而葩（pā）；下逮《庄》《骚》，太史所录；子云、相如，同工异曲[15]。先生之于文，可谓闳（hóng）其中而肆其外矣。少始知学，勇于敢为；长通于方，左右具宜。先生之于为人，可谓成矣。然而公不见信于人，私不见助于友[16]。跋（bá）前踬（zhì）后，动辄得咎[17]。暂为御史，遂窜南夷[18]。三年博士，冗不见治[19]。命与仇谋，取败几时[20]。冬暖而儿号寒，年丰而妻啼饥。头童齿豁，竟死何裨（bì）。不知虑此，而反教人为[21]？”

先生曰：“吁，子来前[22]！夫大木为宗，细木为桷，欂栌、侏儒，椳、闑、扂、楔，各得其宜，施以成室者，匠氏之工也[23]。玉札、丹砂，赤箭、青芝，牛溲、马勃，败鼓之皮，俱收并蓄，待用无遗者，医师之良也[24]。登明选公，杂进巧拙，纡馀为妍，卓荦为杰，校短量（liáng）长，惟器是适者，宰相之方也[25]。昔者孟轲好辩，孔道以明，辙环天下，卒老于行[26]。荀卿守正，大论是弘，逃谗于楚，废死兰陵[27]。是二儒者，吐辞为经，举足为法，绝类离伦，优入圣域，其遇于世何如也[28]？今先生学虽勤而不繇其统，言虽多而不要其中，文虽奇而不济于用，行虽修而不显于众[29]。犹且月费俸钱，岁靡廪粟；子不知耕，妇不知织；乘马从徒，安坐而食[30]。踵常途之促促，窥陈编以盗窃[31]。然而圣主不加诛，宰臣不见斥，兹非其幸欤？动而得谤，名亦随之。投闲置散，乃分之宜。若夫商财贿之有亡，计班资之崇庳，忘己量（liàng）之所称（chèn），指前人之瑕疵，是所谓诘匠氏之不以杙为楹，而訾医师以昌阳引年，欲进其豨苓也[32]。”

【注释】

1. 本文选自东雅堂校刊本《昌黎先生集》，是元和七、八年间韩愈任国子博士时所作。文中假托向学生训话，勉励他们在学业、德行方面取得进步，学生提出质问，他再进行解释，故名“进学解”，借以抒发自己怀才不遇、仕途蹭蹬的牢骚。文中通过学生之口，形象地突出了自己学习、捍卫儒道以及从事文章写作的努力与成就，有力地衬托了遭遇的不平；而针锋相对的解释，表面心平气和，字里行间却充满了郁勃的情感，也反映了对社会的批评。

2. 国子先生：韩愈自称，当时他任国子博士。唐朝时，国子监是设在京都的最高学府，下面有国子学、太学等七学，各学置博士为教授官。国子学是为高级官员子弟而设的。太学：这里指国子监。唐朝国子监相当于汉朝的太学，古时对官署的称呼常有沿用前代旧称的习惯。

3. 治具：治理的工具，主要指法令。《史记·酷吏列传》："法令者，治之具。"毕：全部。张：指建立、确立。

4. 畯：通"俊"。

5. 率：都。庸：用。

6. 爬：爬梳，整理。抉（jué）：选择。

7. 有司：负有专责的部门及其官吏。

8. 六艺：指儒家六经，即《诗》《书》《礼》《乐》《易》《春秋》六部儒家经典。百家之编：指儒家经典以外各学派的著作。《汉书·艺文志》把儒家经典列入《六艺略》中，另外在《诸子略》中著录先秦至汉初各学派的著作："凡诸子百八十九家，四千三百二十四篇。"春秋战国时期，各种学派兴起，著书立说，故有"百家争鸣"之称。

9. 纂（zuǎn）：编集。

10. 膏油：油脂，指灯烛。晷（guǐ）：日影。恒：经常。兀（wù）兀：辛勤不懈的样子。穷：终、尽。

11. 异端：儒家称儒家以外的学说、学派为异端。《论语·为政》："攻乎异端，斯害也已。"朱熹集注："异端，非圣人之道，而别为一端，如杨、墨是也。"焦循补疏："异端者，各为一端，彼此互异。"攘（rǎng）：排除。老：老子，道家的创始人，这里借指道家。

12. 苴（jū）：鞋底中垫的草，这里作动词用，是填补的意思。罅（xià）：裂缝。皇：大。幽：深。眇：微小。

13. 绪：前人留下的事业，这里指儒家的道统。韩愈《原道》认为，儒家之道从尧舜传到孔子、孟轲，以后就失传了，而他以继承这个传统自居。

14. 英、华：都是花的意思，这里指文章中的精华。

15. 姚、姒（sì 四）：相传虞舜姓姚，夏禹姓姒。周诰：《尚书·周书》中有《大诰》《康诰》《酒诰》《召诰》《洛诰》等篇。诰是古代一种训诫勉励的文告。殷《盘》《尚书》的《商诰》中有《盘庚》上、中、下三篇。佶屈：屈曲。聱牙：形容不顺口。《春秋》：鲁国史书，记载鲁隐公元年（前 722 年）到鲁哀公十四年（前 481 年）间史事，相传经孔子整理删定，叙述简约而精确，往往一个字中寓有褒贬（表扬和批评）的意思。《左氏》：指《春秋左氏传》，简称《左传》。相传鲁史官左丘明作，是解释《春秋》的著作，其铺叙详赡，富有文采，颇有夸张之处。《易》：《易经》，古代占卜用书，相传周人所撰。通过八卦的变化来推算自然和人事规律。《诗》：《诗经》，我国最早的一部诗歌总集，保存西周及春秋前期诗歌三百零五篇。逮：及、到。《庄》：《庄子》，战国时思想家庄周的著作。《骚》：《离骚》。战国时大诗人屈原的长诗。太史：指汉代司马迁，曾任太史令，也称太史公，著《史记》。子云：汉代文学家扬雄，字子云。相如：汉代辞赋家司马相如。

16. 见信、见助：被信任、被帮助。"见"在动词前表示被动。

17. 跋（bá）：踩。踬（zhì）：绊。语出《诗经·豳风·狼跋》："狼跋其胡，载疐其尾。"意思说，狼向前走就踩着颔下的悬肉（胡），后退就绊倒在尾巴上。形容进退都有困难。辄（zhé）：常常。

18. 窜：窜逐，贬谪。南夷：韩愈于贞元十九年（803 年）授四门博士，次年转监察御史，冬，上书论宫市之弊，触怒德宗，被贬为连州阳山令。阳山在今广东，故称南夷。

19. 三年博士：韩愈在宪宗元和元年（806 年）六月至四年任国子博士。一说"三年"当作"三为"。韩愈此文为第三次博士时所作（元和七年二月至八年三月）。冗（rǒng）：闲散。见：通"现"。表现，显露。

20. 几时：不时，不一定什么时候，也即随时。

21. 为：语助词，表示疑问、反诘。

22. 吁（xū）：叹词。

23. 宋（máng）：屋梁。桷（jué）：屋椽。欂栌（bó lú）：斗拱，柱顶上承托栋梁的方木。侏（zhū）儒：梁上短柱。椳（wēi）：门枢臼。闑（niè）：门中央所竖的短木，在两扇门相交处。扂（diàn）：门闩之类。楔（xiē）：

门两旁长木柱。

24. 玉札：地榆。丹砂：朱砂。赤箭：天麻。青兰：龙兰。以上四种都是名贵药材。牛溲（sōu）：牛尿，一说为车前草。马勃：马屁菌。以上两种及“败鼓之皮”都是贱价药材。

25. 纡（yū）馀：委婉从容的样子。妍：美。卓荦（luò）：突出，超群出众。校（jiào）：比较。

26. 孟轲好辩：《孟子·滕文公下》载，孟子有好辩的名声，他说：“予岂好辩哉！予不得已也。”意思说：自己因为捍卫圣道，不得不展开辩论。辙（zhé）：车轮痕迹。

27. 荀卿：即荀况，战国后期时儒家大师，时人尊称为卿。曾在齐国做祭酒，被人谗毁，逃到楚国。楚国春申君任他做兰陵（今山东枣庄）令。春申君死后，他也被废，死在兰陵，著有《荀子》。

28. 离、绝：都是超越的意思。伦、类：都是“类”的意思，指一般人。

29. 繇：通“由”。

30. 靡：浪费，消耗。廪（lǐn）：粮仓。

31. 踵（zhǒng）：脚后跟，这里是跟随的意思。促促：拘谨局促的样子。窥：从小孔、缝隙或隐僻处察看。陈编：古旧的书籍。

32. 财贿：财物，这里指俸禄。班资：等级、资格。亡：通“无”。庳（bēi）：通“卑”，低。前人：指职位在自己前列的人。瑕（xiá）：玉石上的斑点。疵（cī）：病。瑕疵，比喻人的缺点。如上文所说“不公”、“不明”。杙（yì）：小木桩。楹（yíng）：柱子。訾（zǐ）：毁谤非议。昌阳：菖蒲。药材名，相传久服可以长寿。豨（xī）苓：又名猪苓，利尿药。这句意思说：自己小材不宜大用，不应计较待遇的多少、高低，更不该埋怨主管官员的任使有什么问题。

【作者简介】

韩愈（公元768年—824年），字退之。谥号“文”，又称韩文公。唐代文学家、哲学家。河南河阳（今孟县）人，祖籍昌黎，世称韩昌黎。晚年任吏部侍郎，又称韩吏部。韩愈一生，在政治、文学方面都有所建树，而主要成就是文学，为“唐宋八大家”之首。

【思考练习题】

1. 本文的写作目的是什么？
2. 本文中体现了韩愈怎样的治学态度？
3. 找出本文的成语。

（杨一虹选文）

★文章论　　（唐）李德裕

魏文《典论》[1]称“文以气为主，气之清浊有体”，斯言尽之矣。然气不可以不贯；不贯则虽有英词丽藻，如编珠缀玉，不得为全璞之宝矣。鼓气以势壮为美，势不可以不息；不息则流宕（dàng）而忘返。亦犹丝竹繁奏，必有希声窈眇（miǎo），听之者悦闻；如川流迅激，必有洄洑（fú）逶迤，观之者不厌。从兄翰[2]常言“文章如千兵万马，风恬雨霁，寂无人声”。盖谓是[3]矣。

近世诰命，为苏廷硕[4]叙事之外自为文章，才实有余，用之不竭。沈休文[5]独以音韵为切，轻重为难，语虽甚工，旨则未远。夫荆璧不能无瑕，隋珠不能无纇（lèi）[6]，文旨既妙，岂以音韵为病哉！此可以言规矩之内，不可以言文章外意也。较其师友，则魏文与王、陈、应、刘[7]讨论之矣。江南唯于五言为妙，故休文长于音韵，而谓“灵均以来，此祕未睹”，不亦诬人甚矣！古人辞高者，盖以言妙而适情，不取于音韵。意尽而止，成篇不拘于只耦[8]。故篇无定曲，辞寡累句。譬诸音乐，古词如金石琴瑟，尚于至音；今文如丝竹鞞鼓，迫于促节。则知声律之为弊也，甚矣！

世有非文章者曰：辞不出于风雅，思不越于《离骚》，摹写古人，何足贵也？余曰：譬诸日月，虽终古常见，而光景常新，此所以为灵物也。余尝为《文箴》，今载于此。曰：

文之为物，自然灵气。惚恍[9]而来，不思而至。杼轴[10]得之，澹而无味。琢刻藻绘，弥不足贵。如彼璞玉，磨砻[11]成器。奢者为之，错以金翠。美质既雕，良宝斯弃。

此为文之大旨也。

【注释】

1. 魏文《典论》：即曹丕《典论》，五卷。原书已佚，仅存《论文》等几篇。

2. 从兄翰：堂兄李翰。李翰（约736年—794年），李华之子，唐代赞皇县人。天宝十五年（756年）擢进士第，初调卫县尉。大历五年（770年）前后，任左补阙，不久加翰林学士。后免官，寓居阳翟（今河南禹县）。李翰很有文学才华，构思精密，文笔深沉。

3. 尽谓是：都说的是这个。

4. 苏廷硕：即唐代文学家苏颋，字廷硕。

5. 沈休文：即南朝梁文学家沈约，字休文。

6. 纇：缺点；毛病。

7. 王、陈、应、刘：王为王粲，陈为陈琳，应为应玚，刘为刘桢。四人都是汉末建安时期作家。

8. 只耦：单双。耦同偶。

9. 惚恍：恍惚。

10. 杼轴：原为织布机上组织经纬的两个部件。这里比喻诗文的组织、构思。杼（zhù）。

11. 磨砻：摩擦。砻（lóng）：去掉稻壳的工具。

【作者简介】

李德裕（公元787年—849年），字文饶，赵郡（治所在今河北省赵县）人。唐武宗时居相位，是“牛李党争”中“李党”的首领。李德裕文章多雄奇俊伟且情思真挚。著有《会昌一品集》《姑臧集》《穷愁志》《杂赋》等。

【思考练习题】

1. 作者认为“文”与“气”的关系是什么？

2. “以言妙而适情，不取于音韵”表达了作者的什么主张？

3. 作者认为什么样的文章不能成为文章？

4. 作者主张什么样的文风？

（王勤选文）

刑赏忠厚之至论[1]　　（宋）苏　轼

尧、舜、禹、汤、文、武、成、康之际[2]，何其爱民之深，忧民之切，而待天下以君子长者之道也！有一善，从而赏之，又从而咏歌嗟叹之，所以乐其始而勉其终。有一不善，从而罚之，又从而哀矜惩创[3]之，所以弃其旧而开其新。故其吁俞[4]之声，欢忻[5]惨戚，见于虞夏商周之书[6]。

成、康既没，穆王立而周道始衰[7]，然犹命其臣吕侯，而告之以祥刑[8]。其言忧而不伤，威而不怒，慈爱而能断[9]，恻然[10]有哀怜无辜之心，故孔子犹有取焉。《传》[11]曰：“赏疑从与[12]，所以广恩也；罚疑从去[13]，所以慎刑也。”

当尧之时，皋陶为士，将杀人。皋陶曰：“杀之三”。尧曰：“宥之三”[14]。故天下畏皋陶执法之坚，而乐尧用刑之宽。四岳[15]曰：“鲧[16]可用！”尧曰：“不可，鲧方命圮族[17]。”既而曰：“试之！”何尧之不听皋陶之杀人，而从四岳之用鲧也？然则圣人之意，盖亦可见矣。《书》曰：“罪疑惟轻，功疑惟重。与其杀不辜，宁失不经[18]。”呜呼，尽之矣！

可以赏，可以无赏，赏之过乎仁；可以罚，可以无罚，罚之过乎义。过乎仁，不失为君子；过乎义，则流而入于忍人[19]。故仁可过也，义不可过也。古者，赏不以爵禄，刑不以刀锯。赏之以爵禄，是赏之道行于爵禄之所加，而不行于爵禄之所不加也。刑之以刀锯，是刑之威施于刀锯之所及，而不施于刀锯之所不及也。先王知天下之善不胜赏，而爵禄不足以劝也；知天下之恶不胜刑，而刀锯不足以裁也。是故疑则举而归之于仁，以君子长者之道待天下，使天下相率而归于君子长者之道，故曰忠厚之至也。

《诗》曰："君子如祉，乱庶遄已。[20]君子如怒，乱庶遄沮[21]。"夫君子之已乱[22]，岂有异术哉？制[23]其喜怒，而无失乎仁而已矣！《春秋》之义，立法贵严，而责人贵宽。因其褒贬之义以制赏罚，亦忠厚之至也！

【注释】

1. 本文选自许啸天译注的《古文观止》，天津古籍出版社，1981 年。

2. 尧、舜、禹、汤、文、武、成、康之际：尧、舜、禹指唐尧、虞舜、夏禹，是传说中的我国上古治世君主。汤，指商代开国君主。文：指周文王，周朝的奠基人。武，指周武王，灭商纣王而得天下者。成，指周成王。康，指周康王。

3. 哀矜惩创：哀矜，怜悯。惩创，惩戒。

4. 吁俞：吁，表示不以为然的感叹声。俞，表示赞赏的感叹声。

5. 忻：通"欣"，喜悦。

6. 虞夏商周之书：指《尚书》，包括《虞书》《夏书》《周书》等篇，记载了从尧到周朝的典章诰命。

7. 穆王：周穆王，康王之孙，在位五十五年，喜玩乐，周朝开始衰落。

8. 吕侯：周穆王时的司寇。祥刑，意为好好地使用刑罚手段。

9. 断：决断。

10. 恻然：同情的样子。

11. 《传》：解说经书的文字，此处指《尚书・孔安国传》。

12. 赏疑从与：疑，疑难，弄不清楚。从与，遵从给予。此句意为"当赏赐人时，如果一时有弄不清楚的地方，要遵从给予的原则。"

13. 罚疑从去：去，除去，指免除惩罚。此句意为"当惩罚人时，如果有弄不清楚的地方，遵从免于惩罚的原则。"

14. 当尧之时，皋陶为士，将杀人。皋陶曰："杀之三"。尧曰："宥之三"。这段文字是苏轼的原创，在他考取功名后去谒见主考官欧阳修时，被询问该段文字出于何典故，苏轼回答无需出处，由此可见是编造出来的故事。皋陶（yáo），舜时掌管刑法的官员。士，执法官。囿，赦免。

15. 四岳：尧帝时掌管四方事体的官员。

16. 鲧：传说是禹的父亲，被四岳推举，奉命治水，没有成功，被尧杀死在羽山。

17. 方命圮（pǐ）族：方，违抗。命，命令。圮，毁坏。族，同族。

18. 经：符合法度。

19. 忍人：残忍的人。

20. 君子如祉（zhǐ），乱庶遄（chuán）已：祉，喜欢。庶，大概。遄，快速地。已，停止。

21. 沮：终止。

22. 乱：祸乱。

23. 制：控制。

【作者简介】

苏轼（公元 1037 年—1101 年），字子瞻，号东坡居士，谥号文忠。眉州（今四川眉山县）人。北宋著名文学家，位列"唐宋八大家"之一，与其父苏洵、弟苏辙，合称"三苏"。

苏轼是具有多方面才能的文学艺术大师，在诗、词、文、书法、绘画等各个领域成就都令人瞩目。他推动了北宋诗文革新运动，对后代文人影响巨大。代表作《石钟山记》《赤壁赋》《游金山》《惠崇春江晚景》《饮湖上初晴后雨》《荔枝叹》等。苏轼的词冲破了专写男女恋情和离愁别绪的狭窄题材，具有广阔的社会内容，笔力豪放，语言清新流畅，内容广泛多样，开创豪放词派，代表作《念奴娇·赤壁怀古》《江城子·密州出猎》《水调歌头·明月几时有》等。

作品集有《苏东坡集》《东坡乐府》。

【思考练习题】

1. 本文的中心论题是什么？
2. 请指出本文的分论点。
3. 结合本文作者所使用的由虚构历史事实而成的论据，谈一谈你对议论文写作中选择论据的看法。

（张晓丹选文）

立主脑[1]　　（清）李　渔

李　渔

古人作文一篇，定有一篇之主脑。主脑非他，即作者立言之本意也，传奇亦然。一本戏中，有无数人名，究竟俱属陪宾；原其初心，止为一人而设。即此一人之身，自始至终，离合悲欢，中具无限情由，无穷关目[2]，究竟俱属衍文[3]，原其初心，又止为一事而设。此一人一事，即作传奇之主脑也。然必此一人一事，果然奇特，实在可传，而后传之，则不愧传奇之目，而其人其事与作者姓名，皆千古矣。如一部《琵琶》[4]止为蔡伯喈一人；而蔡伯喈一人，又止为重婚牛府一事。其余枝节，皆从此一事而生——二亲之遭凶，五娘之尽孝，拐儿之骗财匿书，张大公之疏财仗义，皆由于此。是“重婚牛府”四字，即作《琵琶记》之主脑也。一部《西厢》[5]止为张君瑞一人；而张君瑞一人，又止为白马解围一事。其余枝节，皆从此一事而生：夫人之许婚，张生之望配，红娘之勇于作合，莺莺之敢于失身，与郑恒之力争原配而不得，皆由于此。是“白马解围”四字，即作《西厢记》之主脑也。余剧皆然[6]，不能悉指。后人作传奇，但知为一人而作，不知为一事而作，尽此一人所行之事，逐节铺陈，有如散金碎玉。以作零出则可，谓之全本，则为断线之珠，无梁之屋，作者茫然无绪，观者寂然无声。无怪乎有识梨园[7]望之而却走也。此语未经提破，故犯者孔多[8]，而今而后，吾知鲜矣。

【注释】

1. 本文选自李渔的《闲情偶寄》，中国戏剧出版社，1959年。
2. 关目：指剧本中的情节的各个关键。
3. 衍文：因缮写、刻版、排版错误而多出来的文字，本文中指多余的文字。
4. 《琵琶》：即元末高明的《琵琶记》。《琵琶记》写蔡伯喈被其父逼迫赴京应试。中状元后，牛丞相奉旨招他为婿。他辞婚、辞官均不获准，被逼入赘相府。时值家乡遭逢荒年，其妻赵五娘历尽艰辛，奉侍公婆。她求得赈米供养二老，自己却暗吞糠秕，年迈双亲盼子不归，气饿而亡。五娘剪发卖葬，安葬公婆后，又琵琶卖唱，寻夫至京。最后夫妻团圆，庐墓一门受旌表。
5. 《西厢》：即元代王实甫的《西厢记》，全名《崔莺莺待月西厢记》，也称《张君瑞待月西厢记》。《西厢记》是一个纯粹的古代才子佳人的恋爱故事，崔莺莺和张君瑞的密约偷情，终成秦晋的凄美悱恻的爱情史，令几代读者为之迷醉，“愿天下有情人终成眷属”是这出剧的主题，并成为千古名句，而小丫环红娘的名字，最后演化成促成姻缘，成人之美人士的代名词，广为传诵。
6. 皆然：都是这样。
7. 梨园：演戏的处所。有识梨园，指深懂戏曲的演戏者。
8. 孔多：甚多。

【作者简介】

李渔（公元1611年—1680年），本名仙侣，号天徒，后改名渔，字笠翁，一字笠鸿、谪凡。明末清初戏曲作家、戏曲理论家。著作有剧本《笠翁十种曲》，杂著《闲情偶寄》和诗文集《笠翁一家言》等。

【思考练习题】

1. 什么是“主脑”？

2. 传奇的“主脑”是什么？

3. “一人一事”的根本目的是什么？

（王勤选文）

焦山别峰庵雨中无事书寄舍弟墨[1] （清）郑 燮

秦始皇烧书，孔子亦烧书。删书断自唐虞[2]，则唐虞以前孔子得而烧之矣。诗三千篇，存三百十一篇，则二千六百八十九篇，孔子亦得而烧之矣。孔子烧其可烧，故灰灭无所复存，而存者为经[3]，身尊道隆，为天下后世法。始皇虎狼其心，蜂虿[4]其性，烧经灭圣，欲剜天眼而浊人心，故身死宗亡国灭，而遗经复出。始皇之烧，正不如孔子之烧也。自汉以来，求书著书汲汲[5]，每若不可及。魏晋而下迄[6]于唐宋，著书者数千百家。其间风云月露之辞，悖理伤道之作，不可胜数，常恨不得始皇而烧之。而抑又不然。此等书不必始皇烧，彼将自烧也。昔欧阳永叔读书[7]秘阁中，见数千万卷皆霉烂不可收拾。又有书目数十卷亦烂去，但存数卷而已。视其人名皆不识，视其书名皆未见。夫欧公不为不博，而书之能藏秘阁者，亦必非无名之子，录目数卷中，竟无一人一书识者，此其自焚自灭，为何如尚待他人举火乎？近世所存汉魏晋丛书、唐宋丛书，《津逮秘书》[8]、唐《类函》《说郛》[9]、《文献通考》、杜佑《通典》、郑樵《通志》之类，皆卷册浩繁不能翻刻，数百年兵火之后，十亡八七矣。刘向《说苑新序》《韩诗外传》、陆贾《新语》、扬雄《太玄法言》、王充《论衡》、蔡邕《独断》皆汉儒之皎皎者也，虽有些零碎道理，譬之六经犹苍蝇声耳，岂得为日月经天，江河行地哉？吾弟读书，四书之上有六经[10]，六经之下有“左”、“史”、“庄”、“骚”，“贾”、“董”、“策略”、“诸葛表章”、“韩文”、“杜诗”而已，只此数书，终身读不尽，终身受用不尽。至如二十一史，书一代代事，必不可废。然魏收秽书，宋子京《新唐书》简而枯脱脱[11]，《宋书》冗而杂，欲如“韩文”“杜诗”脍炙人口，岂可得哉？此所谓不烧之烧，未怕秦灭，终归孔炬耳。“六经”之文至矣，尽矣，而又有至之至者，浑沦磅礴，阔大精微，却是家常日用，《禹贡》《洪范》《月令》[12]，《七月流火》是也。当刻刻寻讨贯串，一刻离不得，张横渠[13]《西铭》一篇，巍然接六经而作，呜呼休哉！

雍正十三年五月廿四日，哥哥字

【注释】

1. 本文选自《郑板桥全集》，北京市，中国书店，1985年。

2. 唐尧、虞舜，传说中的古代圣帝贤君。

3. 经：即《诗经》。

4. 虿（chài）：毒蝎子之类。

5. 汲汲：形容多。

6. 迄：到。

7. 欧阳永叔：即北宋著名的文学家、政治家欧阳修（1007年—1072年），吉州庐陵（今江西吉安）人。字永叔，号醉翁，晚号六一居士。

8. 毛晋汲古阁《津逮秘书》是明代著名的图书版本。毛晋，原名凤苞，字子久。后改字子晋，号潜在，别号汲古主人。早年为诸生，屡试不第，遂隐居故里。变卖家产，于七星桥构筑汲古阁、目耕楼，以收藏和传刻书籍为业，藏书总数达八万四千余册。由汲古阁刻印的宋、元以来之珍本书籍，名扬海内。刻书数量巨大，达十万余页刻版，涉及经史、词曲、丛书、宗教、小说、笔记等等，为中国历代私家刻书之最。毛晋有著作《毛诗陆疏广要》《虞乡杂记》《海虞古今文苑》《明诗记事》《汲古阁刻书细目》等。

9.《说郛》：元末明初陶宗仪著，郛读音为fú，本意为外城。

10. 六经：《诗》《书》《礼》《易》《春秋》《乐经》。

11. 枯脱脱：语言枯燥而不紧凑。

12.《尚书·禹贡》：这是战国时魏国的人士托名大禹的著作，因而就以《禹贡》名篇。这是撰著这篇《禹贡》的人士设想在当时诸侯称雄的局面统一之后所提出的治理国家的方案。《洪范》篇本身文字并不多，但它是我国古代政治哲学思想中的重要篇章。"洪"有"大"意，"范"则为"法"。"洪范"即指"统治大法"，是上古时期的一篇政治、思想、文化的经验总结。《月令》是儒家经典《礼记》中的一篇。

13. 横渠：宋张载，字子厚，著有《正蒙》和《易说》。

【作者简介】

郑燮，（公元1693年—1765年），字克柔，别号板桥，祖籍江苏扬州兴化县人。他工诗词、擅文章、精于书法、绘画，尤其擅长画竹。他在我国文学史上占有重要位置，是清代乾隆年间著名书画家和诗人，"扬州八怪"之一。

【思考练习题】

1.《焦山别峰庵雨中无事书寄舍弟墨》一文的主旨是什么？

2. 为什么说"始皇之烧，正不如孔子之烧也。"

3. 郑板桥在文中归纳分析了哪三种"烧书"现象？说明了什么？

（王勤选文）

曾国藩治学、处世之道　　（清）曾国藩

1. 论读书

盖世人读书，第一要有志，第二要有识，第三要有恒。有志则断不甘为下流；有识则知学问无尽，不敢以一得自足，如河伯之观海[1]，如井蛙之窥天[2]，皆无识者也；有恒则断无不成之事。此三者缺一不可。

选自家书：道光二十二年十二月二十一日致澄温沅季诸弟

且苟能发奋自立，则家塾（shú）可读书，即旷野之地、热闹之场亦可读书，负薪收录，皆可读书；苟不能发奋自立，则家塾不宜读书，即清净之乡、神仙之境皆不能读书。何必择地？何必择时？但问立志之真不真耳。

选自家书：道光二十二年十月二十六日致澄温沅季弟

2. 论修身

日来，每思吾身，能于十"三"字者用功，尚不失晚年进境。十"三"字者，谓三经[3]、三史[4]、三子[5]、三集[6]、三实、三忌、三薄、三知、三乐、三寡也。三经、三史、三子、三集、三实，余在京师，尝以匾其室；在江南，曾刻印章矣。三忌者，即谓天道忌巧，天道忌盈，天道忌贰也。三薄者，幸灾乐祸，一薄德也；逆命亿数，二薄德也；臆断皂白，三薄德也。三知者，《论语》末

章，所谓“知命、知礼、知言”也。三乐者，即九月二十一日所记读书声出金石，一乐也；宏奖人才，诱人日进，二乐也；勤劳而后憩（qì）息，三乐也。三寡者，寡言养气，寡视养神，寡欲养精。十“三”字者，时时省察，其犹失之东隅（yú），收之桑榆者乎？

选自日记：咸丰九年十一月初二日

3. 论处世

古人曰钦、曰敬、曰谨、曰虔恭、曰祗（zhī）惧，皆慎字之义也。慎者，有所畏惮（dàn）之谓也。居心不循天理，则畏天怒；作事不顺人情，则畏人言。少贱则畏父师，畏官长。老年则畏后生之窃议。高位则畏僚属之指摘。凡人方寸有所畏惮，则过必不大，鬼神必从而原之。

选自文：《书赠仲弟六则·慎》

4. 自　勉

思凡事皆有至浅至要之道，不可须臾离者，因欲名其堂曰“八本堂”。其目曰：读书以训诂[7]为本，诗文以声调为本，事亲以欢心为本，养生以少恼怒为本，立身以不妄语为本，居家以不晏[8]起为本，居官以不要钱为本，行军以不扰民为本。古人格言尽多，要之每事有第一义，必不可不竭力为之者。得之则如探骊得珠[9]，失之则如舍本根而图枝叶。古人格言虽多，亦在乎寻人之慎择而已矣。

选自日记：咸丰十年闰三月十八日

（清）曾国藩，《曾国藩文集》，北京：京华出版社，1999

【注释】

1. 河伯之观海：典故出自《庄子秋水篇》。河伯见海若才知自己渺小。
2. 井蛙之窥天：典故出自《庄子秋水篇》。
3. 三经：指《论语》《易经》《礼经》。
4. 三史：指《史记》和前、后《汉书》。
5. 三子：指孔子、老子、鬼子（有人注为洋鬼子）。
6. 三集：《欧阳文忠公全集》《陶文毅公全集》《朱子全集》。
7. 训诂：对古书字句的解释。
8. 晏：晚。
9. 探骊得珠：典故出于《庄子列御寇》。比喻能抓住要点。

【作者简介】

曾国藩（公元1811年—1872年），是中国历史上最有影响的人物之一，他从湖南双峰一个偏僻的小山村以一介书生入京赴考，中进士留京师后十年七迁，连升十级，37岁任礼部侍郎，官至二品。后历任两江总督、直隶总督，官居一品，死后被谥“文正”。

【思考练习题】

1. 作者认为读书治学的关键是什么？
2. 为什么作者说读书“何必择地？何必择时”？
3. 简要概述作者的处世原则。

（杨一虹选文）

理想国（节选）[1]　　（古希腊）柏拉图

柏拉图

1. 柏拉图论体育[2]

苏[3]：音乐教育之后，年轻人应该接受体育锻炼。

格[4]：当然。

苏：体育方面，我们的护卫者也必须从童年起就接受严格的训练以致一生。我所见如此，不知你以为怎样？因为我觉得凭一个好的身体，不一定就能造就好的心灵、好的品格。相反，有了好的心灵和品格就能使天赋的体质达到最好，你说对不对？

格：我的想法同你完全一样。

苏：倘使我们对于心灵充分加以训练，然后将保养身体的细节交它负责，我们仅仅指出标准，你看这样行不行？

格：行。

苏：复杂的音乐产生放纵；复杂的食品产生疾病。至于朴质的音乐文艺教育则能产生心灵方面的节制，朴质的体育锻炼产生身体的健康。

格：极是。

苏：这样，年轻人接受了我们说过的那种简单的音乐文艺教育的陶冶，养成了节制的良好习惯，他们显然就能自己监督自己，不需要打官司了。

格：是的。

苏：这种受过音乐教育的青年，运用体育锻炼（如果他愿意的话），通过同样苦练的过程，他会变得根本不需要什么医术，除非万不得已。

格：我也这样想。

苏：再说，在不畏艰辛苦练身体的过程中，他的目的主要在锻炼他心灵的激情部分，不是仅仅为了增加体力，他同一般运动员不一样，一般运动员只注意进规定的饮食，使他们力气大臂膀粗而已。

格：你说得对极了。

苏：因此，把我们的教育建立在音乐和体育上的那些立法家，其目的并不像有些人所想象的那样，在于用音乐照顾心灵，用体育照顾身体。格劳孔，我可以这样说吗？

格：为什么不可以？

苏：他们规定要教音乐和体育主要是为了心灵。

格：怎么会的？

苏：你有没有注意到一生专搞体育运动而忽略音乐文艺教育对于心灵的影响是怎样的？反之，专搞音乐文艺而忽略体育运动的影响又是怎样的？

格：你指的是什么？

苏：我指的一是野蛮与残暴，另一是软弱与柔顺。

格：啊，很对。我注意到那些专搞体育锻炼的人往往变得过度粗暴，那些专搞音乐文艺的人又不免变得过度软弱。

苏：天性中的激情部分的确会产生野蛮；如果加以适当训练就可能成为勇敢，如果搞得过了头，就会变成严酷粗暴。

格：我也这样看的。

苏：再说，温文是不是人性中爱智部分的一种性质？是不是这种性质过度发展便会变为过分软弱，如培养适当就能变得温文而秩序井然？是不是这样？

格：确实这样。

苏：但是我们说我们的护卫者需要两种品质兼而有之。

格：他们应该这样。

苏：那么这两种品质要彼此和谐吗？

格：当然要。

苏：有这种品质和谐存在的人，他的心灵便既温文而又勇敢。

格：诚然。

苏：没有这种和谐存在的人便既怯懦而又粗野。

格：的确这样。

苏：不过，要是他除了搞体操训练外，别无用心，怕见文艺之神，结果会怎么样呢？对于学习科研从来没有尝过一点滋味，对于辩证推理更是一窍不通，他心灵深处可能存在的爱智之火光难道不会变得暗淡微弱吗？由于心灵没有得到启发和培育，感觉接受能力没有得到磨炼，他会变得耳不聪目不明。不是吗？

格：诚然。

苏：结果，我以为这种人会成为一个厌恶理论不知文艺的人，他不用论证说服别人，而是像一只野兽般地用暴力与蛮干达到自己的一切目的。在粗野无知中过一种不和谐的无礼貌的生活。

格：完全是这样。

苏：为这两者，似乎有两种技术——音乐和体育（我要说这是某一位神赐给我们人类的）——服务于人的两个部分——爱智部分和激情部分。这不是为了心灵和身体（虽然顺便附带也为了心灵和身体），而是为了使爱智和激情这两部分张弛得宜配合适当，达到和谐。

格：看来如此。

苏：因此，那种能把音乐和体育配合得最好，能最为比例适当地把两者应用到心灵上的人，我们称他们为最完美最和谐的音乐家应该是最适当的，远比称一般仅知和弦弹琴的人为音乐家更适当。

格：讲得有理，苏格拉底。

2. 柏拉图论幸福[5]

苏：那么快点，现在最后你一定要像一个最后评判员那样作一个最后的裁判了。请你鉴定一下，哪种人最幸福，哪种人第二幸福，再同样地评定其余几种人，依次鉴定所有五种人：王者型、贪图名誉者型、寡头[6]型、民主型、僭（jiàn）主[7]型人物。

格：这个鉴定是容易做的。他们像舞台上的合唱队一样，我按他们进场的先后次序排列就是了。这既是幸福次序也是美德次序。

苏：那么，我们是雇一个传令官来宣布下述评判呢还是我自己来宣布呢？“阿里斯同之子格劳孔已经判定：最善者和最正义者是最幸福的人。他最有王者气质，最能自制。最恶者和最不正义者是最不幸的人。他又最有暴君气质，不仅对自己实行暴政而且对他的国家实行暴政”。

格：就由你自己来宣布吧。

苏：我想在上述评语后面再加上一句话：“不论他们的品性是否为神人所知，善与恶、幸与不幸的结论不变。”可以吗？

格：加上去吧。

苏：很好。那么，这是我们的证明之一。但是，下面请看第二个证明，看它是不是有点道理。

格：第二个证明是什么？

苏：正如城邦分成三个等级一样，每个人的心灵也可以分解为三个部分。因此我认为还可以有另外一个证明途径。

格：什么证明途径？

苏：请听我说。这三个部分我看到也有三种快乐，各各对应。还同样地有三种对应的欲望和统治。

格：请解释明白。

苏：我们说一个部分是人用来学习的。另一个部分是人用来发怒的。还有第三个部分：这个部分由于内部的多样性，我们难以用一个简单而合适的词来统括它，我们只能用其中的一个最强烈的主要成分来命名它。我们根据它强烈的关于饮食和爱的欲望以及各种连带的欲望，因而称它“欲望”部分。我们同样又根据金钱是满足这类欲望的主要手段这一点，因而称它为“爱钱”部分。

格：对。

苏：如果我们还应该说，它的快乐和爱集中在“利益”上，我们为了在谈起心灵的这第三个部分时容易了解起见，最好不是应该把它集中到一个名下，把我们的话说得更准确些，把它叫做“爱钱”部分或“爱利”部分吗？

格：不管怎样，我认为是这样。

苏：再说，激情这个部分怎么样？我们不是说它永远整个儿地是为了优越、胜利和名誉吗？

格：的确。

苏：我们是不是可以恰当地把它称为“爱胜”部分或“爱敬”部分呢？

格：再恰当不过了。

苏：但是一定大家都清楚：我们用以学习的那个部分总是全力要想认识事物真理的，心灵的三个部分中它是最不关心钱财和荣誉的。

格：是的。

苏：“爱学”部分和“爱智”部分，我们用这名称称呼它合适吗？

格：当然合适。

苏：在有些人的心灵里是这个部分统治着，在另一些人的心灵里却是那两部分之一在统治着，依情况不同而不同。是吧？

格：是这样。

苏：正因为这个原因，所以我们说人的基本类型有三：哲学家或爱智者、爱胜者和爱利者。

格：很对。

苏：对应着三种人也有三种快乐。

格：当然。

苏：你知道吗？如果你想一个个地问这三种人，这三种生活哪一种最快乐，他们都一定会说自己的那种生活最快乐。财主们会断言，和利益比起来，受到尊敬的快乐和学习的快乐是无价值的，除非它们也能变出金钱来。

格：真的。

苏：爱敬者怎么样？他会把金钱带来的快乐视为卑鄙，把学问带来的快乐视为无聊的瞎扯（除非它也能带来敬意）。是吗？

格：是的。

苏：哲学家把别的快乐和他知道真理永远献身研究真理的快乐相比较时，你认为他会怎么想呢？他会认为别的快乐远非真正的快乐，他会把它们叫做“必然性”快乐。因为，若非受到必然性束缚他是不会要它们的。是吗？

格：无疑的。

苏：因此，三种快乐之中，灵魂中那个我们用以学习的部分的快乐是最真实的快乐，而这个部分在灵魂中占统治地位的那种人的生活也是最快乐的生活。是吗？

格：怎么能不是呢？无论如何，当有知识的人说自己的生活最快乐时，他的话是最可靠的。

苏：下面该评哪一种生活哪一种快乐第二呢？

格：显然是战士和爱敬者的第二，因为这种人的生活和快乐比起挣钱者的来接近第一种。

苏：看来爱利者的生活和快乐居最后了。

格：当然了。

苏：正义的人已经在接连两次的交锋中击败了不正义的人，现在到了第三次交锋了。照奥林匹亚运动会的做法这次是呼求奥林匹亚的宙斯保佑的。请注意，我好像听到一个有智慧的人说过呢：除了有智慧的人而外，别的任何人的快乐都不是真实的纯净的，而只是快乐的一种影像呀！这次如果失败了，可就是最大最决定性的失败啦！

【注释】

1.《理想国》：古希腊哲学家柏拉图的著作，书以对话形式讨论到优生学问题、节育问题、家庭解体问题、婚姻自由问题、独身问题、专政问题、独裁问题、共产问题、民主问题、宗教问题、道德问题、文艺问题、教育问题（包括托儿所、幼儿园、小学、中学、大学研究院以及工、农、航海、医学等职业教育）加上男女平权、男女参政、男女参军等等问题。柏拉图的《理想国》共分10卷。

2. 柏拉图论体育：节选自《理想国》第3卷，题目是选文者加的。

3. 苏：指苏格拉底，柏拉图的老师。

4. 格：格劳孔，阿里斯同（希腊语意为“至善”）的儿子。《理想国》中，记录了苏格拉底与格劳孔和他弟弟的对话。

5. 柏拉图论幸福：节选自《理想国》第9卷，题目是选文者加的。

6. 寡头：独裁的君主。

7. 僭（jiàn）主：采用不法手段获得权力的君主。

【作者简介】

柏拉图（公元前427年—前347年），古希腊的大哲学家，苏格拉底（公元前469年—前399年）的学生，亚里士多德（公元前384年—前322年）的老师。他一生大部分时间居住在雅典。他热爱祖国，热爱哲学。他的最高理想是哲学家应该为政治家，政治家应该学以致用，有哲学头脑的人，要有政权，有政权的人，要有哲学头脑。

【思考练习题】

1. 柏拉图认为体育的作用是什么？
2. 柏拉图认为有几种幸福？
3. 柏拉图认为幸福和什么相关？

（杨一虹选文）

★论崇高（节选）[1]　　（古希腊）郎加纳斯

……如果任何作品，在一个敏锐而有修养的人一再听过之后，不能使他的灵魂适应崇高的思想，如果它所表达的，缺乏有余不尽之致，如果你听得它越久，就越不想听它，——这里就未必有真正的崇高了……但是如果这个作品，是不同凡响，无懈可击，难于忽视，或者简直不容忽视，如果它又顽强而持久地占住我们的记忆，这时候我们就可以断定，我们确实已经碰上了真正的崇高了。一般来讲，凡是大家所永远喜爱的东西，就是崇高的真正好榜样。当所有不同职业、习惯、理想、时代、语言的人们，对于某一作品，大家看法完全相同的时候，这种不谋而合、异口同声的判断，使我们赞扬这一作品的信心，更加坚定而不可动摇。……

崇高语言的主要来源，可以说有五个。这五个来源所共同依靠的先决条件，即掌握语言的才能。这是必不可少的。第一而且是最重要的是庄严伟大的思想，如我在论色诺芬[2]的作品时所曾指出的。第二是强烈而激动的情感。这两个崇高的条件主要是依靠天赋的，其余的却可以从技术得到些助力。第三是运用藻饰的技术，藻饰有两种：思想的藻饰和语言的藻饰。第四是高雅的措辞，它可以分为恰当的选词，恰当地使用比喻和其他措辞方面的修饰。崇高的第五个原因总结全部上述的四个，就是整个结构的堂皇卓越。……我要满怀信心地宣称，没有任何东西象真情的流露得当那样能够导致崇高；这种真情如醉如狂，涌现出来，听来犹如神的声音。

在这全部五种崇高的条件之中，最重要的是第一种，一种高尚的心胸。因此，虽然这是一个天生而非学来的能力，但是尽可能也锻炼了我们的灵魂，使之达到崇高，使之永远孕育着高尚的思想。人家可以问，怎样才办得到呢？我曾经在别处这样讲过，崇高就是“伟大心灵的回声”。因此，一个毫无装饰、简单朴素的崇高思想，即使没有明说出来，也每每会单凭它那崇高的力量而使人叹服；阿雅克斯[3]在冥界的沉默是伟大的，因此他说的任何话更为高超。首先解决这种伟大构思的来源问题是绝对必要的，答案也就是：真正的思辨只有胸襟不卑鄙的人才有。因为把整个生活浪费在琐屑的、狭窄的思想和习惯中的人是决不能产生什么值得人类永久尊敬的作品的。思想深沉的人，言语就会闳[4]通；卓越的语言，自然属于卓越的心灵。

【注释】

1. 本文节选自郎加纳斯的《论崇高》，钱学熙译，见伍蠡甫主编《西方文论选》，上海译文出版社，1979 年。

2. 色诺芬：古希腊历史学家、作家，雅典人，苏格拉底的弟子。公元前 401 年参加希腊雇佣军助小居鲁士（Kurush，约前 424 年—前 401 年）争夺波斯王位，未遂，次年率军而返。前 396 年投身斯巴达，被判处终身放逐。著有《远征记》《希腊史》（修昔底德《伯罗尼撒战争史》之续编，叙事始于前 411 年，止于前 362 年）以及《回忆苏格拉底》等。

3. 阿雅克斯：特洛伊战争中的希腊英雄。

4. 闳：宏大。

【作者简介】

郎加纳斯（Langinass，又译朗吉弩斯），大约生活在公元 1 世纪。古希腊哲学家、政治家和修辞学家。相传《论崇高》是他的著作，认为天赋是产生崇高的基础，技巧是保证实现天赋的条件。

【思考练习题】

1. 郎加纳斯认为崇高语言的主要来源是什么？
2. 郎加纳斯“崇高就是伟大心灵的回声”这句名言，蕴含着怎样的思想？
3. 《论崇高》是怎样标新立异的呢？
4. 《论崇高》的意义是什么？

（王勤选文）

论学问[1]　　（英）培　根

读书为学的用途是娱乐、装饰和增长才识。在娱乐上学问的主要的用处是幽居养静；在装饰上学问的用处是辞令；在长才上学问的用处是对于事务的判断和处理。因为富于经验的人善于实行，也许能够对个别的事情一件一件地加以判断；但是最好的有关大体的议论和对事务的计划与布置，乃是从有学问的人来的。在学问上费时过多是偷懒；把学问过于用做装饰是虚假；完全依学问上的规则而断事是书生的怪癖。学问锻炼天性，而其本身又受经验的锻炼；盖人的天赋犹如野生的花草，他们需要学问的修剪；而学问的本身，若不受经验的限制，则其所指示的未免过于笼统。多诈的人渺视学问，愚鲁的人羡慕学问，聪明的人运用学问；因为学问的本身并不教人如何用它们；这种运用之道乃是学问以外，学问以上的一种智能，是由观察体会才能得到的。不要为了辩驳而读书，也不要为了信仰而盲从；也不要为了言谈而议论；要以能权衡轻重、审察事理为目的。

有些书可供一尝，有些书可以吞下，有不多的几部书则应当咀嚼消化；这就是说，有些书只要读读他们的一部分就够了，有些书可以全读，但是不必过于细心地读；还有不多的几部书则应当全读，勤读，而且用心地读。有些书也可以请代表去读，并且由别人替我作出摘要来；但是这种办法只适于次要的议论和次要的书籍；否则录要的书就和蒸馏的水一样，都是无味的东西。阅读使人充实，会谈使人敏捷，写作与笔记使人精确。因此，如果一个人写得很少，那么他就必须有很好的记性；如果他很少与人会谈，那么他就必须有很敏捷的机智；并且假如他读书读得很少的话，那么他就必须要有很大的狡黠之才，才可以强不知以为知。史鉴使人明智；诗歌使人巧慧；数学使人精细；博物使人深沉；伦理之学使人庄重；逻辑与修辞使人善辩。“学问变化气质。”不但如此，精神上的缺陷没有一种是不能由相当的学问来补救的：就如同肉体上各种的病患都有适当的运动来治疗似的。“地球”[2]有益于结石和肾脏；射箭有益于胸肺；缓步有益于胃；骑马有益于头脑；诸如此类。同此，如果一个人心志不专，他顶好研究数学；因为在数学的证理之中，如果他的精神稍有不专，他就非从头再做不可。如果他的精神不善于辨别异同，那么他最好研究经院学派的著作，因为这一派的学者是条分缕析的人；如果他不善于推此知彼，旁征博引，他顶好研究律师们的案卷。

如此看来，精神上各种的缺陷都可以有一种专门的补救之方了。

【注释】

1. 选自《培根论说文集》，水天同译，商务印书馆，1984 年。
2. 地球：指一种体育运动。

【作者简介】

弗兰西斯·培根（1561 年—1626 年），英国文艺复兴时期最重要的散文家、唯物主义哲学家和近代实验科学的创始人。他反对经院哲学和唯心主义，主张双重真理说，强调发展自然科学在人类生活中占有重要的地位，其科学方法是以实验定性和归纳为主的，不同意在科学方法上使用数学和演绎法，这些观点对机械唯物论有很大影响。

《新工具》是培根最重要的哲学著作，它提出了培根在近代所开创的经验认识原则和经验认识方法；《论说文集》是其散文名著。

【思考练习题】

1. 本文主要论述了哪两个问题？
2. 如何理解“学问锻炼天性，而其本身又受经验的锻炼”？
3. 试分析本文选用词语的特点，并指出对于表达文章思想内容有何作用？
4. 结合文本，谈一谈你在读书方法方面的心得体会。

（张晓丹选文）

文字的力量[1]　　（英）艾迪生

文字如果选择得好，力量非常大。一篇描写往往能引起我们许多生动的观念，甚至比所描写的东西本身引起的还多。凭文字的渲染描绘，读者在想象里看到的一幅景象，比这个景象实际上在他眼前呈现时更加鲜明生动。在这种情形之下，诗人似乎是胜过了大自然。诗人确实是在摹仿自然的景物，可是他加深了渲染，增添了它的美，使整幅景致生气勃勃，因而从这些东西本身发生出来的形象，和诗人表达出来的形象相形之下，就显得浅弱和模糊了。

这里大概有个缘故。我们在观察一件东西的时候，想象里只印上了眼中所见的那一方面。可是诗人凭他的描写，可以任意把这件东西呈现在我们眼前，使我们看到当初注意不到或视察不到的许多方面，我们看一件东西的时候，对这件东西的观念大概是两三个简单的观念所组成的。可是诗人在描摹这件东西的时候，或者给我们一个更复杂的观念，或者使我们所产生的观念是最能深入想象的。

有一点也许值得在这里指出。为什么几个读者尽管熟悉同一种语言，也都了解文字的意义，而对于同一篇描写会各有不同的欣赏？我们看到有人读了一段描写深受感动，另有人却草草读过，漠然无动于衷；有人觉得这段描写非常逼真，另有人却看不出任何逼真或像真的地方。这种不同的衡鉴，或是因为有人的想象比别人的更完美，或是因为读者联系在文字上的观念各有不同。一个人对一篇描写如要真能欣赏，并且给以恰当评价，他必须有天赋的好想象，而且必须把表达同一句话的各种字眼的力量和劲道仔细斟酌过，因而能辨别哪些字最意味深长，最能表达出它本身的观念，这些字和别的字结合着用，又会生出什么新的力量和美感。想象必须是热的，才能够使它从外界的东西所收到的形象留下模印。判断必须敏锐，才能够辨别哪些表现的方式最能尽量把这些形象体现得生动，装点得美妙。一个人如果在这两方面欠缺了一方面，他虽然能从一篇描写里得到个笼统的观念，决不能清清楚楚地把美妙之处一一看出来。好比一个近视眼可以模糊地看见眼前的景物，却分不出其中个别的部分，也看不清里面绚烂和谐的五光十色。……

【注释】

1. 本文节选自艾迪生的《旁观者》，赵守垠译，见伍蠡甫主编《西方文论选》，上海译文出版社，1979年。

【作者简介】

艾迪生（Joseph Addison，1672年—1719年），英国17世纪的诗人、散文作家、文学评论家和政治家。与斯蒂尔（Sir Richard Steele，1672年—1729年）合编《旁观者》（Spectator），是英国期刊文学的创始人。他的文艺理论主要表述在《旁观者》上他所写的一些文章中。

【思考练习题】

1. 作者为什么说“诗人似乎是胜过了大自然”？
2. 诗人观察事物与我们有何不同？
3. 为什么几个读者尽管熟悉同一种语言，而对于同一篇描写会各有不同的欣赏？
4. 什么样的人不能品出好文章的滋味？

（王勤选文）

论史诗（节选）[1]　（法）伏尔泰

可以赞美古人但不能盲从古人

我们应该赞美古人作品中被公认为美的那一部分。我们应该吸取他们语言和风俗习惯中一切美的东西。在任何方面都逐字逐句地学步古人是一个可笑的错误。因为我们并不说同一种语言；我们的宗教——它几乎总是史诗的基础——跟非基督教的神话是不相容的。我们的风俗习惯跟特洛亚英雄们的不一样，也正如他们的风俗习惯跟美国人的不一样。我们的战争、军事部署以及我们的舰队跟他们的毫无共同之处，而我们的哲学跟古代哲学更是大相径庭。火药、指南针、印刷术和其他种种技艺的发明已经为我们改变了整个世界。我们必须描绘事物的真相，正如古人所做的一样，但这不是说我们必须描绘同一事物。

荷马[2]描绘了喝醉酒的神们，他看见伏尔甘[3]进酒时那种笨拙的样子而开怀大笑。在荷马的时代，这样的描写完全没有问题，那时候的神就像我们今天所说的仙人；可是在今天，当然没有一个诗人敢去描写一群围着台子饮酒作乐的天使或圣者。同样，要是有一个作家学维吉尔，让鸟身女面的怪物夺走他主人公的食物，或将击毁了的船只变成半神半人的少女，那么人们又将怎么说呢？简而言之，我们可以赞美古人，但不要让我们的赞赏变成为盲从。为了更好地回顾过去并欣赏那些我们不能加以精确评价的古代作品，让我们不要对自然赋予的美闭上眼睛而使我们自己和自然遭受损失吧。

每种艺术都具有标志民族国家的特殊气质

什么是希腊悲剧？一种在舞台上演出的、几乎没有间断的合唱，不分幕次，很少动作，更少情节。在法国，悲剧通常是一系列的对话，分五幕，包括一个爱情纠葛。在英国，悲剧则纯粹是一个情节问题；如果英国的作家们能将更加自然的风格、合宜的内容和整齐的形式跟赋予戏剧以生命的行动结合起来，他们很快就能发现每一种艺术都具有某种标志着产生这种艺术的国家的特殊气质。

优秀的艺术属于所有的民族

艺术的领域是很广阔的。一个只念古典作家的人往往瞧不起一切用现代语言写成的作品。一个只懂得自己国家语言的人就像是这样的人，他们从未离开过法国宫廷，却宣称世界上其他地方都微不足道，谁见过凡尔赛就是见过一切。

但是争论的问题在于如何理解有文化的民族的共同看法。一篇史诗必须建立在判断的基础上，并且需要由想象来加以丰富。任何有意义的东西都属于世界上所有的民族。

民族艺术的交流

如果欧洲各民族不再互相轻视，而能够深入地考察研究自己邻居的作品和风俗习惯，其目的不是为了嘲笑别人，而是为了从中受益，那么，通过这种交流和观察，也许可以发展出一种人们曾经如此徒劳无益地寻找过的共同的艺术欣赏趣味来。

【注释】

1. 节选自法国伏尔泰《论史诗》(1733 年)，薛诗绮译，见伍蠡甫主编《西方文论选》上卷，上海译文出版社，1979 年。

2. 荷马（Homeros)：古希腊盲诗人，相传是《荷马史诗》创编人。

3. 伏尔甘（Vulcan)：罗马神话中的火神和锻冶之神。

【作者简介】

伏尔泰（Voltaire Francois Marie de，1694 年—1778 年)，原名F·M·阿鲁埃，法国资产阶级启蒙思想家、哲学家、史学家、文学家。著有《亨利亚德》《老实人》《哲学辞典》《形而上学论》等，其中《哲学通信》被称为“投向旧制度的第一颗炸弹”。

【思考练习题】

1. 为什么我们可以赞美古人但不能盲从古人?

2. 希腊、法国和英国的悲剧有什么不同?

3. 为什么说每种艺术都标志着民族国家的特殊气质?

（王勤选文）

★论仁善与慈善（节选）[1]　　（英）休　谟

现在我们就进而说明人类感情的仁善性质，并指出这种性质的价值是从什么得来的。

……

当他的感情的自然倾向使他在他的范围内成为有益的、有用的人时，我们就通过同情那些与他有比较特殊联系的人的情绪，而赞许他的品格，并且爱他这个人。

……

同情虽然比我们对自己的关切微弱得多，而且对远离我们的人的同情也比对近在眼前的人的同情微弱得多，可是在我们关于人们性格的冷静判断中，我们却忽略去所有这些差异。除了我们自己在这一方面往往改变自己的地位以外，我们每天还遇到一些和我们处于不同地位的人，那些人永远不能在任何合理的基础上同我们交谈，如果我们永远停留在我们特有的地位和观点上。因此，在社交和谈话中，彼此情绪的沟通，就使我们形成某种一般的、不变的标准，使我们可以据此而赞许或谴责人们的性格和风俗。人的内心虽然并不永远拥护那些一般性的概念，或是依据这些概念来调准它的爱和恨，可是这些概念足以供交谈之用，并且在交际中，在讲坛上，在剧场上，在学院中都足以达到我们的全部目的。……

根据这些原则，我们就很容易说明我们通常所归于下面一些性质的那种价值，这些性质就是慷慨、仁爱、怜悯、感恩、友谊、忠贞、热忱、无私、好施和构成一个仁善与慈善的性格的其他一切性质。使人发生慈爱情感的那种倾向，就使一个人在人生一切部门中都成为令人愉快的、有益于人的，并且给予他那些本来可以有害于社会的所有其他性质以一个正确的方向。勇敢与野心，如果没有慈善加以调节，只会造成一个暴君和大盗。至于判断力与才具，以及所有那一类的性质，情形也是一样。它俩本身对于社会的利益是漠不关心的，它们所以对人类具有善恶的倾向，是决定于它们从这些其他的情感所得的指导。

爱对于被爱所激动的人是直接使他感到愉快的，而恨是直接使他感到不愉快的，这就可以成为我们所以称赞一切掺杂有爱的情感，并责备一切含有大量的恨的成分的情感的重大理由。的确，我们受到慈爱情绪的无限的感动，正像受到豪情的无限的感动一样。我们一想到它，自然就眼泪盈眶；对于表现慈爱情感的人，我们也不禁报以同样的慈爱。这一切在我看来似乎都证明：在那些情形下，我们的赞许并不是因为我们预料到自己或其他人可能得到效益和利益，而是由于另外一个根源。此外，我们还可以附加说，人们不经反省就很自然地赞许与自己最相类似的性格。具有和蔼的性情和慈爱的感情的人，在形成最完善的德的概念时，总比勇敢而进取的人在那个德的概念中掺杂着较多的慈善和仁爱的成分，后一种人则自然地认为某一种的豪情才是最完善的性格。

……最能使一个仁爱的人受到感动的，就是特别体贴的爱或友谊的表现：在这里，一个人注意到他的朋友的最小的关心的事情，并愿意为之牺牲自己的最重大的利益。这类体贴行为对于社会很少影响，因为它们使我们只考虑一些最琐屑的事情；不过那种关心的事情越是细微，那种体贴也就越加动人，并且证明能够这样体贴的人具有最高的价值。情感是那样富于感染力的，它们极为迅速地由一个人传到另一个人，并在一切人的心胸中产生相应的活动。当友谊表现在突出的例子中时，我的内心就感染了同样的情感，并且因为呈现于我面前的那些热烈的情绪而感到温暖。那种令人愉快的心理活动，必然使我对于激起那些活动的每一个人都产生一种爱。任何人只要有令人愉快的任何性质，情形也都是这样的。由快乐到爱的推移是很容易的：不过这种推移在这里必然是更加容易，因为由同情所刺激起的那种令人愉快的情绪，就是爱的本身；这里不需要别的条件，只需要改变一下对象就可以了。

【注释】

1. 本文节选自休谟的《人性论》，关文运译，商务印书馆，1983年。

【作者简介】

大卫·休谟（David Hume，1711年—1776年），18世纪英国经验派哲学家、不可知论者和历史学家。著有《人性论》（A Treatise of Human Nature），试图把实验推理的方法推广应用于精神哲学，剖析人性中的理智和情感，建立一个新的科学体系。

【思考练习题】

1. 休谟认为爱与恨的根本区别是什么？
2. 什么样的人更具有慈善与仁爱？为什么？
3. 休谟认为什么样的人具有最高的价值？为什么？

（王勤选文）

★构成天才的各种心灵的能力（节选）[1]　（德）康　德

……

康　德

想象力作为一种创造性的认识能力，是一种强大的创造力量，它从实际自然所提供的材料中，创造出第二自然。在经验看来平淡无味的地方，想象力却给我们提供了欢娱和快乐。我们甚至用想象力来重新把经验加以改造，当然，这种改造是根据类比律、根据理性中更高的原则来进行的。（这对我们来说，是很自然的，正好像我们通过理解力来掌握经验的自然一样。）正是用这个办法，我们感到了从联想律中解放出来的自由（联想律从属于想象力在经验中的运用）。其结果，我们就可以把从自然中按照联想律所借用来的材料，加以加工，改造成为另外的某种东西，也就是超过自然的某种东西。……

由想象力所形成的形象显现，就叫做意象。这一方面是因为这些形象显现，至少在力求超出经验的范围，以企求达到理性概念（即理智性的观念）的形象显现，从而赋予这些概念以一种客观现实的外貌；但是，另一方面，更重要的则是因为没有概念能够与作为内心直观的这些形象显现完全符合。诗人肩负了这样的工作，要把看不见的一些理性观念的东西，如像天堂、地狱、永恒、创世等，翻译成为可以感觉到的东西。再或者把经验中所发生的事情，如像死亡、嫉妒、恶德以及诸如爱情、荣誉之类的东西，借助于想象力的帮助，不仅使它们具象化，而且在具象化的当中使它们达到理性的最高度，显示得那么完满以致使得自然本身相形见绌。事实上，正是在诗的艺术中，审美意象的能力才能得到充分地展示。但不管怎么说，就其本身来说，这一能力也无非是一种想象的能力。……

审美意象是一种想象力所形成的形象显现。它从属于某一概念，但由于想象力的自由运用，它又丰富多样，很难找出它所表现的是某种确定的概念。这样，在思想上就增加许多不可名言的东西，感情再使认识能力生动活泼起来，语言也就不仅是一种文字，而是与精神灵魂紧密地联系在一起了。……

结合起来构成天才的各种心灵的能力，是想象力和理解力。如果说，想象力在认识的活动中要受到理解力的束缚，要受到概念的限制，那么，在审美的活动中，它却是自由的，它超出概念之外，与理解力提供丰富的未经开拓过的材料。对于这种材料，在概念上理解力是不屑一顾的。但它之所以利用它们，不是为了客观上的认识，而是为了在主观上使认识能力生动活泼起来，因此，直接地还是为了认识。这样，天才是处于这样一种幸福的关系之中，他能够把某一概念转变成审美的意象，并把审美的意象准确地显现出来。这一点既不是学问、也不是勤奋所能够办到的。正是借助于这样的表现，由于与某一概念相伴随的审美意象所引起的主观的心意状态，就能够传达给旁人。这样的一种才能，就叫做灵魂。因为要把心灵中不可言说的、与特殊的形象显现结合在一起的东西，表现出来，并普遍地传达给旁人，不管是通过语言、绘画或雕刻来表现，都需要有一种才能，它既能把握住想象力瞬息万变的活动，而又能够在不受任何规矩的束缚下传达出某种概念，与某种概念相契合。……

从美学的意义上来看，所谓“灵魂”，是指心灵中起灌注生气作用的那种原则。但是，这个原则靠什么来给对象灌注以生气呢？那就是把心灵的诸能力推向一种符合目的的自由的活动中，在这种自由的活动中，一方面是自给自足的，另一方面又能加强心灵诸能力的活动。

【注释】

1. 本文节选自康德的《判断力批判》，宗白华译，见伍蠡甫主编《西方文论选》上卷，上海译文出版社，1979 年。

【作者简介】

康德（Immanuel Kant，1724 年—1804 年），德国哲学家、天文学家、星云说的创立者之一和德国古典唯心主义创始人，近代西方哲学史上二元论、先验论和不可知论的代表，著有《纯粹理性批判》《实践理性批判》《判断力批判》等。

【思考练习题】

1. 康德认为什么是想象力？想象力有什么作用？
2. 为什么说天才是处于一种幸福的关系之中的？
3. 康德为什么说“灵魂”是一种才能？

（王勤选文）

★论艺术的产生[1]　（德）席　勒

……人并不满足于自然的需要；他要求有所剩余。起初，只不过是物质的剩余，保证他的享受可以超过眼前的必需；但随后是一种附加于物质的剩余，一种审美的补充，从而满足他对于形式的欲望，把享受扩展到必需的范围以外去。……

一旦当他把形式带进享受的领域里，并意识到满足他欲望的客观事物所具有的形式，他就不仅增加了他的享受的广度和强度，而且使它在性质上变得更为珍贵。

自然所给予非理性的生物的东西，已越过了它们单纯生活的必需，并在动物的黑暗生活里投下了一线自由的光明。当雄狮不为饥饿所熬煎，也没有旁的野兽向它挑战时，它那无所施用的精力就给它自己创造了一个对象；它用自己那可怕的啸声，去填满那起着共鸣的荒野；在毫无目的的炫夸中，赏玩着自己旺盛的力量。昆虫在阳光下鼓翼而飞，充满了生命的欢悦；我们所听到的鸟儿的和谐的歌声，显然也不是表示缺少了什么而啼唤。在这些活动中，无可否认地存在着自由，虽然这种自由并不是摆脱所有的需要，而只是摆脱一定的外在需要。……

人的想象，像他身体上的官能一样，具有它的自由的活动和物质的游戏。这种游戏，与形式全然无关，而是想象纯粹在自己的活力和自由无羁之中感到快乐。正因为这种幻想的游戏与形式尚无关系，只是以一系列无羁无束的意象来构成它全部的诱惑性，所以虽然只有人才有想象，但这里的想象仍然属于人的动物性生活方面，并且只说明了人从外部感觉的束缚中解放出来。而我们却不能因此作出推论，说它已具有独立造形的创造力量了。……

这种意象自由交替的游戏，在性质上还完全是属于物质的，并且能用自然规律来加以解释。想象借助于这种游戏，企图创造一个自由的形式，就最后一跃而为审美的游戏了。我们必须称它为跳跃，因为有一种完全崭新的力量参加进来了；因为在这里，制定规律的意识第一次与盲目的本能的活动相结合，使想象的自发的活动服从于想象的不变的永恒统一，使它的自我独立地寓于变化之中，它的无限性寓于知觉之中。……

它创造奇特的形状，喜爱迅速的转变、丰满的形状、突出的对比、炫目的光彩、感伤的歌词。在这时候，对人说来，美无非是能够给他带来刺激和素材的东西——所谓刺激，乃是促使他能独立地反抗，所谓素材，乃是使他有进行造形的可能；否则那东西本身对他就谈不上美了。于是，在他的判断的形式中，发生了一个显著的变化；他追求这些客观事物，不再是因为它们给他以感染，而是因为它们给他提供了行动的机会；他喜爱它们，并不是因为它们满足了一个需要，而是因为它们满足了一条规律，而这规律已经在他内心深处轻轻地说话了。

除了为某种目的服务以外，它还必得反映想出它来的那个巧妙智慧：塑造它的那只充满爱抚的手、挑选推举它的那个活泼自由的心灵。于是，古代的日耳曼人就搜寻更为光滑的兽皮，更为庄严的鹿角，更为优美的角杯。古代苏格兰人也为他们的节日选择最美观的贝壳。甚至武器，已不再只是恐怖的工具，同时也是赏玩的东西；精工雕刻的剑鞘和杀人的剑刃，同样为人所注意。自由的游戏冲动不满足于把审美的剩余带到必需的领域中去，终于完全从必需之中解放出来，于是美的本身就变成了人们努力追求的对象。人开始装饰他自己。自由的娱乐在他的欲望中占了一个地位，没有实用的东西很快地成为他娱乐中最重要的一个部分了。

……形式逐渐从外面向人接近，例如在人的住宅、家具、衣服等方面，便是如此。最后，则占有人的本身，开始使他的外表起变化，然后使他内心起变化。欢乐的毫无规则的跳纵变成舞蹈；手臂的乱挥乱动变成优美而协调的哑剧；因感情而发的杂乱的声音得到发展，并开始服从节奏，速渐成为歌唱。如果说，特洛亚的军队犹如群鹤在飞，呼啸着奔向战场；那么，希腊军队则是在沉默之中接近敌人，并带着一个庄严的、有节奏的步伐。前者使我们只看到了一个盲目力量的横溢，后者则使我们看到了形式的胜利，看到了规律的素朴和庄严。……

【注释】

1. 本文节选自席勒的《审美教育书简》（第 27 封），蒋孔阳译，见伍蠡甫主编《西方文论选》上卷，上海译文出版社，1979 年。

【作者简介】

约翰·克里斯托弗·弗里德里希·冯·席勒（Johann Christoph Friedrich von Schiller，1759年—1805年），德国启蒙运动时期的著名诗人，历史学家，哲学家和剧作家，是德国文学史上著名的“狂飙突进运动”的代表人物。著有《审美教育书简》等。

【思考练习题】

1. 席勒认为艺术产生过程是什么？
2. 如何理解席勒“审美游戏说”？
3. 谈谈你对席勒美学观的认识。

（王勤选文）

关于思考[1]　　（德）叔本华

……

读书或学习，我们可以随心之所欲，爱读什么就读什么，爱学什么就学什么，但这里的所谓“思考”，可就不是这回事了，它像在风中煽火一般，必须始终不断地煽动，才能维持火焰不熄，思考时，必须要对思考的对象发生“兴趣”，不断地刺激它，并且要持之久远不可懈怠。思考兴趣发生的原因可分为两类：一是纯粹客观性的，一是主观性的。后者是在有关自我的事件上，引发了思考的兴趣，前者是对宇宙万物发生兴趣，这一类人之所以思考，就如同我们的呼吸一般，纯属生理的自然现象，当然，这类人并不多见，连一般的所谓学者，真正在思考的，为数也少得可怜。思考和读书在精神上的作用，可说是大异其趣，其距离之大，恐令人难以置信。本来人类的头脑就有着个别的差异，有的人喜爱读书，有的人迷于沉思，再加上前述的距离，使得这原有的差异，越发扩大起来。读书的时候，精神的一切活动全为书本所支配，随书本之喜而喜，随书本之忧而忧，此正如把印章盖在封蜡上一样，其喜怒哀乐的情绪，原不属于自己的精神所有。思考时则不然，在思考的瞬间，精神和外界完全隔绝，随着自己的思考而活动，它不像读书，被别人特定的思想所控制，而是按照当事者的禀性和当时的心情，供应一些资料和情绪而已。所以，一天到晚沉浸读书的人，他的精神弹力便要消失殆尽了，这就和长时期被重物所压的弹簧一般，它的弹力必定会消失的。你如果想做个没有个性、没有思想的动物，去当个“蛀书虫”确是不二法门。大概说来，一般‘博闻多识’的人，多半都无较佳的才慧，他们的著作所以不能成功的道理，正是因为一味死读的关系。这类人正如波普［1］所云：“只是想做个读者，不想当作者。”所谓“学者”是指那些成天研究书本的人，思想家、发明家、天才以及其他人类的“恩人”，则是直接去读“宇宙万物”。严格说来，有他本身根本思想的人，才有真理和生命，为什么呢？因为我们只有对自己的根本思想，才能真正彻底地理解，从书中阅读别人的思想，只是捡拾他人的牙慧或残渣而已。经阅读后所了解的思想，好像考古学家从化石来推断上古植物一样，是各凭所据；从自己心中所涌出的思想，则犹似面对着盛开的花朵来研究植物一般，科学而客观。……

靠着学习得来的真理，就好像义手、义脚、义齿或蜡制鼻子及利用皮肤移植术等，附著在身体的器官一样——也许还不如它们来得逼真。而自己所思索得来的真理，则好像自然的身体四肢，确确实实属于自己所有。……

以读书终其一生的人，他的知识完全是从书本汲取而得，他们有如阅读了许多山水、游记之类的书籍，对于某地或某国的有关知识虽可粗枝大叶地说出来，但是甲地和乙地是如何的联络？人文、物产、习俗又是如何等等，则说不上来。反之，以思考终其一生的人，就像土生土长的父老，一打开话匣子便能把本地事事物物的来龙去脉，以及各种事实或传说和事物的总体关系等，如数家珍般地道出来。

一般的“书籍哲学家”，如同历史的研究者，自己思考的人，犹似事实的目击者。后者，不论对任何事情都是靠他切身的经验，直接领会理解而来，绝不会人云亦云。所以，思想家在根本上是一致的，只是因立足点不同而互有差异。但他们都是把握客观的原则，如果事件本身不使立足点发生任何变化的话，他们的见解则毫无不同。我们往往可经验到，某些自觉太过标新立异的议论，踌躇再三才把它公之于大众，到了后来，在古圣先贤的书籍中，赫然发现也有同样的见解，因而感到一种欣喜的惊愕。书籍哲学家与此相反，他们所讨论的不外是，甲的说法如何，乙则是如何的看法，而丙又怎样地提出商榷，然后才努力地做些批评、比较的工作。这样的追求事物的真理。他们很像写批评的历史著述家。……再说，任你再好的头脑，并不是所有的时间都是适于思考的。因此，我们最好能利用思索以外的时间来读书。读书正如上面所述，它是思考的代用物，而且，此中还有许许多多别人替我们想出来的、和我们不同的方法，可以供给我们精神材料。读书的性质是如此，所以我们不必要读太多的书，如若不然，精神习惯于代用物，将会忘却事物的本身：总是踏着人家既经开拓的道路，而忘却行走自己的思考道路。再说，因为经常耽于书卷中，眼睛就脱离了现实世界，而思考的机缘和气氛，由书本所启发的次数远不如现实世界多，因为现实世界和眼前的事物，具有其原始性和力，是思考精神的最佳对象，最容易促使此精神活动。

《叔本华论文集》，天津：百花文艺出版社，1987

【注释】

1. 波普（1688 年—1744 年）：英国诗人，拟古主义的领袖。

【作者简介】

叔本华（Arthur Schopenhauer，1788 年—1860 年），出生在但泽（今波兰格但斯克）一个银行家家庭。1813 年获耶拿大学博士学位，1831 年后专心致力于思考和写作。德国唯意志主义流派的创始人，生命意志论的主要代表人物。

【思考练习题】

1. 谈谈思考的重要性。
2. 如何看待读书与思考的关系？
3. 文章中“以读书终其一生的人，……如数家珍般地道出来”这一段采用了什么论证方法和修辞手段？

（杨一虹选文）

奕喻[1]　（清）钱大昕

予观奕[2]于友人所，一客数[3]败。嗤[4]其失算，辄[5]欲易置之，以为不逮已也。顷之，客请与予对局，予颇易之[6]，甫[7]下数子，客已得先手[8]。局将半，予思益苦，而客之智尚有余，竟局数之，客胜予十三子。予赧[9]甚，不能出一言。后有招予观奕者，终日默坐而已。

今之学者读古人书，多訾[10]古人之失；与今人居，亦乐称人失。人固不能无失，然试易地以处，平心而度[11]之，吾果无一失乎？吾能知人之失，而不能见吾之失；吾能指人之小失，而不能见吾之大失。吾求吾失且不暇，何暇论人哉？

奕之优劣，有定[12]也。一著之失，人皆见之，虽护前者，不能讳[13]也。理之所在，各是其所是，各非其所非，世无孔子，谁能定是非之真？然则人之失者，未必非得也；吾之无失者，未必非大失也。而彼此相嗤，无有已時，曾[14]观奕者之不若[15]已！

【注释】

1. 本文选自何云波主编《天圆地方：围棋文化散文选》，人民文学出版社，2003 年。
2. 奕：下棋。

3. 数：屡次。
4. 嗤：讥笑。
5. 辄：每每。
6. 易之：轻视他。
7. 甫：刚刚。
8. 得先手：占了上风。
9. 赧（nǎn）：因羞愧而脸红。
10. 訾（zǐ）：诋毁。
11. 度（duó）：推测、估计。
12. 有定：有一定客观标准。
13. 讳：掩盖。
14. 曾：几乎，简直。
15. 不若：不如。

【作者简介】

钱大昕（1728年—1804年），字晓徵、及之，号辛楣、竹汀，晚号潜揅老人。嘉定外冈人。著述繁富，有《经典文字考异》《廿二史考异》《诸史拾遗》《方舆纪要地名考》《十驾斋养新录》《潜研堂全集》等。

【思考练习题】

1. 本文论点是什么？
2. 作者认为学者应有什么样的治学态度？
3. 本文有什么写作特点？

（王勤选文）

《奕喻》导读：棋如人生

这是一篇寓意深刻的短文。作者从观棋小事写起，引出警策性哲理：观人之失易，见己之失难。

下棋观棋，是人们日常生活中极为普通的娱乐活动，作者却能对此别有感悟。文章以“观弈”破题，介绍了一次看人下棋的经历：看人下棋时总觉得人不如己，一旦自己动手，却发现己不如人了。故事看来十分简单，其中的人生哲理却极为深刻。

首先作者以“弈”喻“学”，以读书、处事为例：有些人，读古书喜欢指摘古人的过失；与今人相处，爱数落人家的缺点。人们往往容易看到他人的缺点，而看不到自己的短处。为什么？根源就在不能“异地以处”、“平心而度之”，不能设身处地，换位思考，为当事人着想，也就不能心平气和，态度公允的为人处世。俗话说：当局者迷，旁观者清。人们身处一定的环境、气氛中，受到一定物质和精神条件制约或蒙蔽，必然影响观察力和判断力。那旁观者超脱事外，少了各种局限，自然心平气和，结论反而客观公允。

但是，旁观者也绝非万无一失。所以作者说“吾果无一失乎”——人无完人。作者认为，认识自己的缺点难，挑剔别人过失易，因此，人们应该更多注意自我缺失的检查弥补。

结尾作者引申开来，连类比喻，论及为人治学：“彼此相嗤”——互相攻击，议论他人是非，实不可取。作者认为，下棋的得失易见，而世事的是非难明。如果大家“各是其所是，各非其所非”，就失去了客观衡量的标准。因而不必互相嗤笑，否则，只能是“无有已时”。换言之，不明就里，不要草率发言，无端否定别人。但凡喜欢轻率议论是非的人，读此文，应该有所自觉。

总之，文短而韵长，文字浅近，说理清晰，逻辑性极强，读来令人豁然开朗。

（王勤撰写）

第六章　近现代析理类文体

第一节　近现代析理类文体概述

内容提要：

通过选择性地介绍中、外近现代析理类文本，使学生大致了解近现代析理类文体的成长脉络，尝试分析作者的思维方法，扩大学生的理论视野，培养学生对理论的情感和思考的习惯。

关键词：中国近现代　西方近现代　析理文　发展述略

向思想者们致敬：“人类一思考上帝就发笑。”米兰·昆德拉似乎在否定人类的思考。其实，他的本意是宣泄对该时期偏执于理性（抑或感性）的狭隘思考。事实上，如果东方人类没有先秦时代诸子百家的深邃哲学思考，恐怕至今还在蒙昧原始社会徘徊呢；如果西方人类没有文艺复兴时期的先哲重新发掘古希腊的哲学宝库，恐怕至今还在中世纪教会统治的黑暗中梦游呢。近现代优秀的析理文是众多**思想者**孜孜以求的心血结晶，也是集体劳动智慧的产物，属于人类共同的财富。析理类文体的出现，与科学的理性思维发展息息相关，人类一旦确立了“定性定量的准确性、客观可验证性”的“游戏规则”，整个世界立刻面目一新！“价值中立”的实证主义方法，是近现代文明成长中，摆脱蒙昧、发展物质文明的不二法门。某种意义上说，没有理性思维，就没有近、现代的工业文明积累，也无从谈起当今的数字化时代。

审慎乐观的态度：每一种思想流派的产生，都是为了急迫解决该时期人们现实生存发展中遇到的难题，时代的呼唤需要理论家做出“传道、授业、解惑”意义上的阐释，提供切实有效的世界观和方法论，就像摩西率领部族离开埃及出走耶路撒冷一样，就像盘庚倡议迁移国都一样，带领人群摆脱迷惑迈向文明进步的地段。伴随人类文明的上升，这些思想者及其理论文本客观真实地记录了人类精神成长的历程。歌德《文学风格论》说，理论是在“一个民族摆脱了自然的纯朴的状态而进入更为自觉的人为的文明生活的时候”出现的，析理类文字的出现，的确是人类进入文明时期拾阶而上的显著标志。当人类进入21世纪数字化文明时代，回望“科学、民主、自由”走过的曲折道路，更加缅怀思想者们探索、追求真理所付出的艰辛劳动。

当然，“本质论、理性哲学体系、主体论”所标榜的“万物灵长”学说，在21世纪的当代面临了空前的质疑与挑战。但是，科学理性如何与“人文主义”的价值观念融合，规避物质金钱造成的“物化、异化”弊端，克服功利主义带来的环境生态伤害，这将又是一个值得思考的迫切课题。生存发展过程中，矫枉过正，反思回归，属于阶段性调整，“公开、公平、公正”的游戏规则时刻等待建立和完善。英语世界的“话语霸权”对于后发展国家施加的入侵干扰频仍，后现代主义文化环境下的地球村民们，对未来有理由保持审慎的乐观。

西方近现代析理文：康德、黑格尔建立了古典主义理性哲学的庞大体系，加之孔德实证主义哲学的创立，为近现代自然科学、人文精神的发展奠定了基础，这些理论思想，就像茫茫大海中的灯塔，引导人类文明进步的航程。马克思、恩格斯汲取了古典哲学合理内核，创立的“宏观经济学理论”极大地丰富了西方世界人们的世界观和方法论。弗洛伊德在意识领域也实施了“哥白尼式的革命”。他们对于西方世界垄断资本主义种种弊端的揭露和批判，产生了非常积极的效果。

西学东渐：清末，帝国主义列强“船坚炮利”冲开了古老中国长期封闭的大门，两次鸦片战争惨遭失败的教训，刺激了中国的几代文化精英，他们逐渐树立了“师夷之长”的理念。李鸿章、章之洞等人兴办“洋务”。“实业救国”、“教育救国”、“洋务救国”等呼声一波接着一波，试图重振大清国威。然而骨子里已经腐败透顶的大清，独木难支，天朝王国已经无药可救。孙中山领导的辛亥革命终于推翻了清朝腐败无能的皇权统治，还政于民，建立了“中华民国”。资产阶级宪政改革好景不长，军阀混战，很快又将中国人民掩入了痛苦的深渊。

“俄国 10 月革命一声炮响，给中国人民送来了马克思主义。”来自于中国工农阶层的优秀代表共产党诞生了，以马克思主义的理论思想为武器，队伍不断成长壮大，推翻了近代数百年来奴役压迫百姓的“三座大山”，建立了新中国，中国人民重新站了起来。

立足于中国文化研究的视角，鸦片战争至“五四”运动前后近百年间，除了马克思、恩格斯的理论以外，引进、借鉴过程中影响较大的理论还有：德国尼采、叔本华的哲学思想，对中国现代文学的影响颇为明显。从 1902 年梁启超在《新民丛刊》上发表《进化论革命者颉德之学说》，到 1920 年李石岑主持的《民铎》杂志编辑出版“尼采号”和《尼采超人哲学浅说》，陈铨的《从尼采到叔本华》等著作的出版，从王国维、鲁迅到茅盾、郭沫若的作品，都程度不同地渗透着尼采思想。

本章所选“析理”文，着重于事理、情理、人生哲理和治世法理的分析研究，所涉及的外国析理文章，也大都是相关时期出现的。

从发展阶段上看，鸦片战争至“五四”运动前为中国近代部分；“五四”运动至 1949 年新中国成立，为中国现代部分。中国近、现代析理文又包括：文言析理文、白话析理文。

文言析理文：这是中国思想文化史上的一个独立阶段，具有特殊重要的文化历史地位。其中析理文的创作，内容十分关注晚清思想解放与爱国救亡等主题，言说方式多以文言为载体的古典散体析理文。

白话析理文：“五四”以后，反帝反封建的理论文章也渐次由刻板的古文形式走向白话文。内容大都着重于对哲学思想的阐述，中国学者为了寻求民族解放真理，大量的翻译引荐西方理论，对于中国的思想解放产生了重要影响。朱光潜甚至把中国现代文学的产生和发展归结为“东西文化接触”的结果。他认为中国现代文学的产生虽然有时代的因素，但终极原因还是西方文化对我国现代文学的影响造成的。

中国现代析理文分为三个阶段：

“五四”时期的析理文（1917 年—1927 年）

“五四”时期最早出现的析理性散文作品，是以议论为主的杂感文。当时内忧外患纷至沓来，民族危机日趋严重，置身于时代前列的启蒙思想家们忧心如焚，他们翘首异域，振臂高呼“拥护德莫克拉西（democracy）和赛因斯（Science）两位先生”（陈独秀《本志罪案之答辩书》），扩大了人们的视野。正是在反对封建道德、崇尚个性自由、追求民主科学等新思潮的推动下，现代白话析理文很快脱颖而出。1918 年 4 月《新青年》第四卷第四期开始设立“随感录”栏目，先后发表了李大钊、陈独秀、鲁迅、周作人、钱玄同、刘半农等人的杂感文。与此同时，《每周评论》《新生活》等报刊也相继推出类似栏目，形成了颇有气势的杂感散文的创作浪潮。陈独秀是“杂感录”这一文体的开创者，而鲁迅则是杂感文创作中成就最高、最具有代表性的作家。周作人是《新青年》“随感录”的重要作者，朱自清与冰心在析理散文方面也取得突出成就。这一时期散文创作中比较活跃的作家还有林语堂、郁达夫、徐志摩、郭沫若、瞿秋白等人。总的说来，在“五四”新文学创作中，散体析理文应该说是较有成就的门类。

20 世纪 30 年代的析理文（1928 年—1937 年 7 月）

20 世纪 30 年代的析理文创作，继承了“五四”析理文多样风格的传统，同时在表现社会生活容量、文体演变等方面也有了一些新发展。20 世纪 30 年代特定的历史环境和历史任务对文学的制约，大体决定了散文发展的基本方向：为了适应反映时代脉搏的需要，产生了杂文形式的析理文，随着作家对现实的不同态度所作的不同艺术选择，其艺术内涵也更趋丰厚。成就突出的析理文有：鲁迅、瞿秋白、徐懋庸等人的杂文；丰子恺的哲理散文《缘缘堂随笔》；梁遇春颇有风格的《春醪集》《泪与笑》。此外，林语堂、周作人等提倡“超脱”、“闲适”、“幽默”格调的小品文，内容不少析理成分，具有人生启迪意义。

抗日战争和解放战争时期的析理文（1937 年 7 月—1949 年 9 月）

“七七事变”后，中国人民全面抗战，中华民族面临生死存亡考验，强烈地影响着现代文学的走向。抗日题材的析理类文字也不乏优秀作品，成就最高的作品是毛泽东的《星星之火，可以燎原》《论持久战》《愚公移山》等，时光磨洗，光焰犹存。毛泽东善于将中国的农民、农村实际情况与马克思主义的理论相结合，讲话、写作运用普通百姓能够听得懂的言说方式，前无古人，后无来者，就此，足见其伟大。

话语权就是生存权。如何在各种沸腾嘈杂声响中，讲求修辞策略，经营属于我们自己民族的、个人的言说方式，扩大华语母语的使用空间，清晰地表达中国人的声音，这是未来每个公民肩负的责任。

（杨一虹、吴志强撰写）

第二节　近现代析理类文选

“今”[1]　　李大钊

我以为世间最可宝贵的就是“今”，最易丧失的也是“今”，因为他最容易丧失，所以更觉得他可以宝贵。

为什么“今”最可宝贵呢？最好借哲人耶曼孙所说的话答这个疑问：“尔若爱千古，尔当爱现在。昨日不能唤回来，明天还不确实，尔能确有把握的就是今日。今日一天，当明日两天。”

为什么“今”最易丧失呢？因为宇宙大化[2]，刻刻流转，绝不停留。时间这个东西，也不因为吾人贵他爱他稍稍在人间留恋。试问吾人说“今”，说“现在”，茫茫百千万劫[3]，究竟哪一刹那是吾人的“今”，是吾人的“现在”呢？刚刚说他是“今”是“现在”，他早已风驰电掣的一般，已成“过去”了。吾人若要糊糊涂涂把他丢掉，岂不可惜？

有的哲学家说，时间但有“过去”与“未来”，并无“现在”。有的又说，“过去”、“未来”皆是“现在”。我以为“过去未来皆是现在”的话倒有些道理。因为“现在”就是所有“过去”流入的世界，换句话说，所有“过去”都埋没于“现在”的里边。故一时代的思潮，不是单纯在这个时代所能凭空成立的，不晓得有几多“过去”时代的思潮，差不多可以说是由所有“过去”

时代的思潮，一一凑合而成的。吾人投一石子于时代潮流里面，所激起的波澜声响，都向永远流动传播，不能消灭。屈原的《离骚》，永远使人人感泣。打击林肯[4]头颅的枪声，呼应于永远的时间与空间。一时代的变动，绝不消失，仍遗留于次一时代，这样传演，至于无穷，在世界中有一贯相连的永远性。昨日的事件与今日的事件，合构成数个复杂事件。此数个复杂事件与明日的数个复杂事件，更合构成数个复杂事件。势力结合势力，问题牵起问题。无限的“过去”都以“现在”为归宿，无限的“未来”都以“现在”为渊源。“过去”、“未来”的中间全仗有“现在”以成其连续，以成其永远，以成其无始无终的大实在。一掣现在的铃，无限的过去未来皆遥相呼应。这就是过去未来皆是现在的道理。这就是“今”最可宝贵的道理。

【注释】

1. 本文节选自《李大钊文集·今》，写于1918年1月15日。

2. 宇宙大化：即大自然，客观世界。

3. 劫：梵语“劫波”的略称，古印度传说世界若干万年会经历一次毁灭，然后一切重新开始，这样的一个周期叫做一“劫”。

4. 林肯：1861年—1865年的美国总统，主张维护联邦统一，逐步废除农奴制，在南北内战结束时，被南方奴隶主指使暴徒刺死。

【作者简介】

李大钊（1889年—1927年），字守常，河北乐亭县人。学者、思想家。他是民主革命时期研究和宣扬西方社会政治学说的代表人物之一，尤其是“五四”后期独倾心于唯物史观，为新文化运动的发展、历史唯物主义的传播和中国共产党的创建，立下了丰功伟绩。在1917年—1919年期间，曾连续发表了许多热情宣传俄国革命和马克思主义的文章，并与资产阶级改良派展开“问题与主义”的论战。

1918年参加《新青年》杂志编辑部，曾发表了《庶民的胜利》《我的马克思主义观》等文章。1920年发起组织马克思学说研究会和共产主义小组，成为中国共产党的主要创始人之一。1927年被奉系军阀张作霖杀害。

1958年人民出版社出版了《李大钊选集》，1981年人民出版社又编辑出版了《李大钊诗文选集》。

【思考练习题】

1. 本文使用了哪些类型的论据来论证中心论点？

2. 本文是如何阐述中心论点完成论证过程的？

3. 联系本文的时代背景，谈谈作者的写作意图。

4. 请以最简明的一句话概括出下文的意思。

吾人在世，不可厌“今”而徒回思“过去”，梦想“将来”，以耗误“现在”的努力；又不可以“今”境自足，毫不拿出“现在”的努力，谋“将来”的发展。宜善用“今”，以努力为“将来”之创造。由“今”所造的功德罪孽，永久不灭。故人生本务，在随实在之进行，为后人造大功德，供永远的“我”享受，扩张，传袭，至无穷极，以达“宇宙即我，我即宇宙”之究竟。

（张晓丹选文）

论毅力[1]　　梁启超

天下古今成败之林，若是其莽然[2]不一途也。要[3]其何以成，何以败？曰：“有毅力者成，反是者败。”

盖人生历程，大抵逆境居十六七，顺境亦居十三四，而顺逆两境，又常相间以迭乘[4]。无论事之大小，而必有数次乃至十数次之阻力，其阻力虽或大或小，而要之必无可逃避者也[5]。其在志力薄弱之士，始固[6]曰吾欲云云，吾欲云云，其意以为天下事固易易也，及骤尝焉而阻力猝来[7]，颓[8]然丧矣；其次弱者，乘一时之客气，透过此第一关，遇再挫而退；稍强者，遇三四挫而退；更稍强者，遇五六挫而退；其事愈大者，其遇挫愈多，其不退也愈难，非至强之人，未有能善于其终者也。

夫苟其挫而不退矣，则小逆之后，必有小顺；大逆之后，必有大顺。盘根错节[9]之既经，而随有应刃而解之一日。旁观者徒艳羡[10]其功之成，以为是殆[11]幸运儿，而天有以宠彼也[12]，又以为我蹇于遭逢[13]，故所就不彼若也。庸讵知所谓蹇焉、幸焉者[14]，彼皆与我之所同，而其能征服此蹇焉。利用此幸焉与否，即彼成我败所由判也[15]。更譬诸操舟[16]，如以兼旬之期，行千里之地者，其间风潮之或顺或逆，常相参伍[17]。彼以坚苦忍耐之力，冒其逆而突过之[18]，而后得从容以进度其顺。我则或一日而返焉，或二三日而返焉，或五六日而返焉，故彼岸终不可得达也。

孔子曰："譬如为山，未成一篑，止，吾止也；譬如平地，虽复一篑，进，吾往也[19]。"孟子曰："有为者，譬若掘井，掘井九仞，而不及泉，犹为弃井也[20]。"成败之数[21]，视此而已。

【注释】

1. 本篇节选自《饮冰室文集》中的《专集·新民说》第15节，写于1902年，即戊戌变法第四年。变法失败后，志士同仁，损失惨重，环境险恶，在这种逆境下，梁启超想到了古今中外伟大的成功经验——毅力，以此为突破口，证明只有凭着坚韧的毅力，才能征服逆境，实现人生的追求，以此激励在变法之后处于逆境的同志要克服困难，继续前进。

2. 莽然：广大众多的样子。

3. 要：概括地推究。

4. 相间以迭乘：相间，互相穿插。以，而。迭乘：交替地呈现。

5. 要之：总之。

6. 固：必然，一定。

7. 及骤尝焉，而阻力猝来：及，等到。骤，很快地。尝，尝试、经历。猝，突然。

8. 颓：倒塌。

9. 盘根错节：树根盘绕，干节交错，用以比喻事情复杂，不易解决。

10. 艳羡：十分羡慕。

11. 殆：几乎、差不多。

12. 而天有以宠彼也：而是老天特别有爱于他。

13. 蹇于遭逢：蹇，跛足，引申为艰难、困难。遭逢，遭遇。

14. 庸讵：岂，表反问。

15. 判：分开，区别。

16. 操舟：驾船。

17. 参伍：交相错杂。

18. 冒其逆而突过之：意为顶着逆风恶浪而冲破，通过这一难关。

19. 譬如为山，未成一篑……吾往也：语出《论语·子罕》。篑：盛土的竹筐。

20. 有为者，……犹为弃井也：语出《孟子·尽心上》。仞，古代长度单位，周制以八尺为一仞，汉制以七尺为一仞。

21. 数（shù）：天数，含有规律的意义。

【作者简介】

梁启超（1873年—1929年），字卓如，号任公，又号饮冰室主人。广东新会人。光绪举人，是康有为的学生，与康合称"康梁"。近代改良主义者，学者。1896年在上海主编《时务报》，发表《变法通议》，宣传资产阶级改良主义，介绍西方国家教育制度，主张开学校，育人才。戊戌变法失败，逃亡日本。先后主编《清议报》和《新民丛报》，主张君主立宪。辛亥革命后，出任袁世凯政府的司法总长、财政总长等职。曾倡导文体改良的"诗界革命"和"小说界革命"。早年所作政论文，流利畅达，感情奔放，颇具特色。晚年在清华学校任教。所著编为《饮冰室合集》。

【思考练习题】

1. 本文的中心论点是什么？
2. 文章如何体现出起承转合的结构特点？
3. 文章中层递句的运用有什么作用？
4. 理解并说明文中正反对比的说理方法。

（张晓丹选文）

最先与最后[1]　　鲁　迅

鲁　迅

《韩非子》说赛马的妙法，在于“不为最先，不耻最后”[2]。这虽是从我们这样外行的人看起来，也觉得很有理。因为假若一开首便拼命奔驰，则马力易竭。但那第一句是只适用于赛马的，不幸中国人却奉为人的处世金鍼[3]了。

中国人不但“不为戎首”[4]，“不为祸始”，甚至于“不为福先”[5]。所以凡事都不容易有改革；前驱和闯将，大抵是谁也怕得做。然而人性岂真能如道家所说的那样恬淡；欲得的却多。既然不敢径取，就只好用阴谋和手段。以此，人们也就日见其卑怯了，既是“不为最先”，自然也不敢“不耻最后”，所以虽是一大堆群众，略见危机，便“纷纷作鸟兽散”[6]了。如果偶有几个不肯退转，因而受害的，公论家便异口同声，称之曰傻子。对于“锲而不舍”的人们也一样。

我有时也偶尔去看看学校的运动会。这种竞争，本来不像两敌国的开战，挟有仇隙的，然而也会因了竞争而骂，或者竟打起来。但这些事又作别论。竞走的时候，大抵是最快的三四个人一到决胜点，其余的便松懈了，有几个还至于失了跑完预定的圈数的勇气，中途挤入看客的群集中；或者佯为跌倒，使红十字队用担架将他抬走。假若偶有虽然落后，却尽跑，尽跑的人，大家就嗤笑他。大概是因为他太不聪明，“不耻最后”的缘故罢。

所以中国一向就少有失败的英雄，少有韧性的反抗，少有敢单身鏖战[7]的武人，少有敢抚哭叛徒的吊客；见胜兆则纷纷聚集，见败兆则纷纷逃亡。战具比我们精利的欧美人，战具未必比我们精利的匈奴蒙古满洲人，都如入无人之境。“土崩瓦解”这四个字，真是形容得有自知之明。

多有“不耻最后”的人的民族，无论什么事，怕总不会一下子就“土崩瓦解”的，我每看运动会时，常常这样想：优胜者固然可敬，但那虽然落后而仍非跑至终点不止的竞技者，和见了这样竞技者而肃然不笑的看客，乃正是中国将来的脊梁。

【注释】

1. 本文选自鲁迅的《华盖集·这个与那个》，人民文学出版社，1980年。包括四篇短文：即《读经与读史》《捧与挖》《最先与最后》和《流产与断种》。

2. 《韩非子》：韩非著，现在通行的有20卷，55篇。韩非（约前280年—前233），战国时韩国人，古代思想家和政治家。《韩非子》中没有“不耻最后”的话，在《淮南子·诠言训》中有类似的记载：“驰者不贪最先，不恐独后……”。

3. 处世金鍼：指做人的诀窍。鍼（zhēn）：同“针”。

4. 不为戎首：语出《礼记·檀弓》：“毋为戎首，不亦善乎？”据汉代郑玄注：“为兵主来攻伐曰戎首。”

5. 不为祸始、不为福先：均出自《庄子·刻意》：“不为福先，不为祸始；感而后应，迫而后动，不得已而后起。”

6. 作鸟兽散：像受惊的鸟兽一样四处逃散。

7. 鏖战：激烈地战斗；苦战。鏖，音 áo。

【思考练习题】

1. 文章的中心论点是什么？什么是“不耻最后”的精神？

2. 文章论述了中国人应该不仅敢于“为最先”，也应该敢于“不耻最后”。对于以上两者，作者论述的重点是哪一个？为什么？

3. 文章是如何论述中心论点的？

4. 谈谈你对本文的认识。

（王勤选文）

论气节[1]　朱自清

气节是我国固有的道德标准，现代还用着这个标准来衡量人们的行为，主要的是所谓读书人或士人的立身处世之道。但这似乎只在中年一代如此，青年一代倒像不大理会这种传统的标准，他们在用着正在建立的新的标准，也可以叫做新的尺度。中年一代一般的接受这传统，青年一代却不理会它，这种脱节的现象是这种变的时代或动乱时代常有的。因此就引不起什么讨论。直到近年，冯雪峰[2]先生才将这标准这传统作为问题提出，加以分析和批判，这是在他的《乡风与市风》那本杂文集里。

冯先生指出“士节”的两种典型：一是忠臣，一是清高之士。他说后者往往因为脱离了现实，成为“为节而节”的虚无主义者，结果往往会变了节。他却又说“士节”是对人生的一种坚定的态度，是个人意志独立的表现。因此也可以成就接近人民的叛逆者或革命家，但是这种人物的造就或完成，只有在后来的时代，例如我们的时代。冯先生的分析，笔者大体同意；对这个问题笔者近来也常常加以思索，现在写出自己的一些意见，也许可以补充冯先生所没有说到的。

气和节似乎原是两个各自独立的意念。《左传》[3]上有“一鼓作气”的话，是说战斗的。后来所谓“士气”就是这个气，也就是“斗志”；这个“士”指的是武士。孟子提倡的“浩然之气”，似乎就是这个气的转变与扩充。他说“至大至刚”，说“养勇”，都是带有战斗性的。“浩然之气”是“集义所生”，“义”就是“有理”或“公道”。后来所谓“义气”，意思要狭隘些，可也算是“浩然之气”的分支。现在我们常说的“正义感”，虽然特别强调现实，似乎也还可以算是跟“浩然之气”联系着的。至于文天祥[4]所歌咏的“正气”，更显然跟“浩然之气”一脉相承。不过在笔者看来两者却并不完全相同，文氏似乎在强调那消极的节。

节的意念也在先秦时代就有了，《左传》里有“圣达节，次守节，下失节”的话。古代注重礼乐，乐的精神是“和”，礼的精神是“节”。礼乐是贵族生活的手段，也可以说是目的。他们要定等级，明分际，要有稳固的社会秩序，所以要“节”，但是他们要统治，要上统下，所以也要“和”。礼以“节”为主，可也得跟“和”配合着；乐以“和”为主，可也得跟“节”配合着。节跟和是相反相成的。明白了这个道理，我们可以说所谓“圣达节”等等的“节”，是从礼乐里引申出来成了行为的标准或做人的标准；而这个节其实也就是传统的“中道”。按说“和”也是中道，不同的是“和”重在合，“节”重在分；重在分所以重在不犯不乱，这就带上消极性了。

向来论气节的，大概总从东汉末年的党祸起头。那是所谓处士横议的时代。在野的士人纷纷的批评和攻击宦官们的贪污政治，中心似乎在太学[5]。这些在野的士人虽然没有严密的组织，却已经在联合起来，并且博得了人民的同情。宦官们害怕了，于是乎逮捕拘禁那些领导人。这就是所谓“党锢”或“钩党”，“钩”是“钩连”的意思。从这两个名称上可以见出这是一种群众的力量。那时逃亡的党人，家家愿意收容着，所谓“望门投止”，也可以见出人民的态度，这种党人，大家尊为气节之士。气是敢作敢为，节是有所不为——有所不为也就是不合作。这敢作敢为是以集体的力量为基础的，跟孟子的“浩然之气”与世俗所谓“义气”只注重领导者的个人不一样。后来宋朝几千太学生请愿罢免奸臣，以及明朝东林党的攻击宦官，都是集体运动，也都是气节的表现。但是这种表现里似乎积极的“气”更重于消极的“节”。

在专制时代的种种社会条件之下，集体的行动是不容易表现的，于是士人的立身处世就偏向了“节”这个标准。在朝的要做忠臣。这种忠节或是表现在冒犯君主尊严的直谏上，有时因此牺牲性命；或是表现在不做新朝的官甚至以身殉国上。忠而至于死，那是忠而又烈了。在野的要做清高之士，这种人表示不愿和在朝的人合作，因而游离于现实之外；或者更逃避到山林之中，那就是隐逸之士了。这两种节，忠节与高节，都是个人的消极的表现。忠节至多造就一些失败的英雄，高节更只能造就一些明哲保身的自了汉，甚至于一些虚无主义者。原来气是动的，可以变化。我们常说志气，志是心之所向，可以在四方，可以在千里，志和气是配合着的。节却是静的，不变的；所以要不“守节”，要不“失节”。有时候节甚至于是死的，死的节跟活的现实脱了榫，于是乎自命清高的人结果变了节，冯雪峰先生论到周作人[6]，就是眼前的例子。从统治阶级的立场看，“忠言逆耳利于行”，忠臣到底是卫护着这个阶级的，而清高之士消纳了叛逆者，也是有利于这个阶级的。所以宋朝人说“饿死事小，失节事大”[7]，原先说的是女人，后来也用来说士人，这正是统治阶级代言人的口气，但是也表示着到了那时代士的个人地位的增高和责任的加重。

“士”或称为“读书人”，是统治阶级最下层的单位，并非“帮闲”。他们的利害跟君相是共同的，在朝固然如此，在野也未尝不如此。固然在野的处士可以不受君臣名分的束缚，可以“不事王侯，高尚其事”，但是他们得吃饭，这饭恐怕还得靠农民耕给他们吃，而这些农民大概是属于他们做官的祖宗的遗产的。“躬耕”往往是一句门面话，就是偶然有个把真正躬耕的如陶渊明，精神上或意识形态上也还是在负着天下兴亡之责的士，陶的《述酒》等诗就是证据。可见处士虽然有时横议，那只是自家人吵嘴闹架，他们生活的基础一般的主要的还是在农民的劳动上，跟君主与在朝的大夫并无两样，而一般的主要的意识形态，彼此也是一致的。

然而士终于变质了，这可以说是到了民国时代才显著。从清朝末年开设学校，教员和学生渐渐加多，他们渐渐各自形成一个集团；其中有不少的人参加革新运动或革命运动，而大多数也倾向着这两种运动。这已是气重于节了。等到民国成立，理论上人民是主人，事实上是军阀争权。这时代的教员和学生意识着自己的主人身份，游离了统治的军阀；他们是在野，可是由于军阀政治的腐败，却渐渐获得了一种领导的地位。他们虽然还不能和民众打成一片，但是已经在渐渐的接近民众。五四运动划出了一个新时代。自由主义建筑在自由职业和社会分工的基础上。教员是自由职业者，不是官，也不是候补的官。学生也可以选择多元的职业，不是只有做官一路。他们于是从统治阶级独立，不再是“士”或所谓“读书人”，而变成了“知识分子”，集体的就是“知识阶级”。残余的“士”或“读书人”自然也还有，不过只是些残余罢了。这种变质是中国现代化的过程的一段，而中国的知识阶级在这过程中也曾尽了并且还在想尽他们的任务，跟这时代世界上别处的知识阶级一样，也分享着他们一般的运命。若用气节的标准来衡量，这些知识分子或这个知识阶级开头是气重于节，到了现在却又似乎是节重于气了。

知识阶级开头凭着集团的力量勇猛直前，打倒种种传统，那时候是敢作敢为一股气。可是这个集团并不大，在中国尤其如此，力量到底有限，而与民众打成一片又不容易，于是碰到集中的武力，甚至加上外来的压力，就抵挡不住。而一方面广大的民众抬头要饭吃，他们也没法满足这些饥饿的民众。他们于是失去了领导的地位，逗留在这夹缝中间，渐渐感觉着不自由，闹了个“四大金刚悬空八只脚”。他们于是只能保守着自己，这也算是节罢；也想缓缓的落下地去，可是气不足，得等着瞧。可是这里的是偏于中年一代。青年一代的知识分子却不如此，他们无视传统的“气节”，特别是那种消极的“节”，替代的是“正义感”，接着“正义感”的是“行动”，其实

“正义感”是合并了“气”和“节”，“行动”还是“气”。这是他们的新的做人的尺度。等到这个尺度成为标准，知识阶级大概是还要变质的罢？

【注释】

1. 本文原载《知识与生活》，1947年5月1日第2期，是朱自清的一篇演讲稿。

2. 冯雪峰：（1903年—1976年），现代诗人、文学评论家。1922年与应修人、汪静之等人创立“湖畔诗社”。1927年加入中国共产党，先后任“左联”党团书记、中共上海中央局文委书记等，参加过长征。1949年后曾任全国文联党组书记、作家协会副主席等职。

3. 《左传》：《春秋左氏传》的简称，亦称《左氏春秋》，是一部解说《春秋》的编年史书，相传为春秋末年鲁国史官左丘明所撰。书中保留了大量古代史料，文字优美，记事详明，是中国古代一部文学和史学名著。

4. 文天祥：（1236年—1283年），南宋大臣，文学家。南宋末年任右丞相，领导抵抗元兵入侵，兵败被俘，在威胁利诱之下始终不屈，后被杀害。所作《正气歌》《过零丁洋》等诗一向为后世传诵，著有《文山先生全集》。

5. 太学：中国古代的学校，是传授儒家经典的最高学府。

6. 周作人：（1885年—1967年），浙江绍兴人，现代散文家。五四时期，曾反对旧思想、旧文化，倡导“平民文学”、“人的文学”，是“文学研究会”的发起人之一。后来思想逐渐消极蜕化，抗战爆发后，任日伪统治下北京大学图书馆长、文学院长，并参加伪组织，任华北教育总署督办等职。抗战胜利后曾以汉奸罪被捕。

7. 宋朝人：指北宋哲学家、教育家程颐（1033年—1107年），引文的原文：“饿死事极小，失节事极大”，见《河南程氏遗书》卷二十二。

【作者简介】

朱自清（1898年—1948年），原名自华，字佩弦，号秋实，取“春华秋实”之意。祖籍浙江绍兴。现代著名散文家、学者，是“文学研究会”的早期成员。曾在清华大学、西南联合大学任教。以语言洗练、文笔秀丽的散文风格著称。晚年积极参加反帝民主运动。

有作品集《朱自清文集》，代表作有文艺论著《诗言志辨》（1947）、《论雅俗共赏》（1948），散文集《背影》（1928）、《欧游杂记》（1934）、《你我》（1936）等。

【思考练习题】

1. 本文的中心论点是什么？
2. 作者对“气节”这一传统道德标准的态度是怎样的？对青年一代知识分子新的做人尺度持怎样的期望？
3. 本文如何采用归纳法进行论证的？
4. 找出文中具有对应关系的词语，说明其对应意义。

（张晓丹选文）

体育之效（节选）[1]　　毛泽东

人者，动物也，则动尚矣。人者，有理性的动物也，则动必有道。然则何贵乎此动邪[2]？何贵乎此有道之动邪？动以营生也，此浅言之也；动以卫国也，此大言之也。皆非本义。动也者，盖养乎吾生乐乎吾心而已。朱子主敬，陆子主静。静，静也；敬，非动也，亦静而已。老子曰无动为大。释氏[3]务求寂静。静坐之法，为朱陆[4]之徒者咸尊之。近有因是子[5]者，言静坐法，自诩[6]其法之神，而鄙运动者之自损其体。是或一道，然予未敢效之也。愚拙之见，天地盖惟有动而已。

动之属于人类而有规则之可言者曰体育。前既言之，体育之效，则强筋骨也。愚[7]昔尝闻，人之官骸肌络，及时而定，不复再可改易，大抵二十五岁以后，即一成无变。今乃知其不然。人之身盖日日变易者：新陈代谢之作用不绝行于各部组织之间，目不明可以明，耳不聪可以聪，虽六七十之人犹有改易官骸之效，事盖有必至者。又闻弱者难以转而为强，今亦知其非是。盖生而强者，滥用其强，不戒于种种嗜欲，以渐戕（qiāng）贼其身，自谓天生好身手，得此已足，尚待锻炼？故至强者或终转为至弱。至于弱者，则恒自悯其身之下全，而惧其生之不永，兢业自持。于消极方面，则深戒嗜欲，不敢使有损失。于积极方面，则勤自锻炼，增益其所不能。久之遂变而为强矣。故生而强者不必自喜也，生而弱者不必自悲也。吾生而弱乎，或者天之诱我以至于强，未可知也。东西著称之体育家，若美之罗斯福、德之孙棠、日本之嘉纳[8]，皆以至弱之身，而得至强之效。又尝闻之，精神身体，不能并完。用思想之人，每歉于体；而体魄蛮健者，多缺于思。其说亦谬。此盖指薄志弱行之人，非所以概乎君子也。孔子七十二而死，未闻其身体不健；释迹往来传道，死年亦高；邪苏不幸以冤死；至于摩诃末[9]，左持经典，右执利剑，征压一世。此皆古之所谓圣人，而最大之思想家也。今之伍秩庸[10]先生，七十有余岁矣，自谓可至百余岁，彼亦用思想之人也；王湘绮[11]死年七十余，而康健矍（jué）铄（shuò）。为是说者，其何以解邪？总之，勤体育则强筋骨，强筋骨则体质可变，弱可转强，身心可以并完。此盖非天命而全乎人力也。

非第强筋骨也，又足以增知识。近人有言曰：文明其精神，野蛮其体魄。此言是也。欲文明其精神，先自野蛮其体魄。苟野蛮其体魄矣，则文明之精神随之。夫知识之事，认识世间之事物而判断其理也。于此有须于体者焉。直观则赖乎耳目，思索则赖乎脑筋，耳目脑筋之谓体，体全而知识之事以全。故可谓间接从体育以得知识。今世百科之学，无论学校独修，总须力能胜任。力能胜任者，体之强者也。不能胜任者，其弱者也。强弱分，而所任之区域以殊矣。

非第增知识也，又足以调感情。感情之于人，其力极大。古人以理性制之，故曰“主人翁常惺惺否”，又曰“以理制心”。然理性出于心，心存乎体。常观罢弱之人，往往为感情所役，而无力以自拔；五官不全及肢体有缺者，多困于一偏之情，而理性不足以救之。故身体健全，感情斯正，可谓不易之理。以例言之：吾人遇某种不快之事，受其刺激，心神震荡，难于制止，苟加以严急之运动，立可汰去陈旧之观念，而复使脑筋清明，效盖可立而待也。

非第调感情也，又足以强意志。体育之大效，盖尤在此矣。夫体育之主旨，武勇也。武勇之目，若猛烈，若不畏，若敢为，若耐久，皆意志之事。取例明之，如冷水浴足以练习猛烈与不畏，又足以练习敢为。凡各种之运动，持续不改，皆有练习耐久之益。若长距离之赛跑，于耐久之练习尤著。夫力拔山气盖世，猛烈而已；不斩楼兰誓不还，不畏而已；化家为国，敢为而已；八年于外，三过其门而不入，耐久而已。要皆可于日常体育之小基之。意志也者，固人生事业之先躯也。

肢体纤小者举止轻浮，肤理缓弛者心意柔钝，身体之影响于心理也如是。体育之效，至于强筋骨，因而增知识，因而调感情，因而强意志。筋骨者，吾人之身；知识、感情、意志者，吾人之心。身心皆适，是谓俱泰。故夫体育非他，养乎吾生、乐乎吾心而已。

【注释】

1. 本文节选自毛泽东的《体育之研究》，原载1917年4月1日《新青年》第3卷第2号。

2. 邪（yē）：同“耶”，表示疑问的语气词。

3. 释氏：即佛教的创始人释迦穆尼。

4. 朱陆：“朱”指南宋朱熹（1130年—1200年）是中国历史上继孔子之后最伟大的思想家、哲学家和教育家，南宋理学的代表人物。“陆”指陆九渊（1139年—1192年），字子静。抚州金溪人。南宋哲学家、教育家、理学家、主观唯心主义哲学家。他主张“吾心即是宇宙”，又倡“心即理”说。

5. 因是子：名叫蒋维乔，习静坐数十年，著有“因是子静坐法”。

6. 自诩（xǔ）：自我夸耀。

7. 愚：指作者自己。

8. 孙棠：据日文“体育大字典”载Sauod，是德国铁哑铃操的普及者，常作巡回演出。嘉纳：（1860年—1938年），日本东京大学教授，讲道馆馆长，曾将日本“柔术”改良为“柔道”，后被选为国际奥林匹克委员会委员。

9. 邪稣：即耶稣，基督教的创始人，因改革犹太教，被钉死于十字架。摩诃末：即伊斯兰教的创始人穆罕默德。

10. 伍秩庸：即伍廷芳，是清朝留学美国的较早者，辛亥革命后，任外交、司法等部部长。

11. 王湘绮：即王闿运，清朝曾在校经、船山几个大书院讲学，辛亥革命后，任国史馆馆长。

【作者简介】

毛泽东（1893年—1976年），字润之，笔名子任。伟大的无产阶级革命家、战略家和理论家，中国共产党、中国人民解放军和中华人民共和国的主要缔造者和卓越的领导人、诗人、书法家。著有《毛泽东文集》八卷、《二十四史》评注本等。

【思考练习题】

1. 作者认为什么是"体育之效"？
2. 作者是如何解释"文明其精神，野蛮其体魄"的？
3. 作者认为体育的实质是什么？

（王勤选文）

★山水美的发现和晋人的艺术心灵（节选）[1] 宗白华

《世说》[2]载东晋画家顾恺之从会稽还，人问山水之美，顾云："千岩竞秀，万壑（hè）争流，草木蒙笼其上，若云兴霞蔚。"这几句话不是后来五代北宋荆（浩）、关（同）、董（源）、巨（然）等山水画境界的绝妙写照么？中国伟大的山水画的意境，已包具于晋人对自然美的发现中了！而《世说》载简文帝入华林园，顾谓左右曰："会心处不必在远，翳然林水，便自有濠濮间想[3]也。觉鸟兽禽鱼自来亲人。"这不又是元人山水花鸟小幅，黄大痴、倪云林、钱舜举、王若水的画境吗？（中国南宗画派的精意在于表现一种潇洒胸襟，这也是晋人的流风余韵。）

晋宋人欣赏山水，由实入虚，即实即虚，超入玄境。当时画家宗炳云："山水质有而趣灵。"诗人陶渊明的"采菊东篱下，悠然见南山"，"此中有真意，欲辩已忘言"；谢灵运的"溟涨无端倪，虚舟有超越"；以及袁彦伯的"江山辽落，居然有万里之势"。王右军与谢太傅[4]共登冶城，谢悠然远想，有高世之志。荀中郎[5]登北固望海云："虽未睹三山，便自使人有凌云意。"晋宋人欣赏自然，有"目送归鸿，手挥五弦"，超然玄远的意趣。这使中国山水画自始即是一种"意境中的山水"。宗炳[6]画所游山水悬于室中，对之云："抚琴动操，欲令众山皆响！"郭景纯[7]有诗句曰："林无静树，川无停流"，阮孚评之云："泓峥萧瑟，实不可言，每读此文，辄觉神超形越。"这玄远幽深的哲学意味深透在当时人的美感和自然欣赏中。

晋人以虚灵的胸襟、玄学的意味体会自然，乃能表里澄澈、一片空明，建立最高的晶莹的美的意境！司图空《诗品》里曾形容艺术心灵为"空潭写春，古镜照神"，此境晋人有之：

> 王羲之曰："从山阴道上行，如在镜中游！"
>
> 心情的朗澄，使山川影映在光明净体中！
>
> 王司州（修龄）[8]至吴兴印渚中看，叹曰："非唯使人情开涤，亦觉日月清朗！"
>
> 司马太傅（道子）[9]斋中夜坐，于时天月明净，都无纤翳，太傅叹以为佳。谢景重在坐，答曰："意谓乃不如微云点缀。"太傅因戏谢曰："卿居心不净，乃复强欲滓秽太清邪？"

这样高洁爱赏自然的胸襟，才能够在中国山水画的演进中产生元人倪云林那样"洗尽尘滓，独存孤迥"，"潜移造化而与天游"，"乘云御风，以游于尘壒（ài）之表"（皆恽南田评倪画语），创立一个玉洁冰清，宇宙般幽深的山水灵境。晋人的美的理想，很可以注意的，是显著的追慕着光明鲜洁，晶莹发亮的意象。他们赞赏人格美的形容词象：“濯濯如春月柳”，“轩轩如朝霞举”，“清风朗月”，“玉山”，“玉树”，“磊砢而英多”，“爽朗清举”，都是一片光亮意象。甚至于殷仲堪死后，殷仲文称他“虽不能休明一世，足以映彻九泉”。形容自然界的如：“清露晨流，新桐初引”。形容建筑的如：“遥望层城，丹楼如霞”。庄子的理想人格“藐姑射仙人，绰约若处子，肌肤若冰雪”，不是这晋人的美的意象的源泉么？桓温谓谢尚“企脚北窗下，弹琵琶，故自有天际真人想”。天际真人是晋人理想的人格，也是理想的美。

【注释】

1. 本文节选自宗白华的《美学散步·论世说新语和晋人的美》，上海人民出版社，1981 年。

2. 《世说》：即《世说新语》，是我国魏晋南北朝时期“志人小说”的代表作，由南朝宋刘义庆编撰。

3. 濠濮间想：濠指濠水，庄子和惠子濠上观鱼，在此争论是否知道鱼的快乐；濮指濮水，庄子在此斥退楚王求仕使者，用鲲鹏表示自己的远大理想。本文指《世说新语·言语》中：简文入华林园，顾为左右曰：“会心处不必在远，翳然林木，便有濠濮间想也。觉鸟兽自来亲人。”

4. 王右军：王羲之（303 年—361 年，一作 321 年—379 年）字逸少，琅琊临沂（今山东临沂）人，后徙居山阴（今浙江绍兴）。官至右军将军、会稽内史，故世称王右军、王会稽。王羲之楷书师法钟繇，草书学张芝，亦学李斯、蔡邕等，博采众长，他的书法给人以静美之感，被后代尊为“书圣”。王羲之作品的真迹已难得见，他所书的行楷《兰亭序》最具有代表性。

谢太傅：即谢安（320 年—385 年），字安石，东晋著名政治家、军事家。谢安自幼聪慧，思辨敏捷。20 岁即能撰词赋诗，高谈阔论并擅长行书，为当时很多名人所推崇。谢安一生著述颇丰，重要的有《谢安集》10 卷、《孝经注》等。其书法艺术隶、行、草、正俱佳，后人评价甚高。

5. 荀中郎：东晋荀羡，字令则，曾任北中郎将，故称荀中郎。

6. 宗炳：（375 年—443 年），字少文。南朝宋南阳郡涅阳（今南阳）人。少聪颖。东晋末至南朝宋时，屡征其为官，均不就。长于琴书，尤喜书画，精于言理。

7. 郭景纯：郭璞（276 年—324 年），字景纯。晋代学者、文学家。郭璞在古文字学和训诂学方面有颇深的造诣，曾注释《周易》《山海经》《尔雅》《方言》及《楚辞》等古籍。今尚存辞赋 10 篇，较完整的诗 18 首。

8. 王司州：晋王胡之，字修龄，曾任吴兴太守，后召为司州刺史，未到任就病死了。

9. 司马太傅：即东晋皇族司马道子（364 年—402 年），内温县（今河南温县西）人，父简文帝司马昱，兄孝武帝司马曜。隆安元年（397 年），安帝即位，因年幼，遂由道子辅政，操纵实权。安帝成年后，道子还政于帝，然实权仍操于亲信王国宝之手。元兴元年（402 年），桓玄举兵东下攻入京师建康（今江苏南京），他被放逐，后被毒死。

【作者简介】

宗白华（1897 年—1986 年），江苏常熟虞山镇人。哲学家、美学家、诗人。宗白华是我国现代美学的先行者和开拓者，被誉为“融贯中西艺术理论的一代美学大师”。著有《宗白华全集》及美学论文集《美学散步》《艺境》等。

【思考练习题】

1. 本文中作者认为晋人超旷的心灵表现在哪几方面？

2. 为什么说晋人具有“山水意境”？“山水意境”是如何形成的？

（王勤选文）

下　棋[1]　　梁实秋

有一种人我最不喜欢和他下棋，那便是太有涵养的人。杀死他一大块，或是抽了他一个车，他神色自若，不动火，不生气，好像是无关痛痒，使得你觉得索然寡味。君子无所争，下棋却是要争的。当你给对方一个严重威胁的时候，对方的头上青筋暴露，黄豆般的汗珠一颗颗地在额上陈列出来，或哭丧着脸作惨笑，或咕嘟着嘴作吃屎状，或抓耳挠腮，或大叫一声，或长吁短叹，或自怨自艾口中念念有词，或一串串地噎嗝打个不休，或红头涨脸如关公，种种现象，不一而足，这时节你“行有余力”便可以点起一支烟，或啜一碗茶，静静地欣赏对方的苦闷的象征。我想猎人困逐一只野兔的时候，其愉快大概略相仿佛。因此我悟出一点道理，和人下棋的时候，如果有机会使对方受窘，当然无所不用其极，如果被对方所窘，便努力作出不介意状，因为既不能积极地给对方以苦痛，只好消极地减少对方的乐趣。

自古博弈并称，全是属于赌的一类，而且只是比“饱食终日无所用心”略胜一筹而已。不过弈虽小术，亦可以观人，相传有慢性人，见对方走当头炮，便左思右想，不知是跳左边的马好，还是跳右边的马好，想了半个钟头而迟迟不决，急得对方拱手认输。是有这样的慢性人，每一着都要考虑，而且是加慢的考虑，我常想这种人如加入龟兔竞赛，也必定可以获胜。也有性急的人，下棋如赛跑，劈劈拍拍，草草了事，这仍就是饱食终日无所用心的一贯作风。下棋不能无争，争的范围有大有小，有斤斤计较而因小失大者，有不拘小节而眼观全局者，有短兵相接作生死斗者，有各自为战而旗鼓相当者，有赶尽杀绝一步不让者，有好勇斗狠同归于尽者，有一面下棋一面诮骂者，但最不幸的是争的范围超出了棋盘，而拳足交加。有下象棋者，久而无声音，排闼[2]视之，阒[3]不见人，原来他们是在门后角里扭做一团，一个人骑在另一个人的身上，在他的口里挖车呢。被挖者不敢出声，出声则口张，口张则车被挖回，挖回则必悔棋，悔棋则不得胜，这种认真的态度憨得可爱。我曾见过二人手谈，起先是坐着，神情潇洒，望之如神仙中人，俄而[4]棋势吃紧，两人都站起来了，剑拔弩张，如斗鹌鹑，最后到了生死关头，两个人跳到桌上去了！

笠翁[5]《闲情偶寄》说弈棋不如观棋，因观者无得失心，观棋是有趣的事，如看斗牛、斗鸡、斗蟋蟀一般，但是观棋也有难过处，观棋不语是一种痛苦。喉间硬是痒得出奇，思一吐为快。看见一个人要入陷阱而不作声是几乎不可能的事，如果说得中肯，其中一个人要厌恨你，暗暗地骂一声“多嘴驴！”另一个人也不感激你，心想“难道我还不晓得这样走！”如果说得不中肯，两个人要一齐嗤之以鼻，“无见识奴！”如果根本不说，憋在心里，受病。所以有人于挨了一个耳光之后还要抚着热辣辣的嘴巴大呼“要抽车，要抽车！”

下棋只是为了消遣，其所以能使这样多人嗜此不疲者，是因为它颇合于人类好斗的本能，这是一种“斗智不斗力”的游戏。所以瓜棚豆架之下，与世无争的村夫野老不免一枰相对，消此永昼；闹市茶寮[6]之中，常有有闲阶级的人士下棋消遣，“不为无益之事，何以遣此有涯之生？”宦海[7]里翻过身最后退隐东山的大人先生们，髀肉复生[8]，而英雄无用武之地，也只好闲来对弈，了此残生，下棋全是“剩余精力”的发泄。人总是要斗的，总是要钩心斗角地和人争逐的。与其和人争权夺利，还不如在棋盘上多占几个官，与其招摇撞骗，还不如在棋盘上抽上一车。宋人笔记曾载有一段故事：“李讷仆射，性卞急，酷好弈棋，每下子安详，极于宽缓，往往躁怒作，家人辈则密以弈具陈于前，讷睹，便忻然[9]改容，以取其子布弄，都忘其恚[10]矣。”（《南部新书》）。下棋，有没有这样陶冶性情之功，我不敢说，不过有人下起棋来确实是把性命都可置诸度外。我有两个朋友下棋，警报作，不动声色，俄而弹落，棋子被震得在盘上跳荡，屋瓦乱飞，其中一位棋瘾较小者变色而起，被对方一把拉住：“你走！那就算是你输了。”此公深得棋中之趣。

【注释】

1. 本文选自《梁实秋散文》，人民文学出版社，2005 年。

2. 排闼（tà）：推开门。

3. 阒（qù）：形容没有声音。

4. 俄而：突然间。

5. 笠翁：清代戏曲理论家李渔。

6. 茶寮（liáo）：茶馆儿。
7. 宦海：官场。
8. 髀（bì）肉复生：因长久不骑马，大腿上的肉又长起来了，形容长久安逸，无所作为。髀：大腿，也指大腿骨。
9. 忻然：愉快地。“忻”同“欣”。
10. 恚（huì）：怨恨。

【思考练习题】

1. 梁实秋在《下棋》一文中认为什么是下棋的最大乐趣？
2. 梁实秋是如何将下棋者的窘态描写出来的？
3. 作者是怎样认识“棋”中的道理的？
4. 作者为什么说“观棋不语是一种痛苦”？

（王勤选文）

时　间[1]　　沈从文

沈从文

一切存在严格地说都需要“时间”。时间证实一切，因为它改变一切。气候寒暑，草木荣枯，人从生到死，都不能缺少时间，都从时间上发生作用。

常说到“生命的意义”或“生命的价值”。其实一个人活下去真正的意义和价值，不过占有几十个年头的时间罢了。生前世界没有他，他无意义和价值可言的；活到不能再活死掉了，他没有生命，他自然更无意义和价值可言。

正仿佛多数人的愚昧与少数人的聪明，对生命下的结论差不多都以为是“生命的意义同价值是活个几十年”，因此都肯定生活，那么吃，喝，睡觉，吵架，恋爱，……活下去等待死，死后让棺木来装殓[2]他，黄土来掩埋他，蛆虫来收拾他。

生命的意义解释的即如此单纯，“活下去，活着，倒下，死了”，未免太可怕了。因此次一等的聪明人，同次一等的愚人，对生命的意义同价值找出第二种结论，就是“怎么样来耗费这几十个年头”。虽更肯定生活，那么吃，喝，睡觉，吵架，恋爱，……然而生活得失取舍之间，到底也就有了分歧。这分歧一看就明白的。大别言之，聪明人要理解生活，愚蠢人要习惯生活。聪明人以为目前并不完全好，一切应比目前更好，且竭力追求那个理想。愚蠢人对习惯完全满意，安于现状，保证习惯。（在世俗观察上，这两种人称呼常常相反，安于习惯的被呼为聪明人，怀抱理想的人却成愚蠢家伙。）

两种人即同样有个“怎么来耗费这几十个年头”的打算，要从人与人之间寻找生存的意义和价值，即或择业相同，成就却不相同。同样想征服颜色线条作画家，同样想征服乐器音声作音乐家，同样想征服木石铜牙及其他材料作雕刻家，甚至于同样想征服人身行为作帝王，同样想征服人心信仰作思想家或教主，一切结果都不会相同。因此世界上有大诗人，同时也就有蹩脚[3]诗人，有伟大革命家，同时也有虚伪革命家。至于两种人目的不同，择业不同，那就更容易一目了然了。

看出生命的意义同价值，原来如此如此，却想在生前死后使生命发生一点特殊意义和永久价值，心性绝顶聪明，为人却好像傻头傻脑，历史上的释迦、孔子、耶稣，就是这种人。这种人或出世，或入世，或革命，或复古，活下来都显得很愚蠢，死过后却显得很伟大。屈原算得这种人另外一格，历史上这种人可并不多。可是每一时代间或产生一个两个，就很象样子了。这种人自然也只能活个几十年，可是他的观念，他的意见，他的风度，他的文章，却可以活在人类的记忆中几千年。一切人生命都有时间的限制，这种人的生命又似乎不大受这种限制。

话说回来，事事物物要时时证明，可是时间本身却又像是个极其抽象的东西，从无一个人说得明白时间是个什么样子。时间并不单独存在。时间无形，无声，无色，无臭[4]。要说明时间的存在，还得回过头来从事事物物去取证。从日月来去，从草木荣枯，从生命存亡找证据。正因为事事物物都可为时间作注解，时间本身反而被人疏忽了。所以多数人提问到生命的意义同价值时，没有一个人敢说“生命意义同价值，只是一堆时间”。

“前不见古人，后不见来者，”这是一个真正明白生命意义同价值的人所说的话。老先生说这话时心中的寂寞可知！能说这话的是个伟人，能理解这话的也不是个凡人。目前的活人，大家都记得这两句话，却只有那些从日光下牵入牢狱，或从牢狱中牵上刑场的倾心理想的人，最了解这两句话的意义。

因为说这话的人生命的耗费，同懂这话的人生命的耗费，异途同归，完全是为事实皱眉，却胆敢对理想倾心。

他们的方法不同，他们的时代不同，他们的环境不同，他们的遭遇也不相同；相同的是他们的心，同样为人类向上向前而跳跃。

一九三五年十月

【注释】

1. 本文节选自沈从文的《时间》，《沈从文文集》第10卷，花城出版社、三联书店香港分店，1984年。
2. 装殓（liàn）：给死人穿好衣服，放到棺材里。
3. 蹩（bié）脚：质量不好；本领不强。
4. 臭（xiù）：气味。

【作者简介】

沈从文（1902年—1988年），原名沈岳焕，湖南凤凰人。著名小说家、散文家、历史文物研究家。以《边城》等作品享誉文坛，蜚声海外。编写了《中国丝绸图案》《唐宋铜镜》《龙凤艺术》《中国古代服饰研究》等。

【思考练习题】

1. 沈从文在《时间》一文中举出释迦、孔子等名人，意在告诉我们什么？
2. 作者认为聪明人与愚蠢人的区别是什么？
3. 为什么说像屈原这样的人生命是有限的同时又是无限的？
4. 谈谈你读完本文后的体会。

（王勤选文）

论快乐[1]　钱钟书

在旧书铺里买回来维尼（Vigny）的《诗人日记》（Journal d'un poète），信手翻开，就看见有趣的一条。他说，在法语里，喜乐（bonheur）一个名词是“好”和“钟点”两字拼成，可见好事多磨，只是个把钟头的玩意儿（Sile bonheurn'etait qu'une bonne denie!）。我们联想到我们本国话的说法，也同样的意味深长，譬如快活或快乐的“快”字，就把人生一切乐事的飘瞥难留，极清楚地指示出来。所以我们又慨叹说：“欢娱嫌夜短！”因为人在高兴的时候，活得太快，一到困苦无聊，愈觉得日脚像跛了似的，走得特别慢。德语的沉闷（langeweile）一词，据字面上直译，就是“长时间”的意思。《西游记》里小猴子对孙行者说：“天上一日，下界一年。”这种神话，确反映着人类的心理。天上比人间舒服欢乐，所以神仙活得快，人间一年在天上只当一日过。以此类推，地狱里比人间更痛苦，日子一定愈加难度；段成式《酉阳杂俎》[2]就说：“鬼言三年，人间三日。”嫌人生短促的人，真是最快活的人；反过来说，真快活的人，不管活到多少岁死，只能算是短命夭折。所以，做神仙也并不值得，在凡间已经三十年做了一世的人，在天上还是个未满月的小孩。但是这种“天算”，也有占便宜的地方：譬如戴君孚《广异记》

载崔参军捉狐妖，“以桃枝决五下”，长孙无忌谓罚得太轻，崔答：“五下是人间五百下，殊非小刑。”可见卖老祝寿等等，在地上最为相宜，而刑罚呢，应该到天上去受。

“永远快乐”这句话，不但渺茫得不能实现，并且荒谬得不能成立。快乐的决不会永久；我们说永远快乐，正好像说四方的圆形，静止的动作同样地自相矛盾。在高兴的时候，我们空对瞬息即逝的时间喊着说：“逗留一会儿罢！你太美了！”那有什么用？你要永久，你该向痛苦里去找。不讲别的，只要一个失眠的晚上，或者有约不来的下午，或者一课沉闷的听讲——这许多，比一切宗教信仰更有效力，能使你尝到什么叫做“永生”的滋味。人生的刺，就在这里，留恋着不肯快走的，偏是你所不留恋的东西。

快乐在人生里，好比引诱小孩子吃药的方糖，更像跑狗场里引诱狗赛跑的电兔子。几分钟或者几天的快乐赚我们活了一世，忍受着许多痛苦。我们希望它来，希望它留，希望它再来——这三句话概括了整个人类努力的历史。在我们追求和等候的时候，生命又不知不觉地偷度过去。也许我们只是时间消费的筹码，活了一世不过是为那一世的岁月充当殉葬品，根本不会想到快乐。但是我们到死也不明白是上了当，我们还理想死后有个天堂，在那里——谢上帝，也有这一天！我们终于享受到永远的快乐。你看，快乐的引诱，不仅像电兔子和方糖，使我们忍受了人生，而且仿佛钓钩上的鱼饵，竟使我们甘心去死。这样说来，人生虽然痛苦，却不悲观，因为它终抱着快乐的希望；现在的账，我们预支了将来去付。为了快活，我们甚至于愿意慢死。

穆勒[3]曾把“痛苦的苏格拉底”和“快乐的猪”比较[4]。假使猪真知道快活，那么猪和苏格拉底也相去无几了。猪是否能快乐得像人，我们不知道；但是人会容易满足得像猪，我们是常看见的。把快乐分肉体的和精神的两种，这是最糊涂的分析。一切快乐的享受都属于精神的，尽管快乐的原因是肉体上的物质刺激。小孩子初生了下来，吃饱了奶就乖乖地睡，并不知道什么是快活，虽然它身体感觉舒服。缘故是小孩子时的精神和肉体还没有分化，只是混沌的星云状态。洗一个澡，看一朵花，吃一顿饭，假使你觉得快活，并非全因为澡洗得干净，花开得好，或者菜合你口味，主要因为你心上没有挂碍，轻松的灵魂可以专注肉体的感觉，来欣赏，来审定。要是你精神不痛快，像将离别时的宴席，随它怎样烹调得好，吃来只是土气息，泥滋味。那时刻的灵魂，仿佛害病的眼怕见阳光，撕去皮的伤口怕接触空气，虽然空气和阳光都是好东西。快乐时的你一定心无愧怍。假如你犯罪而真觉快乐，你那时候一定和有道德、有修养的人同样心安理得。有最洁白的良心，跟全没有良心或有最漆黑的良心，效果是相等的。

发现了快乐由精神来决定，人类文化又进一步。发现这个道理，和发现是非善恶取决于公理而不取决于暴力，一样重要。公理发现以后，从此世界上没有可被武力完全屈服的人。发现了精神是一切快乐的根据，从此痛苦失掉它们的可怕，肉体减少了专制。精神的炼金术能使肉体痛苦都变成快乐的资料。于是，烧了房子，有庆贺的人；一箪食，一瓢饮，有不改其乐的人；千灾百毒，有谈笑自若的人。所以我们前面说，人生虽不快乐，而仍能乐观。譬如从写《先知书》的所罗门直到做《海风》诗的马拉梅（Mallarmé），都觉得文明人的痛苦，是身体困倦。但是偏有人能苦中作乐，从病痛里滤出快活来，使健康的消失有种赔偿。苏东坡诗就说：“因病得闲殊不恶，安心是药更无方。”王丹麓《今世说》也记毛稚黄善病，人以为忧，毛曰：“病味亦佳，第不堪为躁热人道耳！”在着重体育的西洋，我们可以找着同样达观的人。工愁善病的诺凡利斯（Novalis）在《碎金集》里建立一种病的哲学，说病是“教人学会休息的女教师”。罗登巴煦（Rodenbach）的诗集《禁锢的生活》（Les Vies Encloses）里有专咏病味的一卷，说病是“灵魂的洗涤（épuration）”。身体结实、喜欢活动的人采用了这个观点，就对病痛也感到另有风味。顽健粗壮的十八世纪德国诗人白洛柯斯（B. H. Brockes）第一次害病，觉得是一个“可惊异的大发现（Eine bewunderungswürdige Erfindung）”。对于这种人，人生还有什么威胁？这种快乐，把忍受变为享受，是精神对于物质的最大胜利。灵魂可以自主——同时也许是自欺。能一贯抱这种态度的人，当然是大哲学家，但是谁知道他不也是个大傻子？

是的，这有点矛盾。矛盾是智慧的代价。这是人生对于人生观开的玩笑。

【注释】

1. 本文选自《写在人生边上》，1941 年，略有删节。

2. 《酉阳杂俎》：笔记小说，唐代段成式所著，前集 20 卷，续集 10 卷，记有仙佛、鬼怪、人事、动物等方面内容，包罗很广，含有寓意。

3. 穆勒：英国经济学家、哲学家、逻辑学家，著有《论自由》《功利主义》等作品。

4. 苏格拉底：古希腊哲学家，好谈论，无著述，其言行主要见于柏拉图的对话集和色诺芬的《苏格拉底言行回忆录》中。

【作者简介】

钱钟书（1910 年—1998 年），字默存，号槐聚，曾用笔名中书君，江苏无锡人，现代文学研究家、作家、文学史家、古典文学研究家。1933 年于清华大学外国语文系毕业，1937 年毕业于英国牛津大学，获副博士学位，又赴法国巴黎大学进修法国文学。钱钟书博古通今，学贯中西，先后任昆明西南联大、暨南大学、清华大学等校教授。建国后，历任清华大学外文系教授，北京大学、中国科学院、中国社会科学院哲学社会科学部古典文学组研究员，

1953 年任中国科学院文学研究所研究员、哲学社会科学部学部一级研究员。“文革”中受冲击。1982 年起任中国社会科学院副院长、文学所研究员。1993 年被聘为中国社会科学院特邀顾问。他长期致力于中国和西方文学的研究。主张用比较文学、心理学、单位观念史学、风格学、哲理意义学等多学科的方法，从多种角度理解和评价文学作品。著有散文集《写在人生边上》，短篇小说集《人·兽·鬼》，长篇小说《围城》，选本《宋诗选注》。文论集《七缀集》《谈艺录》及《管锥篇》（5 卷）等。《管锥篇》获第一届国家图书奖。

【思考练习题】

1. 本文如何将快乐这一人生哲理的揭示同当时的社会现实相结合的？
2. 这篇文章如何显示了钱钟书散文的学者风范？
3. 试分析该文的论证结构。
4. 作品如何展现了随笔见解深湛、征引繁富、联想丰赡、妙趣横生、词采精妙的写作特点？

（张晓丹选文）

语言的魅力[1]　（美）爱默生

语言是大自然给予我们的又一件威力无比的武器。无论在表层上还是在深层次里，大自然都是人的思想的载体。

1. 词句是自然事实的概括。

大自然的历史对于我们有着重要的意义，可以在历史事实方面给予我们很大的帮助。其中一个很大的作用就是语言的产生，这对于人类世界的创造是必需的。如果我们对每一个词汇加以研究的话，可以看出，这些词是对自然事实的概括，是从自然界的物质状态中转借而产生的。例如，“正确”的原意是“直”的意思，错误是从“歪曲”中引申出来的；“违背”的本义是指把一条线变弯。还有“心”可以表示“情感”，“头”表示“思想”等等。“情感”和“思想”是由能够感知的器官派生出来的，现在却表示精神的活动。

在漫长的时间演化中，这样的转化渐已被人们忽视了，但在日常生活中，儿童的语言中仍然能够看见这样的痕迹。小孩和文化程度低的人使用的词汇有限，他们把名词当动词用，然后运用到精神活动中。

2. 语言是自然事实的象征符号。

将具体陈述物质状态的词拓展到精神活动领域，在语言的发展中已是正常的事，这是自然对我们的恩惠。其实，并非语言具有象征的意义，大自然中的事物都有象征性的意义。每一个历史事实都是某种精神的象征。一个被激怒的人被形容为一头猛狮；一个狡猾的人被贬称为老狐狸；一个强悍的人被形容为磐石般坚定；一个有思想的人被形容为点燃别人思想的火炬。羊羔表示无辜的牺牲品；毒蛇表示恶毒的人。光明和黑暗可以喻指知识或愚昧；我们把爱情形容为一团火；已经发生的事称为记忆，将要发生的事则是指将来的希望。

我们坐在河边沉思时，由流动的河水会想到时光的流逝。水中四散的波浪可以用来比喻一个人影响力的扩散。人的灵魂存在于生命的内部，每个人都有着自己的理性，我们受着理性的支配。在宇宙里，地球只是一个小小的星球，星星密布在宁静的太空。当我们从自己的内心思考时，它被称为“理性”，当我们把它相对于自然时，它就是“精神”。

如果我们深究一下，不难看到这样一个事实：大自然中的事物不是易变的，它们的内在本质是恒定的。人们更多的是研究自然物之间的关系。人处于自然的中心，与外在的自然物紧密相连。割裂人与自然的关系，撇开这些客体是无法理解人的，同样，离开人，也不能更好地研究这些客体。对于自然物来说，它们自身的发展史是没有价值的，但与人联系起来，它也就充满了生命，变得生机勃勃。如果单纯地记录植物，就会感到枯燥乏味，但如果与人类的活动联系起来，它们就会变得生动、形象，让人容易接受。《圣经》里的保罗把种子比作人的身体，“播下的是人充满血气的身体，收获的是充满灵性的人。”

地球的自转和公转产生了一天和一年的时间界限，如果区别一天和一年，只是时间概念，但它们与人的生命不是有着某种程度的可比性吗？当蚂蚁只是被看做一只昆虫时，它们显得无足轻重，不值一提，但是把它比作一个勤劳的劳动者，对我们起着道德上的规劝作用时，它的名字一下子显得高贵起来。这样小的身躯里跳动着一颗高贵的心。造物主使每一个物体都有喻义。据说蚂蚁有着不睡觉的天性，这对懒惰的人是否有着劝戒作用呢？

我们发现，在有形的事物与人无形的思想之间存在着一种根本的联系。由此可以想象，那些仅拥有维持其最基本生命能力的人，在我们的心中顿时高大起来。当我们研究语言史时，语言具有生动直观的特征，特别是语言的形成早期，更像是诗，可以用自然的象征来表达。人类不同的语言中，其习语都是相通的，这在各个语言的精品文章和最优秀的演说中可见一斑。人类最初的语言是共通的。语言的这种象征性并没有使语言丧失巨大的影响力，相反，正是这一特征，使得乡村鄙夫的语言也充满生机与活力，他们说出的话我们也爱听。

一个人把自己的思想用语言表达出来的能力的大小，依赖他淳朴的个性，对真理的热爱和将真理表达出来的欲望。人的堕落始于他的语言的贫乏。当人对真理的爱被发家致富、追求感官享受和权力的欲望压住时，谬误也就代替了真理，人的语言表达能力也就丧失了。人如果无法产生新的想象，词语也就被一再的滥用、误用。语言失去了激活人的理解力和情感的力量。人们发现，很多作家认为自己发现了真理并表达出来，也让人们相信如此，但他们的思想并不是直接来自于大自然，而是从前人那里嫁接来的，他们对这一点毫不知觉。但是智慧的人能够将词汇与自然界有形的事物联系起来，恢复语言的活力，这样的人能够与自然直接沟通。语言与我们熟知的事物联系在一起，产生一种新的情感和思想，就成为活的语言。从我们的心路历程中，可以看出思想与物质状态紧密相连，反而使思想更为耀眼。所以，美文与伟大的演说都是亘古流传的声音。它是过去的经验和现在的心灵共同产生的。这是一种真正的创造。

由此可以看出，对于人的心灵来说，朴实的村野生活比人际关系复杂，比苟且偷生的都市生活更有意义。大自然给我们的感悟比城市中的沙龙要有意义得多。自然之光直射我们的心灵，但我们却无视它的存在。如果诗人和演说家沐浴在大自然中，生活在森林之中，没有人为的防范和刻意的追求，大自然滋养着、丰富着他们的思想，政坛的变化与纷争就不会扰乱他们的修行。长此以往，在社会发生剧变，国家发生革命时，需要思想以一种新的语言表达时，河流涌动森林翻腾，这是呼唤他们的声音，他们应声而出，并带着强大的力量。这是他们的职责。

【注释】

1. 本文节选自《爱默生文集》，当代世界出版社，2002 年。

【作者简介】

拉尔夫·瓦尔多·爱默生（Ralph Waldo Emerson，1803 年—1882 年），1803 年 5 月出生于马萨诸塞州波士顿康考德村，1882 年 4 月 27 日在波士顿逝世。美国散文家、思想家、诗人。他的思想为超验主义，他被誉为“美国的文艺复兴领袖”。其作品注重思想内容，行文犹如格言，哲理深入浅出，说服力强，且有典型的“爱默生风格”。

【思考练习题】

1. 作者是如何认识语言的？
2. 谈谈语言和自然的关系。
3. 怎样才能使自己的语言更有魅力？

（杨一虹选文）

★1844 年经济学哲学手稿（节选）[1]　（德）马克思

人类的生活与自然

无论是在人那里还是在动物那里，类的生活从肉体方面来说就在于人（和动物一样）靠无机界生活，而人和动物相比越有普遍性，人赖以生活的无机界的范围就越广阔。从理论领域来说，植物、动物、石头、空气、光等等，一方面作为自然科学的对象，一方面作为艺术的对象，都是人的意识的一部分，是人的精神的无机界，是人必须事先进行加工以便享用和消化的精神食粮；同样，从实践领域来说，这些东西也是人的生活和人的活动的一部分。人在肉体上只有靠这些自然产品才能生活，不管这些产品是以食物、燃料、衣着的形式还是以住房等等的形式表现出来。在实践上，人的普遍性正表现为这样的普遍性，它把整个自然界——首先作为人的直接的生活资料，其次作为人的生命活动的对象（材料）和工具——变成人的无机的身体。自然界，就它自身不是人的身体而言，是人的无机的身体。人靠自然界生活。这就是说，自然界是人为了不致死亡而必须与之处于持续不断地交互作用过程的、人的身体。所谓人的肉体生活和精神生活同自然界相联系，不外是说自然界同自身相联系，因为人是自然界的一部分。

异化劳动，由于（1）使自然界，（2）使人本身，使他自己的活动机能，他的生命活动同人相异化，也就使类同人相异化；对人来说，它把类生活变成维持个人生活的手段。第一，它使类生活和个人生活异化；第二，把抽象形式的个人生活变成同样是抽象形式和异化形式的类生活的目的。

人生产自然

动物只生产自身，而人再生产整个自然界。

男人对妇女的关系——自然

人对人的直接的、自然的、必然的关系是男人对妇女的关系。在这种自然的类关系中，人对自然的关系直接就是人对人的关系，正像人对人的关系直接就是人对自然的关系，就是他自己的自然的规定。因此，这种关系通过感性的形式，作为一种显而易见的事实，表现出人的本质在何种程度上对人来说成为自然，或者自然在何种程度上成为人具有的人的本质。因此，从这种关系就可以判断人的整个文化教养程度。从这种关系的性质就可以看出，人在何种程度中对自己来说成为并把自身理解为类存在物、人。男人对妇女的关系是人对人最自然的关系。因此，这种关系表明人的自然的行为在何种程度上成为人的行为，或者，人的本质在何种程度上对人来说成为自然的本质，他的人的本性在何种程度上对他来说成为自然。这种关系还表明，人具有的需要在何种程度上成为人的需要，就是说，别人作为人在何种程度上对他来说成为需要，他作为个人的存在在何种程度上同时又是社会存在物。

共产主义

共产主义是私有财产即人的自我异化的积极的扬弃，因而是通过人并且为了人而对人的本质的真正占有；因此，它是人向自身、向社会的即合乎人性的人的复归，这种复归是完全的，自觉的和在以往发展的全部财富的范围内生成的。

死亡的意义

死似乎是类对特定的个体的冷酷的胜利，并且似乎是同它们的统一相矛盾的；但是，特定的个体不过是一个特定的类存在物，而作为这样的存在物是迟早要死的。

社会成为人与对象的中介

我们知道，只有当对象对人来说成为人的对象或者说成为对象性的人的时候，人才不致在自己的对象中丧失自身。只有当对象对人来说成为社会的对象，人本身对自己来说成为社会的存在物，而社会在这个对象中对人来说成为本质的时候，这种情况才是可能的。

自然、社会与人

自然界的人的本质只有对社会的人来说才是存在的；因为只有在社会中，自然界对人来说才是人与人联系的纽带，才是他为别人的存在和别人为他的存在，只有在社会中，自然界才是人自己的人的存在的基础，才是人的现实的生活要素。只有在社会中，人的自然的存在对他来说才是自己的人的存在，并且自然界对他来说才成为人。因此，社会是人同自然界的完成了的本质的统一，是自然界的真正复活，是人的实现了的自然主义和自然界的实现了的人道主义。……

人同自身和自然界的任何自我异化，都表现在他使自身和自然界跟那些与他不同的人所发生的关系上。

【注释】

1. 本文节选自马克思的《1844年经济学哲学手稿》，人民出版社，2000年。

【作者简介】

卡尔·亨利希·马克思（Karl Heinrich Marx，1818年—1883年），德国政治哲学家及社会理论家，马克思主义的创始人，世界无产阶级的伟大导师和领袖。对政治、经济、美学、文学、艺术等多方面都有研究，一生著作丰富。

【思考练习题】

1. 马克思认为人与动物的生命有何不同？
2. 马克思认为异化劳动的结果是什么？
3. 你如何认识死亡的意义？
4. 你认为在什么条件下共产主义才能实现？

（王勤选文）

★悲剧的诞生（节选）[1]　　（德）尼　采

尼　采

出自艺术家和作家的灵魂（1876—1878）

149

美的慢箭。——最高贵的美是这样一种美，它并非一下子把人吸引住，不作暴烈的醉人的进攻（这种美容易引起反感），相反，它是那种渐渐渗透的美，人几乎不知不觉把它带走，一度在梦中与它重逢，可是在它悄悄久留我们心中之后，它就完全占有了我们，使我们的眼睛饱含泪水，使我们的心灵充满憧憬。——在观照美时，我们渴望什么？渴望自己也成为美的：我们以为必定有许多幸福与此相连。——但这是一种误会。

183

钥匙。——一种思想，杰出人物赋予重大价值，平庸之辈则报以挖苦嘲笑，对于前者是打开隐秘宝库的钥匙，对于后者却只是一块废铁。

186

幽默。——最幽默的作家使人发出几乎觉察不到的微笑。

187

反题。——反题（Antithese）是一道窄门，错误最爱经这道门悄悄走向真理。

曙　光（1881）

468

美的领域更广阔。——我们在自然中巡游，机敏又快活，为了发现并仿佛当场捕获万物固有的美；我们时而在阳光下，时而在风雨交加时，时而在朦胧微曦中，欲窥见那一段达于完美和极致的，点缀着峭岩、海湾、油橄榄树、伞松的海岸。同样，我们也应如此巡游于人中间，做他们的发现者和侦察者，显示他们的善与恶，以此展现他们固有的美，这美的展现，在一人须在阳光下，在另一人须在暴风雨中，在第三人又须在暗夜和雨天里。……

485

远看。——甲：为何这样孤独？——乙：我没有生任何人的气。不过，我觉得独处时看我的朋友，比起与他们共处时更清楚、更美，而当我最爱音乐、最受其感动时，我是远离音乐而生活的。

看来，我需要远看，以便更好地思考事物。

（德） 尼采，《悲剧的诞生》，周国平译，北京：三联书店，1986

【注释】

1. 《悲剧的诞生》是德国现代哲学家尼采 Friedrich Wilhelm Nietzsche，1844 年至 1900 年第 1 部较为系统的美学和哲学著作。

（程红选文）

【作家简介】

尼采（1844 年—1900 年），他生于普鲁士萨克森的一个传教士家庭，1900 年 8 月 25 日卒于魏玛。19 世纪有重要影响的德国哲学家、美学家，唯意志论的主要代表。著有《悲剧的诞生》《人性的，太人性的》《查拉图斯特拉如是说》和《权力意志》等。他对西方传统的基督教文化持批判态度，大声疾呼“上帝死了”！主张创造新的价值观。鲁迅先生曾喜爱他那惊心动魄的批判性思想的闪光。

【思考练习题】

1. 根据“美的慢箭”与“美的领域更广阔”两段文字，谈谈你对美的感受。

2. “远看”这段文字你喜欢吗？为什么？

（杨一虹、程红）

美是性格和表现[1] （法）罗 丹

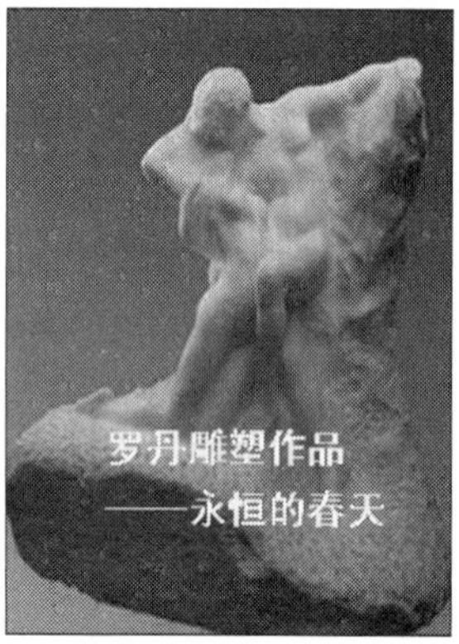

的确，在艺术中，有“性格”的作品，才算是美的。

所谓“性格”，就是不管是美的或丑的，某种自然景象的高度真实，甚至也可以叫做“双重性的真实”，因为性格就是外部真实表现于内在的真实，就是人的面目、姿势和动作，天空的色调和地平线，所表现的灵魂、感情和思想。因此对伟大的艺术家来说，自然中的一切都具有性格——这是因为他的坚决而直率的观察，能看透事物所蕴藏的意义。

自然中认为丑的，往往要比那认为美的更显露出它的“性格”，因为内在的真实在愁苦的病容上，在皱蹙（cù）秽恶的瘦脸上，在各种畸形与残缺上，比在正常健全的相貌上更加明显地呈现出来。

既然只有“性格”的力量才能造成艺术的美，所以常有这样的事：在自然中越是丑的，在艺术中越是美。在艺术中，只是那些没有性格的，就是说毫不显示外部的和内在的真实的作品，才是丑的。

在艺术中所谓丑的，就是那些虚假的、做作的东西，不重表现，但求浮华、纤柔的矫饰，无故的笑脸，装模作样，傲慢自负——一切没有灵魂、没有道理，只是为了炫耀的说谎的东西。……

总之，美是到处都有的。对于我们的眼睛，不是缺少美，而是缺少发现。美，就是性格和表现。……

美丽的风景所以使人感动，不是由于它给人或多或少的舒适的感觉，而是由于它引起人的思想；看到的线条和颜色，自身不能感动人，而是渗入其中的那种深刻的意义。伟大的风景画家，如鲁易斯达尔、居易柏、柯罗、罗梭[2]他们在树木的阴影中，在天边的一角中，觑见了和他们的心意一致的思想；这些思想有时和蔼，有时庄严，有时大胆。因为艺术家感情丰富，不能想象的一件东西不像他自己那样真有感情。在整个自然中他认为有一种伟大的意识和自己的意识相适应。没有一个活的机体，没有一件静物，没有一团天上的云，没有一棵地上的绿芽，不向他倾诉秘密，蕴藏在一切事物下的无穷的秘密。你看一看艺术的杰作吧！艺术的整个美，来自思想，来自意图，来自作者在宇宙中得到的启发的思想和意图。……

艺术家和思想家好比精美、响亮的琴——每个时代的情境在琴上发出颤动的声音，扩展到所有其他的人。毫无疑问，能够欣赏好作品的人是不多的。在美术馆里，甚或广场上，只引起少数观众的注意。但是这些艺术品所包含的思想感情，总不免要渗入到广大的群众中去。事实是这样的，除天才作家之外，还有许多才气较低的艺术家继承那些天才作家的概念而使之普及。著作家受画家的影响，画家也受文学家的影响：在同时代的人的脑中，思想不断地交流。新闻记者、通俗小说家、插图和肖像画家，他们把强有力的智慧所发现的真理纳入群众能够理解的范围内。精神好比流水，先是无数急流到处喷射，最后形成一泻千里的洪瀑，代表一个时代的思想潮流。

【注释】

1. 本文根据《罗丹论艺术》摘编，人民美术出版社，1987 年。

2. 鲁易斯达尔、居易柏、柯罗、罗梭：鲁易斯达尔、居易柏十七世纪荷兰的风景画家。柯罗、罗梭：法国画家。

【作者简介】

奥古斯迪·罗丹（Augeuste Rodin，1840 年—1917 年），法国著名雕塑家。1875 年游意大利，深受米开朗琪罗作品的启发，从而确立了现实主义的创作手法。他的《青铜时代》《思想者》《雨果》《加莱义民》和《巴尔扎克》等作品都有新的创造，并有《艺术论》传世。

【思考练习题】

1. 怎样理解“美是性格”？

2. 怎样理解“对于我们的眼睛，不是缺少美，而是缺少发现”？

3. 怎样理解“自然中越是丑的，在艺术中越是美”？

（杨一虹选文）

大学的观念[1]　（德）雅斯贝斯[2]

大学也是一种学校，但是一种特殊的学校。学生在大学里不仅要学习知识，而且要从教师的教诲中学习研究事物的态度，培养影响其一生的科学思维方式。大学生要具有自我负责的观念，并带着批判精神从事学习，因而拥有学习的自由；而大学教师则是以传播科学真理为己任，因此他们有教学的自由。

大学的理想要靠每一位学生和教师来实践，至于大学组织的各种形式则是次要的。如果这种为实现大学理想的活动被消解，那么凭组织形式是不能挽救大学生命的，而大学的生命全在于教师传授给学生新颖、合乎自身境遇的思想来唤起他们的自我意识。大学生们总是潜心地寻觅这种理想并时刻准备接受它，但当他们从教师那里得不到任何有益的启示时，他们便因感到理想的缥缈和希望的破灭而无所适从。如果事实果真如此，那他们就必须经历人生追求真理的痛苦磨难去寻求理想的亮光。

由于众多大学并存的现象，造成了毁灭真正学术的趋势，因为学术研究为了拥有读者，只好投大众所好，而大众往往只顾及实际的目的、考试以及与此有关的东西。受其影响，研究工作也只限于那些有实际用途的东西上。于是，学术就被限制在可了解、可学习的客体范围内，本来应是生存在永无止境的精神追求中的大学，这时也变成了普通的学校。

一般学校要和大学分开，普通学校总是把知识全盘交给学生，而大学则无此义务。大学教育的目的在于，从意志力极强并且具备足够条件的人之中挑选出一些人来受大学教育。实际上，报考大学的是一大群高中毕业、具有一定知识的普通人。因此挑选人才的工作要由大学自己来完成。选择的标准在于：具有追求真理的意愿和准备为之而接受任何牺牲的精神，以及对精神世界孜孜不倦的追求，但这在事先却无法从将要进入大学学习的高中生身上看出来。具有这种天分的人是极少数，无法顾及他们是怎样分散在各个阶层之中，但是这种天分可以间接鼓励和引发出来。按照大学的理想，高等学校的教学应首先顾及这部分人。真正的学生会在为精神发展不可少的困难和错误之中，从大学广阔的学术天地里，靠着他的选择和严格的学习找到自己发展的路。

真正的大学生能主动地替自己订下学习目标，善于开动脑筋，并且知道工作意味着什么。大学生在交往中成长，但仍保持其个性，他们不是普通人，而是敢拿自己来冒险的个人。这种冒险既是现实的又必须带有想象力。同时，这也是一种精神上的升华，每一个人都可以感觉到自己被召唤成为最伟大的人。

按照苏格拉底[2]式大学的理想，没有权威，平等的关系也应存在于教授和学生之间，但是和这种关系并存的是彼此间严格的要求。在这里到处都存在着自我选择、自我证明的精神贵族。我们共同生活的大前提是，彼此均向各自的最大潜能及理想挑战。悠闲舒适的气氛是我们的敌人。我们对超越我们的事物怀有深切的渴望。

对于那些以其生活来要求我们的伟人，我们对他们的爱戴激励着我们。但是，所有的关系仍保持着苏格拉底式的方式，没有任何人是不会犯错误的权威，不论面对着何等伟人，独立和自由仍然是真理。这一点点的真理也是实在的内容。精神贵族的意思是每一个人对自己严格要求，并非表示高过他人和要求他人。大学里每一位成员、教授及学生的基本意识是，他要努力工作好像被召唤去做最伟大的事业一样，但另一方面则始终承受着不知自己能否成功的压力。因此，最好的态度是以这种想法来反省自己，严以律己，同时也不必过分期待等到外界的承认。

精神贵族与社会贵族迥然相异，精神贵族是从个别阶层中产生的，其本质特征是品德高尚、个体精神的永不衰竭和才华横溢，因此精神贵族只能是少数人。大学的观念应指向这少数人。不论何处，精神贵族都是珍品。而进入大学学习的年轻人便是全国民众中的精神贵族。

精神贵族与精神附庸的区别在于：前者会昼夜不停思考并为此形消体瘦，后者则要求工作与自由时间分开；前者敢冒风险，静听内心细微的声音，并随着它的引导走自己的路，而后者则要别人引导，要别人为他订下学习计划；前者有勇气正视失败，而后者则要求在他努力之后就有成功的保证。

【注释】

1. 本文节选自（德）雅斯贝斯的《什么是教育》，三联书店，1992 年。
2. 苏格拉底：（Socrates，公元前 469 年—前 399 年）古希腊哲学家和教育家。

【作者简介】

卡尔·雅斯贝斯，1883 年 2 月 23 日出生于德国北海沿岸的奥尔登堡（Oldenburg）。1909 年获医学博士学位之后，在海德堡大学精神病院工作，1921 年成为海德堡大学哲学教授。1969 年 2 月 26 日在瑞士去世。是 20 世纪德国著名的哲学家，存在主义哲学的奠基者之一。

【思考练习题】

1. 作者的“大学”观念与世俗的大学观念有什么不同？
2. 作为大学生，应该从本文借鉴什么？
3. 怎样理解作者所谓的“精神贵族”？

（杨一虹选文）

论创造[1]　（法）罗曼·罗兰

生命是一张弓，那弓弦是梦想。箭手在何处呢？

我见过一些俊美的弓，用坚韧的木料制成，了无节痕，谐和秀逸如神之眉；但仍无用。

我见过一些行将震颤的弦线，在静寂中颤栗着，仿佛从动荡的内脏中抽出的肠线。它们绷紧着，即将奏鸣了……它们将射出银矢——那音符——在空气的湖面上拂起涟漪，可是它们在等待什么？终于松弛了。永远没有人听到乐声了。

震颤沉寂，箭枝纷散；

箭手何时来捡弓呢？

他很早就来把弓搭在我的梦想上。我几乎记不起何时我曾躲过他。只有神知道我怎样地梦想！我的一生是一个梦。我梦着我的爱，我的行动和我的思想。在晚上，当我无眠时；在白天，当我幻想时，我心灵中的谢海莱莎特就解开了纺纱杆；她在急于讲故事时，把她梦想的线索搅乱了。我的弓跌到了纺纱杆一面。那箭手，我的主人，睡着了。但即使在睡眠中，他也不放松我。我挨近他躺着；我像那把弓，感到他的手放在我光滑的木杆上；那只丰美的手、那些修长而柔软的手指，它们用纤嫩的肌肤抚弄着在黑夜中奏鸣的一根弦线。我使自己的颤动融入他身体的颤动中，我颤栗着，等候苏醒的瞬间，那时神圣的箭手就会把我搂入他怀抱里。

所有我们这些有生命的人都在他掌中；灵智与身体，人，兽，元素——水与火——气流与树脂——一切有生之物……

生存何足道！要生活，就必须行动。您在何处，primns movens？我在向您呼吁，箭手！生命之弓在您脚下横着。俯下身来，拣起我吧！把箭搭在我的弓弦上，射吧！

我的箭如飘忽的羽翼，嗖地飞去了；那箭手把手挪回来，搁在肩头，一面注视着向远方消失的飞矢；而渐渐的，已经射过的弓弦也由震颤而归于凝止。

神秘的发泄！谁能解释呢？一切生命的意义就在于此——在于创造的刺激。

万物都期待着在这刺激的状态中生活着。我常观察我们那些小同胞，那些兽类与植物奇异的睡眠——那些禁锢在茎衣中的树木、做梦的反刍动物、梦游的马、终身懵懵懂懂的生物。而我在它们身上却感到一种不自觉的智慧，其中不无一些郁悒的微光，显出思想快形成了：

“究竟什么时候才行动呢?”

微光隐没。它们又入睡了，疲倦而听天由命……

“还没到时候呐。”

我们必须等待。

我们一直在等待着，我们这些人类，时候毕竟到了。

可是对于某些人，创造的使者只站在门口。对于另一些人，他却进去了。他用脚碰碰他们：“醒来！前进!”

我们一跃而起。咱们走！

我创造，所以我生存。生命的第一个行动是创造的行动。一个新生的男孩刚从母亲子宫里冒出来时，就立刻洒下几滴精液。一切都是种子；身体和心灵均如此。每一种健全的思想是一颗植物种子的包壳，传播着输送生命的花粉。造物主不是一个劳作了六天而在安息日上休憩的有组织的工人。安息日就是主日，那伟大的创造日。造物主不知道还有什么别的日子。如果他停止创造，即使是一刹那，他也会死去。因为“空虚”会张开两颚等着他……颚骨，吞下吧，别做声！巨大的播种者散布着种子，仿佛流泻的阳光；而每一颗洒下来的渺小种子就像另一个太阳。倾泻吧，未来的收获，无论肉体或精神的！精神或肉体的，反正都是同样的生命之源泉。“我的不朽的女儿，刘克屈拉和曼蒂尼亚……”我产生我的思想和行动，作为我身体的果实……永远把血肉赋予文字……这是我的葡萄汁，正如收获葡萄的工人在大桶中用脚踩出的一样。

因此，我一直创造着……

【注释】

1. 选自孙梁的《罗曼·罗兰文钞》，广西师范大学出版社，2004年。

【作者简介】

罗曼·罗兰（Romain Rolland，1866年—1944年），法国著名小说家、戏剧家、散文家、音乐评论家、社会活动家，20世纪西方现实主义文学的代表者。他的作品表达了对社会革新的期望，描写“真正的人”是其美学的理想，尤为擅长创作以作家和艺术家为主人公的人物传记，用饱含哲理的抒情笔法写出了渴望创造的激情，文笔自然流畅，热情洋溢。1915年，其代表作长篇小说《约翰·克利斯朵夫》荣获诺贝尔文学奖，主要著作还有《贝多芬传》《母与子》、传记《巨人传》等，另有许多音乐评论、文学评论、日记、回忆录等。

【思考练习题】

1. 本文的主旨是什么？
2. 试述本文饱含哲理的抒情手法。
3. 以“论诚信”为题，学习本文的创作风格，写一篇析理性文章。

（张晓丹选文）

★人　论[1]　　（德）恩斯特·卡西尔

认识自我乃是哲学探究的最高目标——这看来是众所公认的。在各种不同哲学流派之间的一切争论中，这个目标始终未被改变和动摇过：它已被证明是阿基米德[2]点，是一切思潮的牢固而不可动摇的中心。即使连最极端的怀疑论思想家也从不否认认识自我的可能性和必要性。他们怀疑一切关于事物本性的普遍原理，但是这种怀疑仅仅意味着去开启一种新的和更可靠的研究方式。在哲学史上，怀疑论往往只是一种坚定的人本主义的副本而已。借着否认和摧毁外部世界的客观确实性，怀疑论者希望把人的一切思想都投回到人本身的存在上来。怀疑论者宣称，认识自我乃是实现自我的第一条件。为了欢享真正的自由，我们就必须努力打破把我们与外部世界联结起来的锁链。蒙田[3]写道：“世界上最重要的事情就是认识自我。”

……

（苏格拉底对“人是什么？”这个问题的）这第一个答案，在某种意义上说已经沿袭下来而成了经典的答案。苏格拉底[4]的问题和苏格拉底的方法绝不会被遗忘或抹杀。通过柏拉图思想的媒介，它在人类文明的全部未来发展中留下了它的标记。要使我们相信古代哲学的深刻统一性和绝对连续性，或许最可靠最简便的方法就是，把希腊哲学中的这些早期阶段与希腊罗马文化最晚最崇高的作品之一——马可·奥勒留·安托尼努斯[5]皇帝写的《沉思录》一书相比较。乍一看来，作这样的一个比较显得很任意，因为马可·奥勒留并不是一个有独创性的思想家，他也不遵循严格的逻辑方法。他感谢诸神说，当他下决心使自己从事哲学时，他并没有变成一个哲学的著述家或三段论法的解决者。但是，苏格拉底和马可·奥勒留都同样地深信，为了发现人的真正本性或本质，我们首先就必须摆脱人的一切外部的和偶然的特性。

……

我们完全可以修正和扩大关于人的古典定义。尽管现代非理性主义作出了一切努力，但是，人是理性的动物这个定义并没有失去它的力量。理性能力确实是一切人类活动的固有特性。神话本身并非只是一大堆原始的迷信和粗陋的妄想，它绝不只是乱七八糟的东西，因为它具有一个系统的或概念的形式。但另一方面，又绝不能赋予神话结构以理性的特征。语言常常被看成是等同于理性的，甚或就等同于理性的源泉。但是很容易看出，这个定义并没有能包括全部领域。它乃是以偏概全（parspro toto）；是以一个部分代替了全体。因为与概念语言并列的同时还有情感语言，与逻辑的或科学的语言并列的还有诗意想象的语言。语言最初并不是表达思想或观念，而是表达情感和爱慕的。甚至康德所设想和描述的那种“在纯粹理性范围内的”宗教，也仅仅只是纯粹的抽象而已，它仅仅表达了理想的样式，仅仅表达了真正的和具体的宗教生活的幻影。那些把人定义为理性动物的伟大思想家们并不是经验主义者，他们也不曾打算作出一个关于人的本性的经验陈述。靠着这个定义他们所表达的毋宁是一个根本的道德律令。对于理解人类文化生活形式的丰富性和多样性来说，理性是个很不充分的名称。但是，所有这些文化形式都是符号形式。因此，我们应当把人定义为符号的动物（animal symbolicum）来取代把人定义为理性的动物。只有这样，我们才能指明人的独特之处，也才能理解对人开放的新路——通向文化之路。

……

为了清晰地说明这个问题，我们必须仔细地在信号（signs）和符号（symbols）之间作出区别。在动物的行为中可以看到相当复杂的信号和信号系统，这似乎是确定不移的事实。我们甚至可以说，有些动物尤其是驯化动物，对于信号是极其敏感的。一条狗会对其主人的行为的最轻微变化作出反应，甚至能区分人的面部表情或人的声音的抑扬顿挫。但是，这些现象远远不是对符号和人类言语的理解。巴甫洛夫[6]的著名实验仅仅证明了，动物可以被训练成不仅对直接刺激作出反应，而且能对各种间接刺激即替代刺激作出反应。例如，一只铃可以成为“午餐的信号”，而一个动物可以被训练成当这只铃没有出现时就不碰食物。但是我们由此所知道的仅仅是，实验者在这种情况下成功地改变了动物的进食环境，他靠着有意引入新的因素而使这种进食环境复杂化了。所有那些通常被称为条件反射的现象，不仅是远离人类符号化思想的基本特征，而且甚至还与后者恰恰相反。符号，就这个词的本来意义而言，是不可能被还原为单纯的信号的。信号和符号属于两个不同的论域：信号是物理的存在世界之一部分；符号则是人类的意义世界之一部分。信号是“操作者”（operators）；而符号则是“指称者”（designators）。信号即使在被这样理解和运用时，也仍然有着某种物理的或实体性的存在；而符号则仅有功能性的价值。

牢牢记住上述这种区别，我们就可以来探讨一个最有争议的问题了。所谓动物智慧的问题长期以来一直是人类学哲学的最大难题之一，为了解答这个问题，人们在思考和观察上作出了巨大努力。但是，“智慧”（intelligence）这个词本身的模糊性总是妨碍了对这个问题的清晰解决。我们怎能希望解答一个其含义连我们还不理解的问题呢？形而上学家和科学家、博物学家和神学家们都在各种不同的和相互矛盾的意义上使用智慧一词。一些心理学家和心理生物学家们断然拒绝谈论什么动物的智慧，在一切动物行为中他们所看见的仅仅是某种无意识动作而已。这种论点早就有笛卡尔[7]的权威作为后盾了，而在现代心理学中又一再得到重申。桑戴克[8]E. L. Thorndike 在其关于论动物智慧的著作中说道：“动物不会认为一物像另一物，它也不会像人们常常所说的那样把一物错当成另一物；它根本就不思考什么，而只认定什么……有一种观点认为，动物对一个特定的、绝对明确的和逼真的感官印象作出反应，而且对一个不同于前者的感官印象作出相似的反应，这就证明它运用了一种靠相似性所作的联想；这种看法乃是神话。”以后的更精确的观察导致了不同的结论。就高级动物而言，它们显然能够解决相当困难的问题，而且这些解决并不是以单纯的机械方式达到，而是反复试验的结果。正如苛伊勒[9]所指出的，在单纯碰运气的解决和名副其实的真正解决之间存在着如此明显的区别，以致这两者是很容易区分开来的。至少高等动物的某些反应活动并非只是碰运气的结果，而是由见识所引导，这看来是不可否认的。如果我们把智慧理解成对直接环境的适应，或是对环境作出的适应性改变，那么我们就确实必须承认，动物具有相当发达的智慧。而且还必须承认，并非所有的动物反应都是由一个直接刺激物的出现所支配的。动物在其反应活动中是具有各种迂回能力的。它不仅能学会使用工具，甚至还能为了自己的目的而发明工具。一些心理生物学家由此毫不犹豫地谈论起动物具有的创造性或构造性想象力。但是，不管是这种智慧还是这种想象力，它们都不是人所特有的那种类型。简而言之，我们可以说动物具有实践的想象力和智慧，而只有人才发展了一种新的形式：符号化的想象力和智慧。

【注释】

1. 本文节选自德国哲学家恩斯特·卡西尔的《人论》，上海译文出版社，1985 年。

2. 阿基米德：古希腊伟大的数学家、力学家。约公元前 287 年出生于西西里岛的叙古拉，公元前 212 年卒于同地。

3. 蒙田：（1533 年—1592 年），欧洲文艺复兴时期法国的人文主义者、著名的散文家。

4. 苏格拉底：（Socrates，公元前 469 年—前 399 年），古希腊的哲学家和教育家。

5. 马可·奥勒留·安托尼努斯：罗马皇帝。

6. 巴甫洛夫：伊凡·彼德罗维奇·巴甫洛夫（1849 年—1936 年），俄国生理学家。

7. 笛卡尔：（1596 年—1650 年），法国伟大的哲学家、数学家、物理学家和生理学家。

8. 桑戴克（E. L. Thorndike）：美国教育心理学家。

9. 苛伊勒（Molfgang Koehler）：心理学家。

【作家简介】

恩斯特·卡西尔（1874 年—1945 年），1874 年 7 月 28 日生于德国西里西亚的布累斯劳，今波兰弗芬茨瓦夫，一个犹太富商的家庭。德国著名哲学家。早年接受新康德主义哲学，成为马堡学派的代表人物之一，创立“文化哲学”体系。1933 年希特勒上台，卡西尔愤然辞去汉堡大学校长职务，开始流亡生活，于 1945 年 4 月 13 日死于美国哥伦比亚大学的教席。

【思考练习题】

1. 《人论》探讨的中心问题是人吗？

2. 人类的语言与动物的声音信号有什么不同？

3. 作者认为动物的智慧与人的智慧的最大区别是什么？

（杨一虹选文）

我的世界观[1]　　（美）爱因斯坦

我们这些总有一死的人的命运多么奇特！我们每个人在这个世界上都只作一个短暂的逗留；目的何在，却无从知道，尽管有时自以为对此若有所感。但是，不必深思，只要从日常生活就可以明白：人是为别人而生存的——首先是为那样一些人，我们的幸福全部依赖于他们的喜悦和健康；其次是为许多我们所不认识的人，他们的命运通过同情的纽带同我们密切结合在一起。我每天上百次地提醒自己：我的精神生活和物质生活都是以别人（包括生者和死者）的劳动为基础的，我必须尽力以同样的分量来报偿我所领受了的和至今还在领受着的东西。我强烈地向往着俭朴的生活。并且时常发觉自己占用了同胞的过多劳动而难以忍受。我认为阶级的区分是不合理的，它最后所凭借的是以暴力为根据。我也相信，简单淳朴的生活，无论在身体上还是在精神上，对每个人都是有益的。

我完全不相信人类会有那种在哲学意义上的自由[2]。每一个人的行为不仅受着外界的强制，而且要适应内在的必然。叔本华[3]说：“人虽然能够做他所想做的，但不能要他所想要的。”这句格言从我青年时代起就给了我真正的启示；在我自己和别人的生活面临困难的时候，它总是使我们得到安慰，并且是宽容的持续不断的源泉。这种体会可以宽大为怀地减轻那种容易使人气馁的责任感，也可以防止我们过于严肃地对待自己和别人；它导致一种特别给幽默以应有地位的人生观。

要追究一个人自己或一切生物生存的意义或目的，从客观的观点看来，我总觉得是愚蠢可笑的。可是每个人都有一些理想，这些理想决定着他的努力和判断的方向。就在这个意义上，我从来不把安逸和享乐看作生活目的本身——我把这种伦理基础叫做猪栏的理想。照亮我的道路，并且不断地给我新的勇气去愉快地正视生活的理想是善、美和真。要是没有志同道合者之间的亲切感情，要不是全神贯注于客观世界——那个在艺术和科学工作领域里永远达不到的对象，那么在我看来，生活就会是空虚的。我总觉得，人们所努力追求的庸俗目标——财产、虚荣、奢侈的生活——都是可鄙的。

我有强烈的社会正义感和社会责任感，但我又明显地缺乏与别人和社会直接接触的要求，这两者总是形成古怪的对照。我实在是一个“孤独的旅客”，我未曾全心全意地属于我的国家、我的家庭、我的朋友，甚至我最为接近的亲人；在所有这些关系面前，我总是感觉到一定距离而且需要保持孤独——而这种感受正与年俱增。人们会清楚地发觉，同别人的相互了解和协调一致是有限度的，但这不值得惋惜。无疑，这样的人在某种程度上会失去他的天真无邪和无忧无虑的心境；但另一方面，他却能够在很大程度上不为别人的意见、习惯和判断所左右，并且能够避免那种把他的内心平衡建立在这样一些不可靠的基础之上的诱惑。

我的政治理想是民主政体。让每一个人都作为个人而受到尊重，而不让任何人成为被崇拜的偶像。我自己一直受到同代人的过分的赞扬和尊敬，这不是由于我自己的过错，也不是由于我自己的功劳，而实在是一种命运的嘲弄。其原因大概在于人们有一种愿望，想理解我以自己微薄的绵力，通过不断的斗争所获得的少数几个观念，而这种愿望有很多人却未能实现。我完全明白，一个组织要实现它的目的，就必须有一个人去思考，去指挥、并且全面担负起责任来。但是被领导的人不应当受到强迫，他们必须能够选择自己的领袖。在我看来，强迫的专制制度很快就会腐化堕落。因为暴力所招引来的总是一些品德低劣的人，而且我相信，天才的暴君总是由无赖来继承的，这是一条千古不易的规律。就是由于这个缘故，我总强烈地反对今天在意大利和俄国所见到的那种制度。像欧洲今天所存在的情况，已使得民主形式受到怀疑，这不能归咎于民主原则本身，而是由于政府的不稳定和选举制度中与个人无关的特征。我相信美国在这方面已经找到了正确的道路。他们选出了一个任期足够长的总统，他有充分的权力来真正履行他的职责。另一方面，在德国政治制度中，为我所看重的是它为救济患病或贫困的人作出了可贵的广泛的规定。在人生的丰富多彩的表演中，我觉得真正可贵的，不是政治上的国家，而是有创造性的、有感情的个人，是人格；只有个人才能创造出高尚的和卓越的东西，而群众本身在思想上总是迟钝的，在感觉上也总是迟钝的[4]。

讲到这里，我想起了群众生活中最坏的一种表现，那就是使我厌恶的军事制度。一个人能够洋洋得意地随着军乐队在四列纵队里行进，单凭这一点就足以使我对他鄙夷不屑。他所以长了一个大脑，只是出于误会；光是骨髓就可满足他的全部需要了。文明的这种罪恶的渊薮（sǒu），应当尽快加以消灭。任人支配的英雄主义、冷酷无情的暴行，以及在爱国主义名义下的一切可恶的胡闹，所有这些都使我深恶痛绝[5]！在我看来，战争是多么卑鄙、下流！我宁愿被千刀万剐，也不愿参与这种可憎的勾当。尽管如此，我对人类的评价还是十分高的，我相信，要是人民的健康感情没有遭到那些通过学校和报纸而起作用的商业利益和政治利益的蓄意败坏，那么战争这个妖魔早就该绝迹了。

我们所能有的最美好的经验是奥秘的经验。它是坚守在真正艺术和真正科学发源地上的基本感情。谁要体验不到它，谁要是不再有好奇心，也不再有惊讶的感觉，谁就无异于行尸走肉，他的眼睛便是模糊不清的。就是这样奥秘的经验——虽然掺杂着恐惧——产生了宗教。我们认识到有某种为我们所不能洞察的东西存在，感觉到那种只能以其最原始的形式接近我们的心灵的最深奥的理性和最灿烂的美——正是这种认识和这种情感构成了真正的宗教感情；在这个意义上，而且也只是在这个意义上，我才是一个具有深挚的宗教感情的人。我无法想象存在这样一个上帝，它会对自己的创造物加以赏罚，会具有我们在自己身上所体验到的那种意志。我不能也不愿去想象一个人在肉体死亡以后还会继续活着；让那些脆弱的灵魂，由于恐惧或者由于可笑的唯我论，去拿这种思想当宝贝吧[6]！

我自己只求满足于生命永恒的奥秘，满足于觉察现存世界的神奇结构，窥见它的一鳞半爪，并且以诚挚的努力去领悟在自然界中显示出来的那个理性的一部分，倘若真能如此，即使只领悟其极小的一部分，我也就心满意足了。

【注释】

1. 本文是爱因斯坦发表于1930年最初题为《我的信仰》的文章。

2. 哲学意义上的自由：有些哲学家认为，哲学意义上的自由，与“必然”相对，组成辩证法的一对范畴。“必然”指客观事物的规律，自由之人们对必然的认识和对客观世界的改造。人们为认识客观规律时，没有真正的自由。自由与必然是辩证的统一。

3. 叔本华：(1788年—1860年)，德国哲学家，唯意志论者。认为意志是宇宙的本质。曾在柏林大学任教，致力于柏拉图、康德的哲学研究，

4. 这里他所指的个人，使之“有创造性地、有感情的个人，是人格，不是平庸、无情的个人；所指的群众，是指“在思想上总是迟钝的，在感觉上总是迟钝”的庸众。

5. 该段议论是作者对意大利墨索里尼、德国希特勒法西斯专制图谋掀起战争暴力和其他种种暴行严厉的斥责。

6. 这些话表明他有的并不是一般意义上的宗教感情，而是深刻关怀人类福祉的那种挚爱之情。

【作者简介】

阿尔贝特·爱因斯坦（Einstein. Albert，1879年—1955年)，生于德国乌尔姆。美籍犹太裔物理学家。1921年获诺贝尔物理学奖。曾先后担任苏黎世大学、布拉格德国大学苏黎世联邦工业大学、牛津大学、剑桥大学和美国普林斯顿大学教授。爱因斯坦在量子论、分子运动论、相对论等物理学的三个不同领域取得了历史性成就，特别是狭义相对论的建立和光量子论的提出，推动了物理学理论的革命，被认为是20世纪最有创造才能的人。

第二次世界大战后，他极力主张原子武器的国际管制，对社会进步事业也有重要贡献。

【思考练习题】

1. 爱因斯坦的理想价值取向是什么？

2. 为什么爱因斯坦总保持着一种“孤独”？

3. 结合本文谈谈，人为什么要有“独立思考”的精神？

4. 展开讨论：爱因斯坦认为“只要从日常生活就可以明白：人是为别人而生存的”，每一个人都必须对别人尽力有所报偿。谈谈该观点的得失。

（张晓丹选文）

★美学原理（节选）[1]　　（意大利）克罗齐

论艺术的真实

把艺术的普通要求与历史的特殊要求混淆起来，就产生了艺术以“合理”为目的这一学说(这学说现已失势，从前曾盛行)。像错误的前提常有的情形一样，采用“合理”这个概念的人们的本来用意，无疑的比他们所下的定义为妥。“合理”通常指表象的艺术连贯性，这就是它的完整、有力、活灵活现。如果拿“连贯的”来换“合理的”，用这词的批评家们的讨论、例证和判断就会现出很正当的意义；一个不合理的人物，不合理的喜剧收场其实只是写得坏的人物，布置得坏的收场，没有艺术动机的一些情节。有人说得很对，连神仙鬼怪也要合理才好。它们必须真的是神仙鬼怪，必须是连贯的艺术的直觉品。有时拿来代替“合理的”字样的是“可能的”。我们已经约略说过，“可能的”是和“可想象的”或“可直觉的”同义。一切真正连贯地想象出来的东西都是可能的。但是也有许多批评家和理论家把“可能的”当作“于史可信的”，或是不可推证而可揣测的，不是真实的而是合理的那样一种历史的真实。这些理论家认为艺术的性格就是如此。

论风格即人格说

除非根据认识与实践的分别，根据审美活动的认识性，风格即人格说[2]也无从批评得详尽。人不仅是知识与观照；他也是意志，而意志包括认识的阶段。因此，风格即人格说只有两个可能：如果它指风格就是具风格方面的人格，即只指表现活动那方面的人格，那就是完全空洞无意义的；如果要想从某人所见到而表现出来的作品去推断他做了什么，起了什么意志，即肯定知识与意志之中有逻辑的关系，那就是错误的。许多艺术家传记中的传说都起于风格即人格一个错误的等式。好像一个人在作品中表现了高尚的情感，在实践生活中就不可能不是一个高尚的人，或是一个戏剧家在剧本中写的全是杀人行凶，自己在实践生活中就不可能没有做一点杀人行凶的事。艺术家们抗议道："我的书虽淫，我的生活却正经。"不但没有人相信，反而惹到欺骗和虚伪的罪名。

论艺术品类

各种表现品，直接地按实地看去，不能分类；但是它们有些是成功的，有些是半成功的，有些是失败的。它们确有完善和不完善，成功和不成功的分别。上述各词以及其他类似的字样往往可以指成功的表现品以及各种失败的表现品。但是它们的这个用法是极不一致，极随便的，以致同是一字，有时用来称赞完善的作品，有时又用来诋毁不完善的作品。

关于"古典主义"与"浪漫主义"的大争辩也往往起于这种字义的暧昧。有时"古典的"是指在艺术上是完善的，"浪漫的"则缺乏平衡，不完善；有时"古典的"是指枯燥的，做作的；"浪漫的"则为纯粹的，温暖的，有力的，真正富于表现性的。因此，站在"古典的"一边反对"浪漫的"，或站在"浪漫的"一边反对"古典的"，都很可能同样有理。

论诙谐

"诙谐的"可以下定义说是泪中的笑，苦笑，从喜剧的到悲剧的或从悲剧的到喜剧的那种突然转变，浪漫式的喜剧的，雄伟的反面，对于每一种作伪的企图宣战，想哭而又害羞的怜悯，不针对事实而针对理想本身的笑。在这许多定义以外，你若乐意，还可以增加，看你怎样要借你所给的定义，来见出这个诗人或那个诗人，这首诗或那首诗的特殊面貌，这面貌，就它的特殊性来说，就是它本身的定义，虽是暂时的。有限定范围的定义，却是惟一恰当的定义。

【注释】

1. 节选自克罗齐的《美学原理·美学纲要》，朱光潜译，外国文学出版社，1983年。
2. "风格即人格"是法国自然科学家、作家毕丰提出的。

【作者简介】

克罗齐（Benedetto Croce，1866年—1952年），意大利哲学家、历史学家和美学家。他的美学理论是20世纪最有影响的美学原理之一。主要著作有：《美学原理》《美学纲要》等。还主编《批评》杂志（当时欧洲影响最大的文艺批评刊物）。

【思考练习题】

1. 克罗齐的创作具有什么特点？
2. 克罗齐为什么说艺术要有真实性？
3. 谈谈你对克罗齐"风格即人格说"的认识。

（王勤选文）

专家与通人[1]　　雷海宗

专家是近年来的一个流行名词，凡受高等教育的人都希望能成专家。专家的时髦性可说是今日学术界的最大流弊。学问分门别类，除因人的精力有限之外，乃是为求研究的便利，并非说各门之间真有深渊相隔。学问全境就是一种对于宇宙人生全境的探索与追求，各门各科不过是由各种不同的方向与立场去研究全部的宇宙人生而已。政治学由政治活动方面去观察人类的全部生活，经济学由经济活动方面去观察人类的全部生活。但人生是整个的，支离破碎之后就不是真正的人生。为研究的便利，不妨分工；但我们若欲求得彻底的智慧，就必须旁通本门以外的知识。各种自然科学对于宇宙的分析，也只有方法与立场的不同，对象都是同一的大自然界。在自然科学的发展史上，凡是有划时代的贡献的人，没有一个是死抱一隅（yú）之见的人。如牛顿或达尔文，不只精通物理学或生物学，他们各对当时的一切学术都有兴趣，都有运用自如的理解力。他们虽无哲学家之名，却有哲学家之实。他们是专家，但又超过专家；他们是通人。这一点总是为今日的一些专家或希望作专家的人所忽略。

假定某人为考据专家，对某科的某一部分都能详述原委，作一篇考证文字，足注能超出正文两三倍；但对今日政治经济社会的局面完全隔阂（hé），或只有幼稚的观感，对今日科学界的大概情形一概不知，对于历史文化的整个发展丝毫不感兴趣。这样一个人，只能称为考据匠，若恭维一句，也不过是“专家”而已。又如一个科学家，终日在实验室与仪器及实验品为伍，此外不知尚有世界。这样一个人，可被社会崇拜为大科学家，但实际并非一个全人，他的精神上之残废就与身体上之足跛（bǒ）耳聋没有多少分别。

再进一步。今日学术的专门化，并不限于科门之间，一科之内往往又分化为许多的细目，各有专家。例如一个普通所谓历史专家，必须为经济史专家，或汉史专家，甚或某一时代的经济史专家，或汉代某一小段的专家。太专之后，不只对史学以外的学问不感兴味，即对所专以外的史学部分也渐疏远，甚至不能了解。此种人或可称为历史专家，但不能算为历史学家。片段的研究无论如何重要，对历史若真欲明了，却非注意全局不可。

今日学术界所忘记的，就是一个人除做专家外，也要做“人”，并且必须做“人”。一个十足的人，在一般生活上讲，是“全人”，由学术的立场讲，是“通人”。我们时常见到喜欢说话的专家，会发出非常幼稚的议论。这就是因为他们只是专家，而不是通人，一离本门，立刻就要迷路。他们对于所专的科目在全部学术中所占的地位完全不知，所以除所专的范围外，若一发言，不是幼稚，就是隔膜。

学术界太专的趋势与高等教育制度有密切的关系。今日大学各系的课程，为求“专精”与“研究”的美名，舍本逐末，基本的课程不是根本不设，就是敷衍塞责，而外国大学研究院的大部课程在我们只有本科的大学内反倒都可以找到。学生对本门已感应接不暇，当然难以再求旁通。一般的学生，因根基的太狭（xiá）太薄，真正的精通既谈不到，广泛的博通又无从求得；结果各大学每年只送出一批一批半生不熟的智识青年，既不能作深刻的专门研究，又不能正当地应付复杂的人生。近年来教育当局与大学教师，无论如何地善于自辩自解，对此实难辞咎（jiù）。抗战期间，各部门都感到人才的缺乏。我们所缺乏的人才，主要的不在量，而在质。雕虫小技的人才并不算少。但无论做学问，或是做事业，所需要的都是眼光远大的人才。

凡人年到三十，人格就已固定，难望再有彻底的变化，要做学问，二十岁前后是最重要的关键，这正是大学生的在校时期。品格、风趣、嗜（shì）好，大半要在此时来做最后的决定。此时若对学问兴趣立下广泛的基础，将来的工作无论如何专精，也不至于害精神偏枯病。若在大学期间，就造成一个眼光短浅的学究，将来若要再作由专而博的功夫，其难真是有如登天。今日各种的学术都过于复杂深奥，无人能再望做一个活的百科全书的亚里士多德。但对一门精通一切，对各门略知梗概，仍当是学者的最高理想。二十世纪为人类有史以来最复杂最有趣的时代，今日求知的时会也可谓空前；生今之世，而甘作井底之蛙，岂不冤枉可惜？因为人力之有限，每人或者不免要各据一井去活动，但我们不妨时常爬出井外，去领略一下全部天空的伟大！

杨东平，大学精神，沈阳：辽海出版社，2000

【注释】

1.《专家与通人》最初发表于1940年2月4日《大公报》重庆版。

【作家简介】

雷海宗（1902年—1962年），原名雷得义，字伯伦，河北永清人。著名历史学家、教育家。1927年获美国芝加哥大学哲学博士学位，回国后历任南开大学、清华大学教授。著有《中国文化与中国的兵》《文化形态史》《西洋通史》《中国通史》等。他以博闻强记、自成体系、贯通古今中外而著称。

【思考练习题】

1. 谈谈什么是“通人”？
2. 学术上的“通人”与生活上的“全人”有怎样的关系？
3. 学习本文有什么现实意义？

（杨一虹选文）

《专家与通人》导读：素质教育的先驱雷海宗

1940年2月，雷海宗先生就在《大公报》谈论治学之道。文章针对当时学术界崇尚专家之弊，探讨了“专”与“通”的关系，明确提出了要做“通人”的观点。

写作析理文，鲜明而有见地的观点十分可贵。雷海宗先生身为史学专家，却不以专家自居，而能将学术研究置于人生历程中考察，主张将人生与学术打通，倡导大学生以至专家学者，不但在专业以外要注意学问的全境，旁通本门以外的知识，做学问上的“通人”，在生活上，则更应是“全人”。他的观点，不仅切中时弊，就是在半个世纪后的今天，在高等教育和学术界仍然具有振聋发聩的效果。

要造就“通人”，大学教育就必须提倡“通才教育”。雷先生文章发表的次年，原清华校长梅贻琦发表著名的《大学一解》，也明确指出：“大学期内，通专应兼顾，而重心所寄，应在通而不在专，换言之，即须一反目前重视专科之倾向。”可谓英雄所见略同，彼此先后呼应。

然而，作者当年指出的教育弊病，不仅在相当长的时间里未能改正，反而有愈演愈烈之势，直到20世纪90年代中期，才引起教育界以至全社会有识之士的警觉，因而才有了提倡“素质教育”的局面，但实际上，当今教育界的应试教育现状，与“通人”和“全人”的目标距离甚远。也可见雷海宗先生的远见与卓识。

早在1844年，马克思就把“全面发展”当作社会进步的主要指标。可惜，无论是民众还是教育领导，人们往往囿于眼前物质功利，无视治学根本目标。进步呼声往往受体制滞后所累，求学与治学者盲从成风，往往忘其根本，很难摆脱眼界狭窄、专而不通之弊。雷海宗先生批评的“精神偏枯”，“人生亦复支离破碎”，犹在耳畔。

作者的观点前瞻，说理态度平和亲切，没有半点盛气凌人。如循循善诱的长者，与后辈亲切交谈。其立论之深刻，推理之谨严，平易中见功力，句句忠告，令人长久感怀。最后一语，饱含着激励之慨，表露了作者的拳拳之心。

全文语言平实、准确，平易、深刻，作者既有西方学术的严格训练，又具深厚的国学根底的功力。人称雷海宗先生为“其声如雷，其学如海，史学之宗”。此话不假，本文立论正大，说理充分，逻辑严密，遣词造句言简而意赅，实在值得借鉴。

（杨一虹撰写）

第七章　当代析理类文体

第一节　当代析理类文体概述

内容提要：

通过选择性地介绍中、外当代析理类文本，使学生大致了解当代析理类文体的成长脉络，尤其是中国当代析理文的发展概况，尝试分析作者的思维方法，培养学生对理论的情感和思考的习惯。

关键词：当代析理文　脉络　材料　论证方法　论证结构

所谓析理类文体，就是指人们将通过析理活动所获得的理论结果及其思考过程写成的文章。析理类文体创作的目的在于揭示事物的客观规律，通过对材料的选择和恰当的逻辑推理形式的运用，阐明作者的观点和态度。传统意义上包括政论文、科学论文（学年论文、学位论文等）、专业论著（文艺评论、述评等）、哲学专著（思想评论等）等具体形式。析理类文体是直接说明事理、阐发见解、宣示主张的文章，它的中心在于“说明事理”，是为了“答疑解难”，解决问题。每当人类面临生存问题时，就有思想者勇敢地站出来，“解民于倒悬，出民于水火”。

广义地说，析理类文体所回答的问题是无所不包的，大至宇宙天地、社会人生；小至一事一物、一言一行，任何问题都可以“论”，都可以“说”。但若把林林总总的问题归纳一下，大体可以分为三类：

是什么？——类别和性质方面的问题；

为什么？——原因和目的方面的问题；

怎么办？——方法和途径方面的问题。

当代析理文的脉络：中国自 1949 年以来，析理类文章同社会经济的兴衰、政治气候的变化相互表里。总体而言，50 年代初期和中期欣欣向荣；50 年代末是低落期；60 年代初是萌动期；“文革”10 年是特殊期；新时期以后是恢复发展多样化的繁荣期。析理类文体经历了一条坎坷曲折的路程。

被称为文学“轻骑兵”和“匕首”的散文与杂文构成了当代析理类文章的主体部分。而本章所涉及的外国析理类文章，大都是进入新时期之后才出现的，也从侧面展示出新时代的气息。

50 年代初期和中期欣欣向荣：1949—1956 年，我国的国民经济初步繁荣，政治生活比较稳定，民族振兴、国情激扬，作家的创作热情异常高涨。析理类文体的题材有所开拓，体裁增多，思想敏锐有力，初步呈现出繁荣的局面。析理杂文出现了叶圣陶的《老爷说的没错》、钟惦棐的《电影的锣鼓》、巴人的《况钟的笔》、徐懋庸的《小品文的新危机》、马铁丁的《自以为是的教训》以及严秀等人具有代表性的文章。

50 年代末低落期：1957 年开始政治空气突变，“左倾”思想占据主流地位，析理类文体遭受严重伤害，一些有思想、有锋芒的作家仍然坚持创作。此间是新中国成立以来析理散文的第一个荒凉期，而杂文几乎绝迹了。

60年代初萌动期： 面对国民经济的严重困难，党领导全国人民团结奋斗，战胜困难，调整文艺政策，强调艺术民主，尊重作家艺术家的创造性劳动，民主政治空气活跃，从而使析理类文章的创作出现了空前的繁荣，杂文也开始振兴。1961年邓拓应《北京晚报》的要求，开辟《燕山夜话》专栏；邓拓、吴晗、廖沫沙在《前线》杂志开辟《三家村札记》；夏衍、吴晗、廖沫沙、唐弢等人为《人民日报》副刊撰写《长短录》。随后，许多省、市级报刊也辟出杂文专栏，杂文创作在全国蔚然成风。但1962年，随着政治空气的再次紧张，析理类文体又进入发展的萧条时期。

"文革"10年特殊期： 析理类文体遭到毁灭性打击。其间，"我们、革命、高举、打倒、阶级斗争、走资派、专政、红线、红心、红太阳、指引、脑海、贫下中农"等语词使用频率达到了最高。"四人帮"实施的文化独裁专制下，"左派"的幼稚语言形成了"话语暴力"。"文革"10年，经济倒退落伍，学术思想禁锢，处于停滞状态。"小报抄大报，大报抄梁效"，抄文之风造成了文坛"千佛一面、万人一词"的惨烈祸患，"帮派语言"遗毒流布甚广，至今仍未根除。

新时期： 随着"改革开放"，"发展经济"的社会变革与发展，析理类文章表现出的理性思考成分增强、形式更趋于多样化的特点，取得了显著成就。巴金的《随想录》，总结了他几十年人生经验，饱含着智慧与情感。臧克家的《炉火》、钟惦棐的《生命》、王蒙的《"不懂"之后》等作品都各具风采引人入胜。随着思想解放、民主政治生活的活跃，新时期的杂文创作，出现了王蒙的《论"费厄泼赖"应该实行》、卢杨村的《八股焚书论》、黄裳的《谈禁书》、冯子英的《说诤》等。这些杂文内容十分广泛，涉及各种社会问题，文笔犀利，思想敏锐，呈现出新的风格。80年代之后，析理类文章新鲜生动，观念更新加快，析理内容更加接近民众的生活：关注生活，贴近生活，参与生活，体现了"以人为本"的特点。"学术化""民众化"，个性与思考、见情见性增多。朱光潜的《文学作为语言艺术的独特地位》、李泽厚的《汉代艺术的美学风貌》、董桥的《善待母语，维系尊严》等都具代表性。

后现代主义文化哲学： 以美国的弗尔·杰姆逊《后现代主义文化演讲》为代表的西方马克思主义理论研究，对于资本主义市场经济环境下的生存景况进行了论述，注重于东、西方文化比较，探讨人类的生存方式——文化，以及多种文化的"碰撞、争吵、对话"方式，探讨多种文化交融的可能，引发了广泛的文化热讨论。

后起的西方马克思主义者们如哈贝马斯、阿多诺、阿尔图塞等，在深入研究马恩理论基础上，重新确立了市场经济环境下的社会"游戏规则"，有效地化解了"劳资"对立的社会矛盾，这也是马克思主义光辉的见证！尤其是共产主义美好蓝图的描绘。

20世纪初，马恩理论经过李大钊、陈独秀等先驱的鼓吹进入中国，改变了中国近代几百年来备受列强屈辱的面貌，为中国的独立解放提供了理论基础。毛泽东、邓小平等几代领袖人物理论体系的建立，中国人民在21世纪取得富国强民和平崛起的奇迹，无不受惠于此。"没有革命的理论，便没有革命的实践"，理论的作用不可低估。

海德格尔阐释学哲学： 海德格尔是德国阐释学哲学创始人之一，他关注于"此在"哲学观点，探讨人的存在意义，提出"一旦发生，即为过去"，对当代西方哲学影响十分深远，尤其后期海德格尔的思想，对于整个西方理性哲学进行反思、批判，吸收了东方哲学"道"的元素，告诫人们不要被教条蒙蔽，追求"伟大的、澄明的、无蔽的"状态下的真理。主张理性与感性的兼顾，倡导："人，诗意的栖居"。迦达默尔、德里达等进一步完善深化了其阐释学的理论，前者著有《真理与方法》，主张阐释的循环。

纵观析理类文体的发展历程，除了重视析理的内容之外，我们还要关注析理的方法、技巧与章法结构。析理类文体也是为宣传科学和真理服务的，是保证科学和真理“使人懂，使人信，使人行”的重要条件，因而每一个概念、每一个判断、每一个推理都要准确，都要合乎逻辑。准确了，才能“鲜明”，也才能做到“生动”。

（张晓丹、吴志强撰写）

第二节 当代析理类文选

人生的境界[1] 冯友兰

哲学的任务是什么？我曾提出，按照中国哲学的传统，它的任务不是增加关于实际的积极的知识，而是提高人的精神境界。在这里更清楚地解释一下这个话的意思，似乎是恰当的。

我在《新原人》一书中曾说，人与其他动物的不同，在于人做某事时，他了解他在做什么，并且自觉地在做。正是这种觉解[2]，使他正在做的事对于他有了意义。他做各种事，有各种意义，各种意义合成一个整体，就构成他的人生境界。如此构成各人的人生境界，这是我的说法。不同的人可能做相同的事，但是各人的觉解程度不同，所做的事对于他们也就各有不同的意义。每个人各有自己的人生境界，与其他任何个人的都不完全相同。若是不管这些个人的差异，我们可以把各种不同的人生境界划分为四个等级。从最低的说起，它们是：自然境界，功利境界，道德境界，天地境界。

一个人做事，可能只是顺着他的本能或其社会的风俗习惯。就像小孩和原始人那样，他做他所做的事，然而并无觉解，或不甚觉解。这样，他所做的事，对于他就没有意义，或很少意义。他的人生境界，就是我所说的自然境界。

一个人可能意识到他自己，为自己而做各种事。这并不意味着他必然是不道德的人。他可以做些事，其后果有利于他人，其动机则是利己的。所以他所做的各种事，对于他，有功利的意义。他的人生境界，就是我所说的功利境界。

还有的人，可能了解到社会的存在，他是社会的一员。这个社会是一个整体，他是这个整体的一部分。有这种觉解，他就为社会的利益做各种事，或如儒家所说，他做事是为了“正其义不谋其利”[3]。他真正是有道德的人，他所做的都是符合严格的道德意义的道德行为。他所做的各种事都有道德的意义。所以他的人生境界，是我所说的道德境界。

最后，一个人可能了解到超乎社会整体之上，还有一个更大的整体，即宇宙。他不仅是社会的一员，同时还是宇宙的一员。他是社会组织的公民，同时还是孟子所说的“天民”[4]。有这种觉解，他就为宇宙的利益而做各种事。他了解他所做的事的意义，自觉他正在做他所做的事。这种觉解为他构成了最高的人生境界，就是我所说的天地境界。

这四种人生境界之中，自然境界、功利境界的人，是人现在就是的人；道德境界、天地境界的人，是人应该成为的人。前两者是自然的产物，后两者是精神的创造。自然境界最低，往上是功利境界，再往上是道德境界，最后是天地境界。它们之所以如此，是由于自然境界，几乎不需要觉解；功利境界、道德境界，需要较多的觉解；天地境界则需要最多的觉解。道德境界有道德价值，天地境界有超道德价值。

中国哲学的传统，哲学的任务是帮助人达到道德境界和天地境界，特别是达到天地境界。天地境界又可以叫做哲学境界，因为只有通过哲学，获得对宇宙的某些了解，才能达到天地境界。但是道德境界，也是哲学的产物。道德认为，并不单纯是遵循道德律的行为；有道德的人也不单纯是养成某些道德习惯的人。他行动和生活，都必须觉解其中的道德原理，哲学的任务正是给予他这种觉解。

生活于道德境界的人是贤人，生活于天地境界的人是圣人。哲学教人以怎样成为圣人的方法。我在第一章中指出，成为圣人就是达到人作为人的最高成就。这是哲学的崇高任务。

在《理想国》中，柏拉图[5]说，哲学家必须从感觉世界的“洞穴”上升到理智世界。哲学家到了理智世界，也就是到了天地境界。可是天地境界的人，其最高成就，是自己与宇宙同一，而在这个同一中，他也就超越了理智。

中国哲学总是倾向于强调，为了成为圣人，并不需要做不同于平常的事。他不可能表演奇迹，也不需要表演奇迹。他做的都只是平常人所做的事，但是由于有高度的觉解，他所做的事对于他就有不同的意义。换句话说，他是在觉悟状态做他所做的事，别人是在无明状态做他们所做的事。禅宗[6]有人说，觉字乃万妙之源。由觉产生的意义，构成了他的最高的人生境界。

所以中国的圣人是既入世[7]而又出世[8]的，中国的哲学也是既入世而又出世的。随着未来的科学进步，我相信，宗教及其教条和迷信，必将让位于科学；可是人的对于超越人世的渴望，必将由未来的哲学来满足。未来的哲学很可能是既入世而又出世的。在这方面，中国哲学可能有所贡献。

【注释】

1. 本文选自《冯友兰学术文化随笔》，中国青年出版社，1996 年。

2. 觉解：自觉和了解。

3. 正其义不谋其利：出自《汉书·董仲书传》。正，在政治、道德、思想、言论、礼仪等方面，将违反原则、标准或规定的匡正过来。

4. 天民：明乎天理，适乎天性的贤者。

5. 柏拉图（前 427 年—前 347 年）：古希腊哲学家。

6. 禅宗：中国佛教宗派之一，以静坐默念为修行方法。

7. 入世：投身到社会里。

8. 出世：超脱人世。

【作者简介】

冯友兰（1895 年—1990 年），字芝生，河南省唐河县人。哲学家。1923 年获哥伦比亚大学研究生院哲学博士学位，后历任清华大学、西南联合大学、北京大学哲学系教授，并任中国科学院哲学社会科学部学部委员。

冯友兰除长期从事教学工作外，还撰写了大量哲学与哲学史著作，《中国哲学史》一书确立了他中国哲学学科主要奠基人的地位。1926 年出版《人生哲学》，融会中国传统哲学与实用主义、新实在论之见解，提出“中道”的人生观。《中国哲学史》一书在国内外有较大的影响。抗日战争期间，写成《贞元之际所著书》，把程朱理学与西方新实在论相结合，构成富于思辨性的哲学体系。1946 年—1947 年任美国宾夕法尼亚大学客座教授时，用英文写成《中国哲学小史》在纽约出版。

中华人民共和国建立后，冯友兰开始以马克思主义为指导研究中国哲学史，著论颇多，有《三松堂全集》。

【思考练习题】

1. 本文所说的四种人生境界是什么？

2. 作者认为哲学能帮助人形成什么样的人生境界？

3. 本文的结构层次有何特点？

4. 深入细致地研读文本，培养质疑思辨的能力，联系自己的知识和经验，写一则读书笔记，不少于 300 字。

（张晓丹选文）

★世界上四大文化体系　　季羡林

要谈文化交流，必须先了解，什么叫文化，什么叫文化体系。世界各国学者对于文化的定义，据说有几百种之多。那些烦琐的论证，毫无意义，我在这里不谈。约而言之，文化有广狭二义。我取的是广义的文化，指的是人类在精神文明和物质文明两个方面优秀的、对人类进步起推动作用的创造。

世界上的民族不论大小，历史不论久暂，对于文化都有自己的贡献。这一点必须承认。但是，同时也必须承认，各个民族对整个人类文化的贡献，在质和量方面，都不尽相同。据我自己多年观察和探讨的结果，真正能独立成为体系、影响比较大又比较久远、特点比较鲜明的文化体系，世界上只有四个：

1. 中国文化体系
2. 印度文化体系
3. 闪族伊斯兰文化体系
4. 希腊、罗马西方文化体系

这四个文化体系，还可以再进一步简化为两大文化体系群：前三者属于东方文化体系群，后一个属于西方文化体系群。下面我分别加以解释。

1. 中国文化体系

中国立国于东亚大陆，有长达五六千年的文化发展的历史。在相当长的历史时期内，中国在各个方面都对人类文化有巨大的贡献。中国的几个发明，如罗盘、造纸、火药、印刷术等等，还有中国的蚕丝，都传出了中国，对世界上一些国家和地区的文化发展，产生了巨大的推动力。一些次要的发明创造和工农业产品，比如瓷器、茶叶等等，也输出了中国，输入世界各地，为当地人民所喜爱。中国的药材也曾传到许多国家。连炼钢术都曾对周围一些国家产生过影响。至于精神文明，中国文学艺术、哲学思想、园林建筑等等，影响了一些国家和地区。到了十七、十八世纪更传至欧洲，在那里同样产生了影响。中国的汉字曾影响了周围一些国家，比如在日本、朝鲜、越南等国，他们读汉文书籍，甚至用汉文写作。

2. 印度文化体系

印度也有很长的文化发展的历史。自公元前三世纪摩亨佐达鲁[1]和哈拉巴[2]的印度河流域文化开始，印度人民在精神文明和物质文明两个方面都对人类文化做出了巨大的贡献。在精神文明方面，印度最古的吠陀[3]、两大史诗、波你尼[4]的语法体系，以及以迦梨陀娑[5]著作为首的古典梵文诗歌和戏剧、流行于印度民间的寓言、童话和小故事，都通过种种渠道传出了印度，对世界文化和文学产生了深远的影响。特别是印度古代的寓言、童话等等，通过了《五卷书》[6]等类作品的中古波斯文[7]和阿拉伯文译本，传遍了欧亚大陆，甚至传至非洲，到了十九世纪在德国形成了比较文学史的研究，影响更是特别大。这类作品也传到了中国。

在宗教方面，印度是产生宗教的地方，源于印度和尼泊尔的佛教，在印度繁荣昌盛了一千五百多年。它早就传出了印度，传到了中亚、南亚、东南亚、东亚、北亚各国，影响了这些地方的宗教的发展。对这些地方的文学艺术、哲学思想、语言、历史等等方面都有广泛、持久而又深入的影响。这是尽人皆知的事实。连基本上停留在印度本土的印度教，也在小范围内传出了印度，传到了南亚和东南亚一些国家，并且有了信徒。

在物质文明方面，印度对科学技术也有独特的贡献。古代印度对数学、天文、物理、化学、炼钢、熬糖等等都有发明创造。

3. 闪族[8]伊斯兰[9]文化体系

这里包括古代希伯来[10]文化，《旧约》[11]等等，也包括古代巴比伦[12]、亚述[13]文化和古代埃及文化，地域极广，历史极长；但是又确实属于一个文化体系，有许多共同的特征。公元六、七世纪，伊斯兰教兴起，它几乎囊括了这整个地区，继承并发展了古代闪族文化。有共同特征的阿拉伯文化，影响了欧亚广大地区。伊斯兰教成了世界三大宗教之一，影响更是普及而深入。此外，阿拉伯人在保存古代希腊文化方面还起了关键性的作用，一个很有趣的现象是，原属印欧体系文化（古代希腊、罗马就属于这个体系）的波斯（今伊朗），改信了伊斯兰教，把第三个和第四个文化体系融合起来，形成了独特的文化。波斯的宗教思想、文学、艺术、语言，以及科学技术，沿着古代的丝绸之路，影响极其广泛。

4. 希腊、罗马西方文化体系

古代希腊和罗马产生了光辉灿烂的文化。无论在自然科学方面，还是在人文科学和社会科学方面，都出现了许多有独创性的造诣（yì）和深远影响的伟大学者，伟大哲学家，至今全世界的学者们还在研究他们的著作。他们的诗人和作家，也是至今还栩栩（xǔ）如生。今天的欧美西方文化主宰了世界，实际上是希腊、罗马文化的继承和发展。这个主宰的过程，同欧洲资本主义的发展是分不开的。随着世界统一市场的形成，欧美西方文化体系就逐渐成了统一世界的文化体系。1827年德国伟大诗人歌德首先提出了世界文学这个概念，1848 年马克思和恩格斯也提到了世界文学。这个世界文学是世界文化体系的一个重要组成部分。

二十世纪中国学术散文精品，北京：中央编译出版社，1996

【注释】

1. 摩亨佐达鲁：摩亨佐达鲁是印度河流域的一座古城遗址，1922 年，它被考古学家发掘出来。

2. 哈拉巴：哈拉巴是印度河流域上古文明的城市遗址。在今巴基斯坦旁遮普省境内。考古学家在此发现公元前 3000 年到公元前 2000 年的青铜器文化遗物，包括火砖建筑、下水道、工具、陶器、艺术品等。有卫城。还发现刻在印章上的文字符号，迄今尚未完全解读。哈拉巴与摩亨佐达鲁等地的古迹，常被称为“哈拉巴文化”。

3. 吠陀（Veda）：印度最古老的圣典，也是哲学宗教的起源。吠陀是“知识”的意思，婆罗门教认为这是古圣人（Rsi）受神的启示（Sruti）而写出来的。

4. 波你尼（Panini）：古印度语法学家，也译“巴尼尼”、“波尼尼”。生卒年份不详，较多学者认为生活于公元前四世纪。“波你尼”是我国古代的译名，季羡林认为，现存最早关于波你尼其人其书的记载见于唐代高僧玄奘的《大唐西域记》第二卷（《中国大百科全书·语言文字》“波你尼”条）。玄奘称波你尼为曾经撰写了《声明论》的仙人。所谓《声明论》，即梵语语法，也称《波你尼经》，全书分为八章，所以又习称《八章书》（Astādhy - āyī，英文称 Eight Books）。

5. 迦梨陀娑：迦梨陀娑是印度古代杰出的诗人和剧作家。

6. 《五卷书》：古印度故事集。用梵文写成，因有五卷而得名。现在流行有各种本子，最早的可能产生于公元前一世纪。中国 1964 年出版了季羡林译的《五卷书》全译本。

7. 波斯：今伊朗。

8. 闪族：闪族又称闪米特人，是居住于巴勒斯坦及中东其他地区的古老民族，起源于阿拉伯半岛的游牧人民，相传诺亚的儿子闪即为其祖先。阿拉伯人，犹太人都是闪米特人。今天生活在中东北非的大部分居民，不过就是阿拉伯化的古代闪米特人的后裔。闪米特是中东印欧人语言、文化的一个分支。

9. 伊斯兰：七世纪初，麦加人穆罕默德在希拉山洞的冥想中创立伊斯兰教。伊斯兰，是阿拉伯语的音译，本意“顺从”。顺从安拉旨意的人，即“顺从者”，阿拉伯语叫“穆斯林”，是伊斯兰教徒的通称。

10. 希伯来：古希伯来人属于闪族的一支，在公元前 3000 年左右生活于幼发拉底河流域一带。约公元前 1500年，他们侵入迦南地，这就是后来的巴勒斯坦地区，这些人被称为希伯来人，意为“从河那边来的人”。

11.《旧约》：《圣经》的组成部分之一，它既是宗教经典，又是具有很高价值的文学作品汇编。

12. 古代巴比伦：巴比伦（Babylon）是世界著名古城遗址和人类文明的发祥地之一。它位于伊拉克首都巴格达以南90公里处，幼发拉底河右岸，建于公元前2350多年，是与古代中国、印度、埃及齐名的人类文明发祥地。巴比伦意即“神之门”，是幼发拉底河和格里底斯河两河流域的重镇。

13. 亚述文化：亚述帝国（Assyria）是兴起于美索不达米亚（即两河流域，今伊拉克境内幼发拉底河和底格里斯河之间）的奴隶制国家。公元前8世纪末，亚述逐步强大，先后征服了小亚细亚东部、叙利亚、腓尼基、巴勒斯坦、巴比伦尼亚和埃及等地。设都于尼尼微（今伊拉克摩苏尔附近）。亚述人在两河流域历史上活动时间前后约有1000余年。

【作者简介】

季羡林（1911年—），山东清平（今并入临清市）人。著名古文字学家、历史学家、作家。主要从事印度古代语言、文学以及印度史、佛教史、中印文化关系史、吐火罗文的研究。曾任中国科学院哲学社会科学部学部委员、北京大学副校长、中国社科院南亚研究所所长。

【思考练习题】

1. 世界的文化体系分为几部分？是什么？
2. 每个文化体系的杰出代表是什么？
3. 了解世界文化体系的重要意义？

（杨一虹选文）

况钟的笔[1]　　巴　人

看了昆剧《十五贯》[2]，叫我念念不忘的是况钟那支三落三起的笔。自从仓颉造字、蒙恬造笔以来，凡是略识“之乎”的人，都是要用笔的。读书人著书立说，吟歌[3]赋诗，要用笔，种田的，赶买卖的，记豆腐白酒帐，要用笔；甚至象阿Q那样的人物，临到枪毙之前，还要拿起笔来，伏在地上，在判决书上面画个圈圈，并且有慨于圈圈之画得不圆，这就可见笔之为用是大得很哩。

自然，笔各有不同，我们用的或毛笔，或钢笔，而况钟所用的是朱砂笔。况钟虽然是苏州府尹[4]，但这回担任的工作，却是监斩。他的职责就是核对犯人和榜上名字是否属实。如果属实，那就算他“验明正身”了，大可朱砂笔一挥，向榜上名字一点，叫刽子手拉出去，一斩了事的。然而况钟偏不这么做，一听到犯人呼冤，并且自述经过，又点不下去了。经过临时一次调查，冤情已经属实，但他既是监斩官，无权过问判决，于是又拿起笔来，但又看到犯人含冤莫伸的情形，又点不下去。他想到人命关天，要对人负责。他终于立下决心，自相干系，延缓处斩，向巡抚大人据理力争，并且亲自勘察，破了案情，平反了冤狱。这样，况钟的朱砂笔，终于点中了真正的杀人犯。可见一个人会不会用笔是大有讲究的。

我们的机关首长，单位的负责人，以至一般工作人员，都是要用笔的。有的是起拟计划、稿件等等，有的则是拿起笔来在计划、稿件之类上面批示一下，或同意，或另拟，或写上一个名字。但是，我们用笔有没有像况钟那样用得慎重而严肃？实在是大可深思一下的。我们之间固然不缺乏像况钟那样的人，善于在笔底下看到“人”，并且用行动来帮助用笔。但我们之间，也不缺乏像过于执那样的人，只知大笔一挥，看不到笔底下有“人”；或者把任何工作，往上一推，往下一压，自己仅仅经过手，签个名，只考究自己签名的字，是否“龙飞凤舞”，足够威势，也算是用过笔了。没有对人负责的精神，不可能作出工作负责的事，况钟的笔底下有“人”，就是况钟用笔的可贵精神。但况钟的用笔是很不容易的。

首先，这支朱砂笔必须点中真正杀人犯，那才能为社会除掉坏人。而除掉了坏人，也就是保护了好人。但要做到这一点，也得展开两条路线的斗争：一方面，他要同只知排比事件的表面现象，并且会用“人之常情”来作推理根据，却不研究事情的实质的主观主义者作斗争；另一方面，他还要同满足于自己的高官厚禄，闭着眼睛签发文件，而又讨厌下属提出不同意见，为了去掉不顺手的干部，就故意设下陷阱叫你跳下去的官僚主义分子作斗争。这样，况钟的笔就处在主观主义者过于执和官僚主义者周岑的两支笔锋夹改之间了。他要在这两支笔锋夹攻之间，杀出一条真理的路来，实在是需要有大勇气、大智慧的。但一个能对人负责的人，一定会得到人民力量的支持，就会有大勇气；而一个得到人民力量支持的人，一定能集中群众的智慧，就会有大智慧。况钟就这样地战胜了两支夹攻的笔锋，平反了冤狱。况钟可说是善用其笔的人了。经常用笔而又经常信笔一挥的人，是不能不想想况钟的用笔之法的。

【注释】

1. 选自1956年5月6日《人民日报》。况钟：(1383年—1443年)，昆剧《十五贯》中的监斩官，明代江西靖安人，字伯律。在苏州知府任内，严惩贪吏，奏减重赋，抑制豪强。

2. 《十五贯》：根据清初朱素臣同名传奇（又名《双熊梦》）改编，描写开肉铺的尤葫芦因本钱蚀光停业已久，全靠借当为生。一日，他向姨娘处借得十五贯钱，约请开油盐店的街坊秦古心相帮，打算次日同去买猪，重新开张。尤回家后，女儿苏戍娟问起钱的来历，他却戏称此钱乃卖女为婢所得。苏本非尤所亲生，自信以为真，于是星夜离家出逃。赌徒娄阿鼠输尽赌资后闯入尤家，原想赊些肉吃，但瞥见尤葫芦枕底下的那些铜钱，顿起歹意；当偷钱不成时，他使用肉斧将睡梦中惊醒的尤杀死，然后取钱仓皇离去。翌日早晨秦古心如约前往尤家，见尤已惨死铺中，而其女儿及十五贯钱又俱无踪影，乃赶紧呼唤众街坊前来，一面报官，一面追寻苏戍娟。苏出走后欲往姨母处投亲，中途迷路，适遇携带十五贯铜钱往外地购货的伙计熊友兰，两人便结伴上路。众街坊追至，疑苏勾结奸夫杀父盗钱私奔，将他们绑至官府。无锡知县过于执主观臆断，对苏、熊俩严刑逼供，断为通奸谋杀案，判成死罪。苏州路府况钟监斩时发现案犯罪证不实，疑有冤情，于是星夜求见应天巡抚（主管安庆府、苏州府等地）周忱，几经周折，终于争得半月期限，复审此案。况钟亲往案发地查访，在察觉到娄阿鼠疑点之后，便假扮成测字先生，巧妙地取得了他的口供，并查抄到罪证——尤葫芦的钱袋。至此，案情大白，捕获真凶，苏、熊两人的冤狱得以昭雪。

3. 吟歌：也是赋诗即写作诗歌的意思。写诗十分讲究声韵，所以要吟。

4. 府尹：就是知府、府一级的行政长官，管辖州县。尹，官名，历代所指有所不同，如元代称州、县长官为“尹”。

【作者简介】

巴人（1901年—1972年），原名王任叔。浙江奉化人，我国著名的文艺理论家、作家、学者、卓越的无产阶级文化战士，文学研究会成员，“左联”成员，历任中国驻印度尼西亚大使、人民文学出版社社长兼总编辑、《文艺报》编委。1935年起，写作重点从小说转向杂文、评论。其《文学读本》是我国现代文学史上较早的文艺理论专著。巴人的杂文多以社会关注的政治问题、文化问题为内容，善于剖析事理，议论透辟泼辣，无所顾忌。有《窍门集》《边鼓集》《遵命集》《印尼史稿》等作品。

【思考练习题】

1. 这篇杂文如何体现选材精当的特点？

2. 本文的论题是什么？中心论点又是什么？

3. 如何理解本文作为一篇观后感所表现出来的“由个别材料生发开去论事说理”的写法？

4. 联系本文所阐述的观点——没有对人负责的精神，不可能作出对工作负责的事；我们的干部要看到笔底下有“人”，结合社会现实写一篇短小的析理文，500字以上。

（张晓丹选文）

共通的门径[1]　　邓拓

读书，做学问，进行研究工作，到底有什么窍门没有？这是朋友们在谈论中提到的一个问题。

记得有一次《夜话》的题目是《不要秘诀的秘诀》[2]，中心意思是劝告大家不要听信什么“读书秘诀”之类的东西。直到现在，我的这个意见仍然没有改变。因此，本来不想再谈这个问题。

但是，近来仍然有许多读者来信，要求多讲些学习方法。他们说：“不一定要什么秘诀，指出一点门径就好。”为了答复这个要求，现在另外提出一点意见，供大家参考。

有的读者也许以为我喜欢看古书，所以来信要我“开列几本古书，作为学习的入门”。这是一个很大的误会。我不主张大家以古书为入门。古书要在一定的条件下才能读的，否则越读越要糊涂。而且即便有了一定条件能读古书，也不可陷在古书堆里拔不出来。

明代有一位学者曹于汴，在他所著的《共发编》中就曾经说过：“古人之书不可不多读，但靠书不得，靠读不得，靠古人不得!”这个见解很对。曹于汴的为人处世，也正表现了他的这种独立不阿的精神。他在明代万历年间举进士，官至左金都御史，力持正义，终为魏忠贤[3]那一伙奸臣所不容，那是必然的。

当然，这样的读书态度并不只曹于汴一人。从来有学问的人都懂得：“尽信书不如无书”[4]。何况于盲目地靠读古书，那能够解决什么问题呢?

其实，无论读书，做学问，进行研究工作，首先需要的本钱，还不是什么专门问题的知识，而是最一般的最基本的用来表情达意和思考问题的工具。这就是要学习和掌握语言文字和一般逻辑[5]的知识。

如果一个人不会正确地运用语言文字，就很难谈到做学问、进行研究工作等等问题，这是非常明显的。不能设想，一个文字不通的人，怎么能够充分表达自己的思想？又怎么能够通晓各科知识呢?

如果一个人连一般的逻辑都不懂得，当然就很难进行正确的思维，很难对自己接触的客观事物进行科学的概括，更不可能进行科学的判断和推理了。事实证明，有的人正是因为缺乏逻辑的基本训练，常常说了许多不合逻辑的十分荒谬的话，自己还不觉得它的荒谬，甚至于还自鸣得意。也有的人因为不懂得逻辑，对于别人不合逻辑的荒谬言论，竟然也不能觉察它的荒谬，甚至于随声附和，人云亦云。

根据这两方面的情况，所以我一直认为，如果自己要研究什么学问的话，最好想想自己是否学会了语言文字和一般逻辑。如果不会，就必须先把语言文字和逻辑常识学会，这是做一切学问的基本功。

这个基本功学会以后，还要不断地练习，越练越熟，当然就越善于读书，越会做研究工作。没有练好基本功以前，并不是完全不能做专门的学问，只是效果可能不会很好。但是，也不必等到基本功完全练好了，然后才去做专门的学问，尽可以同时并进，双管齐下。

当着自己掌握了一定的基本功，能够独立思考和写作的时候，就可以进一步找到自己要研究的专门问题的书籍，抓住适合自己需要的最重要的著作，哪怕只有一两本也行，把它读得烂熟，透彻地理解它的全部内容。然后，在这个基础上，就无妨广泛地阅读其他书籍和参考资料，越多越好。这样日久天长，自己的知识必然会丰富起来，再加上实际调查研究和亲身实践的体验，就不难在某一专门问题的研究上，做出一点半点的成绩来。

有的朋友在来信中还再三谈到博与专的关系问题，认为这个问题不好解决，表示很苦恼。实际上这个问题不难解决。博与专都是相对的，不是绝对的。没有无所不知的博学之士，也没有只知一事一物而不知其他的专门家。同时，在一个专门的学术领域之内，仍然有博与不博、专与不专，也就是广与不广、精与不精之分。一般说来，在博的基础上求专，或者在专的基础上求博；先求博而后求专，或者先求专而后求博，都是可以的。

在练习基本功和学习专业基础知识的时候，书要一本一本地精读。正如明代胡居仁[6]的《丽泽堂学约》上写的："读书务在循序渐进，一书已熟，方读一书，勿得卤莽躐（liè）等，虽多无益。"打好了基础之后，为了扩大知识的领域，就要多读多看，如汉代王充[7]那样，"博通众流百家之言"，才能在学问上有所成就。

无论如何，每个人的情形不同，水平不同，要求不同，上面说的这些当然不能完全适合于每一个人。这里只不过提出一个共通的门径而已。

【注释】

1. 本文选自邓拓的《燕山夜话》，中国社会科学出版社，1997 年。
2. 《不要秘诀的秘诀》：邓拓的一篇文章，也收录在《燕山夜话》中。
3. 魏忠贤（1568—1627）：明朝的大宦官，万历皇帝时入宫。1620 年明熹宗即位后开始掌权，自称"九千岁"，监管当时的特务机构"东厂"，专断国政，迫害东林党人，最后畏罪自缢。
4. 尽信书不如无书：意谓有不少书存有错误，或者对某些读者有害无益，故读书不能完全相信。
5. 逻辑：英文 logic 的音义合译，我国旧称"论理学"、"辩学"、"名学"等，是形式逻辑和辩证逻辑的总称。逻辑是一门关于思维形式及其规律的科学，它研究概念、判断和推理及其相互关系的规律、规则，特别是推理与证明的规律和规则。
6. 胡居仁（1434—1484）：明代学者，曾主持白麓书院，是程朱学派主要代表人物之一，一生以讲学为主。
7. 王充（27—约 97）：字仲任，东汉哲学家，学识广博，不守章句，一生反对宗教神秘主义，主张"不徒耳目，必开心意"，著有《论衡》一书。

【作者简介】

邓拓（1912 年—1966 年），原名邓子健、邓云特，福建闽侯人。历史学家、政治家、杂文作家、著名新闻工作者，著作有《邓拓文集》四卷、《中国救荒史》《燕山夜话》等。

1930 年 18 岁参加了左翼社会科学家联盟，同年加入中国共产党，积极从事工人运动。1937 年先后担任了《晋察冀日报》社长兼总编辑、新华社晋察冀分社社长等职。建国后历任《人民日报》社长兼总编辑、全国新闻工作者协会主席、中共中央华北局书记处候补书记、中国科学院哲学社会科学学部委员、中国历史研究所学术委员。

他与吴晗、廖沫沙合作，在《前线》杂志上开设了《三家村札记》的专栏，"文革"时被错误地定为"三家村反党集团"。

邓拓的杂文重史识、史论，富有寓意，抓住现实，切中时弊而又短小精悍、旁征博引，含蓄委婉，可谓雅俗共赏。

【思考练习题】

1. 作者所说的"共通的门径"指的是什么？
2. 本文是如何围绕中心论点展开论证的？
3. 结合本文谈谈"博"与"专"的关系。

（张晓丹选文）

★汉代艺术的美学风貌[1]　　李泽厚

人对世界的征服和琳琅满目的对象，表现在具体形象、图景和意境上，则是力量、运动和速度，它们构成汉代艺术的气势与古拙[2]的基本美学风貌。

你看那弯弓射鸟的画像石[3]，你看那长袖善舞的陶俑[4]，你看那奔驰的马，你看那说书的人，你看那刺秦王的图景，你看那车马战斗的情节，你看那卜千秋墓壁画[5]中的人神动物的行进行列，……这里统统没有细节，没有修饰，没有个性表达，也没有主观抒情。相反，突出的是高度夸张的形体姿态，是手舞足蹈的大动作，是异常单纯简洁的整体形象。这是一种粗线条粗轮廓的图景形象，然而整个汉代艺术生命也就在这里。就在这不事细节修饰的夸张姿态和大型动作中，就在这种粗轮廓的整体形象的飞扬流动中，表现出力量、运动、速度以及由之而形成的“气势”的美。在汉代艺术中，运动、力量、“气势”就是它的本质。这种“气势”甚至经常表现为速度感。而所谓速度感，不正是以动荡而流逝的瞬间状态集中表现着运动加力量吗？你看那著名的“马踏飞燕”，不就是速度吗？你看那“荆轲刺秦王”，匕首插入柱中的一瞬间，那不也是速度吗？激烈紧张的各种战斗，戏剧性的场面、故事，都是在一种快速运动和力量中以展现出磅礴的“气势”。所以，在这里，动物具有更多的野性。它们狂奔乱跑，活泼跳跃，远不是那么安静驯良。它们根本不像唐代那样尽管威武雄壮却静态伫立。同样，在这里，不管是神话幻想、历史故事或人物形象，虽然有时表面上也是静止形态，却仍然包含着内在的运动、力量的气势感。在这里，人物不是以其精神、心灵、个性或内在状态，而是以其事迹、行动，亦即其对世界的直接的外在关系（不管是历史情节或现实活动），来表现他的存在价值的。这不也是一种运动吗？正因为如此，行为、事迹、动态和戏剧性的情节才成为这里的主要题材和形象图景。一往无前不可阻挡的气势、运动和力量，构成了汉代艺术的美学风格。它与六朝以后的安详凝练的静态姿势和内在精神是何等鲜明的对照。

也正因为是靠行动、动作、情节而不是靠细微的精神面容、声音笑貌来表现对世界的征服，于是粗轮廓的写实，缺乏也不需要任何细部的忠实描绘，便构成汉代艺术的“古拙”外貌。汉代艺术形象看来是那样笨拙古老，姿态不符常情，长短不合比例，直线、棱角、方形又是那样突出、缺乏柔和……，但这一切都不但没有减弱反而增强了上述运动、力量、气势的美，“古拙”反而构成这种气势美的不可分割的必要因素。就是说，如果没有这种种“拙笨”，也就很难展示出那种种外在动作姿态的运动、力量、气势感了。过分弯的腰，过分长的袖，过分显示的动作姿态……，“笨拙”得不合现实比例，却非常合乎展示出运动、力量的夸张需要。包括直线直角也是如此，它一点也不柔和，却恰恰增添了力量。“气势”与“古拙”在这里是浑然一体的。

如果拿汉代画像石与唐宋画像石相比较，如果拿汉俑与唐俑相比较，如果拿汉代雕刻与唐代雕刻相比较，汉代艺术尽管由于处在草创阶段，显得幼稚、粗糙、简单和拙笨，但是上述那种运动、速度的韵律感，那种生动活跃的气势力量，就反而由之而愈显其优越和高明。尽管唐俑也有动作姿态，却总缺少那种狂放的运动、速度和气势；尽管汉俑也有静立静坐形象，却仍然充满了雄浑厚重的运动力量。同样，唐的三彩马俑尽管何等鲜艳夺目，比起汉代古拙的马，那造型的气势、力量和运动感就相差很远。天龙山的唐雕尽管如何肌肉凸出相貌吓人，比起汉代“笨拙”的石雕，也仍然逊色。宋画像砖尽管如何细微工整，面容姣好，秀色纤纤，比起汉代来，那生命感和艺术价值也距离很大。汉代艺术那种蓬勃旺盛的生命，那种整体性的力量和气势，是后代艺术所难以企及的。

形象如此，构图亦然。汉代艺术还不懂后代讲求的以虚当实、计白当黑[6]之类的规律，它铺天盖地，满幅而来，画面塞得满满的，几乎不留空白。这也似乎“笨拙”。然而，它却给予人们以后代空灵精致的艺术所不能替代的丰满朴实的意境。它比后代空灵的美更使人感到饱满和实在。与后代的巧、细、轻相比，它确乎显得分外的拙、粗、重。然而，它不华丽却单纯，它无细部而洗练。它由于不以自身形象为自足目的，就反而显得开放而不封闭。它由于以简化的轮廓为形象，就使粗犷的气势不受束缚而更带有非写实的浪漫风味。但它又根本不同于后世文人浪漫艺术的“写意”。它是因为气势与古拙的结合，充满了整体性的运动、力量感而具有浪漫风貌的，并不同于后世艺术中个人情感的浪漫抒发（如盛唐草书的气势美）。当时民间艺术与文人艺术尚未分化，从画像石到汉乐府[7]，从壁画到工艺，从陶俑到隶书，汉代艺术呈现出来的毋宁更多是整体性的民族精神。如果说，唐代艺术更多表现了中外艺术的交融，从而颇有“胡气”的话；那么，汉代艺术却更突出地呈现着中华本土的音调传统：那由楚文化而来的天真狂放的浪漫主义，那在满目琳琅的人对世界的行动征服之中的古拙气势的美。

【注释】

1. 本文选自《美的历程》，文物出版社，1982 年。

2. 古拙：古朴而不华丽。

3. 画像石：古代门楣、石窟、祠堂、墓室等处的刻石装饰画，盛行于汉、魏、六朝及唐代，内容涉及历史人物、神仙故事、社会生产和生活等，表现形式分为阳刻和阴刻两大类，是我国一项丰富的艺术遗产。

4. 陶俑：古代殉葬的陶制偶像。

5. 卜千秋墓壁画：在河南洛阳，是我国目前保存最为完整的信函墓壁画，内容新奇，绘画技艺高超，是研究汉朝历史文化艺术的珍贵资料，是罕见的国宝珍品。

6. 以虚当实、计白当黑：我国书画艺术术语，指在绘画作品中既要注意字形笔画的密（实）处，也要注意到字画间及行间的书（虚、空白）处，黑处要当心结撰，而空白处也须措置得当，使疏密错落有致，虚实相应生辉。

7. 汉乐府：指汉乐府诗歌。乐府，原为秦汉时国家设立的音乐机关，由于同时负责采集整理民间歌诗，故“乐府”后来逐渐演化成为诗歌的总称。唐宋及以后的词曲，也有乐府之称。

【作者简介】

李泽厚（1930 年—），湖南长沙人。著名哲学家，现为巴黎国际哲学院院士、美国科罗拉多学院荣誉人文学博士和中国社会科学院哲学研究所研究员。

其研究领域颇为广泛，涉及中西哲学、美学、史学等，他成名于50 年代，以重实践、尚“人化”的“客观性与社会性相统一”的美学观卓然成家。80 年代，李泽厚不断拓展其学术论域，著书立说，从者甚众，被誉为“青年导师”。90 年代，李泽厚客居美国教书。

李泽厚的著作主要有：《中国古代思想史论》《中国近代思想史论》《中国现代思想史论》《美的历程》《批判哲学的批判》《美学论集》《李泽厚哲学美学》等。此外，他还主编多卷本《中国美学史》和《美学》辑刊。

【思考练习题】

1. 汉代艺术的美学风貌是什么？

2. 本文的中心论点是什么？

3. 结合本文内容，指出本文主要采用了什么论证方法？

4. 本文中哪些地方运用了对比论证方法？其作用是什么？

（张晓丹选文）

善待母语，维系尊严[1]　　董　桥

台湾的何凡先生说：我们提倡白话文已近一个世纪，利用白话文传授现代的声光电化之学，国家因此步上现代化之路，功劳极大。但是现代台湾学童爱看漫画和电视，再加上电玩、KTV 等消磨宝贵光阴，以致疏离国文，厌弃写作，未免得不偿失。他还说：笔下能通畅地表达情意是国民应有的基本能力之一，台湾的教育普及已是世界第一流，但是国民写作能力却日见衰退，如果不能从小扎根，怎么能培植成文化之树。这是台湾今日应当力谋改善的一个课题。

北京的《光明日报》载文呼吁善待母语，说是传媒广告中故意践踏母语的现象姑且不说；去年秋季，某大学对三千五百一十一名新生进行语文水平测试，测试以中学语文及高考语文试题为基础，难度不算高，但结果总平均分为六十三点九分，七十五分以上者仅占百分之一点八，特别是硕士和博士研究生，平均得分都不及格。文章还说：我们有些人怠慢、冷落母语而热衷于外语由来已久，中学阶段外语与母语教育平起平坐；到了高校则不开《大学语文》之类的课程，外语倒不断

强化。硕士、博士研究生阶段基本上是没有母语市场了，考研、出国都只顾外语了。

香港理工大学中文及双语学系助理教授陈瑞端研究公众对中文错别字态度及容忍程度，分析香港学生错别字的情况。她的研究显示大一学生错别字为每一千字有五点六个；预科生有五个，中三学生有六点七个；小四学生有十二点四个。社会人士平均可以接受的错别字数量是初中程度为一千字中有十一点三个；高中程度为六点六个；大学程度则三点五个。

何凡先生对自己国家语文的敬重之情教人感动；那等于英国人认定英文是英国最伟大的国宝。（“our greatest single national asset.”）这是国民尊严的基石。据我个人粗浅的观察，台湾百姓的普遍写作能力并不太弱；台湾书报杂志的表达情意的基本能力一般都算达到“通畅”的水平，甚至文笔可观的为数实在也不少。大陆上的有心人不断呼吁汉语规范的问题，无奈各种政治运动困扰民心；经济一旦起飞，崇洋意识油然而生，菲薄母语的现象难免也应运而起了。香港的中文问题与殖民地历史分不开；错别字的情况固然值得注意，何凡先生所谓植中国文化之树的意识似也不容忽视。

【注释】

1. 本文选自的董桥《文字是肉做的》，文汇出版社，1997 年。

【作者简介】

董桥（1942 年—），福建省晋江县人。1964 年毕业于台湾台南省立成功大学外国语文学系，1975 年在英国伦敦大学亚非学院做研究。历任《明报月刊》总编辑、香港中文大学出版组主任、《读者文摘》中文版总编辑、《明报》总编辑等职。现任《苹果日报》总编。

董桥文笔雄深雅健，兼有英国散文之渊博隽永与明清小品之情趣灵动，为当代中文书写另辟蹊径，深获海峡两岸三地读者倾心喜爱。撰写文化思想评论及文学散文多年，出版文集《这一代的事》《跟中国的梦赛跑》《辩证法的黄昏》《另外一种心情》《双城杂笔》及翻译书籍多种。

【思考练习题】

1. 本文的中心论点是什么？
2. 本文采用何种论证方法？
3. 结合现实生活中重外语学习轻母语学习的情况，写一篇析理性文章，800 字以上。

（张晓丹选文）

在“义”与“利”之外　　周国平

“君子喻于义，小人喻于利。”中国人的人生哲学总是围绕着义利二字打转。可是，假如我既不是君子，也不是小人呢？

曾经有过一个人皆君子言必称义的时代，当时或许有过大义灭利的真君子，但更常见的是借义逐利的伪君子和假义真情的迂（yū）君子。那个时代过去了。曾几何时，世风剧变，义的信誉一落千丈，真君子销声匿迹，伪君子真相毕露，迂君子豁（huò）然开窍，都一窝蜂奔利而去。据说观念更新，义利之辩有了新解，原来利并非小人的专利，倒是做人的天经地义。

“时间就是金钱！”这是当今的一句时髦口号。企业家以之鞭策生产，本无可非议。但世人把它奉为指导人生的座右铭，用商业精神取代人生智慧，结果就使自己的人生成了一种企业，使人际关系成了一个市场。

我曾经嘲笑廉价的人情味，如今，连人情味也变得昂贵而罕见了。试问，不花钱你可能买到一个微笑，一句问候，一丁点儿恻隐之心？

不过，无须怀旧。想靠形形色色的义的说教来匡（kuāng）正时弊，拯救世风人心，事实上无济于事。在义利之外，还有别样的人生态度。在君子小人之外，还有别样的人格。套孔子的句式，不妨说："至人喻以情。"

义和利，貌似相反，实则相通。"义"要求人献身抽象的社会实体，"利"驱使人投身世俗的物质利益，两者都无视人的心灵生活，遮蔽了人的真正的"自我"。"义"教人奉献，"利"诱人占有，前者把人生变成一次义务的履行，后者把人生变成一场权利的争夺，殊不知人生的真价值是超乎义务和权利之外的。义和利都脱不开计较，所以，无论义师讨伐叛臣，还是利欲支配众生，人与人之间的关系总是紧张。

如果说"义"代表一种伦理的人生态度，"利"代表一种功利的人生态度，那么，我所说的"情"便代表一种审美的人生态度。它主张率性而行，适情而止，每个人都保持自己的真性情。你不是你所信奉的教义，也不是你所占有的物品，你之为你仅在于你的真实"自我"。生命的意义不在奉献或占有，而在创造，创造就是人的真性情的积极展开，是人在实现其本质力量时所获得的情感上的满足。创造不同于奉献，奉献只是完成外在的责任，创造却是实现真实的"自我"。至于创造和占有，其差别更是一目了然，譬（pì）如写作，占有注重的是作品所带来的名利地位，创造注重的只是创作本身的快乐。有真性情的人，与人相处惟求情感的沟通，与物相触独钟情趣的品味。更为可贵的是，在世人匆忙逐利又为利所逐的时代，他待人接物有一种闲适之情。我不是指中国士大夫式的闲情逸致，也不是指小农式的知足保守，而是指一种不为利驱、不为物役的淡泊的生活情怀。仍以写作为例，我想不通，一个人何必要著作等身呢？倘想流芳千古，一首不朽的小诗足矣。倘无此奢（shē）求，则只要活得自在即可，写作也不过是这活得自在的一种方式罢了。

萧伯纳[1]说："人生有两大悲剧，一是没有得到你心爱的东西，另一是得到了你心爱的东西。"我曾经深以为然，并且佩服他把人生的可悲境遇表述得如此轻松俏皮。但仔细玩味，发现这话的立足点仍是占有，所以才会有占有欲未得满足的痛苦和已得满足的无聊这双重悲剧。如果把立足点移到创造上，以审美的眼光看人生，我们岂不可以反其意而说：人生有两大快乐，一是没有得到你心爱的东西，于是你可以去寻求和创造；另一是得到了你心爱的东西，于是你可以去品味和体验？当然，人生总有其不可消除的痛苦，而重情轻利的人所体味到的辛酸悲哀，更为逐利之辈所梦想不到。但是，摆脱了占有欲，至少可以使人免除许多琐屑（suǒ xiè）的烦恼和渺小的痛苦，活得有气度些。我无意以审美之情为救世良策，而只是表达了一个信念：在义与利之外，还有一种更值得一过的人生。这个信念将支撑我度过未来吉凶难卜（bǔ）的岁月。

【注释】

1. 萧伯纳（George Bernard Shaw，1856 年—1950 年）：爱尔兰作家，文艺评论家。生于都柏林。1876 年移居英国。1879 年开始文学创作。1925 年获诺贝尔文学奖。

【作家简介】

周国平，1945 年生于上海，1967 年毕业于北京大学哲学系，1981 年毕业于中国社会科学院研究生院哲学系，现为中国社会科学院哲学研究所研究员。周国平的作品充满了人生的智慧和哲学的魅力，融理性和激情于一体，笔调清新自然，内涵睿智深刻，多年来深受读者喜爱。

【思考练习题】

1. 作者认为应有什么样的生活态度？
2. 这三种人生态度的利与弊？
3. 作者对于人生态度的探讨对你有什么启发？

（杨一虹选文）

舞蹈？悟道！[1] 郝明松

有人观舞练剑，有人观舞悦目润心。

说到底，舞蹈就是人体反映心灵动态的艺术，而心灵动态又是社会动态的真实的写照。色彩斑斓的服装背景不过是舞蹈艺术的道具而已。东欧西欧的现代舞干脆抛弃了虚伪的道具，在舞台挣扎抖动扭曲盘旋纠缠伸展……这是舞蹈家的艺术人生。

古典舞是一篇叙事诗儿童诗格律诗，这是单纯明朗透亮的对话，在传统的轨道上正常的运行。古典舞是一则正规的有理数，若想平息心中的波涛多看古典舞。古典舞表达的是各种显意识。古典舞是具象派，古典舞是写实画，古典舞是现实生活的介绍信证明书。古典舞似南方的馒头，小巧而美观，含蓄雅致是其精髓。

现代舞是一首朦胧诗科幻诗自由诗。朦胧诗即恍惚的心灵多义的话语说不尽的内涵。现代舞是说不清道不明的思绪，它在飞速的想象时空中瞬息变幻。现代舞是一则无穷大的无理数，若想震撼心灵必看现代舞，豪放开放是现代舞独特的风味，现代舞表达的是各种潜意识暗意识无意识。现代舞是抽象派，写意画。看现代舞在于悟。现代舞是肉体与灵魂时空大跨度的穿越。是探照灯望远镜。现代舞似北方的馍，粗犷而耐嚼费琢磨。

现代舞似燧石，能撞击出耀眼的火花。古典舞似珠贝，能发出闪亮的光泽。看群仙之舞，看群魔之舞，看美神群舞，看水妖独舞。

悟曲折之道，悟跳跃之道，悟飞腾之道，悟潜隐之道。悟圆润之道，悟方正之道，悟标新立异之道，悟独特别致之道。

观舞的过程实际上是悟道的过程，悟出者，妙不可言。会心一笑，幽然一笑，灿烂一笑。悟不出者，索然无味，呵欠连天，昏沉欲睡。

舞蹈者须心事浩茫连广宇，观舞者须心有灵犀一点通[2]。悟微观之道，悟宏观之道。悟召唤之道，悟启示之道。悟探索之道，悟追求之道。悟处世之道，悟做人之道，道在舞中矣！

观舞之时，与你心中潜藏的孤寂，苦闷，悲哀，彷徨，欣慰，热狂，祈祷，憎恨，愤怒，宽容，向往，喜悦，期盼，冥想细细地融合交流。

舞者是观众，观众也是舞者（用心舞蹈）。舞观合一也。台上台下共同感应着表达命运的变幻，奋斗的艰辛，成功的自豪……痛斥和抗议都在舞里了，满意和失意都在舞里了。

【注释】

1. 本文选自《舞蹈》，2001年第3期。作者个人资料不详。
2. 心有灵犀一点通：语出唐代李商隐诗句。

【思考练习题】

1. 这篇文艺短论的观点是什么？
2. 本文大量使用排比、比喻的修辞手法，试举例并分析其作用。
3. 结合杜甫的《观公孙大娘弟子舞剑器行》（见本书诗歌选文），谈谈舞蹈的艺术魅力。
4. 试以“体育运动的魅力”为题，写一篇析理性文章。

（张晓丹选文）

说不行的人永远不行[1] （美）鲍勃·摩尔

里维伦德·鲍勃·理查德是一个成功者。他曾在奥运会上得过冠军。

理查德得冠军的秘密是：决定试一试，并且马上行动。早在幼年，他就懂得：要实现某种目标，首先必须这样想，其次必须这样做。

理查德 13 岁时下决心当一名杰出运动员。他选择了撑竿跳高，训练时间超过了 1 万小时，他从 1 万小时的训练中悟出了一个“秘密”：“你希望做什么——你决定做什么——决定你能够做到什么。”

但是，你或许提出疑问，“理查德身体健康，四肢发达，天赋良好，这才是他成功的原因。”不对，任何确立了生活目标的人只有不懈地努力工作才会成功。

让我们看一看一位身体不像理查德那样健壮的运动员吧。这位叫登普西的运动员生下来时右脚只有一半，右手变形，可是从小他的父母就帮助他树立起这样的信念：“我是能够做事的，我会有成就的。”

他和其他孩子一样参加了童子军，他不顾残疾坚持和他们一起参加行程 10 英里的野营活动。长大后，他决定去打橄榄球。经过不断地练习，他掌握了打球的技术。于是，他申请加入新奥尔良的职业橄榄球队。教练劝他不要参加，而他坚持要求，教练不得不让他当候补射手。起先，他们只不过想让他试一试，可没想到，他的球艺竟丝毫不比健康球员逊色。他可以把球踢进 50 米外的球门里，他们就让他在各种表演赛中出场。他越踢越好，一年共得了 99 分。一场关键性的比赛真正考验了他。当时新奥尔良队落后 1 分，比赛只剩下最后几秒钟了，可全体队员还没过 45.72 米线，正巧对方犯规，教练换上了汤姆·登普西踢任意球，登普西一记猛射，球从 57 米外直飞球门，中了！结果新奥尔良队以 19 比 17 获胜。

看来，登普西和理查德的认识是正确的：人能够做到他们想做而努力去做的事。而说不行的人却永远不行。

【注释】

1. 本文选自（美）鲍勃·摩尔的《你能当总统》，郑龙译，上海人民出版社，1987 年。

【作者简介】

鲍勃·摩尔，生于 1934 年。目前是美国动机激励教育领域享有盛誉的杰出人物，曾任南卡罗来纳州教学学会指导顾问。摩尔一生经历了颇多磨难。他一只耳朵失聪，另一只耳朵仅有微弱的听力。《你能当总统》这本书汇集了他演讲的主要内容。

【思考练习题】

1. 理查德和登普西成功的经验是什么？
2. 本文采用什么方法论证论点的？举例说明。
3. 登普西和理查德的成功告诉我们什么？

（王勤选文）

应有格物致知精神　　（美）丁肇中

我父亲是受中国传统教育长大的，我受的教育的一部分是传统教育，一部分是西方教育。缅怀我的父亲，我写了《怀念》这篇文章。多年来，我在学校里接触到不少中国学生，因此，我想借这个机会向大家谈谈学习自然科学的中国学生应该怎样了解自然科学。

在中国传统教育里，最重要的书是“四书”。“四书”之一的《大学》里这样说：一个人教育的出发点是“格物”和“致知”。就是说，从探察物体而得到知识。用这两个名词描写现代学术发展是再适当也没有了。现代学术的基础就是实地的探察，就是我们现在所谓的实验。

但是传统的中国教育并不重视真正的格物和致知。这可能是因为传统教育的目的并不是寻求新知识，而是适应一个固定的社会制度。《大学》本身就说，格物致知的目的，是使人能达到诚意、正心、修身、齐家、治国的田地，从而追求儒家的最高理想——平天下。因为这样，格物致知的真正意义被埋没了。

大家都知道明朝的大理论家王阳明，他的思想可以代表传统儒家对实验的态度。有一天王阳明要依照《大学》的指示，先从“格物”做起。他决定要“格”院子里的竹子。于是他搬了一条凳子坐在院子里，面对着竹子硬想了七天，结果因为头痛而宣告失败。这位先生明明是把探察外界误认为探讨自己。

王阳明的观点，在当时的社会环境里是可以理解的。因为儒家传统的看法认为天下有不变的真理，而真理是“圣人”从内心领悟的。圣人知道真理以后，就传给一般人。所以经书上的道理是可“推之于四海，传之于万世”的。这种观点，经验告诉我们，是不能适用于现在的世界的。

我是研究科学的人，所以先让我谈谈实验精神在科学上的重要性。

科学进展的历史告诉我们，新的知识只能通过实地实验而得到，不是由自我检讨或哲理的清谈就可寻求到的。实验的过程不是消极的观察，而是积极的、有计划的探测。比如，我们要知道竹子的性质，就要特别栽种竹树，以研究它生长的过程，要把叶子切下来拿到显微镜下去观察，绝不是袖手旁观就可以得到知识的。实验的过程不是毫无选择的测量，它需要有小心具体的计划。特别重要的，是要有一个适当的目标，以作为整个探索过程的向导。至于这目标怎样选定，就要靠实验者的判断力和灵感。一个成功的实验需要的是眼光、勇气和毅力。

由此我们可以了解，为什么基本知识上的突破是不常有的事情。我们也可以了解，为什么历史上学术的进展只靠很少数的人关键性的发现。

在今天，王阳明的思想还在继续地支配着一些中国读书人的头脑。因为这个文化背景，中国学生大都偏向于理论而轻视实验，偏向于抽象的思维而不愿动手。中国学生往往念功课成绩很好，考试都得近 100 分，但是面临着需要主意的研究工作时，就常常不知所措了。

在这方面，我有个人的经验为证。我是受传统教育长大的。到美国大学念物理的时候，起先以为只要很“用功”，什么都遵照老师的指导，就可以一帆风顺了，但是事实并不是这样。一开始做研究便马上发现不能光靠教师，需要自己做主张、出主意。当时因为事先没有准备，不知吃了多少苦。最使我彷徨恐慌的，是当时的唯一办法——以埋头读书应付一切，对于实际的需要毫无帮助。

我觉得真正的格物致知精神，不但是在研究学术中不可缺少，而且在应付今天的世界环境中也是不可少的。在今天一般的教育里，我们需要培养实验的精神。就是说，不管研究科学，研究人文学，或者在个人行动上，我们都要保留一个怀疑求真的态度，要靠实践来发现事物的真相。现在世界和社会的环境变化得很快。世界上不同文化的交流也越来越密切。我们不能盲目地接受过去认为的真理，也不能等待“学术权威”的指示。我们要自己有判断力。在环境激变的今天，我们应该重新体会到几千年前经书里说的格物致知真正的意义。这意义有两个方面：第一，寻求真理的唯一途径是对事物客观的探索；第二，探索的过程不是消极的袖手旁观，而是有想象力的有计划的探索。希望我们这一代对于格物和致知有新的认识和思考，使得实验精神真正地变成中国文化的一部分。

黎先耀，百年人文随笔（中国卷），长春：吉林人民出版社，2003

【作者简介】

丁肇中（Samuel Chao Chung Ting），1936 年 1 月 27 日生于美国密歇根州安阿伯城。祖籍中国山东省日照。1949 年随其父去台湾，1956 年去美国。1959 年密歇根大学毕业。1960 年、1962 年先后获理学硕士和哲学博士学位。1974 年他与美国加州斯坦福大学教授里希特几乎同时发现新的基本粒子——J 粒子，因而同获 1976 年诺贝尔物理学奖和美国政府的劳伦斯奖。

【思考练习题】

1.《大学》里的“格物致知”的意义与作者理解的“格物致知”有什么不同？

2. 作者认为“格物致知”有什么重要性？

3. 作者说：“科学发展的历史告诉我们，新的知识只能通过实地实验而得到，不是由自我检讨或哲理的清谈就可求到的。”试举出事例证明实验精神即格物致知精神在科学上的重要性。

（杨一虹选文）

你的误区（节选）[1]　　（美）韦恩·W·戴埃

学会主宰自己

要想主宰自己，就需要摒弃一些常见的荒谬的观点。其中最主要的一点就是认为，衡量一个人的智力要看他能否解决复杂的问题，能否在阅读、写作或计算等方面达到一定水平，能否迅速地解答抽象的方程式。根据这种观点，只有正式教育和书本知识才是衡量一个人成就大小的真正标准。这就会助长一种知识势利倾向，并会使得另外一些人悲观失望。人们现在往往以为，一个人如果有很多文凭，如果某一方面成就突出（如数学、科技、词汇量、记忆力或速读），他就是“聪明”的。然而，精神病院里，既有许多没有受到良好教育的病人，也有受过良好教育的病人。事实上，衡量智力更切实的标准在于能否每天、以至每时每刻都真正幸福地生活。

要想主宰自己，首先需要培养一种崭新的思维方式。这可能是一件很困难的事，因为我们社会中的许多因素都妨碍着个人支配自己。你一定要确信，你每时每刻都能做出情感上的选择。这是一个基本概念。你也许从小到大都认为，自己的情感是无法控制的；愤怒、恐惧、怨恨，爱慕、喜悦、欢乐等情感是自然而然产生的，个人对它无能为力，不能控制，只能接受；你还可能认为，每当发生悲伤的事情，你就会自然地感到悲伤，并希望出现一些愉快的事情使你的情绪好起来。

认识自我价值

自我价值不能由他人来证实。你之所以有价值是因为你认为如此。如果你依赖他人来证实你的价值，那只是他人的价值。

……

爱你自己，意识到你是最重要的、美丽而有价值的。一旦你认识到自己的价值，便不必依赖别人提高你的价值。也不会强求别人的言行符合你的旨意。……你首先学会了爱自己，很快便可以爱别人，并通过帮助自己、关心自己来帮助别人、关心别人。这样，在你对他人的爱和帮助中没有任何虚伪的成分。你爱或帮助别人，不是为了博得感谢或获取奖赏，而是因为你从帮助别人或爱别人之中感受到了真正的快乐（自我价值相互肯定的乐趣）。

学会自爱

自爱，就是根据你的意愿将自己作为一个有价值的人而予以接受。接受，则意味着毫无抱怨。思维健全的人从不抱怨，尤其不会抱怨石头太硬、天太阴、冰太凉等诸如此类的事。接受意味着不加抱怨，精神愉快则意味着不抱怨那些自己力所不能及的事情。缺乏自我依靠的人常常从抱怨、牢骚中求得慰藉。

不依赖别人的赞许

如果你需要赞许，那么你在未能如愿以偿时便会十分沮丧。这正是自我挫败因素之所在。同样，当寻求赞许成为一种需要时，你就会将自己的一部分价值奉献给“外人”，因为你必须得到他人的赞许。假如这些人提出反对意见，你就会产生惰性（即使是轻微的惰性）。在这种情况下，你是在将自我价值置于别人的控制之下，由他们随意抬高或贬低。只有当他们决定给你施舍一定的赞许之辞时，你才会感到高兴。……如果在每件事上都需要得到每一个人的赞许，这就更糟糕了。如果是这样，你势必会在生活中遇到大量痛苦和烦恼。此外，你会慢慢建立起一种平庸的自我形象，随之产生的便是自我否定心理。

毫无疑问，你要在生活中有所作为，就必须完全消除需要得到赞许的心理！它是精神上的死胡同，它绝不会给你带来任何益处。人在生活中必然会遇到大量反对意见，这是现实，是你为“生活”付出的代价，是一种完全无法避免的现象。

……我们都愿意博得掌声、听到赞扬或受到称颂。谁不愿意如此呢？在精神上受到抚慰会给人一种美妙的感觉，而且也的确没有必要在生活中放弃这种享受。赞许本身无损于你的精神健康。事实上，受到恭维是十分令人惬意的。

要克服惰性

……当你审视自己选择幸福的能力时，应当记住，“惰性”一词反映着你生活中的消极情绪。

所谓惰性，就是你无法按照自己的愿望进行活动的一种精神状态。

克服惰性的方法之一是学会在现时中生活。现时生活，触及你的“现在”是真正生活的关键所在。细想一下，除了“现在”，你永远不能生活在任何其它时刻，你所能得到的只是现在的时光，未来在到来时也只不过是另一个现在。有一点可以肯定：在未来到来之前，你是无法生活于未来之中的。

不要回避“现时”

……现时是一种与你形影不离而又难以捉摸的时光，你若能使自己完全沉浸于其中，便可享受到极为美好的经历。你应该充分享受现时的每分每秒，不去考虑已经过去的往日和自然会到来的将来。抓住现在的时光，因为这是你能够有所作为的唯一时刻。不要忘记，希望、期望和惋惜都是回避现时的最为常见的方法。

回避现时往往导致对未来的理想化。你可能会觉得，在今后生活的某一时刻，由于一个奇迹般的转变，你将万事如意，获得幸福。一旦你完成某一特别业绩———如毕业、结婚、生孩子或晋升，生活将会真正开始。然而，当那一时刻真的到来时，却往往是十分令人失望的。

【注释】

1. 本文节选自（美）韦恩·W·戴埃博士《你的误区》，崔京瑞、王南译，工人出版社，1986年。本书作者把人们日常生活中所暴露的性格缺陷（如自暴自弃、崇拜、依赖）和不良情绪（如悔恨、忧虑、抱怨、愤怒）逐条进行分析，将那些不健康的“自我挫败情感和行为”归结为束缚人生、导致失误的区域，提出了心理上的“误区”概念。

【作者简介】

韦恩·W·戴埃博士（Wayne · W · Dyer，1940 年—），美国高级精神病学家，长期从事心理治疗的实践与理论研究，撰写了许多有关这方面的专著。《你的误区》于 1976 年在美国首次出版，一面世便引起巨大反响。

【思考练习题】

1. 你如何能够让别人根据其意愿处世做人而不强求他们满足你的意愿呢？
2. 什么是惰性？如何克服惰性？
3. 人们为什么不能依赖于别人的赞许？

（王勤选文）

你是创造的主体（节选）[1]　　（美）比尔·盖茨

我们犯了一个通病，认为只有作家、发明家与“创造者”才有创造的过程。事实上，不管是在厨房里工作的家庭主妇、学校里的教师或学生、售货员或事业家，都可以是创造者。我们每个人都有相同的“成功机器”，用以解决私人问题、经营事业、销售货物，就像作家的写作或发明家的发明一样。……

由创造者的经验得到证明，创造性的想法并不是有意识思考，而是当意识不再想难题而在想其他事情的时候，像晴天霹雳般地自动产生。不过，开始时如果没有用意识思考难题，创造性的思想也不会自动降临。这些事实证明了一个结论：为了要接受“灵感”或“预感”，一个人必须对这个特殊的问题给予关注，或对寻求这特殊问题的解答，有极端的兴趣。他必须在意识上加以思考，在这个问题上尽力收集所有的资料，并考虑所有可能的行动。最重要的，他必须有解决问题的炽热欲望。

大家都知道，爱迪生对问题找不出答案时，他总是躺下来小憩片刻。

达尔文告诉我们，当他写《物种起源》时，用意识思考几个月也想不出一个问题，其后，有一个直觉突然闪迸脑际。他说：“我还记得，当我坐着马车在路上走时，突然有一个令人兴奋的问题的解答自动跑来找我。”……

你的成功机器在制造“创造行为”或生产“创造意见”上，其运作情形并没有两样。任何一种技巧，无论是运动、弹琴、谈话或售货，都不需要很费劲地去思索每一个要做的动作，只需要轻松地让事情做下去。创造性地做事，是自发的，“自然的”，没有自觉意识与研究的性质。世界上技巧最好的钢琴家在弹奏时，如果思考指头应敲在哪个琴键上，那么连最简单的曲子他也弹不出来；在平时学习时，必须有过这样的苦思，但是等他练习到弹琴变成自动的习惯后，就不必再那样思考了。当他能够不用意识，而用无意识的习惯演奏时，他就成为一名技术熟练的演奏家了。……

所谓创造力，即为自己能想出新方法、新点子来处理一切我们所面对的问题的能力。……那么创造力是从何而来的呢？它是想象力的产品。想象力产生创意，而创意产生财富与成就。

而创造型成功者则是创造性思维的行家。他们遇到问题时，常会思考：能有多少种方式分析、解决这一问题？怎样反思这些方法？他们会对解决某问题提出多种思路，多种实施方案，有些方法则是以往未出现过的，独辟蹊径的。诺贝尔奖得主理查德·赞因曼每遇到难题时，总会萌发出新的思考方法。他认为不理会以往思想家们如何思考问题，而是创造出新的思考方法，是自己成为天才的奥秘。……

创造型成功者思考问题都是多视角的，他们往往容易发现别人没有涉及过的新角度。科学家、艺术家达·芬奇说，为了获得有关某个问题的构成的知识，首先要学会如何从许多不同角度重新构建这个问题。当达·芬奇发现自己对某一问题的观察首选的角度太偏向于以往的传统方式时，他就会不断地转换视角，重新构建这一问题的思路。这样，每转换一次角度，都加深了对该问题的认识，导向了事物的深层和本质。

此外，创造型成功者还有一种特殊的性格，即善于将不同对象放在一起加以比较。善于在似乎没有关联的事物间建立起联系，他们也发现了别人所看不到的东西。同时，他们还有很强的从对立的角度思索问题的能力。

【注释】

1. 本文选自《比尔·盖茨给青少年的9个人生哲理》，群言出版社，2004年。

【作者简介】

比尔·盖茨（William Henry Gates，1955年—），微软公司的创始人、微软公司主席和首席软件设计师。微软公司是为个人和商业计算机系统提供软件、服务和Internet技术的世界范围内的领导者。截止到2005年底，微软公司收入约500亿美元。

【思考练习题】

1. 创造型成功者思考问题有什么特点？
2. 人应该怎样做才能在思考问题时产生“灵感”或“预感”？
3. 什么是创造力？

（王勤选文）

人类思想史中的休闲（节选）　（美）托马斯·古德尔等

游　戏

在游戏活动中，人们总是快乐地、情绪高昂地表达出自己的热情和精神气质。实际上，游戏的奥秘和乐趣正在于此，它表明了人们对另一种生活的希望。

游戏有其自身的魅力，它使人扮演着另一种完全不同的角色，是对未来的“预先占有”，是对那些令人烦忧的现实世界的一种超越。在游戏中，人世间的现实突然成为一种转瞬即逝的东西。人们随时准备接受游戏中出现的令人惊异的和新奇的事情，进入一个运用不同法则的世界。他们将解除所有的顾虑，使自己成为自由和有主宰世界能力的人。人们在游戏中趋向一种最悠闲的境界，在这种境界中，甚至连身体都摆脱了世俗的负担，而和着天堂之舞的节拍轻松摆动（Hugo Rahner，1972）。

也许一个成年人最明显的标志之一，是能够像孩子一样地生活和玩耍。当然，这一结论将使许多成年人感到惊讶。其实，这种观点并不是新的发现，而只不过是一项重新发现。一个世纪以来的观察和思索为我们提供了无数的事实表明，人需求游戏，这是千真万确的真理。

游戏：文化的基础

……杜兰特（Durant）注意到，“年轻人的游戏与父辈们的罪过一样古老”（1938）。当人类学家对人类的发展进行越来越深入的研究时，他们不仅发现了劳动工具，而且还发现了各种各样的玩具：拨浪鼓、布娃娃、泥像、马戏团的大铁环、马车、秋千、跷跷板和像弹球及骰（tóu）子这样的小玩意儿。就我们所知，从很早的时候起，我们的祖先就是足智多谋的玩具制造者。也许，轮和帆最早就是作为游戏的东西出现的，而弓则是一种弦乐器，圈养的动物是宠物，衣服是化妆戏剧上的装饰品。虽然这里还包含有推测的成分在内，但推理和细致的文献检索对这一中心论点已作出了肯定。……

人类游戏的特征

……赫伊津哈相信，游戏的结果往往是不确定的。如果结局能够被预料到（如在两个水平相差甚远的运动队之间进行的比赛），游戏将不复存在，只有选择两个实力相当的队伍，这些要素才能得以恢复。通常情况下，游戏具有高度的竞争性和绝对的吸引力。但是，游戏中的获胜者得到的仅仅是荣誉，而不是金钱或权力；同时，得到荣誉的其实是所有的参加者——人们带着尊敬的目光将他们视为一个整体。当然总是存在着一些紧张的因素，有时还得冒险；当然也存在着运气，所以，纯粹的能力、技巧和获胜的愿望并不能完全决定游戏的结果。从某种意义上说，游戏有时是对运气的测试。

按照赫伊津哈的观点，真正的游戏局限在于它的目标。即便一个游戏者完全投入到一场游戏之中，他也会明白，这一切并不是真实的生活。……由于游戏的这些特征，我们便能了解文化和文明是如何以游戏的形式出现的，要记住，游戏是先于人类而存在的。

（美）托马斯·古德尔等，成素梅等译，人类思想史中的休闲，昆明：云南人民出版社，2000

【作者简介】

托马斯·古德尔（Thomas L. Goodale），美国乔治·梅森大学健康与娱乐系荣誉退休教授。曾执教于美国伊利诺伊大学，维斯康星大学格林湾分校和加拿大渥太华大学。现担任美国休闲教育者和学者机构的会长。曾获得过休闲研究领域的最高奖项，有多部著作问世，《人类思想史中的休闲》是其代表作。

【思考练习题】

1. 结合选文，谈谈你对“人们在游戏中趋向一种最悠闲的境界”的理解。
2. 为什么说“游戏的结果往往是不确定的”？

（程红选文）

文学作为语言艺术的独特地位[1]　朱光潜

……

最常见的艺术门类是诗歌、音乐、舞蹈（三种在起源时是统一体），建筑、雕刻和绘画（合称“造形艺术”），戏剧、小说以及近代歌剧、哑剧和电影剧之类的综合性艺术。这些艺术之间的分别和关系，自从莱辛的《拉奥孔》[2]问世以来，一直是西方美学界研究和讨论的问题。德国美学家们一般把艺术分为“空间性的”和“时间性的”两大类。属于空间艺术的有建筑、雕刻和绘画，其功用主要是“状物”，或写静态，描绘在空间中直立和平铺并列有事物形状；所涉及的感官主要是视觉，所用的媒介主要是线条和颜色。属于时间艺术的主要有舞蹈、音乐、诗歌和一般文学，其功用主要是叙事抒情，写动态，描绘的时间上先后承续的事物发展过程，所涉及的感官较多，音乐较单纯，只涉及听觉和节奏感中筋肉运动感觉，舞蹈、诗歌和一般文学则视觉、听觉和筋肉运动感觉都起作用。时间艺术在所用的媒介方面有一个值得重视的差异，这就是其他各种艺术的媒介，如声音、线条、色彩之类都是感性的，即可凭感官直接觉察到的；至于文学则用语言为媒介，而语言中的文字却只是代表观念的一种符号，本身并无意义，例如“人”这一观念，各民族用来代表它的文字符号各不相同，英文用 man，法文用 homme，德文用 Mensch，单凭这种文字符号并不能直接显出人的感性形象，只能显出人的观念或意义，所以语言这种媒介不是感性的而是观念性的，也就是说，语言要通过符号（字音和字形）间接引起对事物的观念。这个分别黑格尔[3]在他的《美学》里也常提到。这个分别就是使文学作为语言艺术具有独特地位的首要原因！

其次一个原因是各种艺术都要具有诗意。“诗”（Poetry）这个词在西文里和“艺术”（Art）一样，本义是“制造”或“创作”，所以黑格尔认为诗是最高的艺术，是一切门类的艺术的共同要素。维柯派美学家克罗齐[4]还认为语言本身就是艺术，美学实际上就是语言学。各门艺术虽彼此有别，毕竟有基本共同点。例如莱辛虽严格区分过诗和画的界限，我国却很早就有诗画同源说。大诗人往往是大画家，王维就是一个著例，苏轼说过：“观摩诘之画，画中有诗；味摩诘之诗，诗中有画。”苏轼本人就同时擅长诗和画。有起源时诗歌、音乐和舞蹈本是三位一体的综合艺术，后来虽分道扬镳，仍是藕断丝连，例如在近代歌剧和电影剧乃至民间曲艺里，语言艺术都还是一个重要的组成部分。这些都足以见出文学作为语言艺术所占的独特地位。

文学的独特地位，还有一个浅而易见的原因。语言是人和人的交际工具，日常生活中谈话要靠它，交流思想感情要靠它，著书立说要靠它，新闻报道要靠它，宣传教育都要靠它。语言和劳动是人类生活的两大杠杆。任何人都不能不同语言打交道。不是每个人都会音乐、舞蹈、雕刻、绘画和演剧。但是除聋子和哑巴以外，任何人都会说话，都会运用语言。有些人话说得好些，有些人话说得差些，话说得好就会如实地达意，使听者感到舒适，发生美感，这样的说话就成了艺术，说话的艺术就是最初的文学艺术。说话的艺术在古代西方叫做“修辞术”，研究说话艺术的科学叫做“修辞学”，和诗学占有同样重要的地位。古代西方美学绝大部分是诗学和修辞学，亚里士多德[5]、朗吉弩斯[6]、贺拉斯[7]、但丁[8]和文艺复兴时代无数诗论家都可以为证，专论其他艺术的美学著作是寥寥可数的。我国的情况也颇类似。历来盛行的是文论、诗论、诗话和词话，中国美学资料大部分也要从这类著作里找。我们历来对文学的范围是看得很广的。例如《论语》《道德经》《庄子》《列子》之类哲学著作，《左传》《国语》《战国策》《史记》《汉书》之类史学著作，《水经注》《月令》《考工记》《本草纲目》《齐民要术》之类科学著作乃至某些游记、日记、杂记、书简之类日常小品都成了文学典范。过去对此曾有过争论。有人认为西方人把文学限为诗歌、戏剧、小说几种大类型比较科学，其实那些人根本不了解西方学界情况，如果他们翻看一下英国的《万人丛书》或牛津《古典丛书》的目录，或是一部较好的文学史，就会知道西方人也和我们一样把文学的范围看得很广的。

【注释】

1. 本文选自《谈美书简》，上海文艺出版社，1980 年。《谈美书简》是朱光潜先生在 1979 年应上海文艺出版社之邀所写的 13 篇文章结集而成，用于答复青年读者的问题，并对自己一生的美学研究进行了系统总结。本文选取了第 9 封信的第 4 ~ 6 自然段。

2. 《拉奥孔》：拉奥孔是希腊神话中那个特洛伊的祭师，曾警告特洛伊人勿中木马计，因此触怒天神，和两个儿子一同被巨蟒缠死。公元一世纪的希腊拉奥孔雕像，生动地表现了拉奥孔父子与巨蟒搏斗时痛苦挣扎的情状。德国作家莱辛创作的文艺理论著作《拉奥孔，论绘画与诗的界限》，是德国现实主义文艺理论的奠基之作，由朱光潜译为中文。

3. 黑格尔（1770 年—1831 年）：德国著名哲学家，德国古典唯心主义的集大成者，所著《美学讲演录》，全面地联系人类艺术发展的历史，建立了唯心主义美学体系。

4. 克罗齐（1866 年—1952 年）：意大利哲学家，主要著作有《美学原理》《精神哲学》《黑格尔哲学中的死东西和活东西》。

5. 亚里士多德：古希腊哲学家、科学家，主要著作《工具论》《形而上学》《政治学》《物理学》《诗学》等。

6. 朗吉弩斯（213 年—273 年）：又译郎加纳斯，古罗马政治家和文艺批评家，代表作《论崇高》《论诗艺》，是西方浪漫主义理论奠基之作。

7. 贺拉斯（前 65 年—前 8 年）：古罗马诗人，主要作品有《颂诗》《讽刺诗》、诗体《书简》，其代表作《诗艺》对欧洲古典主义文学理论影响很大。

8. 但丁（1265 年—1321 年）：意大利诗人，代表作《神曲》。

【作者简介】

朱光潜（1897 年—1986 年），安徽桐城人。我国现当代著名的美学家和文艺理论家。早年接受中国传统教育，1925 年开始先后在英国爱丁堡大学、伦敦大学和法国巴黎大学学习英国文学、法国文学、哲学、心理学和西方艺术史，最后，在斯特拉斯堡大学以论文《悲剧心理学》获得法国博士学位。1933 年回国后，历任北京大学、四川大学、武汉大学教授。1946 年冬起在北京大学任教，讲授美学和西方文学。

朱光潜的学术成就主要在美学领域。重要著作有《悲剧心理学》《文艺心理学》《诗论》和《西方美学史》；译作有黑格尔的《美学》、克罗齐的《美学》、莱辛的《拉奥孔——论画与诗的界限》、柏拉图的《文艺对话录》、爱克曼的《歌德谈话录》等，这些论著和译作对奠定我国美学研究的基础具有重要作用。

【思考练习题】

1. 分析本文的结构安排。
2. 最常见的艺术门类有哪些？
3. 空间艺术和时间艺术的区别是什么？
4. 从中国古典诗歌中选取一首诗作为“诗中有画，画中有诗”的实例，试写一段文字评析。

（张晓丹选文）

《文学作为语言艺术的独特地位》导读：谈美

《谈美书简》专为回答青年美学读者而写，也是作者一生美学研究的总结。

开篇就提出论题——文学在众多艺术门类中为什么占有独特地位。紧接着作者就复杂理论问题，从三方面展开阐述，分析主要原因是：

首先，文学的媒介——文字是观念性的，其他艺术的媒介都是感性的。作者通过三个层次来论述这一原因。第一层，他先列举出最常见的诸多艺术门类的区别和关系，一直是西方美学界研究和讨论的问题；第二层，他指出借用西方文艺理论，可分为空间艺术和时间艺术两大类及其区别；第三层，他指出文学与其他艺术的首要区别在于：只有文学的媒介是语言，而语言的符号——文字不能直接显示出感性形象，语言要通过符号（字音和字形）间接引起对事物的观念，这恰恰是文学具有独特地位的首要原因。

其次，作者指出各种艺术都要具有诗意。作者通过三个层次揭示这一观点，他先解释“诗”的本义是“制造”或“创作”；然后指出西方文艺理论中各门艺术虽彼此有别，但毕竟有基本共同点，就是都具有诗意；在中国古代“诗画同源说”的基础上，提出自己的观点：诗歌、音乐、舞蹈在起源时本是三位一体的综合艺术，后来分道扬镳，但仍藕断丝连，其他艺术形式离不开作为语言艺术的文学，语言艺术在戏剧、曲艺、电影中仍然是重要组成部分。

最后，作者指出，语言是交际的工具，任何人都离不开它。作者通过两个层次来论说：说话发生美感，就成了艺术，研究说话艺术的科学“修辞学”是西方美学的重要组成部分；而在中国历来对文学的范围划分得很广，哲学、史学、科学乃至小品都是文学典范，这样的事实更加证明了文学具有独特的地位。

作者的阐述条理清晰，主次分明，将抽象深奥的美学理论讲得深入浅出，生动透辟，既有对西方美学理论的合理分析与总结，又有对中国美学观点的运用，表现出作者学贯中西、知识渊博的特点。

需要说明的是，作者“语言是工具”的说法，属于时代局限，文体学写作理论对于语言“工具说”的质疑，标志了理论思维方法不断创新探索的意味。

（张晓丹撰写）

析理类文体阅读资料推荐

中国析理类阅读书目

(梁) 刘勰，《文心雕龙》，北京：北京燕山出版社，2001

(宋) 刘克庄，《后村诗话》，北京：中华书局，1983

(清) 金圣叹，《金圣叹文集》，成都：巴蜀书社，2003

(清) 何文焕，《历代诗话》，北京：中华书局，1981

刘大杰等，《中国文学批评史》(上、中、下)，上海：上海古籍出版社，1981—1985

丁福保，《历代诗话续编》，北京：中华书局，1983

童庆炳，《文学活动的美学阐释》，西安：陕西人民出版社，1989

韩兆琦，《史记通论》，北京：北京师范大学出版社，1990

任厚奎等，《西方哲学概论》，成都：四川大学出版社，1991

王岳川、尚水，《后现代主义文化与美学》，北京：北京大学出版社，1992

叶朗，《现代美学体系》，北京：北京大学出版社，1999

童庆炳，《文体与文体的创造》，昆明：云南人民出版社，1999

邵大箴，《图式与精神——西方美术的历史与审美》，北京：中国人民大学出版社，1999

汤世英、武昌，《中外新闻作品研究》，湖北：武汉大学出版社，2001

王一川，《文学理论讲演录》，桂林：广西师范大学出版社，2004

外国析理类阅读书目

(古希腊) 亚里士多德，《诗学》，北京：人民文学出版社，1962

(法) 丹纳，《艺术哲学》，北京：人民文学出版社，1963

(德) 爱克曼，朱光潜译，《歌德谈话录》，北京：人民文学出版社，1978

(德) 莱辛，朱光潜译，《拉奥孔》，北京：人民文学出版社，1979

(英) 克莱夫·贝尔，《艺术》，北京：中国文联出版公司，1984

(英) 福斯特，苏炳文译，《小说面面观》，广州：花城出版社，1984

(美) 苏珊·朗格，《情感与形式》，北京：中国社会科学出版社，1985

(美) 弗·杰姆逊，唐小兵译，《后现代主义与文化理论——弗·杰姆逊教授讲演录》，西安：陕西师范大学出版社，1986

(意) 维柯，朱光潜译，《新科学》，北京：人民文学出版社，1987

(美) 马斯洛，林方译，《人的潜能和价值》，北京：华夏出版社，1987

(美) I·伯纳德·科恩《科学革命史》，北京：军事科学出版社，1992

(程红、吴志强推荐)

下编　认知类文本与阐释

人们把认知意识活动所获取的思想内容写成文章，就构成了认知类的文体。认知类文体的写作活动有如下特点：

认知类文体的范围：常见的日常实用性文体，大多属于认知类文体。包括：国家行政公文、事务类应用文、个人发展类应用文、传播类应用文等。

认知类文体的目的：传递信息是其写作的直接目的。认知，是人们对于周围世界的经验感知过程中，所获得知识、解决问题的能力的心理过程，即从实践到精神的转化过程。认知类文体的写作功能是："认知"。作者通过自己的意识活动，"从抽象上升到具体"，掌握了正确的知识信息，然后写成文章，起到了信息传递，告诉别人知道的社会功能。

认知类文体的逻辑特点：自然科学的实证逻辑。因为它主要用来讨论："什么是什么"，一般不太涉及"为什么是这样"思考、辩论的分析，仅仅局限于客观的陈述，所以就区别于那种专门用来思辨的析理类文体。

认知类文体的真假判断：遵循定性定量的准确性，客观可验证性。最忌模棱两可，似是而非。

认知类文体的语体风格：准确、简约、平实、庄重、大方。谨慎地使用副词、形容词，一般不用夸张和比喻等修辞手法。

认知类文体的表达方式：主要以叙述、说明为主，辅以少量议论，清楚、简洁、得体的说明文字，是写作领域很见功力的文体。

认知类文体概述

内容提要：

1. 我国认知类文体大致发展过程。
2. 认知类文体的特性。
3. 认知类文体的思维方式。
4. 认知类文体的作者、文本、读者。

关键词：认知类文体　发展沿革　思维方式　作者　文本　读者

认知类文体是指国家机关、企事业单位、社会团体、人民群众在日常生活、学习、工作中处理公共事务或私人事务所使用的具有某种惯用格式和直接应用价值的文体。

认知，是指人们主动地、积极地加工处理信息与符号、感知客观世界与解决问题等一系列动态的心理活动。如果没有对信息的获取、传递、处理和再生产，人类社会就不能得到发展。认知类文体已成为人们获取信息的重要来源。

现代信息社会和知识经济时代，学习认知类文体，在工作中能提高工作能力和效率，是以文辅政务；在个人生活中能提高办事能力和社会交往能力，是以文促修养。因此，认知类文体完全着眼于实质性问题的解决，在社会生活中所发挥的作用日益凸显，业已成为信息生产、传递、储存的重要手段。基于这种有目共睹的功用，人们又常称之为应用文体或实用文体。

一、认知类文体发展沿革述略

在我国认知类文体的写作已经有3500多年的历史。

《尚书》是我国第一部公文汇编：文字产生以后，随着中国历史上第一个政权夏王朝的建立，一切公共事务的管理成为国家行为，用文字来处理国家事务成为可能。在我国最早的公务文书汇编《尚书》中收录有夏王朝的一篇公务文书《甘誓》。这篇公文是夏代开国帝王启在讨伐有扈氏时对将士发表的战前动员令。由于没有夏王朝公务文书的实物出土，夏朝文书真伪仍没有公论。研究公务文书为可靠起见最好从商周开始。

商代公务类文书已经很昌盛：我国古代应用类文书大致分为公务类文书和个人应用类文书。历时2000多年，其间文风有不同表现。甲骨、青铜器制作很困难，在魏晋南北朝的文学自觉时代到来之前，公务文书非常简约、庄重，并没有文书以“繁缛为巧”。随着书写载体缣帛（jiānbó）、简牍（dú）等的出现，文书制作更加容易。

战国时期公文注重修辞文采：春秋战国时期公文文风也有所变化，文辞变得流畅，著名的公务文书有李斯的《谏逐客疏》，张仪、苏秦等策士纵横古今天下，合纵连横，专倚辞令获取功名。

秦代统一文字：秦代文书多注重公文内容不重文采。为了巩固封建王朝统治，统一管理天下政治经济文化，始皇下令，统一文字的同时，对公务文书的撰写与处理办法，也有了明确的规范。

汉代是封建秩序建构的成熟期：“废黜百家，独尊儒术。”董仲舒等奉命起草完成了“三纲五常”封建文化政治纲领，为封建文化秩序的建构奠定了基础。公文名作层出不穷，如贾谊的《陈政事疏》《论积贮疏》，晁错的《论贵粟疏》等等。西汉后期迎来了“文学的自觉时代”，开始追求形式、辞藻，公文显然也受到赋和骈文等的影响，出现了过分追求形式和辞藻的不良倾向，而纸张的出现和普及，也使得繁缛的文风得以发展。尽管如此，三国时期还是出现了不少公文佳作，比如诸葛亮的《出师表》、李密的《陈情表》、曹操的《举贤务拘品行令》《求贤令》、曹丕的《禁妇人与政诏》、陈琳的《为袁绍檄豫州》等等。

魏晋南北朝时期：骈体文兴盛，行文讲求音韵和谐，著文总有对偶俳句成篇。

唐、宋时代回归直呈指事的务实文风：经历了长时间的改革，并一直延续到宋代，唐宋公文因此逐渐变得朴实，并出现了大量优秀的公文名作，比如唐代魏征的《论时政疏》、骆宾王的《代李敬业传檄天下文》、宋代胡铨的《戊午上高宗封事》、王安石的《本朝百年无事札子》等等。

元代重武轻文：蒙古人等官吏不擅公文写作，文白夹杂，公文名篇很少。

明、清两代文牍主义盛行：社会分工日趋精细，公文种类多如牛毛，文言文法日趋复杂，引经据典，生涩古奥，是古代文体学的集大成，文风繁复，阅读难度远远胜于先秦文章，也是古代文言文“最后的疯狂”。

古代个人应用类文书种类繁多：如碑志、哀祭、送序、尺牍（书信）、契约、铭文、题跋款识、图录说明、日记、广告等等。

碑志：包括碑铭和墓志铭。碑铭范围很广，山川古迹、宫室寺观、神庙家庙，楼亭堂壁、封禅纪功，都可以刻石碑纪念，著名的碑志如韩愈的《平淮西碑》。墓志铭是歌颂墓主人功德和生平事迹的文字，包括散文体的墓志和韵体的墓铭。我国古代著名的墓志铭、墓志不少，例如苏轼的《朝云墓志铭》《亡妻王氏墓志铭》、张岱的《自为墓志铭》、韩愈的《柳子厚墓志铭》、归有光的《寒花葬志》都是非常优秀的作品。

送序：唐代出现的送序不是写在书前书后的题记，而是临别赠送友人的一种文章，韩愈的《送孟东野序》、柳宗元的《送薛存义序》都是很有影响的作品。

哀祭：包括哀辞、祭文、诔，都是哀悼死者的文辞，一般都是韵文。诔本来是记载死者德行的，后来与哀辞没有多大区别，不再局限于德行。祭文则是设祭时用来宣读的。曹植的《王仲宣诔》《红楼梦》中的《芙蓉女儿诔》、欧阳修的《祭石曼卿文》、韩愈的《祭十二郎文》、袁枚的《祭妹文》等都是非常优秀的哀辞作品。

综观：我国古代公务类文书和个人应用类文书中的优秀作品很多，有不少同时也是析理类和审美类文体中的优秀作品，但因个人应用类文书格式限制比较宽松，更适合言志抒情，也往往较公务类文书更富文采。

选文以外的一些古代公文用途和历史演变情况：

典：典常。是记述古代帝王颁布的法律、法令的文书，如《尚书》中的《尧典》《舜典》。后世的“典”是专门的法律文件的名称。

谟：臣下为君主就国家大事进行策划谋议的文件。如《尚书》中的《大禹谟》《皋陶谟》。

训：是在商朝开始使用的，是国君教导臣下的文辞。始见于《尚书·盘庚》：“予告汝训汝”。孔安国《尚书序》解释曰：“教导之文曰训”。有时以下戒上也可用训，如伊尹对太甲所云，也称《伊训》。

誓：誓是军事行动之前的动员宣誓文辞，如同出师告祭天地，登坛誓师和征讨敌人的檄文，夏朝就已出现。《尚书》中有《甘誓》《汤誓》《牧誓》。

命：是大王或大臣发布的命令性文书，从商朝开始使用。大曰命，小曰令。可命官、封爵、饬职和赐，秦统一天下后改命为制。

令：小于命，始见于《尚书·同命》：“发号施令”。上古只有帝王对臣下的言词称为令，秦代以后王太子诸侯王对下属都称为令。

契：券据，这是公文中最早的一种，从象形文字“丰”开始，一根竹片上刻了许多道，用以记事立约。周代用作判词，后来发展为两件文书用同一内容分刻其旁，合起来才完整。这是后世契据的前身。

制：古代王言为命，秦始皇改命为制。唐朝用于赏罚、大除授、改革旧政、宽赦降虏。宋朝专用于拜三公三省等职和罢免大臣。撰制的官员称为掌制。一直到元、明、清都有此公文形式。

奏：战国以前臣下奏谏陈词，都用上书的名称，此时君臣互相来往也不分尊卑都用书。秦始皇时改书为奏，奏成为人臣上书君主的一种专用文书。由秦汉一直到清朝都沿用这个体裁，它的内容大体上有陈述政事，呈献典章仪式，反映紧急事变，弹劾罪愆谬行等。

议：决定处理事情的适宜方案称为议。

策书：汉朝命令中的一种，是由君主自上而下颁布政令以驱策臣下，当时只用木简写，所以称为策，又与册通。魏以后称册，隋唐后又称“册书”“册命”“册文”。此后成为皇帝册封或罢免诸侯王、公卿、大夫的专用公文，只是册用的玉金银铜的等级不同。

戒敕：汉代出现的公文文书。“戒”是皇帝对臣下训示的专用文书。一般官长对下属，祖、父对子孙都用“敕书”。南北朝以后，“敕”只限君主使用，臣下不能用，“戒书”一名废止。宋代皇帝诫励百官、晓谕军民的公文名称称“敕榜”。元代以后“敕”意义改变，成为授予六品以下低级官员的公文，称“敕命（令）。

章：大臣受皇帝封赠后用于谢恩的文书。始于汉代，到后汉时，间或用于向皇上进谏或歌功颂德。

疏：疏是疏通的意思，自汉朝始创，是一种向皇帝疏通意见，表示看法或有所劝谏的上奏文体。后代一直沿用。对所议论事项逐条陈述是疏的明显特征。

封事：汉代奏陈秘密事项时，为了防止泄漏，用黑色口袋，贴上双重封条呈进，称为封事。唐代仍用于秘密的进谏。后世的密奏、密呈，都是封事的一类。

状：始创于汉，一直沿用到宋代的公文文体。起初是大臣为皇帝察举官吏，调查事件时使用，其功能类似今天的调查报告。唐宋以后扩大使用范围，通用于黎民百姓向官署或下级官署向上级官署汇报时使用。

近现代认知类文体的嬗变：20世纪初，历史迈进“现代”的门槛。1911年的辛亥革命，推翻了清王朝，结束了君主专制制度。从1919年“五四”运动开始，加上西学东渐，我国认知类文体的写作发生了质的变化。

以公文为例：1912年南京临时政府颁布了第一个公文程式条例，废除了几千年封建王朝沿用的公文体式。如用白话写作，禁止用“老爷”、“大人”等语词。但由于公文作者和读者深受旧文化传统的影响，公文形式仍是文言或文白夹杂，大多不使用标点。1921年中国共产党成立后，也开始有了自己的公文。1931年，瞿秋白代表中央起草了《文件处理办法》。1942年，延安“整风运动”中颁布了《陕甘宁边区新公文程式》。

新中国成立至今，为使公文处理工作规范化、系统化、制度化、科学化、国际化，更好地服务于社会，国务院办公厅在不断实践探索中，多次修订公文处理办法，最近一次于2000年8月24日发布了《国家行政机关公文处理办法》，规范为13种，即命令、决定、公告、通告、通知、通报、议案、报告、请示、批复、意见、函、会议纪要，并于2001年1月1日起施行。

当代认知类文体：不仅是行政公文，其他认知类文种也在迅猛发展，新兴文种不断涌现。在知识经济与信息时代，认知类文体与社会发展和个人生活之间的关系越来越密切，使用频率也越来越高。因此，认知类文体的发展前景更加广阔，相关文本的制作和使用会日趋国际化、现代化、专业化。

二、认知类文体的特性

写作的应用性：一般来说，审美类文体主要追求美的享受，情感的享受。作品内容和目的的关系越隐蔽越好。此类文体创作的最终目的是提高个体和人类整体精神生活质量。析理类文体追求未知的真，表述追求未知真的过程和结果。

认知类文体主要用来追求信息的可靠与便捷。传达已知真的结果，即告诉人们知道。很明显，认知类文体的写作目的就是为了实际应用。凡办理公务、处理事务、交流信息、礼仪应酬、求职就业，都是为解决实际问题、办妥具体事情而使用认知类文体，这是衡量认知类文体价值的首要标准。而它的应用价值，也决定了它的真实性。不夸大，不缩小，不掩恶，不溢美，实事求是，写出的认知类文体才令人信服，并真正取得实效。

格式的规范性：审美类文体表现个体生命体验，夸张比喻，抒情写意，不论内容还是形式都追求标新立异。析理类文体重在表达作者的见解和主张，条理清晰，言辞缜密，探寻规律，颇具思辨色彩。以真知灼见，直指真理。

认知类文体写作规范严格。有大体统一的文面模式和写作要求。作者写起来快捷方便，能准确传递信息，便于及时作出判断。有的文种是“约定俗成”，有的文种是“法定使成”。当然，认知类文体的规范模式也不是一成不变的，随时代、社会的发展推陈出新，循序渐进。

语言的简约性：审美类文体的语言极尽夸张比喻之能事，铺彩摛（chī）文，追求大胆新奇，陌生化等。直接与其审美追求相关。析理类文体的语言要求准确、严谨、客观，符合逻辑推理。而认知类文体的语言要求简约。具体解说如下：

认知类文体的言说方式：准确、简约、平实、庄重、大方。人们常说“工欲善其事，必先利其器”，语言是文章的物质外壳。一般认知类文体篇幅较短小，一文一事，就要求用最节约的文字准确地说明事由，解说事理，陈述办法，以达到处理公私事务、传达信息的目的。表达方式上以说明、叙述为主，辅以少量议论。叙述时直陈其事，多用概述的方法。说明时要客观条理。议论时主要就事论事，并只陈述事实，告诉读者“什么是什么，一般不追问为什么”。

三、认知类文体的思维方式

任何写作，都是语言的艺术，语言又是思维的艺术。思维活动贯穿于写作全程，并要服从写作目的的需要。尤其是认知应用类的写作更是如此：下笔前思考为什么写、写什么、怎么写，成品后思考如何修改、如何加工。一般来说，不同文体的写作，思维方式也各有侧重。

抽象思维为主：认知类文体的社会实践性极强，其功能主要是传达信息。而抽象思维是遵循概念、判断、推理、结论的科学实证逻辑，它的真实性判断是定性定量的准确性，客观可验证性。认知类文体的写作，无论从社会到作者的内化（构思积聚）阶段，还是从作者到作品的外化（行文润色）阶段，其思维元件包括概念、判断、推理，逻辑方法包括分析、综合、归纳、演绎。例如，筛选提炼材料，要凭借抽象思维；安排结构也要按照一定的逻辑顺序来组织内容，要符合文种特定的要求及惯用格式。

认知类文体强调以抽象思维为主，但并不完全排斥形象思维，如“一刀切”、“萝卜快了不洗泥”等形象的比喻也出现在公文中。有时根据作者的知识阅历、文字修养水平，也有“一触即发”的灵感出现，即跳出客观真实的材料本身，激发出有创见的文字构思来。

思维的定向性：认知类文体多属命题作文，故思维要受到一定的约束。从宏观上看，应遵从国家的大政方针。如制订体育方面的条例规定，要符合“中华人民共和国体育法”；从中观上看，应了解单位领导的意图、群众的意愿、工作的实际。如拟定体育大学的发展规划，要考虑学校的发展趋势、教职工的切身利益、可操作性等；从微观上看，要根据一定的程式去操作文本。如撰写请示，要按照具体文种的格式规范，有文头、正文、文尾三部分，结尾使用“以上妥否，请批示”等言说方式。此类写作，就像带着镣铐跳舞，作者首先要明确自己是个什么样的角色，把握好角色，才能完成好写作任务。

“文无定法，文有大法”：认知类文体虽然常常是“奉命之作”，思维受一定的约束，但一点儿也不排斥思维的创造性。作者需学会用动态发展的、联系的观点认识事物，才能处理好抽象与具体、分析与综合、归纳与演绎等关系，分析问题才会有远见、有深度。对作者来说，在写作实践中，力求灵活地使用思维方式。

四、认知类文体作者、文本与读者

认知类文体作者类型：认知类文体的作者也被称为写作主体。审美类文体的作者一般是个体式的写作，即便是合作，也有明显的个性化特征。析理类文体的作者注重表达自己的主张和见解，通过自己的逻辑推理说服读者接受结论。认知类文体的作者构成比较复杂，有法定作者、群体作者、个人作者、代言作者等。

法定作者：指写作主体是那些依法成立并具有法人资格的组织，主要指国家行政公文和事务类应用文中的一些文本操作者。法定作者一般是认知类文本的署名者，而不一定是撰写文章的人，这类文章常常由代言者代笔。

群体作者：由两个以上的作者基于工作需要，共同研究写作意图、进行调查研究、经过讨论一起完成写作任务的作者类型。群体作者是以合作的方式参与写作，有时一人执笔；有时分工由多人执笔，最后综合。如较大型的调查报告和工作总结等。

个人作者：指从写作意图的确定到文章的完成都由个人独立操作的作者类型，主要指个人发展类应用文中的文体作者。这类作者也要本着对社会负责的精神，强调文章的真实性和时效性。

代言作者：是以撰稿人的身份参与写作活动的人。一种是撰稿人（如秘书）代法定作者拟写报告、讲话稿等文种；一种是撰稿人以服务者的身份帮助他人完成诉状、书信等等文种。代言作者一般不署名。

认知类文体作者应具备的修养与能力

政策理论的修养：认知类文体最突出的特点是直接应用，即为公私事务服务，其核心是党的各项方针政策、政府法令。要写好这些文种，作者就得坚持不懈地学习哲学理论，领会党和国家的路线方针政策和法律法规，经常阅读报纸杂志，注重调查研究。因为政策理论修养是作者对客观世界的认知水平和政治素质的综合体现。例如，在“非典”发生后，为了加强宏观调控，国务院于2003年5月12日正式颁布《突发公共卫生事件应急条例》。该条例使得人们处理突发事件时更有章可循，有法可依。对于这种新的政府法规就要善于学习与研究，以此来指导现实工作。

文化知识的修养：一般来说，人类文化有两大类：科技和人文。科学始终是人文发展的推动力；人文艺术始终都在起着不可替代的巨大启迪作用。写作学作为独立学科，所表现的内容集政治、哲学、军事、体育、科技、地理、历史等为一体。认知类文体的作者就要有意识地储备这两类文化知识，在精通专业的基础上，博采众长。“观千剑而后识器，操千曲而后晓声。”

文体意识的修养：认知类文体的写作要“应时”、“应事”，就要熟悉各类文种法定或约定俗成的写作模式和规范，培养自觉的文体意识，遵循概念、判断、推理、结论的科学实证写作逻辑。它的语体风格应该是准确、简约、平实、庄重、大方。如欧阳修所说：“简而有法。”这样作者才能应用自如。

专业的思维能力和语言表达能力：思维是人脑对刺激信息的加工活动，思维的目的是对自然规律真的遵循，或是对人的精神世界情感形式的完善。思维的向度是无限的、多元的、灵活的。作者要在思维上下工夫，对体育院校学生来说，就要培养体育理论的思维能力。当一个人思考问题时，要把思维的结果告知别人，其表达方法，一是说，二是写。说和写是主体的一种“表达”（创造）。听和读是主体的一种“吸收”（借鉴），就写作而言，“吸收”即听和读是手段，“表达”即说和写是目的。所以，思维与表达密切相关，认知类文体求实用、重实效，要求语言表达准确规范、简约明了。思文合一，文质相当，就是好文章了。

调研能力和信息处理能力：信息时代，商业社会，要快速有效地获取材料，了解事实真相，就要选用恰当的调研方法。报纸、杂志、广播、电视、网络等无孔不入，铺天盖地，大量的信息需要鉴别、筛选、加工、分析、综合，才能真正成为有用的知识，否则有些信息就是垃圾。因此，在现实生活、工作、学习、训练中，调研能力，尤其是加工处理信息能力的强弱，现已成为衡量个体生存与发展能力的重要指标之一。

认知类文本分类： 分类是人们认识事物的一种重要的逻辑方法。一次分类只能有一个标准。为了便于了解和欣赏，本书把古代认知类文体分为两大类：官府应用文、个人应用文，目的是让读者了解此类文体发展的大致过程。把现行认知类文体分为四大类：国家行政公文、事务类应用文、个人发展类应用文、传播类应用文，便于在文体功能上相区别，有利教学和实际操作。

现行认知类文本类型

国家行政公文： 重点关注报告、请示、批复、通知、通报、函、会议纪要等。

事务类应用文： 重点关注决策类中的计划、总结、调查报告、简报；财经类中的合同；法规类中的条例、规定；礼仪类中的欢迎词、欢送词、祝词。

个人发展类应用文： 重点关注求职书、简历、书信、申请书、述职报告、日记、条据等。

传播类应用文： 重点关注消息、通讯、广告文案。

认知类文本读者： 认知类文本读者是文本功能的实现者。任何写作都是动态的脑力劳动的活动过程，对认知类文体作者而言，阅读者是其写作行为要达到传达信息目的的最后完成者。只有读者和作者的共同努力，认知类文体的写作功能才能实现。但认知类文本常常有特定的读者，到什么山唱什么歌，心中装着读者，才是好的作者，因此，读者的地位非常突出。服务读者，强化作者的“读者意识”，以便更好地发挥认知类文体处理公私事务、交流信息的功用。

（程红、谢卫撰写）

认知类文选及导写

内容提要：

第 8～12 章选取有特色的认知类文本，包括古代的官府应用文、个人应用文；现行的国家行政公文、事务类应用文、个人发展类应用文、传播类应用文。并有针对性地选取例文进行导写，以便学生学习和操作。

关键词： 认知类文本、导写、古代应用文、现行应用文

第八章　古代认知类文选

第一节　古代官府应用文

诰

尚书·酒诰[1]

厥[2]或[3]告[4]曰“群饮”，汝勿佚[5]！尽执拘以归于周，予其杀。

【注释】

1. 本篇选自《尚书·酒诰》篇。
2. 厥（jué）：助词，无义。
3. 或：有人。
4. 告：上报。
5. 佚（yì）：通“逸”，安逸，放纵。

【文种简介】

诰，是历史上出现最早，使用时间最长的公文之一。夏、商、周三代时是大王发布命令的常用下行公文。从内容上看，诰的使用范围较宽，祭祀祖先、勉励臣下、发布政令或刑律等均可用诰。如《尚书》有《汤诰》《大诰》《酒诰》。诰可能在夏朝就开始使用，秦代废止，汉代时再次使用，但此后诰的使用与从前不同，已变为皇帝授予官职或封赠某种称号的命令。明清时代只有授予五品以上高官可用“诰命”。

【思考练习题】

从哪些地方可以看出这是一篇下行文？

（谢卫选文）

诏

唐太宗问魏征病手诏[1]

不见数日，忧愦甚深，自顾[2]过已多矣，言已失矣，行已亏矣。古人云：“无镜无以鉴须眉”，可谓实也。比[3]欲自往，恐劳卿[4]，所以使人来去。若有闻知，此后可以信来具报。

【注释】

1. 本篇选自《全唐文》第九卷。
2. 顾：回首，回视。
3. 比：近来。

4. 卿：古代对人的敬称，魏晋对爵位较低或平辈表示亲昵用卿。自唐以来，只有君主称臣民为卿。

【文种简介】

诏，秦朝开始为皇帝专用，是皇帝就具体事务训示臣子或批复臣子奏疏的公文。比皇帝颁布重大制度的“制”规格低一点。明清时，出现了新的公文“谕”、“旨”，重大政务多用“诏”，一般事务多用“谕”、“旨”。“手诏”是皇帝手写的诏书。

【思考练习题】

从哪些地方可以看出唐太宗对魏征超乎君臣的情谊？

（谢卫选文）

曹丕禁妇人与政诏[1]

夫妇人与政[2]，乱之本也。自今以后，群臣不得奏事[3]爵太后，后族之家[4]不得当辅政之任，又不得横受[5]茅土之爵[6]；以此诏传后世，若有背违，天下共诛之。

【注释】

1. 本篇选自《三国志·魏志·文帝纪》。
2. 妇人与政：即指皇后、皇太后干预政事。
3. 奏事：臣子向君主进言、上书。
4. 后族之家：即外戚，指皇帝的母族或妻族。
5. 横受：即不由正道，不循常理而受封。
6. 茅土之爵：古代皇帝的社稷坛用五色土建成，东方青，南方赤，西方白，北方黑，中央黄。分封诸侯时，把一种颜色的泥土用茅草包好，授给受封的人。后称封诸侯为“授茅土”。这里“茅土之爵”指封侯。

【思考练习题】

1. 曹丕发诏的缘由是什么？
2. 曹丕诏书中提出了哪几条措施禁止妇人参政？

（谢卫选文）

令

曹操求贤令[1]

自古受命[2]及中兴之君，曷尝[3]不得贤人君子与之共治天下乎！及其得贤也，曾不出闾巷[4]，岂幸相遇哉？上之人[5]求取之耳。今天下尚未定，此特求贤之急时也。“孟公绰为赵、魏老则优，不可以为滕、薛大夫”[6]。若必廉士而后可用，则齐桓何以霸世[7]！今天下得无有被褐怀玉而钓于渭滨者乎[8]？又得无有盗嫂受金而未遇无知者乎[9]？二三子其佐我明扬仄陋[10]，唯才是举，吾得而用之。

【注释】

1. 本篇选自《全三国文》卷七十五。
2. 受命：旧指开国即位为受天命，这里指开国。曹操以受命开国之君自比，可见他要一统天下，荡灭群雄的志向。
3. 曷尝：即何尝。
4. 闾巷：里巷。这里借指平民之家。
5. 上之人：指当政之人。
6. “孟公绰”二句：鲁国大夫，属孟孙氏家族。赵、魏，晋国的两家贵族。老：家老，家臣的头头。优：指才力有余。滕、薛，春秋时的小国，在今山东滕县及其东南薛城一带。

7. 齐桓何以霸世：齐桓公之所以成为春秋时的霸主，是有赖于管仲的，虽然管仲不属于“廉士”，但他有治国的才能。这里就是讲用人要重才，而不是绝对地追求“廉”。

8“今天下”句：得无，难道没有。被褐怀玉，穿着粗布衣服而内怀真才实干。钓于渭滨，相传姜子牙钓于渭水，文王访到他，用为国师，周从此兴盛。

9“又无得”句：盗嫂，与嫂子私通。受金，接受贿赂。无知，指魏无知。这里是说：正当用人之际，唯才是用，不必拘于德行的优劣。

10. “二三子”句：二三子，即你们，指左右僚属。佐，帮助。名扬仄陋，指发现和推举出那些因贫贱而被埋没的人才。

【文种简介】

令是我国古代很早出现的一种公文。《尚书》虽然没有以“令”为篇名的，但是有“发号施令”的说法。“令”是一种与“命”类似，用于发布各种政令的下行公文。“令”在两汉魏晋南北朝时仍广泛使用，隋唐以后不再使用。到辛亥革命后，再次成为常用下行公文。

【思考练习题】

1. 曹操求贤的条件是什么？
2. 曹操如何推断出唯才是举的结论？
3. 如果你是公司老板，你赞成曹操的选才之道吗？

（谢卫选文）

刘邦入关告谕[1]

父老苦秦苛法久矣，诽谤者族，偶语[2]者弃市。吾与诸侯约，先入关者王之，吾当王关中。与父老约，法三章耳：杀人者死，伤人及盗抵罪[3]。余悉除秦法[4]。诸吏人皆案堵如故[5]。凡吾所以来，为父老除害，非有所侵暴，无恐！且吾所以还军霸上，待诸侯至而定约束耳。

【注释】

1. 本篇选自《史记·高祖本纪》。
2. “偶语”句：偶语，相聚而语。偶，对也。弃市，处死。
3. 抵罪：即判罪，谓随其伤人及盗之情节轻重，而判以相应的罪刑。
4. 悉除秦法：尽除秦法。
5. 案堵如故：犹言“各就各位，一切照常”。案堵，同安堵。

【文种简介】

谕是明清时皇帝常用的公文。清代时除了皇帝，上级官员下文也可用“谕”。皇帝下文称“上谕”或“圣谕”。一般官员下文称“谕帖”或“堂谕”。而明清以前只秦汉有此闻名历史的入关告谕，后无人使用。

【思考练习题】

1. 刘邦以何身份颁发此告谕？
2. 告谕中公布了哪几样事情？

（谢卫选文）

汪辉祖催赋谕告[1]

官民一体，听讼责在官，完赋责在民。官不勤职，咎有难辞；民不奉公，法所不恕。今约每旬以七日听讼，一日较赋[2]，一日手办详稿[3]。较赋之日亦兼听讼。若民皆遵期完课，则少费较赋之精力，即多听讼之功夫。

【注释】

1. 本篇选自《清史稿·汪辉祖传》。

2. 较：考量。

3. 详：官文书名，指下级官员对上级官员的报告。

【思考练习题】

汪辉祖的告谕如何说服民众缴赋？

（谢卫选文）

榜

明成祖礼部揭榜禁瑜伽[1]

近有一种无知愚民，妄称道人，一概蛊惑[2]，男女杂处无别，败坏风俗，洪武中行瑜伽法，称火居道士者，俱有严禁，即揭榜[3]申明，违者杀不赦。

【注释】

1. 本文选自余继登《典故纪闻》卷七。

2. 蛊惑：毒害，迷惑。古代传说把许多毒虫放在器皿中使互相吞食，最后剩下不死的毒虫就是蛊，用来放在食物里害人。因此蛊惑危害性大而且很有迷惑性。

3. 揭榜：出榜，发榜。

【文种简介】

榜一般为张贴或悬挂公布的下行公文，类似“布告”，“告示”。后来也用来发布科举考试名单。

【思考练习题】

瑜伽遭禁的原因是什么？

（谢卫选文）

判　词

长沙太守祝文山斗牛案判词[1]

两牛相斗，一死一伤；伤者共耕，死者共享。

【注释】

1. 这是明朝长沙太守祝文山出巡时受理斗牛案时的判词。湖南长沙农村两农户家两牛格斗，结果一死一伤，两农户互相指责，告到县官那里，没有结果。听说太守出巡，就告到了太守祝文山面前，祝文山做出了上述判决，两家听了判决，以为合理，平息了争端。

【文种简介】

判词是古代官府断案的判决书。唐代时，因选官制度注重判词写作，判词开始成熟兴盛。著名的判词有白居易的《甲乙判》等。古代判词并没有严格的格式，虽为应用文，有时也讲究文采。

（谢卫选文）

《乔太守乱点鸳鸯谱》判词[1]

弟代姊嫁，姑伴嫂眠。爱女爱子，情在理中。一雌一雄，变出意外。移干柴近烈火，无怪其燃；以美玉配明珠，适获其偶。孙氏子因姊而得归，搂处子不用逾墙；刘氏女因嫂而得夫，怀吉士初非衒玉[2]。相悦为婚，礼以义起。所厚者薄，事可权宜。使徐雅别婿裴九之儿，许裴政改娶孙郎之配。夺人妇人亦夺其妇，两家恩怨，总息风波。独乐乐不若与人乐，三对夫妻，各谐鱼水。人虽兑换，十六两原只一斤；亲是交门，五百年决非错配。以爱及爱，伊父母自作冰人[3]；非亲是亲，我官府权为月老。已经明断，各赴良期。

【注释】

1. 这是《醒世恒言》中《乔太守乱点鸳鸯谱》一篇中的判词。案中有三对年轻人的婚姻纠纷。孙姓姑娘将与订婚对象刘璞结婚。孙家打听到刘璞久病未愈的情况，担心女婿治不好病女儿要当寡妇，便把女儿的弟弟打扮成女人代姐姐出嫁。刘家因儿子生病不能亲自拜堂，让妹妹代兄拜堂入洞房。结果新婚之夜就出现了“弟代姊嫁、姑伴‘嫂’眠”的情节，刘家妹妹和孙姓弟弟在各自约定的婚姻中失了节。三天过后事情败露，两家闹起了纠纷，告到了杭州府乔太守那里。乔太守将错就错，干脆改换鸳鸯谱：孙姓姑娘还嫁刘璞，孙姓弟弟与刘家妹妹成亲，孙姓弟弟的对象与刘家妹妹的婚约对象结亲。

2. 衒玉：卖弄。

3. 冰人：媒人。

【思考练习题】

1. 试从《醒世恒言》中阅读《乔太守乱点鸳鸯谱》一篇，理清判词中的人物关系。

2. 这篇判词在文体上有什么特点？

（谢卫选文）

张问陶拒奸杀人之判[1]

审得陶丁氏戳死陶文凤一案，确系因抗拒强奸，情急自救，遂致出此。又验得陶文凤赤身露体，死在丁氏床上，衣服乱堆床侧，袜未脱，双鞋又并不齐整，搁在床前脚踏板上。身中三刃：一刃在左肩部，一刃在右臂上，一刃在胸。委系重伤毙命。本县细加检验：左肩上一刃，最为猛烈，当系丁氏情急自卫时第一刃砍下者，故刀痕深而斜；右臂一刃，当系陶文凤被刃后，思夺刀还砍，不料刀未夺下，又被一刃，故刀痕斜而浅。胸部一刃，想系文凤臂上被刃后，无力撑持，即行倒下；丁氏恐彼复起，索性一不做二不休，再猛力在胸部横戳一下，故刀痕深而正。又相验凶器，为一劈柴作刀，正与刀痕相符。而此作刀，为死者文凤之物。床前台上，又有银锭两只。

各方推勘：委系陶文凤乘其弟文麟外出时，思奸占其媳丁氏，又恐丁氏不从，故一手握银锭两只，以为利诱；一手执凶刀一把，以为威胁。其持刀入房之际，志在奸不在杀也。丁氏见持凶器，知难幸免，因设计以诱之。待其刀已离手，安然登榻，遂出其不意，急忙下床，夺刀即砍，此证诸死者伤情及生者供词。均不谬者也。

按律“因奸杀死门”载：“妇女遭强暴而杀死人者，杖五十，准听钱赎；如凶器为男子者，免杖。”本案凶器，既为死者陶文凤持之入内，为助成强奸之用，则丁氏于此千钧一发之际，夺刀将文凤杀死，正合律文所载，应免予杖责。且也，强暴横来，智全贞操，夺刀还杀，勇气加人，不为利诱，不为威胁。苟非毅力坚强，何能出此！方敬之不暇，何有于杖！此则又敢布诸彤管[2]、载在方册者也！此判。

【注释】

1. 本篇选自《清朝名吏判牍》。

2. 布诸彤管：请女史把她的事迹用笔记载下来。彤管，古代女史专用的毛笔。

【思考练习题】

1. 此案只有现场、尸痕、凶器、银锭和陶丁氏的口供，并没有其他人证。张问陶如何判案？

2. 从此案看出张问陶对陶丁氏的态度如何？

（谢卫选文）

表

裴度口述上表[1]

内府珍藏，先朝[2]特赐，既不敢将归地下，又不合留向人间。谨却[3]封进。

【注释】

1. 本篇选自《唐语林》卷二。唐宪宗曾经赐给名相裴度一条玉带，以示尊宠和奖励。裴度去世前归还玉带，由子弟执笔口述上表。

2. 裴度历经宪、穆、敬、文宗四朝20余年，玉带为唐宪宗所赐，去世前为唐文宗在位，故称“先朝特赐”。

3. 却：推辞不受。

【文种简介】

表是汉代开始大臣向皇上陈情的公文。汉代开始使用，魏晋南北朝时盛行。表的用途也非常广泛，东汉以后，凡论谏、劝请、陈乞、进献、推荐、庆贺、慰安、辞（官）解（官）、陈谢、讼理、弹劾等都可以用表。唐宋以后也用此类公文，只是适用范围缩小，只用于陈谢、庆贺、进献。诸葛亮《出师表》、李密《陈情表》是表文中的优秀作品。

【思考练习题】

1. 裴度为何归还玉带？

2. 文中有哪些词表示恭敬？

（谢卫选文）

第二节　古代个人应用文

墓志铭

朝云墓志铭[1]

（宋）苏　轼

东坡先生侍妾曰朝云，字子霞，姓王氏，钱塘人。敏而好义，事先生二十有三年，忠敬若一。绍圣三年七月壬辰，卒于惠州，年三十四。八月庚申，葬之丰湖之上，栖禅山寺之东南。生子遁，未期[2]而夭。盖尝从比丘尼义冲学佛法，亦粗识大义。且[3]死，诵《金刚经》四句偈[4]以绝。铭曰：浮屠是瞻，伽蓝是依。如汝宿心，惟佛之归。

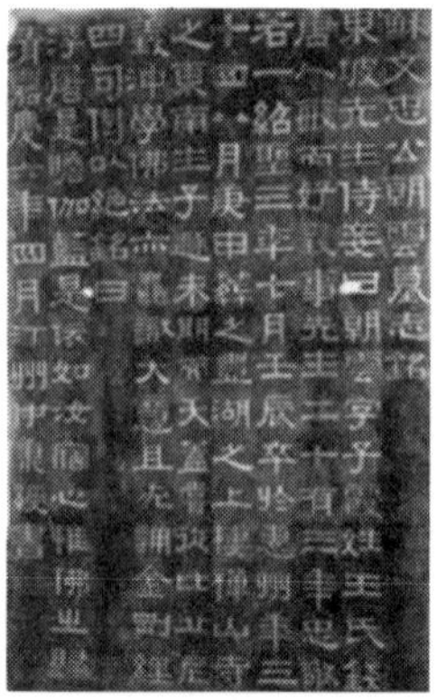

图为清代书法家朝云墓志铭拓片

【注释】

1. 本篇选自《苏轼文集》卷七十五。

2. 期（jī）：一年。

3. 且：即将。

4. 偈：佛经中的颂词，梵语偈陀的简称。多用五言为句，四句合为一偈。

【文种简介】

墓志铭是埋藏在坟墓里面的刻石，包括“志”和“铭”两部分。“志”是散文体，记载死者的姓名、籍贯、官职以及生平事迹等；“铭”是韵语，用来颂扬死者的功德，寄托思念。墓志铭大抵都是死后由他人撰写，也有自己提前撰写的。虽然墓志铭只是述说个人生平，为个人应用文，但也可以很出彩，如韩愈的《柳子厚墓志铭》、皇甫湜的《韩文公墓志铭》、张岱的《自为墓志铭》、苏轼的《朝云墓志铭》和《亡妻王氏墓志铭》、徐渭的《自为墓志铭》、归有光的《寒花葬志》等等，均为古代名篇。

【思考练习题】

1. 《朝云墓志铭》介绍了朝云哪些情况？

2. 《朝云墓志铭》中有什么细节显示朝云的个性？

（谢卫选文）

寒花葬志[1]

（明）归有光

婢，魏孺人媵[2]也。嘉靖丁酉五月四日死，葬虚丘。事我而不卒，命也夫！

婢初媵时，年十岁，垂双鬟，曳[3]深绿布裳。一日，天寒，爇[4]火煮荸荠熟，婢削之盈瓯[5]；余入自外，取食之；婢持去，不与。魏孺人笑之。孺人每令婢倚几旁饭，即饭，目眶冉冉动。孺人又指予以为笑。

回思是时，奄忽[6]便已十年。吁，可悲也已！

【注释】

1. 本文选自《震川先生集》卷二十二。

2. 媵（yìng）：出嫁时随嫁或陪嫁的人。

3. 曳：拖，牵引。

4. 爇（ruò）：烧。

5. 瓯：盆盂类瓦器。

6. 奄忽：迅疾，倏忽。

【思考练习题】

1. 《寒花葬志》与《朝云墓志铭》风格有何不同？

2. 分析这篇墓志中细节描写的特点。

（谢卫选文）

砚　铭

文天祥草书砚铭[1]

砚虽非铁难磨穿，心虽非石如其坚，守之弗失道[2]自然。

【注释】

1. 这是文天祥用草书写刻在自己所用砚台上的铭文。

2. 道：取法。

【文种简介】

砚铭是指刻在砚上的文字，长短皆宜，诗文皆可，非常自由。早期的砚铭多为赞颂砚的文字，后来发展为抒怀明志或记述收藏经历等，多为优美的小品文。

【思考练习题】

1. 分析这篇铭文在押韵上的特点。
2. 试从中分析文天祥的性格。

淌池端砚砚铭[1]

（清）王熙

陶渊明曰：笔砚精良，人生一乐。又曰：得此乐者甚稀。盖非知之真，好之笃，不能得其乐也。余素喜佳砚，斋中集藏甚多，品类不一。退食[2]之余，摩挲不释，于兹有年。丁未春，友人周霁轩自广陵购得此砚，清腴温粹，置诸案头，如对纯德君子，真妙品也。是为铭，以重知己之赠，并志吾乐，以告无愧于我渊明耳。

康熙六年立秋前一日怡园识

【注释】

1. 本篇选自新浪网傅翔博客《砚铭小记》。
2. 退食：退朝而进食。

【思考练习题】

1. 王熙淌池端砚砚铭与文天祥的砚铭在个人志趣上有何不同？
2. “以告无愧于我渊明耳”表现了作者对陶渊明怎样的情感？

（谢卫选文）

契　约

大觉寺馆藏契约[1]

立卖契文约人祖洪，因手乏无钱使用，将自置地一段东至沟、西至郝姓、南至郝姓、北至赵姓、四至分明，计地叁拾亩。此地产坐落在北安河村北，今同中[2]说合，情愿卖与大觉寺常住，永远为香火地。言明清钱肆佰伍拾吊整，其钱笔下交足，并无欠少。自立契之后，倘有重租盗典等情，具在卖主一面承管，与买主无涉。此系两家情愿，各不反悔。恐口说无凭，立此卖契为证。雍正八年十二月初一日。立卖契人，祖洪。中保人，宝钧。永远执照。

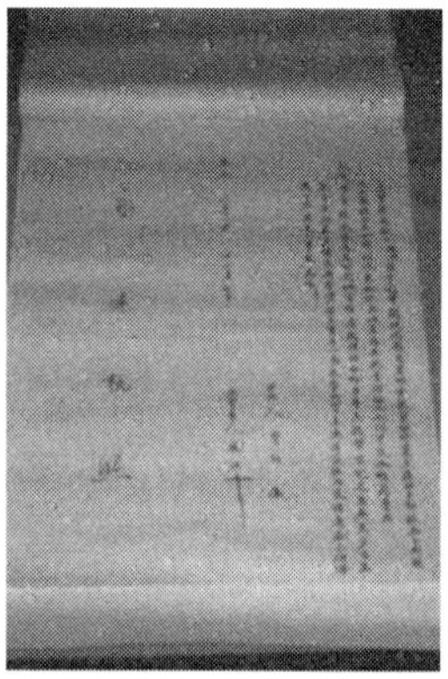

北京市海淀区西北阳台山麓的古刹大觉寺馆藏契约文书

【注释】

1. 本篇选自北京文博网孙荣芬、张蕴芬：《大觉寺馆藏契约文书述略》。
2. 中：中人，中保人。

【文种简介】

契约是一种重要的文书。我国西周时就有刻在钟鼎上的邦国盟约和买卖契约，后来随着私有财产制度的发展，契约制度也越发完善和丰富起来。契约一般要介绍契约性质，立契约人，立契约缘由，立契约途径，契约中的买卖价钱，交付钱财情况，预防纠纷的约定，立契日期以及立卖契人、中保人签名画押。

【思考练习题】

1. 这份契约中包含了哪些内容？

2. 对照契约实物照片，了解古代契约的书写格式。

（谢卫选文）

婚　书[1]

立婚书女王翠翘，系北京大名府氏籍，因父屈陷缧绁[2]无救，情愿央媒嫁与马门为妾。当得财礼银四百五十两，当日一并收足。过门之后，或住或行，或妻或妾，听从自便。恐后无凭，立此婚书存照。嘉靖某年四月望日[3]。立婚书女王翠翘，中人终子真、晏九如，媒人咸老娘，父王章，母何氏，弟王观。

【注释】

1. 本篇选自华网书库青心才人作品集《金之翘传》第五回。

2. 缧绁：监狱。

3. 望日：十五日。

【思考练习题】

这篇始书最后开列的名单里没有出现男方的名字，为什么？

（谢卫选文）

承管文书[1]

立承管文约终事，今因孝女王翠翘为父卖身与马客人为妾，当得财礼银四百五十两，期三日内官司结局[2]过门，随行出境不误。恐人心不测，立此承管文书存照。某年某月某日。立承管文约人终事，中人咸老娘、晏九如。

【注释】

1. 本篇选自华网书库青心才人作品集《金之翘传》第五回。

2. 结局：结束。

【思考练习题】

终事与人立承管文书的原因是什么？

（谢卫选文）

图录说明

明黄花梨无束腰小方图录说明[1]

小方　　和前例大小相去悬殊，而用材粗细并未大减，因而显得格外质朴，天真无邪，有憨稚之趣，弥[2]觉可爱。数十年仅见此一对，是黄花梨家具的难得小品。它自然不是厅堂上物，而是卧室中的日常用具。

【注释】

1. 本篇选自王世襄著《明式家具珍赏》。

2. 弥：越发。

【文种简介】

图录说明是图片后附的简要说明文字，属于实用说明文，以简明扼要为旨归。但是很多大家在写作图录说明时也不乏文学意趣。

【思考练习题】

试写一篇说明文字，介绍一件家具。

（谢卫选文）

题跋款识

周公瑕坐椅款识[1]

无事此静坐，一日如两日，若活七十年，便是百四十。

戊辰冬日周天球书。

印二：一曰周公瑕氏，一曰止园居士。（图1）

周公瑕生正德九年甲戌，寿八十有二，至戊辰为隆庆三年，年五十有五。余生嘉庆十六年辛未，至今年乙丑秋七月，得此椅于苏城某肆中，年亦五十有五，洵[2]奇缘也。退楼记。（图2）

乙丑年得紫檀椅，纹细色泽如漆，明时良工所造也。逾四年己巳秋，岚坡茂才[3]复于市肆中得二椅，至庚午冬，又从某故家物色一椅，皆刻有名贤笔迹，与三椅恰配，无丝毫差池，洵可喜也。时听枫山馆落成，余年正花甲一周[4]矣。因书岁月记之。退楼老人。

【注释】

1. 这是明代书画家周天球用过的椅子，因为他在背板上刻了上面的五言绝句，这把椅子就成了一件赫赫有名的家具了。

2. 洵：确定。

3. 茂才：秀才。

4. 花甲一周：六十年。

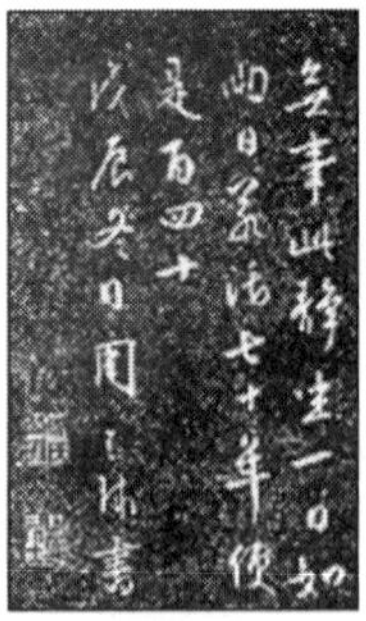

图1

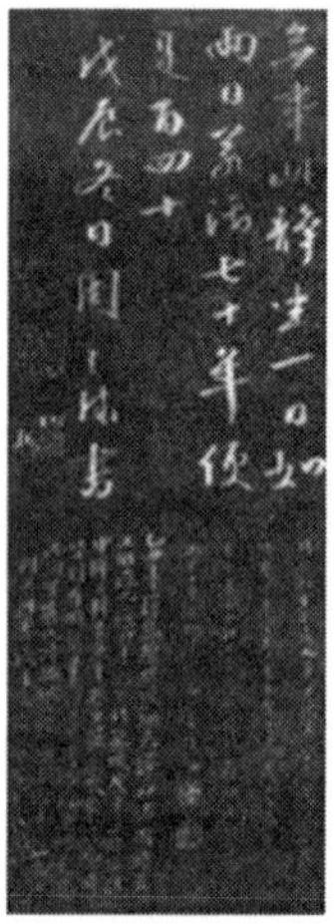

图2

【文种简介】

题：可以是作品的标题，但最主要的还是对应中国画讲究的“诗、书、画、印”齐全中的“诗”。古代文人士大夫常常在中国画、陶瓷和家具上题诗言志或抒发情怀。

跋：文体的一种，写在文籍或文章的后面，多用以评介内容或说明写作经过。书画家具作品中多是后来的收藏者所写。

款识（zhì）：本指古代钟鼎彝器铸刻的文字，后来书画陶瓷家具上题写作者或接受者的名、字、号等，也叫款识。陶瓷作品、书画作品多带款识，家具带款识的少。后来款识除了题写写作的时间、地点外，也写作者创作的缘由，或抒发情感，或阐述创作理论等。

“题、跋、款、识”与我国的书画、陶瓷、家具等艺术作品融为一体，成为中国传统文化独特的艺术风貌。题跋款识的写作也就成了古代文人士大夫的必修课。

【思考练习题】

1. 周公瑕的款识流露出怎样的情绪？
2. 退楼老人的款识流露出怎样的情绪？

（谢卫选文）

书 信

丧乱帖[1]

（晋）王羲之

羲之顿首：丧乱之极，先墓再离[2]荼毒，追惟[3]酷甚，号慕摧绝，痛贯心肝，痛当奈何奈何！虽即修复，未获奔驰，哀毒[4]益深，奈何奈何！临纸感哽，不知何言！羲之顿首顿首。（图3）

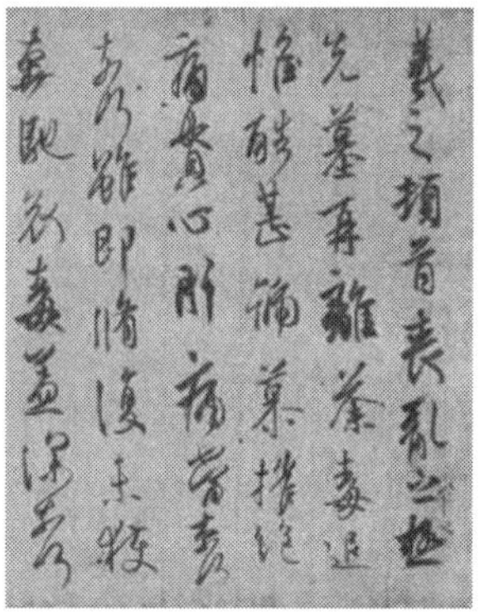

图3

【注释】

1. 本篇选自《王羲之传本墨迹》。这是王羲之行书作品中的代表作，名气仅亚于《兰亭序》。
2. 再离：再次遭受。离，通“罹”。
3. 追惟：追思。
4. 哀毒：悲痛悔恨。

【思考练习题】

信中多重复语句，如“奈何奈何”等。怎样理解这种情形？

（谢卫选文）

快雪时晴帖[1]

（晋）王羲之

羲之頓首：快雪時晴。佳想安善。未果为结。力[2]不次。王羲之頓首。山阴张侯。（图4）

图4

【注释】

1. 本篇选自《王羲之传本墨迹》。这是王羲之行书作品中的代表作，是著名的“三希”之一。
2. 力：送信的差役。

【思考练习题】

通过王羲之的书信，了解晋代撰写书信的格式。

（谢卫选文）

日　记

山阴五日记游[1]

俞平伯

（五月三日）……五时后舟秋绕门下，换舟而游。山正开凿，皑皑似雪。一潭正方而小，其深骇人，下望懔然。投以巨石，半晌始闻声轰然。又燃爆竹，回响如巨雷，亦一奇也。仍返泊东湖，晚饭后月色明洁，荡小舟至西面石壁下，形似小姑山，尖削如笋。泛月直至西郭门外。小步岸上，见铸锅者，熔铁入范[2]时，银彩四流，伫观移时，始返舟睡。

【注释】

1. 本篇选自李大宽编《人生不过如此》。
2. 范：铸造器皿的模具。

【思考练习题】

仔细体会本文文言，白语文交互运用的行文风格。

（谢卫选文）

入蜀记[1]

（宋）陆　游

（七月）十四日，晚，晴。开南窗观溪山。溪中绝[2]多鱼，时裂水面跃出，斜日映之，有如银刀。垂钓挽罟（gǔ）者弥望[3]以故价甚贱，僮使辈日皆餍（yàn）饫（yù）[4]。土人云，此溪水肥，宜鱼。及饮之，水味果甘，岂信以肥故多鱼邪？溪东南数峰如黛[4]盖青山也。

【注释】

1. 本篇选自《入蜀记》，是其中的一个片段。该书是中国古代游记文学的典范。
2. 绝：极。
3. 垂钓挽罟者弥望：垂钓，垂竿钓鱼。挽罟，拉网。罟，捕鱼的网。弥望，充满视野。弥，满。
4. 餍饫：饱餐。

【文种简介】

我国古代以文笔优美见称的日记不少，黄庭坚的《宜州家乘》、陆游的《入蜀记》、袁中道的《游居柿录》、李日华的《味水轩日记》、叶绍袁的《甲行日注》、舒梦兰的《游山日记》，都是非常优秀的文学作品。

【思考练习题】

1. 试以此文为例，分析日记体载信笔所之的特点。
2. 本文描写的空间顺序是什么？

（谢卫选文）

广 告

济南刘家功夫针铺广告[1]

收买上等钢条，造功夫细针，不误宅院使用，客转兴贩，别有加饶[2]。请记白。

【注释】

1. 本篇选自傅根清著《实用广告学教程》。
2. 加饶：多余的赠送。

【思考练习题】

试从中选出带有广告特色的词句。

北京汇丰斋金糕广告[1]

（清）杨静亭

南楂不与北楂同，妙制金糕数汇丰。色比胭脂甜若蜜，解醒消食有兼功。

【注释】

1. 本篇选自傅根清著《实用广告学教程》。

【思考练习题】

这篇广告词从哪些方面宣传汇丰糕点的优势？

（谢卫选文）

第九章　国家行政公文

国务院办公厅关于表彰奖励中国女子足球队的通报

国办发［1999］61 号

各省、自治区、直辖市人民政府，国务院各部委、各直属机构：

中国女子足球队是我国体育战线上的一支优秀队伍，长期以来，刻苦训练，锐意进取，在历次重大比赛中都获得了好的成绩，为我国体育事业的发展做出了贡献。中国女子足球队在第三届世界杯女子足球赛中，发扬为国争光、不畏强手、团结协作、顽强拼搏的精神，荣获亚军，为祖国赢得了荣誉，受到全国人民的称赞。为此，国务院决定对中国女子足球队给予表彰并予以奖励。

各地区、各部门要认真学习中国女子足球队热爱祖国、无私奉献、坚韧不拔、团结拼搏的优秀品质和高尚情操，更紧密地团结在以江泽民同志为核心的党中央周围，高举邓小平理论伟大旗帜，振奋精神、开拓进取、立足本职、扎实工作，为把建设有中国特色社会主义伟大事业全面推向 21 世纪而努力奋斗。

国务院办公厅（章）

一九九七年七月十二日

《中华人民共和国国务院公报》1999 年第 27 号

【文种简介】

通报，是用来表彰先进、批评错误、传达重要精神或情况。它的主要作用是传递信息、沟通情况、发布成果、推广经验，以及激励或教育人们。其写作格式与“通知”大体相同，具体内容和措辞应根据通报本身的特点和事项的性质来把握。按其内容和用途的不同，可把通报分为表彰性通报、批评性通报与情况通报。

本文为表彰性通报，把中国女子足球队作为先进典型进行表彰，对其先进事迹加以肯定和推广，激励人们学习榜样精神。

【思考练习题】

1. 按照内容与性质的不同，通报可分为哪几类？
2. 通报与通知有哪些不同？

（张春萍选文）

关于中华人民共和国第四届农民运动会情况的报告

农发［2000］166 号

国务院：

在党中央、国务院的亲切关怀下，在党的十五大和十五届五中全会的精神鼓舞下，经过四川省省委、省人民政府和绵阳市委、市人民政府的积极努力，全国各省、自治区、直辖市的积极参与和大力配合，中华人民共和国第四届农民运动会取得了圆满成功。现将有关情况报告如下：

一、由农业部、国家体育总局、中国农民体育协会主办，四川省人民政府承办的中华人民共和国第四届农民运动会，于2000年10月29日至11月4日在四川省绵阳市举行。这届农运会是继前三届全国农运会之后，于20世纪末举行的规模最大的一次全国农民体育盛会。(略)

二、第四届全国农民运动会适逢世纪之交，千年更替之际，办好本届农运会对于推动农民体育事业的深入发展，促进农村两个文明建设和社会全面进步，具有十分重要的意义。为此，我们遵循“团结、奋进、文明、富裕”办会宗旨，努力体现中国特色、时代特征、农村特点，把办好本届农运会作为贯彻党和国家关于农业、农村和农民工作的一系列方针政策的一次具体行动。从而为促进农业生产的发展、促进农村经济繁荣和社会稳定做出应有的贡献。同时对我国申办2008年奥运会也将产生积极的影响。(略)

三、通过这届农运会使我们深深感到，虽然我国九亿农民已基本解决了温饱问题，开始奔向小康，身体素质比20年前有了明显提高，但与其他先进国家相比，农民的身体素质还是有一定差距的。目前，我国农村的中心工作是实现“两个转变”，完成农业产业结构战略性调整任务。只有提高农民包括身体素质在内的各项素质，才能保证21世纪中国农业的发展。我国农村有着广泛的群众体育基础，只要我们引导得好，必将会有更多的农民群众加入到体育锻炼的行列中来。(略)

第五届全国农民运动会由江西省人民政府承办，2004年在江西省宜春市举行。

特此报告。

中华人民共和国农业部（章）
二〇〇〇年十一月十四日

国家体育总局，《中华人民共和国体育法规汇编》，北京：中国法制出版社，2005

【文种简介】

报告，是向上级机关汇报工作、反映情况、提出意见或建议、答复上级机关询问的公文文种，要求以摆事实为主，介绍情况，说明过程，语言不宜用指令性文字，更不宜指手画脚。按照内容，报告可分为工作报告、情况报告、建议报告与答复报告。报告的正文开头通常概述报告的原因、根据或必要性，常用“现将有关情况报告如下”之类词语引出下文。主体部分是报告内容，一般分条分段叙述工作情况、过程、措施、结果、成绩和问题及今后计划等等，要求真实具体、条理清楚。结尾另起一行，常用“特此报告”“以上报告，如有不妥之处，请指正”之类词语。

本文为专题性的工作报告，向上级机关汇报农运会进展情况，总结经验教训并提出今后工作意见，叙述清晰，富于层次感，格式规范。

【思考练习题】

1. 报告的正文一般包括哪几个部分？
2. 什么是“建议报告”？

（张春萍选文）

关于下拨全国竞技体育工作座谈会经费的请示

体训字［2002］××号

司领导：

为进一步加强竞技体育工作的研究，深化改革，积极备战2008年奥运会，不断开创我国竞技体育工作的新局面，定于2002年3月22日至26日在北京市陶然大厦召开全国竞技体育工作座谈会。

届时，各省、自治区、直辖市体育局，总参军训部体育局、总政宣传部文体局，新疆生产建设兵团体育局，有关运动项目管理中心人员共87人参加会议。按会议包干经费预算，此次会议经费为100元×5天×87人=43500元，现拟下拨。

当否，请批示。

训练二处（章）

二○○二年三月四日

【文种简介】

请求上级机关对某项工作给予指示或批准，要用请示，是下级机关在工作中遇到无权处理，或无法解决的问题时使用的一种公文。请求指示的请示应把重点放在情况的陈述和问题的强调上，而不提出具体建议。请求批准的请示要把重点放在意见、办法及其理由的说明上，常用“以上意见当否，请批示”、“妥否，请批示”之类的语句作结。

请示要遵循一文一事、一事一请的原则，避免越级请示。平行机关联合请示时，要认真会签。报告一般不需直接答复，而请示必须答复。

本文为请求批准的请示，文字简洁清晰，结构完整。

【思考练习题】

1. 简述请示的适用范围。
2. 写作请示时需注意些什么？
3. 报告与请示有何不同？

（张春萍选文）

关于同意举办2005年国际漂流大赛的批复

体外字［2005］241号

水上运动管理中心：

你中心《关于举办2005年国际漂流大赛的请示》（体水上字［2005］423号）文件收悉。

经研究，同意于12月17日至20日在四川省攀枝花市举办2005年国际漂流大赛。比赛由水上运动管理中心和攀枝花市人民政府主办，中国极限运动协会、攀枝花市西区人民政府承办。

希望你们认真做好各项准备工作，加强管理、精心组织，确保比赛安全举行。

特此批复。

外联司（章）

二○○五年十二月十八日

【文种简介】

批复是用于答复下级机关请示事项时使用的下行公文。没有请示，也就谈不上批复。它具有权威性，其内容是上级机关的行政决策、领导意图和权威的具体体现。批复的正文常分为三个层次：引语部分引用下级机关的来文，必要时亦可简要引述来文中的请示事项；主体部分要表明态度，做出答复，也可根据情况说明理由；结尾部分一般以“此复”或“特此批复”等作结。

【思考练习题】

1. 简述批复的适用范围。

2. 批复的正文一般包括哪些内容？

（张春萍选文）

关于筹备成立中国火车头体育协会的函

体人字［2005］532号

民政部：

中国火车头体育协会自1991年5月经原国家体委批准筹备成立以来，做了大量筹备工作，现已具备成立条件。为推动行业职工体育运动的健康发展，充分发挥行业体育协会在开展体育活动中的桥梁和纽带作用，经研究，同意筹备成立中国火车头体育协会。国家体育总局为该协会的业务主管单位。请按有关规定协助办理筹备登记手续。

二〇〇五年十二月七日

国家体育总局，《中华人民共和国体育法规汇编》，北京：中国法制出版社，2005

【文种简介】

函适用于不相隶属机关之间商洽工作、询问和答复问题，向有关主管部门请求批准和答复审批事项时使用的公文。函在使用上，要特别注意“不相隶属机关”和“有关主管部门”这两个概念。“不相隶属机关”是指在行政组织系统中，没有纵向上下级关系；“有关主管部门”是指在行政组织系统中，虽没有纵向上下级关系，但都是其他业务的主管部门，有别于上级机关。因此，函的用途非常广泛，兼有平行、上行、下行三种走向，以平行为主。

函的行文要直陈事项、言简意赅，力戒套话、空话，提高办事效率。语言要有分寸感，既不盛气凌人，也不过于恭维逢迎，应恰当得体。作为日常工作一般事务往来的便函，行文较简便，但应盖上公章。去函常以“为盼”、“专此函达”、“即请函复”、“当否，请予回复”等词语作结。复函多用“特此函复”、“此复”等词语。

【思考练习题】

1. 简述函的适用范围。

2. 函的写作应注意什么？

3. 如何对函进行分类？

（张春萍选文）

2004年奥运会理论研讨会纪要

为探讨我国参加雅典奥运会的经验，进一步关注和了解世界体坛的发展变化，促进我国竞技体育可持续发展和备战2008年奥运会。政策法规司于9月3日至5日在天津体育学院召开了2004年奥运会理论研讨会。9位专家学者到会发言，15位专家学者作了书面发言。现将主要观点综述如下：

一、世界体坛呈现出新的格局

会议认为，从亚特兰大到悉尼奥运会，形成了美俄两强争霸、中德澳法四雄并立、第三集团多强对抗的基本格局。此次雅典奥运会的竞争结果表明，世界体坛的格局又发生了一些新的变化。

吴寿章同志说，世界体坛的格局呈现出新的特点：一是传统体育强国俄罗斯、德国、法国总体实力下降；二是第一、二集团层次差距更加明显；三是中小国家，如日本等依靠少数强项占据了一席之地，而总体实力提升的国家寥寥无几；四是除柔道、拳击等少数项目外，多数项目奖牌呈分散趋势。

从雅典奥运会上可以看出，美国依然强劲，中国进步明显，俄罗斯呈现出一定的颓势。阎平同志认为，尽管我国竞技体育进步明显，但在总体实力上还不如美国和俄罗斯。因此，我们仍不能算是体育强国，我们要冷静地看待和分析这个问题。体育强国有一个完整的标准，它包括竞技体育、群众体育、体育科技、国民体质等等。

二、我国在雅典奥运会上取得成就的原因和发展对策

（一）我国在雅典奥运会取得优异成绩的原因

1. 得益于经济快速发展（略）

2. 得益于举国体制（略）

3. 得益于训练质量的提高和“119”工程的正确制定和执行（略）

4. 得益于运动员的出色表现，尤其是女运动员成绩突出（略）

5. 得益于群众体育发展的良好基础（略）

（二）竞技体育存在的问题

尽管我国竞技体育取得长足进步，但是仍然存在一些问题需要引起足够的重视。北京体育大学副校长池建教授说，竞技体育中存在着如下几个亟待解决的问题：全运会等大型综合运动会面临冲击和挑战；“三级训练网”的培养体系支撑困难，业余体校招生困难；运动员退役安置困难等。

与会的专家还对一些影响大、但进步不大的项目进行了分析。苏州大学王家宏教授说，在与世界篮球强队的比赛中，我国运动员暴露出的主要差距有：打法的整体性不够，快速移动中运用技战术能力弱，防守缺乏攻击性；比赛经验少，应变能力不足，有拼搏取胜的主观愿望，但不够顽强，缺乏韧性；赛前状态调整实效性不足。有的专家还对足球、体操等存在的问题进行了研讨。

（三）建　议

会议认为，竞技体育的发展，必须坚决贯彻以人为本，“全面、协调、可持续”的科学发展观。

1. 坚持有重点的全面发展（略）

2. 坚持举国体制的改革、完善和创新（略）

3. 训练理念的更新是提高运动水平的关键（略）

4. 提高集体球类项目水平（略）

5. 提高省区市竞技体育水平（略）

6. 提高冬季项目水平（略）

三、奥运会市场开发与运动员奖励问题（略）

四、对2004年奥运会竞赛心理的综合分析（略）

五、坚持群众体育与竞技体育的协调发展，努力把群众对奥运会的热情转化为全民健身热情。竞技体育和群众体育协调发展，既是群众体育可持续发展的需要，也是竞技体育可持续发展的需要（略）

六、关于体育精神文明建设（略）

七、对2008年奥运会的建议

（一）向雅典奥运会学习，注重人文（略）

（二）节俭办奥运会（略）

（三）公正办奥运会（略）

国家体育总局网站 http：//www. sport. gov. cn

【文种简介】

会议纪要，是用来记载和传达会议主要精神以及议定事项时使用的公文。

通常会议纪要在大中型或比较重要的会议上运用。它是在会议结束后，依据会议记录以及其他有关材料加工提炼而成的，具有纪实性和提要性的特点。行文关系不很严格，对上级机关有报告的作用，对平级机关有交流的作用，对下级机关有指导的作用。

会议纪要正文的写法包括分项式，即把会议时间、地点、参加人数、主持人、议题、及决定的事项等分项排列；总分式，即在开头段落总述会议时间、地点、参加人数、主持人、议题等内容，下段再分条列出决定或拟办的事项。

按照会议性质的不同，会议纪要可分为专题工作会议纪要、行政例会纪要与座谈会会议纪要。本文属最后一种，是会议的主办者为解决某一问题，专门召集有关人员而召开的会议，目的是了解情况、听取意见、收集对策，为问题的解决创造条件。

【思考练习题】

1. 简述会议纪要正文的写法。

2. 会议纪要与会议记录有何不同？

（张春萍选文）

导写：最常用的公文文种——通知

人事部、财政部、卫生部、劳动和社会保障部、国家体育总局关于对部分老运动员、老教练员给予医疗照顾的通知

国人部发［2004］52号

各有关省、自治区、直辖市人事、财政、卫生、劳动保障、体育厅（局）：

我国广大体育工作者，特别是十一届三中全会前的老运动员及其教练员，在当时训练条件差、训练手段极不完善的情况下，向身体极限挑战，刻苦训练，顽强拼搏，无私奉献，为我国体育事业的繁荣和发展做出了突出贡献，为祖国和人民争得了荣誉。目前，他们在医疗问题上遇到了一些实际困难，党中央、国务院非常关心。为此，决定对部分老运动员及其教练员退休后的医疗问题实行特殊照顾政策。现通知如下：

一、对十一届三中全会前获得世界冠军的老运动员及其教练员，退休时给予医疗照顾（名单见附件1）。由其人事、工资关系所在地体育、卫生行政部门办理有关手续。其中已享受厅（局）级以上医疗待遇的人员不再执行此项规定。

二、对十一届三中全会前获得世界冠军的老运动员及其教练员、打破世界纪录和珠峰登顶成功的运动员（见附件1和附件2）退休后，因运动损伤导致的医疗费用自负部分，国家给予适当补助。

三、对附件1、2所列人员退休后，国家财政安排一定数额的医疗补贴，用于运动伤残的康复、定期体检等。

四、国家财政设立老运动员、老教练员医疗保健专项资金用于支付以上所需的费用。具体办法

由财政部会同国家体育总局、人事部另行制定。

对部分老运动员及其教练员实行医疗照顾政策，体现了党中央、国务院的关怀，有关地区和部门要认真落实。

附件1和附件2（略）

二〇〇四年六月二十五日

国家体育总局，《中华人民共和国体育法规汇编》，北京：中国法制出版社，2005

导　写

通知的演变过程：可上溯至古代的“谕”，“谕”的本义是告之于人，使之知晓，既可以对下，也可以用于平级之间。明代称“露布”。1942年陕甘宁边区政府颁布《新公文程式》，第一次把通知应用于现代公文。1951年政务院秘书厅颁布《公文处理暂行办法》，把通知列为我国法定公文之一，以后历次修订均无变动，沿用至今。

通知的特点：一是广泛性。现今，通知已成为各类机关、团体、企事业单位在日常工作中使用频率最高、应用范围最广的一种公文，而且通知的制发不受级别高低的限制。二是兼容性。通知不但可以用来发布行政法规和规章，转发上级机关、平行机关和不相隶属机关的公文，而且可以批转下级机关的公文，告知要求下级机关办理和需要周知或共同执行的事项，任免和聘用干部等。三是时效性。一般通知所涉及的事项一旦完成即自动失效；有的通知就完成事项的时间或阶段性时间提出了具体要求，甚至要求受文机关限时反馈执行结果。

通知的分类：按照正式程度，分为日常性通知和公文性通知。前者是一般基层单位内部使用的、用来处理日常事务，不具备公文格式，也不按公文制发程序制作，不需要存档；后者是国家正式文件，要严格按照《国家行政公文处理办法》的规定制作。按照具体功能，可分为：发布行政法规及各种规定的通知；布置工作和安排活动的通知；批转和转发其他机关公文的通知与告知事项的通知。

通知的写作格式：一般由标题、发文字号、主送机关、正文、发文机关全称、日期和公章构成。标题可用完全式、省略式或简单式。通常正文开头说明缘由，用“现通知如下”之类的词语引出通知事项；中间部分陈述通知事项，内容繁多的应分条陈述，但要简洁具体；结尾提出执行要求，另起一行，用“特此通知”、“望周知”或“请贯彻执行”之类词语。最后，落款和一般公文相同。

本文属于发布规定的通知，条分缕析，言简意赅，说明了老运动员、老教练员的适用对象范围及其医疗照顾的领域与经费情况，体现了国家对昔日体育精英的人文关怀。

【思考练习题】

1. 简述通知的特点与适用范围。
2. 说明通知的分类。
3. 批转性通知与转发性通知有何不同？
4. 如何写一篇通知？

（张春萍选文并撰写）

第十章 事务类应用文

第一节 决策类

简报——北京体育大学奥林匹克文献信息中心揭牌

北京体育大学

简 报

第 17 期（总第 111 期）

校办公室编　　　　　　　　　　　　××年×月×日

北京体育大学奥林匹克文献信息中心揭牌

12 月 28 日，我校隆重举行奥林匹克文献信息中心揭牌仪式暨奥林匹克论坛活动。该中心于 2005 年 11 月 11 日正式成立，是全国首家奥林匹克文献信息中心，中心的成立是为贯彻国家体育总局“我为奥运做什么”的号召和落实迎接 2008 年奥运会的整体部署，切实为成功举办北京 2008 年奥运会，传播奥林匹克思想，进行奥林匹克教育，从事奥林匹克研究及继承奥运文化遗产等提供文献信息服务的一项新举措。

国家体育总局副局长冯建中，中国奥委会名誉主席、国际奥委会委员何振梁以及教育部体卫艺司、北京市教育工委、北京奥组委、国家图书馆、中国图书馆学会、北京市高校图工委等有关部门的领导、我校全体校领导出席了仪式，部分中层干部及师生参加了仪式。

学校聘请中国奥委会名誉主席、国际奥委会委员何振梁，北京体育大学党委书记、校长杨桦，中国人民大学副校长、人大人文奥运研究中心主任冯惠玲，第 29 届奥林匹克运动会组织委员会信息中心主任徐达，北京体育大学教授任海 5 人为“中心”顾问。

“中心”以网络为平台，集中外文奥林匹克图书、期刊、声像资料、数字化资料于一体。目前，奥林匹克文献信息中心建有对国内外开放的现代化奥林匹克阅览中心，拥有国内最全的中外文各类纸质文献千余种，藏有部分珍贵的书刊，数字化图书、期刊千种以上。“中心”同时也是展示奥林匹克最新研究成果的窗口，并专门建设了国内奥林匹克文献信息方面的唯一专业网站——奥林匹克文献信息网（http：//www. olic. cn）。

中国奥委会名誉主席、国际奥委会委员何振梁先生亲自为“中心”题写牌匾，并亲临现场给予指导。国际体育信息联合会主席、国际奥委会博物馆馆长、国家体育总局及北京奥组委领导、北京市人大副主任田麦久、国家图书馆馆长以及中国图书馆学会等单位为“中心”的成立发来了贺信。

报：×××
送：×××
发：×××

共印××份

【文种简介】

简报是党政机关、人民团体、企事业单位广泛使用的一种比较特殊的文种。它可以用于汇报工作、反映情况、指导工作、交流经验、传递信息。简报种类很多，从时间上，有定期和不定期；按阅读范围，有只送领导机关或领导人传阅，发送上下、左右机关传阅，内部传阅等；按内容性质，有会议简报、工作简报（动态）、情况简报、专题简报等。

【思考练习题】

1. 根据植树节的活动情况，拟写一份简报。
2. 简报的作用？
3. 简报的特点？

（韩景荣选文）

北京市人民政府教育督导室2006年工作要点

2006年全市教育督导工作总的要求是：坚持以邓小平理论和“三个代表”重要思想为指导，认真贯彻党的十六大、十六届五中全会和市委九届十次、十一次全会精神，深入落实科学发展观，全面贯彻教育方针，以推动实施素质教育为中心任务，围绕落实首都教育发展战略，落实全国和北京市职业教育工作会议精神，大力推进基础教育均衡发展和职业教育的改革与发展，进一步加强教育督导制度建设，完善实施素质教育督导评价制度和教育质量监控制度，在创新教育督导评价制度、扩展督导评价内容、建立新的工作机制及模式方面有所突破和进展。为实施“十一五”规划开好局、起好步。重点做好以下工作：

一、加强教育督导制度建设，促进教育督导工作全面协调可持续发展

1. 颁布并实施《北京市“十一五”教育督导工作规划》；

2. 颁布并实施《北京市人民政府教育督导室关于建立健全教育督导结果公报制度和通报制度的意见》；

3. 继续做好《北京市教育督导条例》立法调研工作；

4. 召开北京市第六次教育督导工作会议暨纪念北京市教育督导制度恢复20周年大会。

二、完善实施素质教育督导评价制度和教育质量监控制度

5. 召开北京市全面实施素质教育督导评价工作会议，总结“规范性与发展性相结合”的第二轮素质教育督导评价工作；研究制定“十一五”期间对区县政府、教委、中小学校全面实施素质教育督导评价方案并进行试点工作；

6. 贯彻落实全国和北京市职业教育工作会议精神，加强职业教育督导检查和评估，修订并颁发《北京市人民政府教育督导室关于职业教育督导评估工作指导意见》；

7. 修订《北京市中等职业学校素质教育评价体系》；

8. 在中专学校推广使用《中等职业教育教学质量监测系统》；

9. 开展与新加坡特许科技学院合作项目学校的督导工作。

三、加大对落实教育法律法规情况的督导检查

10. 主要检查贯彻落实《教育法》《义务教育法》《职教法》《教师法》及本市实施办法中若干规定的执行情况。

四、继续做好市委教育工委、市教委重点工作项目管理办公室的工作

11. 根据两委一室办公会议确定的新年度重点工作项目的内容和要求，做好相应的督办管理工作。推进党员先进性教育活动整改措施的深入落实，不断改进项目管理的方式方法，加强针对性，提高机关工作效率。

五、针对教育重点、难点工作，加强专项督导检查和专题调研

12. 积极探索包括高等教育在内的各级各类教育督导新机制，保障教育教学质量；

13. 围绕全面推进素质教育、推进基础教育均衡发展，对区县开展加强义务教育学校均衡化建设专项督导检查，继续开展对部分区县中小学德育工作的专项督导检查；开展《北京市中小学校办学条件标准》实施情况、初中校建设工程进展情况、来京务工就业农民子女接受义务教育工作情况的专题调研；

14. 继续委托社会单位对人民群众反映强烈的中小学生课业负担情况进行追踪调研；

15. 完善职业教育督导评估制度，促进职业教育办学水平和教育质量的提高。开展《新形势下中等职业教育督导评估工作的探索与研究》《运用网上监测系统对中等职业学校教育教学质量监控的实验与研究》情况的专题调研；

16. 指导区县督导室根据全市教育工作及教育督导工作要点，结合本地区实际情况，围绕加快推进基础教育均衡发展，重点在初中校建设工程、实施新的《北京市中小学校办学条件标准》、解决来京务工农民子女接受义务教育等方面，有重点地开展专项督导检查或调研。

六、加强教育督导队伍建设，提高督导工作水平

17. 加强学习和培训，采取组织跨省市学习、市统一培训和区县培训相结合；集中培训和经常性的业务学习相结合等多种形式开展区县督导室主任和市区督学培训，提高队伍整体素质和专业水平；

18. 贯彻落实中共中央和北京市委关于进一步加强中国共产党领导的多党合作和政治协商制度建设的意见，加强和改进市特约教育督导员工作，完善工作制度、创新工作模式、拓宽活动内容，充分发挥他们参政议政、民主监督作用；

19. 加强教育督导信息化建设，做好网页的改版工作；继续办好《教育督导动态》，加大信息数量，提高信息质量。

北京市教委网站（北京市人民政府教育督导室）

【文种简介】

计划是在科学预测的基础上，为实现某一管理目标、完成某个任务、开展某项工作，而预先做出安排和设计，并用书面形式表达出来的一种事务类应用文。

计划种类很多。具体地讲，比较长远的、宏大的为“规划”，比较切近的、具体的为“安排”，较繁杂的、全面的为“方案”，较简明的、概括的为“要点”，较为深入、细致的是“计划”，较粗略、雏形的是“设想”。

计划必须有目标、有步骤、有措施，包括“做什么”和“怎么做”。所谓做什么，即工作目标、任务，同时要写明完成时限。所谓怎么做，即实现目标、完成任务的具体措施、步骤与方法，这些内容应写得详尽具体。

【思考练习题】

1. 计划主要写哪些内容？

2. 根据实际情况，拟写一份期末考试复习计划。

（韩景荣选文）

北京市宣武区民宗侨办2004年上半年工作总结

2004年上半年，我办在区委、区政府坚强有力的领导下，认真贯彻落实党的民族宗教侨务政策，充分发挥区民族宗教领导小组的作用，在全区积极开展民族团结进步创建活动和护侨工程；依法管理宗教事务，积极妥善解决伊斯兰教界房产问题；逐步化解矛盾，凝聚人心，使广大穆斯林群众和归侨侨眷感受到党和政府的关怀；全区民族、宗教、侨务各项事业都呈现出良好的局面。现将主要情况汇报如下：

一、加强对全区民族宗教侨务工作的领导

1. 充分发挥民族宗教工作领导小组的作用，及时研究和处理民族宗教方面的问题。（略）

2. 年初我办召开了由各街道主任和主管书记参加的民族宗教侨务工作会议。（略）

3. 加强信息搜集、编辑、报送工作，为领导决策提供依据。（略）

二、积极开展民族团结进步创建活动

1. 继续促进民族团结进步事业在我区的发展。（略）

2. 积极配合市民委开展创建活动的调研。（略）

三、积极开展“护侨工程”

1. 在新形式下为更好地保护归侨侨眷合法权益，拓展“护侨工程”领域，我办与侨联一起，在司法界的支持下成立了侨界人民调解委员会和律师顾问团。3月9日在148法律服务站举行了正式的揭牌仪式。（略）

2. 在今年元旦、春节期间，我办依托社区，开展为侨服务工作。（略）

3. 今年我办为9户困难归侨、侨眷申请了补助，共计7600元。走访、慰问了12户困侨，并给他们送去慰问品。（略）

4. 为把“护侨工程”逐步深入，我办积极协助办好《宣武侨讯》。上半年编辑了侨讯第一期和“认真贯彻执行《中华人民共和国归侨侨眷权益保护法》依法维护归侨侨眷合法权益”的特刊。（略）

四、认真贯彻落实党的民族宗教侨务政策

1. 加强对清真网点的管理和检查。（略）

2. 在全区开展了清真网点的调查工作。（略）

3. 加强与全区民族单位的联系。（略）

4. 调查、走访侨资企业，开展侨资企业联谊日活动。（略）

5. 积极推进侨务进社区工作。（略）

6. 认真做好民族宗教侨务的日常工作，加强基础工作建设。（略）

五、妥善解决宗教问题

（略）

六、推进我区其他工作的开展

（略）

七、下半年工作计划

（略）

6. 加紧牛街礼拜寺的修扩建工程，争取年内开工。

7. 继续推进“护侨工程”和侨务进社区工作。

8. 完成对全区侨资企业的调查工作，组织部分侨资企业开展活动。

首都之窗（宣武区政府民族宗教侨务办公室）2004 年 6 月 24 日

【文种简介】

总结是对以往工作进行回顾、检查、分析、研究，从中提炼出带有规律性的东西，用以指导今后的工作。具体来讲就是，工作进行到一定阶段或完成时，需要我们回过头来，对所做事情进行认真的分析研究，从中找出成绩和不足，概括经验和教训，为今后更好地工作提供借鉴。在众多的事务类应用文中，总结应用范围较广、使用频率较高。

【思考练习题】

1. 写总结最需要注意什么？

2. 对入学以来的学习、生活和训练做一个详尽的回顾，写一份总结。要求：内容真实，语言准确简洁，并能恰当地运用小标题。

（韩景荣选文）

让学生人人享有体育

——西部农村学校体育现状及发展对策研究

新体育课程标准从 2001 年秋起率先在全国 30 个试验区实验以来，已有两年多的时间，其“以人为本”、“健康第一”的教育理念和指导思想已逐渐被广大学校体育工作者所接受，学校体育呈现出一片喜人的局面。但笔者认为，农村尤其是西部地区农村如何落实新体育课程标准、保障学生“人人享有体育卫生”，应该立足西部农村的实际情况和现状，用科学的发展观指导西部农村学校体育的开展。本文通过对我国西部农村学校体育的调查与分析，试图为推进素质教育的全面落实提供参考和依据。

学校体育教学发展滞后

以体育开课率、教学大纲执行情况、教师编写教案情况为指标，调查西部地区农村体育教学状况，可以看出，西部地区农村学校体育课平均开课率为 83.95%，与 1998 年全国农村学校体育的调查相比提高了 2.5 个百分点；与全国城乡学校体育平均开课率 87.2% 相比，落后 4 个百分点。说明西部农村学校体育比以前有较大改善，取得了一定的成绩，但与我国东中部地区相比仍存在很大差距。……

课余体育活动开展情况

通过调查表明，西部地区农村学校坚持开展早操、课间操的学校达 51.35% 和 84.40%；部分坚持的学校达 21.44% 和 14.46%，但仍有 27.21% 的学校不做早操，1.24% 的学校不做课间操。早操、课间操作为重要的体育活动形式在个别学校没有得到足够的重视，是难以保证学生每天锻炼 1 小时的因素之一。

学生参与体育活动情况

通过调查发现，我国西部地区农村学校只有 27.04% 的学生能够达到每天 1 小时的体育锻炼要求。有 72.96% 的学生参加体育锻炼的时间每天不足 1 小时。这与国家的要求差距很大，也是影响“学生人人享有体育”的重要因素，值得重视。

学校体育资源紧缺

通过对西部地区 5 省（自治区）制约农村学校体育的因素调查得知，学校体育资源紧缺是西部地区农村学校体育教育发展的主要制约因素，且带有普遍性。其中场地器材及体育教师的缺乏仍然是制约西部地区农村学校体育发展的最为主要因素。

体育器材缺乏

体育器材缺乏是影响西部农村学校体育的首要因素，这与我国西部地区经济欠发达有直接的关系。经济发展层次低，学校规模越小，器材缺乏越严重。以国家最低器材配备标准评价举例：四川一类地区达标率为72%，二类为57%，三类为35%。体育器材的缺乏使体育教师处于“巧妇难为无米之炊”的境地。

场地缺乏

农村学校的场地缺乏和器材缺乏相伴，有的学校全是泥土场地，凹凸不平，更不用说用于体育课的田径场地了。这类场地成为制约农村学校体育发展的硬性因素。

体育教师严重缺乏

从对西部5省调查中可知，农村体育教师与学生比为1:551.3到1:949.3，专职与兼职体育教师比为1:2.5，专职体育教师学历：本科0~0.2%，专科17%~22.4%，中专36%~67.6%，高中及高中以下5.8%~41%。体育教师缺口大，结构不合理，学历合格率比较低。一方面是因为农村条件艰苦，很多毕业生不愿意到农村学校任教；另一方面是培养体育师资的部门培养策略缺乏针对性和层次性。

观念和管理不到位，教育主管部门和学校领导不重视，西部农村学校体育受“应试教育”的冲击很大，跳出“农门”仍在左右着人们的思想。……

要“实现人人享有体育”，关键在于有一支敬业心强的体育师资队伍。因此，加强西部地区农村学校体育师资队伍建设，并按《教师法》要求采取切实有效措施，稳定现有的师资队伍，保证一定的福利待遇，使他们安于教学，乐于教学，这是实现“农村学生享有体育”，全面实施素质教育的当务之急。

首都体育学院曲宗湖　《中国教育报》2004年10月25日第4版

（韩景荣选文）

劳动保障部发布部分城市企业用工需求调查报告

为了掌握企业2006年春季用工需求，劳动保障部日前统一组织北京、天津、大连、青岛、烟台、威海、上海、南京、苏州、无锡、常州、杭州、宁波、温州、泉州、广州、深圳、佛山、东莞、惠州、武汉、成都、西安等23个城市的劳动保障部门，对辖区内部分企业进行了一次问卷调查。上述城市共有2606家企业接受了本次调查。调查结果显示：

——大部分企业春季用工需求旺盛。计划在春节之后的2个月内招用新员工的企业超过80%，其中有40%的企业将在春节后半个月内招用新员工，届时企业招用的外地员工人数将比春节之前增加15%。

——企业招工重视文化程度、技能水平和年龄。在企业新的用工需求中，83%的岗位要求具有初中以上文化程度，53%的岗位需要达到初级工以上的技能水平，62%的岗位要求年龄在18~25岁之间。

——劳动力市场招聘成为企业招工的首选途径。在回答“企业打算通过哪几种途径招新员工”这个问题时，79%的企业选择了“到本地劳动力市场招聘”，57%的企业选择了“招聘广告”，52.5%的企业选择了“通过老员工从家乡带过来”，27%的企业选择了“从劳务基地招聘”。

——企业预期支付的员工工资进一步增加。在被调查的企业中，有63%的企业预计2006年员工工资将有所增加。普通员工平均月工资预计为949元。工资预期较高的是长江三角洲地区，为1063元/月，较低的是中西部地区，为723元/月。工资预期较高的行业为交通运输业（1175元/月）、医药制造业（1107 元/月）、建筑施工业（1039 元/月）、机械制造业（1021 元/月）；工资预期较低的行业为批发和零售业（871 元/月）、住宿餐饮业（769 元/月）、玩具制造业（717 元/月）。

劳动保障部网站

【文种简介】

调查报告是根据一定的调查目的、计划，对社会生活中的某一情况、问题、经验进行深入细致的调查，将调查情况和材料加以认真地分析研究后写成的书面报告。它通常反映重大事件，新生事物，突出的典型，重要的经验和严重的问题，是上级领导决策时的重要参考依据。

调查报告作为时代的镜子，从各个不同侧面客观地反映社会情况和问题，具有明显的社会功能，所以调查报告对客观现象的论述必须是真实的，而不是虚假的；是全方位的，而不是片面的；还要有新意，否则就失去了它的意义和作用。

【思考练习题】

1. 调查报告的写作应注意哪几个问题？
2. 调查报告如何组织材料？
3. 就奥运志愿者参与情况，写一份调查报告。
4. 拟写一份本校有关助学贷款返还情况的调查报告。

（韩景荣选文）

第二节　财经类

担保借款合同

合同编号：

贷款方：________

借款方：________

担保方：________

三方经过充分协商，特签订本合同。

第一条　自____年____月____日至____年____月____日，由贷款方提供借款方____贷款______元。借款、还款计划如下：

……

第二条　贷款方应按期、按额向借款方提供贷款，否则，应按违约数额和延期天数，付给借款方违约金，违约金数额的计算，与逾期贷款罚息同。

第三条　贷款利率，按银行贷款现行利率计息。如遇调整，按调整的新利率和计息办法计算。

第四条　借款方应按协议使用贷款，不得转移用途。否则，贷款方有权停止发放新贷款，直至收回已发放的贷款。

第五条　借款方如不按规定时间、额度用款，要付给贷款方违约金。违约金按借款额度、天数，按借款利率的 50% 计算。

第六条　借款方保证按借款契约所订期限归还贷款本息。如需延期，借款方至迟在贷款到期前三天，提出延期申请，经贷款方同意，办理延期手续。但延期最长不得超过原订期限的一半，贷款方未同意延期或未办理延期手续的逾期贷款，加收罚息。

第七条　借款方的借款由担保人用______作担保。

第八条　贷款到期后一个月，如借款方不按期归还本息时，由担保单位（或担保人）负责为借款方偿还本息和逾期罚息。

第九条　补充条款________________。

第十条　解决合同纠纷的方式：执行本合同发生争议，由当事人双方协商解决。协商不成，双方同意由______仲裁委员会仲裁（当事人双方不在本合同中约定仲裁机构，事后又没有达成书面仲裁协议的，可向人民法院起诉）。

第十一条　本合同一式四份，借贷款双方各持正本一份，担保方一份，______公证处一份。

第十二条　本合同经双方签字之日起生效。

贷款方：______（章）

代表人：______（签字）

借款方：______（章）

代表人：______（签字）

担保方：______（章）

代表人：______（签字）

签约日期：______

签约地点：______

【颁布单位】国家工商管理局经济合同司

损害赔偿网 www.peichang.com 搜集整理

（韩景荣选文）

委托培训合同

订立合同各方：

培训单位：________学院（或学校），以下简称甲方；

委托培训单位：________，以下简称乙方；

学生：________，以下简称丙方。

为了开辟人才培训的渠道，加速智力开发，保证受培人员的质量，明确培训各方的责任，为社会主义现代化建设提供更多更好的人才，经甲、乙、丙三方协商一致，特订立本合同，以便共同遵守。

第一条　甲方对丙方的授课内容，应按照教育部对同类本科生（或大专、中专生）所规定（部属学校按其系统的有关规定）的科目、学时安排，不得降低对丙方的要求。甲方对丙方在校期间的德、智、体发展情况，应于每学期末向乙方作一次详细介绍。

第二条　甲方如发现丙方有违反校纪校规的行为，应及时与乙方取得联系，共同研究处理办法，丙方在期末思想品德评为“差”等、学期内有三门功课不及格，一年之内有两门功课补考不及格者，甲方有权劝其退学或取消其学籍。

第三条　甲方负责丙方奖学金的评定和发放。奖学金每学期评定一次、分一、二、三等，具体评定和发放方法、标准，按甲方的统一规定办理。

第四条　乙方承担丙方在校学习期间的全部学费和奖学金费。学费每人每学期____元，奖学金每人每学期____元，其他费用每人每学期____元。丙方的以上费用，乙方应于每学期学生报到时直接汇到甲方，或由丙方带交给甲方。

第五条　乙方应按规定发给丙方工资（标准工资加地区生活费补贴，不发奖金）和其他福利待遇，丙方如在甲方食宿，乙方按规定每天补助丙方生活费____元（如国家有新规定，按新规定执行），向甲方支付丙方的寄宿费和代伙费。丙方节假日回家的来回路费，乙方按规定给予报销。丙方如不在甲方食宿，其家离甲方两公里以上，乙方应按国家规定按月发给交通费补贴。

第六条　乙方要加强对丙方的管理和教育，要经常了解丙方的学习和思想品德状况，如发现丙方有问题，应及时配合甲方教育和处理。

第七条　丙方学习结束，经甲方考核、考试合格准予毕业后，乙方应根据丙方所学专业和甲方提供的丙方德、智、体发展情况，合理安排其工作。

第八条　丙方必须自觉接受甲方和乙方的教育和管理，努力学习，遵纪守法，从德、智、体三方面全面发展，争当“三好学生”。丙方如违反校规校纪，要自觉接受甲方和乙方的处理。丙方如中途退学，或被甲方劝其退学或取消学籍的，应承担向甲方交付的各项费用，丙方如不交付，乙方有责任代丙方交付。

第九条　丙方学习结束经考核、考试合格准予毕业后，必须到乙方单位工作，一般在____年内不得调出、调离乙方单位。丙方如因特殊情况必须调出，必须符合上级的有关规定，经乙方同意后，方可办理调离手续。丙方如毕业后不回乙方单位工作，或回乙方单位工作不到____年要求调离工作的，应向乙方偿付丙方在校期间乙方支付的各类费用和工资。

本合同自甲、乙、丙三方签字之日起生效，于丙方学习期满毕业后自行失效。甲、乙、丙三方均不得擅自修改或解除合同。合同中如有未尽事宜，须经三方共同协商，作出补充规定。补充规定与本合同具有同等效力，但不得与本合同内容抵触。

本合同正本一式三份，甲、乙、丙三方各执一份；合同副本一式____份，交____市教育局……等单位各留存一份。

学院或学校（甲方）：________（公章）
代表人：________（盖章）
电话：__________
银行账户：________
乙方：________（公章）
代表人：________（盖章）
职务：__________
电话：__________
银行账户：________
丙方：________（盖章）________
________单位职工或干部
________年________月________日订

【颁布单位】国家工商管理局经济合同司
损害赔偿网 www. peichang. com 搜集整理

【文种简介】

合同是平等主体的自然人、法人、其他组织之间设立、变通、终止民事权利关系的协议（1999 年《中华人民共和国合同法》）。在我国民间，常将合同称为“契约”，它是双方当事人就确认权利和义务关系所达成的一种协议。

合同是双方或多方的民事法律行为，合同各方的意思达成一致才能成立。当事人订立合同一般采用要约、承诺方式。

合同就其形式来说，主要有表格式和条款式。是由标题、约首、正文和落款组成。

【思考练习题】

1. 拟写一份有关某网球场地的租赁合同。
2. 以用工单位的名义，拟写一份劳动合同。

（韩景荣选文）

第三节　法规类

反兴奋剂条例

（2003年12月31日国务院第33次常务会议通过）

第一章　总　则（略）

第二章　兴奋剂管理（略）

第三章　反兴奋剂义务（略）

第四章　兴奋剂检查与检测

第三十一条　国务院体育主管部门应当制定兴奋剂检查规则和兴奋剂检查计划并组织实施。

第三十二条　国务院体育主管部门应当根据兴奋剂检查计划，决定对全国性体育竞赛的参赛运动员实施赛内兴奋剂检查；并可以决定对省级体育竞赛的参赛运动员实施赛内兴奋剂检查。

其他体育竞赛需要进行赛内兴奋剂检查的，由竞赛组织者决定。

第三十三条　国务院体育主管部门应当根据兴奋剂检查计划，决定对在全国性体育社会团体注册的运动员实施赛外兴奋剂检查。

第三十四条　兴奋剂检查工作人员（以下简称检查人员）应当按照兴奋剂检查规则实施兴奋剂检查。

第三十五条　实施兴奋剂检查，应当有2名以上检查人员参加。检查人员履行兴奋剂检查职责时，应当出示兴奋剂检查证件；向运动员采集受检样本时，还应当出示按照兴奋剂检查规则签发的一次性兴奋剂检查授权书。

检查人员履行兴奋剂检查职责时，有权进入体育训练场所、体育竞赛场所和运动员驻地。有关单位和人员应当对检查人员履行兴奋剂检查职责予以配合，不得拒绝、阻挠。

第三十六条　受检样本由国务院体育主管部门确定的符合兴奋剂检测条件的检测机构检测。

兴奋剂检测机构及其工作人员，应当按照兴奋剂检查规则规定的范围和标准对受检样本进行检测。

第五章　法律责任（略）

第六章　附则

第四十七条　本条例自2004年3月1日起施行。

新华网北京2004年2月3日授权发布

http：//www. xinhuanet. com

（程红选文）

奥林匹克标志保护条例

（2002年1月30日国务院第54次常务会议通过）

第一条　为了加强对奥林匹克标志的保护，保障奥林匹克标志权利人的合法权益，维护奥林匹克运动的尊严，制定本条例。

第二条　本条例所称奥林匹克标志，是指：

（一）国际奥林匹克委员会的奥林匹克五环图案标志、奥林匹克旗、奥林匹克格言、奥林匹克徽记、奥林匹克会歌；

（二）奥林匹克、奥林匹亚、奥林匹克运动会及其简称等专有名称；

（三）中国奥林匹克委员会的名称、徽记、标志；

（四）北京2008年奥林匹克运动会申办委员会的名称、徽记、标志；

（五）第29届奥林匹克运动会组织委员会的名称、徽记，第29届奥林匹克运动会的吉祥物、会歌、口号，“北京2008”、第29届奥林匹克运动会及其简称等标志；

（六）《奥林匹克宪章》和《第29届奥林匹克运动会主办城市合同》中规定的其他与第29届奥林匹克运动会有关的标志。

…………

第十五条　本条例自2002年4月1日起施行。

中国法制出版社编，《办理刑事自诉案件法律依据》，北京：中国法制出版社，2002

【文种简介】

条例是由领导机关制定或批准，对某方面工作、某些事项或机关团体的组织、职权等做出较为全面而系统的带有规章制度性质的文件，它具有规定性和约束性、权威性和强制性以及相对较长的时效性。标题一般包括施行范围、内容、文种三部分。开头要说明制定条例的目的、依据、意义，或指出适用对象和范围。主体是实施条款。结尾是补充说明。条例要“有条有例”，“条”是从正面规定的条文，“例”是从反面加以说明的例设，即违反条例应如何处置。一般遵守“条前例后，以条为主”的原则。

条例要符合政策，切实可行。而且，语言要准确，用词要规范，避免歧义。

【思考练习题】

1. 条例中的“条”和“例”分别指什么？
2. 条例标题的写法和国家行政公文有何不同？
3. 条例在语言上应注意什么？

（程红选文）

交通事故处理程序规定

（中华人民共和国公安部令第69号2004年4月30日公安部部长办公会议通过）

第一章　总　则

第一条　根据《中华人民共和国道路交通安全法》及其实施条例，制定本规定。

…………

第二章　管辖

第三章　受理
第四章　简易程序
第五章　调查
第六章　处罚执行
第七章　损害赔偿调解
第八章　涉外交通事故处理
第九章　其他规定
第十章　附则

第七十四条　本规定中下列用语的含义：

（一）“交通肇事逃逸”，是指发生交通事故后，交通事故当事人为逃避法律追究，驾驶车辆或者遗弃车辆逃离交通事故现场的行为。

（二）本规定所称的“一日”“二日”“三日”“五日”“十日”“二十日”，是指工作日，不包括节假日。

（三）“县级（以上）公安机关交通管理部门”，是指县级（以上）公安机关交通管理部门或者相当于同级的公安机关交通管理部门。“设区的市公安机关交通管理部门”，是指设区的市公安机关交通管理部门或者相当于同级的公安机关交通管理部门。“设区的市公安机关”，是指设区的市公安机关或者相当于同级的公安机关。

第七十五条　本规定自2004年5月1日起施行。1992年8月10日发布的《道路交通事故处理程序规定》（公安部令第10号）同时废止。2004年4月30日前公安部发布的其他规定与本规定不一致的，以本规定为准。

附件：1. 事故认定书
2. 交通事故认定书

北京市实施《中华人民共和国道路交通安全法》办法——《实用手册》，北京：中国法制出版社，2005

（程红选文）

高等学校知识产权保护管理规定

（1998年12月1日教育部部长办公会议讨论通过，1999年4月8日
中华人民共和国教育部第3号令发布施行）

第一章　总则

第一条　为有效保护高等学校知识产权，鼓励广大教职员工和学生发明创造和智力创作的积极性，发挥高等学校的智力优势，促进科技成果产业化，依据国家知识产权法律、法规，制定本规定。

第二条　本规定适用于国家举办的高等学校、高等学校所属教学科研机构和企业事业单位（以下简称“所属单位”）。社会力量举办的高等学校及其他教育机构参照适用本规定。

第三条　本规定所称的知识产权包括：

（一）专利权、商标权；

（二）技术秘密和商业秘密；

（三）著作权及其邻接权；

（四）高等学校的校标和各种服务标记；

（五）依照国家法律、法规规定或者依法由合同约定由高等学校享有或持有的其他知识产权。

…………

第六章　法律责任

第二十九条　剽窃、窃取、篡改、非法占有、假冒或者以其他方式侵害由高等学校及其教职员工和学生依法享有或持有的知识产权的，高等学校有处理权的，应责令其改正，并对直接责任人给予相应的处分；对无处理权的，应提请并协助有关行政部门依法作出处理。构成犯罪的，应当依法追究刑事责任。

第三十条　在高等学校教学、科研、创作以及成果的申报、评审、鉴定、产业化活动中，采取欺骗手段，获得优惠待遇或者奖励的，高等学校应当责令改正，退还非法所得，取消其获得的优惠待遇和奖励。

第三十一条　违反本规定，泄漏本校的技术秘密，或者擅自转让、变相转让以及许可使用高等学校的职务发明创造、职务技术成果、高等学校法人作品或者职务作品的，或造成高等学校资产流失和损失的，由高等学校或其主管教育行政部门对直接责任人员给予行政处分。

第三十二条　侵犯高等学校及其教职员工和学生依法享有或持有的知识产权，造成损失、损害的，应当依法承担民事责任。

第七章　附则

第三十三条　本规定自发布之日起施行。

http：//law. eastday. com

【文种简介】

规定是党政机关、社会团体、企事业单位根据法律、法令和政策，针对某项工作或专门问题制定的带有约束力和规范性的文件。它具有针对性、限定性和具体性。标题有两种形式：一是包括施行范围、内容、文种，二是包括发文机关、事由、文种。一般开头要阐明总的原则和指导思想。主体是其具体内容，分条款罗列，或分章节说明。结尾写明解释权限等补充事项。规定要“有规有定”，“规”即“规范”，指原则性的规范要求，“定”即“约束”，指具体性的约束措施。

规定内容要周全合理，格式要条款化，语言要规范化。但所涉及问题一般不如条例全面重大。

【思考练习题】

1. 规定和条例各有什么特点？二者有什么区别？

2. 规定的写作应注意什么？

3. 阅读2005年9月1日开始施行的《普通高等学校学生管理规定》，谈谈其突出特点。

（程红选文）

第四节　礼仪类

第21届大运会开幕式欢迎词

尊敬的江泽民主席，
尊敬的基里安主席，
尊敬的各位嘉宾，
女士们、先生们、朋友们：

今天，为全世界大学生和青年所瞩目的第21届世界大学生运动会在这里隆重开幕了。我代表组委会、北京市政府和1300多万热情好客的北京市民，向出席本届大运会的国际大体联各位执委、各国各地区体育官员、运动员、裁判员、教练员，向国际奥委会委员，以及各位来宾表示热烈的欢迎！

世界大学生运动会自创办以来，为推动各国各地区大学生体育运动的发展，增进各国各地区青年之间的了解和友谊发挥了重要作用。本届大运会是21世纪第一个世界体育盛会，也是北京获得2008年第29届奥运会主办权后迎来的第一次国际体育盛会。北京青年和市民怀着无比喜悦的心情，以申奥成功为动力，周到细致地做好各项准备工作。我们希望，本届大运会以隆重、热烈、精彩载入史册，成为最出色的一届大运会。

我们相信，在本届大运会上，大学生运动员们一定能够秉承“青春、友谊、和平”的宗旨和“更高、更快、更强”的奥林匹克精神，互相学习，奋力拼搏，创造出优异的运动成绩，充分展现新世纪青年的无限活力和青春光彩。

我衷心祝愿朋友们通过这次体育盛会，亲身领略北京这座世界名城的历史魅力和现代风采，加深对中国人民的了解，共同度过这段难忘的美好时光！

祝第21届世界大学生运动会圆满成功！

祝各国各地区青年之间的友谊地久天长！

谢谢大家。

千龙新闻网2001年8月23日

http：//news. qianlong. com

【文种简介】

欢迎词，是在迎接宾客的仪式上，东道主对宾客表示热烈欢迎的讲话。

欢迎词的开头，应对宾客的光临表示热烈的欢迎。

欢迎词的主体，根据欢迎对象、具体场合而行文。如阐明宾客来访的意义，回顾相互交往的历程，展望美好的未来等。

欢迎词的结尾，应再次表示欢迎，并预祝来宾做客愉快。

欢迎词一定要体现出迎客的诚意，从而增进彼此的了解和友谊。

（程红选文）

第21届大运会闭幕式欢送词

尊敬的李岚清副总理，

尊敬的基里安主席，

尊敬的各位嘉宾，

女士们、先生们、朋友们：

举世瞩目的第21届世界大学生运动会，经过11天精彩、激烈的角逐，今天即将落下帷幕。

在国际大体联的指导下，在各国、各地区青年和国际体育界朋友的共同努力下，本届大运会作为历史上规模最大的一届大学生运动会，取得了圆满成功。整个运动会充分体现了“青春、友谊、和平”的宗旨，进一步弘扬了“更快、更高、更强”的奥林匹克精神，在国际大学生体育发展史上写下了辉煌的一页。在此，我代表组委会和北京市政府，向国际大体联各位执委，向各国各地区体育官员、运动员、裁判员、教练员、工作人员和志愿者，向国际奥委会委员，向关心支持本届大运会的全国人民表示衷心的感谢！

本届大运会也是新世纪之初各地区青年的一次友谊的聚会。你们带着无限的青春活力和动人风采，欢聚北京，公平竞赛，友好交流；你们将伴着中国青年和中国人民的诚挚祝福，返回祖国，携手奋进，共同创造更加美好的未来。大运会的火炬即将缓缓熄灭，青春圣火却永远在亿万青年心中熊熊燃烧。两年后，青年朋友们将相聚韩国大邱，续写青春友谊的新篇章。

亲爱的朋友们，到2008年，当神圣的奥运五环旗帜在北京冉冉升起的时候，我们将再次伸出双臂欢迎各国运动员和朋友们的到来，共同为实现崇高的奥林匹克理想，为世界体育、友谊和进步做出更大的贡献。

最后，祝朋友们一路平安！

谢谢大家。

新华网 2001年9月2日

http：//www.xinhuanet.com

【提示】

欢迎词与欢送词由北京市领导刘淇宣读。

【文种简介】

欢送词，是在送往宾客的告别仪式上，东道主对宾客的离去表示真诚欢送的讲话。

欢送词的开头，一般写明致辞人代表谁向谁表示欢送、感谢、惜别之情。

欢送词的主体，主要回顾欢聚的美好时光，对彼此间的真诚友谊表示珍惜，积极肯定双方建立、维护和发展友好关系的重大意义及双方做出的努力和对方的贡献。也可用积极的姿态、委婉的方式指出双方不可回避的分歧。

欢送词的结尾，应再次表示欢送、感谢或祝愿、希望。

欢送词一定要体现出送客的惜别之情，但要把握好分寸。

（程红选文）

美国哈佛大学校长致辞名言精选

哈佛大学第19任校长昆西（J. Quincy）对新生和毕业生的祝福："人类过去和现在的努力已经排除了知识路途中的许多障碍，让我们继续努力去排除剩余的障碍。"

哈佛大学第21任校长艾略特（C. W. Eliot）对学生们的期望："我认为有教养的青年男女唯一应该具有的必备素养，就是精确而优雅地使用本国的语言"；对教授们的期望："人类的希望取决于那些知识先驱者的思维，他们所想的事情可能超过一般人几年、几代人甚至几个世纪。"

哈佛大学第25任校长博克（Derek Bok）在哈佛大学第340届毕业典礼上的致辞："学生一代接着一代，如同海水一浪接着一浪地冲击着陆地。有时是静静的，有时则带着狂风暴雨的怒吼。不论我们认为人的历史是单调的还是狂骤的，有两件事物总是新鲜的，这就是青春和对知识的追求，这也正是一所大学所关心的。我们学校的年纪已经可以用世纪来计算，但只要它热切地追求这两件事，它就永远不会衰老。"

《读者》2000年第3期（有删改）

（程红选文）

【文种简介】

致辞，是指在社交活动中为了增进双方友谊，洽谈有关事宜，发展对外关系，主客双方在特定场合中发表的礼仪性的讲话。

致辞的使用十分普遍。专门仪式、宴会、会议等场合都可使用，包括欢迎词、欢送词、祝词、答谢词等。

致辞非常讲求修辞策略。注重与交际场合、语境的一致，情感要真诚，使听众既得到美的享受，又感到意味深长。

【思考练习题】

1. 请结合具体使用场合，谈谈下面两篇祝词在内容和语言上的特点。

1900 年新年祝词

（美）马克·吐温

我把这位名叫基督教的尊严的女士交托给你，她刚从胶州、满洲、南非和菲律宾的海盗袭击中归来，邋里邋遢，污秽不堪，名誉扫地，她灵魂中充满了卑污，口袋里塞满了贿金，嘴里满是虔诚的伪善话语。给她一块肥皂和一条毛巾，镜子千万要藏起来。

姚春树，《外国杂文大观》，天津：百花文艺出版社，1994

祝酒词

尊敬的各位来宾，

××公司全体同仁，

大家好！

在过去的一年里，××公司在全体同仁的竭诚奋斗和在座各位鼎力相助下，业务活跃，事业日益兴旺，值此新春即将来临之际，我们欢聚一堂，辞旧迎新，畅叙友情。我谨代表××公司向诸位表示最诚挚的谢意，并给大家拜年！

在新的一年里，公司的主要任务之一就是对×旅游度假村的全面开发建设，基础工作现已基本完成，真诚地欢迎各界人士与我公司通力合作，共同投资开发×旅游度假村。我们相信，度假村的开发事业一定会使您大有所为，并获得可观的经济效益。

辞旧岁竭诚合作共创大业

迎新春紧密团结再展宏图

现在我提议为各位来宾的身体健康、阖家欢乐、为××公司的兴旺发达干杯！

（程红拟文）

2. 比较欢迎词与欢送词在情感表达上的不同。

3. ××大学将要举行50周年校庆活动，请代校长拟写一则欢迎词。

4. 结合体育专业学生特点，请代学校拟写一则对毕业生的欢送词。

（程红）

导写 1：“走向未来的意志”——计划

省体育局 2005 年工作安排

2005 年是决战十运、申办十一运的关键年，做好 2005 年工作，对于保证十运周期任务的圆满完成、加快体育强省建设步伐具有重要意义。2005 年全省体育工作总的指导思想是：在省委、省政府的正确领导下，认真贯彻党的十六大和十六届三中、四中全会精神，按照“三个代表”重要思想和科学发展观的要求，牢牢把握发展这个第一要务，全面落实我省体育工作“一二三四五六”的工作思路，以备战十运会为中心，大力提高竞技体育水平；以实施《山东省全民体育健身条例》为重点，努力构建多元化的全民健身服务体系；以申办第十一届全运会为抓手，增强人民群众的体育意识，加快体育基础设施建设步伐，推动群众体育、竞技体育、体育产业全面发展，为建设“大而强，富而美”的社会主义新山东做出新的更大贡献。

（一）牢牢把握中心任务，全力以赴做好十运会的备战参赛工作。“决战南京，不留遗憾。”要

把备战十运作为全省体育工作的重中之重，全力做好各项备战参赛工作，争创历史最高水平。（略）

（二）围绕《条例》的贯彻实施，不断把群众体育工作推向深入。采取有效措施，继续加大《条例》的宣传和实施力度。（略）

（三）强化机遇意识，认真做好申办第十一届全运会工作。健全申办工作机构，明确工作人员、工作职责和工作进度，积极开展有关工作。加强与各市党委、政府的沟通、协调和衔接，进一步明确我省承办十一运会的项目布局，把所有项目落实到承办单位。（略）

（四）着眼2008年奥运会和2009年第十一届全运会，进一步加强体育后备人才队伍建设。巩固强化重竞技、水上、田径、游泳、射击等我省优势项目，瞄准国家优势项目，搞好项目布局和调整，强化训练和管理，努力形成百人以上的2008年奥运会后备人才队伍，积极做好向国家队输送教练员、运动员工作。（略）

（五）加大体育市场培育力度，进一步加快体育产业发展步伐。积极引导大众体育消费，切实增强人民群众的参与意识和健康投资意识，逐步形成花钱买健康的新时尚，营造有利于体育产业发展的社会氛围。（略）

（六）凝聚全省体育系统力量，积极营造干事创业的良好环境。按照省委关于第一批次部门和单位深入开展保持共产党先进性教育活动的要求和部署，结合我局实际，精心组织，统筹安排，切实抓紧抓好，抓出成效，进一步增强党员队伍和各级党组织的创造力、凝聚力和战斗力，为各项工作的开展提供坚强有力的思想和组织保证。（略）

山东省体委网站

导 写

这是一篇全年的工作计划，综合性较强。它主要针对山东省体育局2005年的具体工作而制定的。全文主题明确，内容丰富，结构清晰，要素完备，表达比较规范。

标题是由计划单位、时限、内容和文种组成。“安排”也是计划的意思，它是计划中最为具体的一种形式。正文由开头和主体两大部分组成。从逻辑结构看，开头集中讲“做什么”，主体分成六条讲“怎么做”。在表述方式上，前面采用总分式结构，后面采用并列式结构，其好处是：既可以使主体与开头互相照应，又可以使工作的几个方面有机联系。

计划开头，开门见山，直切主体，明确提出了行文目的、指导思想等，该层面内容，具有统领全篇的功能。这一部分目的清楚，指导思想明确，好处在于实现计划的过程中，能给予执行者以正确的引导和一定的约束力，使其具有衡量的标准，可以时时对照，督促检查。这个开头写得概括、明确。

主体部分具有分列陈述的特点。分条述说，条理清晰，该部分写了主要任务和为完成任务而制定的具体措施。作者集中笔力，直截了当地对六个方面的工作进行阐述。措施具体，办法得当，这是完成任务的保证，关系到计划能否实现。其中，先写当前要完成的中心任务，全力以赴做好十运会的备战参赛工作，后写群体工作的开展，申办第十一届全运会，以及后备体育人才的培养，体育市场的培育，良好体育环境的创造等。从眼下到长远，工作重点突出，安排合理，便于实施。

尽管该计划篇幅较长，但由于采用分条列项的表述方式，使通篇条理清晰，层次分明，容易阅读理解，是一篇相对完整规范的计划。

需要注意的是：文本语言应更干净，避免套话、官话。读者阅读应当有所选择。

（韩景荣选文并撰写）

导写 2：讲求修辞策略的祝酒词

周恩来总理在欢迎美国总统尼克松的宴会上的祝酒词

总统先生、尼克松夫人，
女士们、先生们，
同志们、朋友们：

首先，我高兴地代表毛泽东主席和中国政府向尼克松总统和夫人，以及其他的客人们表示欢迎。

同时，我也想利用这个机会代表中国人民向远在太平洋彼岸的美国人民致以亲切的问候。尼克松总统应中国政府的邀请，前来我国访问，使两国领导人有机会直接会晤，谋求两国关系正常化，并对共同关心的问题交换意见，这是符合中美两国人民愿望的积极行动，这在中美两国关系史上是一个创举。

美国人民也是伟大的人民。中国人民是伟大的人民。我们两国人民一向是友好的。由于大家都知道的原因，两国人民之间往来中断了二十多年。现在，经过中美双方共同努力，友好往来的大门终于打开了。目前，促使两国关系正常化，争取和缓紧张局势，已经成为中美两国人民强烈的愿望。人民，只有人民，才是创造世界历史的动力。我们相信，我们两国人民这种共同愿望，总有一天要实现的。

中美两国的社会制度根本不同，在中美两国政府之间存在巨大分歧。但是，这种分歧不应当妨碍中美两国在相互尊重主权和领土完整、互不侵犯、互不干涉内政、平等互利、和平共处五项原则的基础上建立正常的国家关系，更不应该导致战争。中国政府早在 1955 年就公开声明，中国人民不想同美国打仗，中国政府愿意坐下来同美国政府谈判，这是我们一贯奉行的方针。我们注意到尼克松总统在来华前的讲话中也说到："人类必须做的事情是寻找某种办法使我们可以有分歧而又不成为战争中的敌人。"我们希望，通过双方坦率地交换意见，弄清彼此之间的分歧，努力寻找共同点，使我们两国的关系能够有一个新的开始。

最后我建议
为尼克松总统和夫人的健康，
为其他美国客人们的健康，
为在座的所有朋友和同志们的健康，
为中美两国之间的友谊，
干杯！

《人民日报》1972 年 2 月 22 日

导　写

这是一篇著名的祝酒词。祝酒词同欢迎词、欢送词一样，都可用于对外交往。

首先，称谓讲究礼貌和适宜。称谓时如果贵宾有职位、名望显要，则应首先称呼他们的姓名和头衔，注意女士在前是国内外通用的礼仪习惯。称谓语要求顶格书写，以示尊重。本文称谓恰合当时的语境，体现出宴会上宾客的不同身份角色，热情有礼。

其次，本文主体分为三部分。第一部分是对客人来访表示欢迎、对美国人民致以问候，以及对客人来访意义的评价。宾客光临，诚心欢迎，符合外交场合礼仪。第二部分是对两国人民的评价，概述了两国人民交往情况及争取改善关系的愿望。"我们两国人民一向是友好的"、"人民，只有人民，才是创造世界历史的动力"，言简意赅，传达出人民力量的不可估量。第三部分客观地点出两国政府之间存在着分歧，但希望分歧不应当妨碍开拓两国关系的新局面。言语讲求修辞策略，但又立场原则分明，清晰地表达出“努力寻找共同点，使我们两国的关系能够有一个新的开始”的良好愿景，既适合双方的心理情感，又适应特定的场合，是非常得体的言说方式。

最后，祝酒辞令。一般用于宴会上举杯祝愿，适宜外交或公关场合。常用“我提议为……而干杯”的句式。内容较少可合为一段，或像本文分段列出。

总之，全文内容针对性强，又合乎历史、现实以及欢迎场景的语境，感情真挚诚恳，不卑不亢，表现了大国总理的风范。这是一篇很具说服力的礼仪范文。

需要说明的是：这样一篇历史性的外交文本，随着社会的发展变迁，辞令难免有时代痕迹，但是作为文献资料，其价值会日显。

【文种简介】

祝词（祝酒词），泛指对人、事表示良好祝愿和庆贺的礼仪文书。

写作思路一般是：开头表达致辞者的祝愿；中间叙述祝贺事由，要针对事实，抓住重点，评价恰当；最后陈述要求，展望前景。祝词内容有寿诞、事业、新年、社交等方面。祝词场合多为会议、宴会等。

祝词特点：一是祝愿性，寄美好希望于未来；二是情感性，情真意切，激励人、感染人；三是直陈性，直陈愿望，直抒胸臆。内容要有针对性，言辞要符合语境。

（程红选文并撰写）

第十一章　个人发展类应用文

简　　历

个人简历

应聘职位：健身教练

联系方式：电话：1350118＊＊＊＊　/　010－6297＊＊＊＊（宿舍）

E－mail：hellohehe@hotmail.com

地址：中关村北大街＊号北边俱乐部　100083

个人信息

姓名：贺　禾

性别：女

年龄：28岁

学历：本科

专业：体育教育学健美操方向

政治面貌：党员

教育经历

1998年9月—2002年7月

北京体育大学教育学院体育教育学专业健美操方向，获学士学位。

工作经历

2002年8月—

在北边俱乐部担任健身教练。

专职从事塑身、减脂和专业健美训练4年后，我有了充足的经验，为不同学员量身定制健身塑身计划，效果显著。

2000年10月—2001年1月

在西边俱乐部兼职担任健身教练。

此次实践工作中，我的专业水平较上次有了很大提高，理论水平也有了一定高度，开始根据学员的不同身体状况指导学员制订健身计划，开展健身活动。学员身体状况和精神面貌的变化让我很有成就感。

1999年10月—1999年12月

在东边俱乐部兼职担任健身教练。

此次经历使我熟悉了健身俱乐部的日常工作，也熟悉了健身教练的工作。我的教学能力和人际沟通能力得到了很好地锻炼。

外界肯定

2003—2005 年连续三年被学员评为“最受欢迎的健身教练”。

2001 年获得北京市健美操比赛第二名。

大学四年每年都获系“三好学生”称号。

资格认证

2004 年获得亚洲 AFBI 职业私人教练称号。

2003 年考取国家一级健身指导员等级证书。

自我评价

个性开朗，善与人沟通。

（谢卫拟文）

【文种简介】

应聘简历与求职书都很重要。求职书重点告诉招聘单位你能为他做什么，凸显你的个性、优势，以及求职意向，打动招聘人的心，是对简历的简洁概述与补充。简历则重在告诉招聘单位有关你的个人信息和招聘单位想了解的信息，叙述求职者的客观情况。

具体写作时注意以下几个问题：

第一，应聘职位和个人联系方式要放在简历首页的显要位置。写明应聘职位是方便招聘单位搜求定位。个人信息中强调联系方式是为了保证招聘人员能方便地联系到你。

第二，招聘单位最想了解什么信息，千人千面，不可能完全一样。但一般来说，应届毕业生简历要重点介绍教育背景、社会实践活动、曾经得到的奖励和资格认证。有工作经验者的简历应重在强调最近的工作经历和其中突出的具体的工作成绩。但不要将与应聘职位无关的成绩都列上。

第三，工作经历或社会实践活动描述中，不可为描述而描述，而要尽量证明你工作的能力和潜质，足以胜任你要应聘的职位。因此，要重点描述在以往的工作经历或社会实践活动中，你担任了什么角色，完成了哪些任务，你有什么强项、技能和品质。

【思考练习题】

1. 请根据你现在的条件写一个兼职的求职简历。
2. 请根据毕业时你理想的条件再写一个求职简历。

（谢　卫）

书　　信

1982 年巴金给友人李治华先生的书信[1]

治华先生：

好久没有给您写信了，近况如何？甚念。近三个月我身体很不好，写字困难，在家养病，每天挣扎着写三五百字，写信或写文章。您译的《红楼梦》已收到，很感谢。这个译本在法国受到欢迎和重视，是意料中的事。我祝贺您和尊夫人十年辛勤劳动取得的成就。我身体差，杂事多，小说的写作进行得很慢，今年估计写不完，倘使下半年能顺利进行，我会跟您联系。本来意大利朋友邀请我四月初访问意大利，我因为有病不便旅行，只好婉辞，否则我们又可以在巴黎见面了。别话后谈。祝好！向尊夫人问好。

巴　金

三月廿二日

【注释】

1. 李治华先生是旅法华人翻译家，曾将《红楼梦》《家》等中国小说译成法文。

《人民日报》2000年11月25日第八版

【作者简介】

巴金（1904年—2005年），四川成都人。原名李尧棠、字芾甘，笔名佩竿、余一、王文慧等。小说家、散文家。处女作长篇小说《灭亡》发表时开始用巴金的笔名。长篇小说《激流三部曲》中的《家》《春》《秋》以及后期长篇小说《寒夜》是其代表作。晚年的随笔集《随想录》影响也很大。

【思考练习题】

请你按照传统书信的格式给老师或长辈写一封信。

（谢卫选文）

1955年5月16日　傅雷给傅聪的书信[1]

你现在对杰老师的看法也很对。“做人”是另外一个问题，与教学无关。对谁也不能苛求。你能继续跟杰老师上课，我很赞成，千万不要驼子摔跤，两头不着。有个博学的老师指点，总比自己摸索好，尽管他有些见解与你不同。但你还年轻，musical literature“音乐文献”的接触真是太有限了，乐理与曲体的知识又是几乎等于零，更需要虚心一些，多听听年长的，尤其是一个scholarship“学术成就，学问修养”很高的人的意见。

有一点，你得时时刻刻记住：你对音乐的理解，十分之九是凭你的审美直觉；虽则靠了你的天赋与民族传统，这直觉大半是准确的，但究竟那是西洋的东西，除了直觉以外，仍需要理论方面的、逻辑方面的、史的发展方面的知识来充实；即使是你的直觉，也还要那些学识来加以证实，自己才能放心。所以便是以口味而论觉得格格不入的说法，也得采取保留态度，细细想一想，多辨别几时，再作断语。这不但对音乐为然，治一切学问都要有这个态度。所谓冷静、客观、谦虚，就是指这种实际的态度。

来信说学习主要靠mind“头脑”，ear“听力”，及敏感，老师的帮助是有限的。这是因为你的理解力强的缘故，一般弹琴的，十分之六七以上都是要靠老师的。这一点，你在波兰同学中想必也看得很清楚。但一个有才的人也有另外一个危机，就是容易自以为是的走牛角尖。所以才气越高，越要提防，用solid“扎扎实实”的学识来充实，用冷静与客观的批评精神，持续不断的检查自己。唯有真正能做到这一步，而且终身的做下去，才能成为一个真正的艺术家。

一扯到艺术，一扯到做学问，我的话就没有完，只怕我写得太多，你一下子来不及咂摸。来信提到Chopin“肖邦”的Berceuse《摇篮曲》的表达，很有意思。以后能多写这一类的材料，最欢迎。

还要说两句有关学习的话，就是我老跟恩德说的：“要有耐性，不要操之过急。越是心平气和，越有成绩。时时刻刻要承认自己是笨伯，不怕做笨功夫，那就不会期待太切，稍不进步就慌乱了。”对你，第一要紧是安排时间，多多腾出无谓的“消费时间”，我相信假如你在波兰能像在家一样，百事不打扰，每天都有七八小时在琴上，你的进步一定更快！

我译的莫扎特的论文，有些地方措辞不大妥当，望切勿“以辞害意”。尤其是说到“肉感”，实际应该这样理解：“使感官觉得愉快的。”原文是等于英文的sensual“感官上的”。

注：此信应有三页，现仅存第二页。

【注释】

1. 这封书信选自《傅雷家书》。

新浪教育 http：//www.sina.com.cn 2003/07/21

【作者简介】

傅雷（1908 年—1966 年），我国著名文学翻译家、文艺评论家。一生译著共三十四部，主要有罗曼·罗兰获诺贝尔文学奖的长篇巨著《约翰·克利斯朵夫》，巴尔扎克的《高老头》《欧也妮·葛朗台》《邦斯舅舅》《夏倍上校》等名著；全部收录于《傅雷译文集》。他的遗著《世界美术名作二十讲》《傅雷家书》等也深受读者喜爱，多次再版。傅雷先生禀性刚毅，“文革”时因受迫害，与夫人朱梅馥于一九六六年九月三日凌晨，双双自杀。

【文种简介】

书信是生活中最古老的一种沟通方式。网络时代，年轻人习惯用 E－mail。同学朋友间的 E－mail 不讲究格式，常常无头无尾，大家都没意见。可等到给长辈或陌生朋友发 E－mail 时也照搬，就常常被误为无礼。俗话说，礼多人不怪，即便是 E－mail 盛行的年代，也应掌握书信的格式，以便给长辈或陌生朋友写 E－mail 时，遵照书写。

书信常常由称谓、正文、敬语、落款及时间四部分组成。

称谓：应在第一行顶格写，后加冒号，以示尊敬。

正文：正文是书信的主体。风格可多样。

敬语：写信人在书信结束时向对方表达祝愿。多用“此致、即颂、顺祝”等词，紧接正文末尾。下一行用“敬礼、安康”等词与前面呼应，可顶格以示尊重。祝颂语较长时可紧接书信末尾。

落款：书信最后署上名字和时间。署名应在敬语后另起一行靠右位置。署名后面可酌情加启禀词，对长辈用“奉、拜上”，对同辈用“谨启、上”等词。以右缩进两格为宜。

（谢卫选文）

申请书

助学贷款申请书

尊敬的中国工商银行北京市分行领导：

我于 2004 年 9 月考进北京体育大学人体运动科学学院就读，身份证号码为××××××××××××××××××，毕业时间为 2008 年 7 月。

我家在鲁西农村，父亲务农，年收入仅 3000 元，母亲身体欠佳，常年卧病在床。因家庭经济困难，难于支付本人在校期间的学费，为了能顺利完成学业，特向贵行申请国家助学贷款，贷款 2004 至 2005 学年的学费人民币伍仟圆整，2005 至 2006 学年的学费人民币伍仟圆整，2006 至 2007 学年的学费人民币伍仟圆整，2007 至 2008 学年的学费人民币伍仟圆整，以上合计人民币贰萬元整。贷款期限从 2004 年 9 月至 2010 年 9 月，最迟不超过毕业后第六年即 2014 年 9 月 1 日。

我承诺：获得国家助学贷款后，努力学习，认真完成学业，并信守诺言，在 2014 年 9 月 1 日前还清贷款，毕业后及时将工作单位或详细的联系方式告知贵行。

我家的详细联系地址： ×省 ×市 ×县 ×镇 ×村 邮编：××××××

联系电话是：××××－×××××××××

此致

敬礼

申请人：王 君

2004 年 9 月 1 日

（谢卫拟文）

【文种简介】

申请书也是一种特殊的书信样式。一个人或单位想参加什么组织，或者请求上级有关部门帮助解决什么问题，就需要写申请书。

申请书基本格式与书信相同，包括称呼、正文、敬语或祝愿语和落款等。

【思考练习题】

1. 请找出上面“入学申请”中表示礼貌的“有意味的形式”或词语？

2. 助学贷款申请应当包含哪些内容？

（谢　卫）

述职报告

述职报告（节选）

（2000年4月16日在山西河津第二届人民代表大会第三次会议上）

常务副市长　尚根仓

各位代表：

现在，我把自己两年多来思想工作情况作一汇报，请予审议。

一、履行职责情况

从1998年7月份政府换届以后，我担任政府常务副市长，主要协助市长处理政府的日常事务，具体分管政府秘书处、机关事务管理局、体改委、民政局、信访局、档案局、地方志办公室、旅游局、老龄委、残联和计划委员会。回顾总结两年多来的工作，主要有以下三个方面：

1. 抓学习教育，激励奋发向上。

我在政府所分管的单位，多数属于后勤部门，这些单位有些任务没有硬指标，比较清闲，但也比较清贫，在社会向市场经济转型期，各种因素对我们这些单位也带来不少冲击。个别同志不安心工作，只求过得去，思想消极，牢骚满腹。这种现象产生，固然有其大环境客观影响，但与我们平常学习不够、觉悟不高有直接关系。针对这种状况，我从提高政治素养入手，狠抓系统干部职工的政治思想教育。目前，各单位干部职工工作作风扎实，精神状态很好，人心思进。

2. 抓管理建章立制，鼓励争创一流。

我针对这些单位服务功能较强这一特点，把“要创历史辉煌，要争同行一流”作为奋斗目标。在这样的高标准严要求下，各单位普遍建立了有利于促进工作的激励机制和竞争机制。我还经常与各单位的负责人学习国内外先进的管理经验，强调一把手要学会宏观上把握大局，掌握科学的领导艺术。我启发大家学会谋大事、办大事，切勿被事务缠身；用“上者为闲，能者居中，智者在侧”的管理经典，启发大家重视人才，发挥能人作用。两年来，我所分管的单位，普遍出现了敬业爱岗、扎实苦干的可喜局面，确实成绩斐然。

3. 深入基层调研，为新世纪河津经济腾飞献计献策。

两年来，我先后用了两个多月时间，多次深入到山西铝厂、河津铝厂、河津电厂、振兴集团、太兴集团、森达集团和有关乡镇进行“调产”的调研，搜集了百万字相关资料，先后写出十多篇关于产业结构调整的论文。

二、思想作风建设情况

当今世界正在发生着人类有史以来最为迅速、最为广泛、最为深刻的变化，“全球经济一体化”、“知识经济”、“电子商务”、“生物技术”、“基因工程”、“数字地球”、“电子政府”、“加入世贸”、“西部大开发”等新名词、新事物不断涌现，我深刻意识到今天知识更新太迅速了，作为一个市级领导，不学习就要落后，不学习就赶不上时代潮流，不学习就要被历史淘汰。两年来，我在自己学习、加强思想建设上下了不少工夫，取得了一些效果。

一是学理论。二是学科技。我主要采取三种方法，来加快新知识的占有量，一用电脑充电，二是书海知识，三是利用信息家电获得知识。两年来，我真正体会到了电子时代给我们带来的利处，也由一个电脑盲变成了电脑迷。书就是我的良师益友，虽然现在有电脑陪伴，但书还离不开我的生活，我每天看书时间不少于30分钟。利用信息家电获取信息，可以说我是充分发挥了电视、收录机功能。

三、存在的问题和今后努力方向

今后怎么办，我想，一定要努力做到以下三点：

1. 放下包袱，抛开手脚大干，力争当一名合格的常务副市长。

2. 努力学习，提高素质，提高工作能力，为河津经济社会发展做出贡献。

3. 严格要求，廉洁自律，塑造领导干部形象，当好反腐倡廉带头人。

谢谢大家！

程红、吴志强，《文体写作学教程》，北京：北京体育大学出版社，2002，第221页

【文种简介】

述职报告是领导干部向上级或人事部门和群众陈述自己任职一定时期内工作情况的自我评述性报告。其主要作用是使上级或人事部门和群众细致地了解和评定个人和集体的政绩，督促和监督领导者的工作，使其更好地完成工作任务。

述职报告的具体写作格式如下：

标题写应用文种类即可。

署名及日期可以写在题下，也可以写在正文后。

正文包括三部分内容。第一部分是任职概况和述职评估。第二部分是尽职情况，主要写工作实绩、问题以及经验教训。第三部分是今后的设想和决心，表明尽职的态度。

【思考练习题】

你是系学生会主席，已任职一年，拟写一份述职报告。

（谢卫选文）

日　记

训练日记表格

项目：	姓名：	性别：	年龄：	
年　月　日	星期：	气候：	练习场地：	
睡眠：	中午	晚上	食欲	情绪
练习时间：	上午	下午	有无疾病	
脉搏：	训练前		训练后	
专项技术训练内容：				
技术要点体会：				
自我感觉及其他：				
学习、工作情况：				

对训练安排意见：	
教练员详阅：	
备　　注：	

注：表格中的内容可以根据需要制定。

程红、吴志强，《文体写作学教程》，北京：北京体育大学出版社，2002，第215页

（谢卫选文）

郎平日记两篇

11月15日

9：00准备会　摆位　袁指导讲了战术上的布防　10：30准备活动　12：00正式比赛

做准备活动时，心里有点紧张。这是决定命运的比赛，一点不紧张是不可能的。双方都会拼出最后的力量，而我要面临海曼和1米84的5号拦网，不用说是严峻的考验。鼓起勇气，突破这一关。果然，一开局大家都拼得很厉害，对方8:4领先，我们并没有急，一分一分地顶上去，以15:8胜了第一局。

第二局对方也很顽强，加上战术变化和网上占高度的优势，双方相持不下，最后我们以二分之差负一局。这时，我仍然很有信心，第三局顺利地拿下了。

第四局开始，我思想上放松了，认为马上就可以以3:1取胜了，所以总是看比分，精力没有完全集中在球上，以至有几个球犹豫，没有扣死。有时表面上看，扣死一个球很容易，实际上这里包含着很大的学问：如果你非常果断，就可能命中，如果只有哪怕是一丝的犹豫，就可能被对方接起。我这一局精力不集中，是由于分散了注意力。过去我们没拿过冠军，现在看到胜利在望，心情激动，不能控制。第四局输了。

第五局是关键时刻，不拼搏更待何时！这样一想，就勇猛果断了，就放开手打了，发挥了水平，扣球的命中率多了，打得很顺利。

明天还有最后一场球，今天已经太晚了，待以后认真总结吧！今天这场球胜了，千万不能松劲，明天的比赛要用百分之二百的力量去拼，就像第五局的拼劲一样，我想是没有战胜不了的困难的。

11月16日

7：45早餐　9：00～11：00准备会　中国对日本　12：00午餐　16：00～18：00训练

18：00～22：00比赛、闭幕式　23：00回到旅社

昨天五局拼下来，消耗太大了。今晨醒来，感到浑身骨头架子像散了似的，真不想去吃早饭，让我再多睡一会儿。可是想到还有最后一场比赛，绷紧的弦不能松，行动仍要战斗化。

大阪是日本女排教练小岛的“本家”，不少队员也来自这个城市，观众非常希望他们得胜。赛前她们宣了誓，一定要打败我们。我们估计到这场球，她们是一定要拼的。果然，战斗比想象的更艰苦。

第一、二局我打得很顺手，全队的节奏也非常协调，有攻有守，可以说是这次比赛以来水平打得较高的两局球。世界冠军终于拿到手了。没有想到的是连输三、四两局。当时场上大家也不断地

相互提醒，不能松劲，不能松劲，可就是紧张不起来。一个个兴奋得脸涨得通红，我们毕竟没有拿过世界冠军啊！

直到休息五分钟时，大家冷静地想一想后，头脑才逐渐清醒过来。袁指导焦急、严肃地对我说："郎平，现在你打得还比较顺，要想办法把大家带动起来。"

打日本队，我是有信心的。尽管日本队把我研究透了，我擅长打的几条路线，她们守得死死的，广濑防我的球简直绝了。眼看下地的球也给她救起来。但是我想，不管怎么样，我进攻是主动的，你防守是被动的。我一板打不死，就打几板，我就不相信你个个都能守起来。所以第五局最后比分咬得很紧时，我没有手软，关键时刻，虽然也不是百发百中，但我始终很自信，最后还是顶住了。

我们获得了全胜，赢得了世界冠军。这是我们和我们的教练，以及教练的教练，几代人日夜盼望的一天。记住今天，当我们站在世界冠军的领奖台上，望着五星红旗冉冉升起的庄严时刻，永生难忘的幸福时刻！

http：//www. pep. com. cn/200406/ca429299. htm

【文种简介】

将个人一天当中所见、所闻、所思、所想、所感中最有意义的部分记录下来就是日记。日记的容纳面很广，记叙、抒情、描写、说明、议论等多种表达方式均可采用，选材也很自由，国家大事，家庭琐事，喜怒哀乐，经验教训，只要自己认为有价值就可以写。

运动员常用的日记有表格式训练日记和一般文字记叙日记。表格训练日记针对性强，坚持填写日记，有利于运动员了解自己的身体训练状况，及时调整训练计划。运动员的一般文字记叙日记跟普通人的日记一样，范围广泛，记事具体，因此较表格式训练日记更生动一些。

（谢卫选文）

笔　　记

怎样记好课堂笔记[1]

我常见到不少大学生，特别是一些刚考进大学的新同学；在课堂上一个劲儿地记笔记，教师讲什么他就记什么，教师在黑板上写什么他也写什么，一堂课下来笔记记得很多，人也很累。我还发现这些学生的笔记，下课后一般都无法进一步整理。他们中间虽然不少人很用功，但学习效果往往很差，因为他们在课堂上光忙着记笔记去了，没有注意听讲，没有积极地去思考问题、弄懂问题。他们的学习方法，就叫作上课记笔记、下课看笔记、考试背笔记。我刚上大学也这样干过，效果很不好。后来，我向一位学得好的同学去请教，那位同学说，你不要这样上课光忙着记笔记，你坐在那里首先要仔细地听，教师问什么问题，你就动什么脑筋，真正听懂了，你就记，如果没听懂，你就不要忙着记。我照这个同学讲的办法去试了一试，开头还好，后来觉得还是不行。我又再去问这位同学记笔记还有什么诀窍？他说还有一条，上次没告诉你，每次下课时，你不要跟一般同学一样，站起身来就跑了。你不要走，下课后，要先好好地想一想，这堂课教师讲了些什么问题？它有几层意思？每层意思的中心思想是什么？这样静静地用不到一分钟的时间去思考一下，可以巩固你一堂课听的内容。当然，这样还不够，每天晚上，你还要根据课堂上听到的和下课后想到的，写出一个摘要来，大概一堂课不超过一页吧，这一步很重要。以后，我就照他讲的去做，确实效果不错。

我有个同学叫林家翘，他现在是美国麻省理工学院的教授、美国科学院的院士，他的课堂笔记要整理两次。除每天晚上整理一次，写出一个摘要外，每个月后，他还要重新再整理一次，把其中的废话全删掉，把所有的内容综合起来。整理出一个阶段的学习成果。每学期结束时，一门课的笔记经过综合整理后，只有薄薄的一本，大概十八页左右吧。这就完全成了他自己的东西了，他温书就看这个，边看、边回忆、边思考，每次考试都名列前茅。这种笔记的方法，就是要把教师和别人的东西，经过自己的思考、消化，变成自己的东西，要不断地消化，不断地加深理解。林家翘分三个阶段记笔记的过程，就是一个不断消化的过程。我只分了两个阶段，我现在很后悔，我要早分三个阶段，学习效果一定会更好。

钱伟长《和大学生谈学习方法》

【注释】

1. 记笔记重点不在格式，而是方式和内容，因此选取钱伟长先生的《怎样记好课堂笔记》供学习。

【作者简介】

钱伟长（1935 年—），物理学、力学、应用数学家，中国科学院院士（学部委员）。江苏无锡人。我国力学、应用数学、中文信息学的奠基人之一。

【文种简介】

笔记，是指人们在听课或读书时对课堂或书籍文章内容精华和心得体会的记录。

笔记有多种形式。课堂笔记多采用摘要式笔记形式，课后再整理成心得笔记。摘要式笔记是阅读中把自己感兴趣的段落或语句抄录下来。原文后附上出处，以便使用时核实。

阅读笔记可以是谈自己看法的评注笔记或摘要笔记或谈认识体会的心得笔记，也可是三者结合的综合笔记。

【思考练习题】

1. 你是如何记课堂笔记的？
2. 查找三位名人记笔记的心得，并做阅读笔记。

（谢卫选文）

条　　据

收　　条

今收到北京体育大学武术学院赈灾捐赠款壹万伍仟圆整。

北京体育大学工会（公章）
经办人：郭巴
2006 年 9 月 3 号

【文种简介】

收条通常是在收到别人或单位送到的钱物时，向对方提供的凭据。一般包括标题、正文与落款。

标题可用“收条”，也可用“今收到”，如果是代收，标题可写“代收到”。

正文交代收到钱物的具体描述、地点、数目等。

落款则交代收到钱物的单位或者个人。如果条据落款是单位，钱物数目较大时，经手人需签名或盖章。

收到钱物的具体时间应在签章后立据时交代清楚，不可省略。

为了防止更改，条据数目最好用大写数字书写。

（谢卫拟文）

借　　条

今借到北京体育大学传媒系摄像机壹台，两星期后保证归还。

郭巴
2006 年 8 月 12 日

借　　条

今借到北京体育大学设备处 DVD 壹台，10 月 15 号以前归还。

国际交流中心（公章）
经办人：郭巴
2006 年 9 月 10 号

借　　条

今借到国家艺术体操队服装拾套，10 月 15 号以前归还。

此据

北京体育大学体育艺术系（公章）
经办人：谢珂
2006 年 8 月 18 号

（谢卫拟文）

【文种简介】

借条是单位或个人借到钱物时，向出借单位或个人提供的凭据。一般包括标题、正文与落款。

标题可用“借条”，也可用“今借到”。

正文要写明出借方是谁，出借物的品种、型号、式样、规格等信息，以及钱物的数目。此外，要写明归还的具体日期或大致时间，有较为复杂的情况，则要写明具体归还的方法。

落款则交代借用钱物的单位或者个人。如果条据落款是单位，钱物数目较大时，经手人要签名或盖章。

（谢　卫）

领　　条

今领到工会发放的春节补贴汇源果汁陆箱和东北大米陆袋。

语文教研室
领取人：谢珂
2006 年 1 月 15 号

【文种简介】

领条是单位或个人在领到钱物后，向发放物品或钱物的单位或个人所写的一种凭据。格式规范与借条等类似，一般包括标题、正文与落款。

标题可用“领条”，也可用“今领到”。

正文要写明领到什么单位什么物品，数量是多少。

落款则交代借用钱物的单位或者个人。如果条据落款是单位，钱物数目较大时，经手人要签名或盖章。

（谢卫拟文）

欠　　条

今暂欠北京体育大学出版社书款伍佰元整，准于 9 月 15 日如数付清。

运动训练系办公室（盖章）
经手人　郭巴
2006 年 9 月 1 日

【文种简介】

欠条是个人或单位在欠款、欠物时写给有关单位或个人的凭证性应用文。欠条也是在日常生活中常见的一种凭据类应用文体。

欠条一般由标题、正文、落款三部分组成。

标题：欠条的标题一般写“欠条”或在此位置写上“暂欠”或“今欠”。

正文：要写清欠什么人或什么单位什么东西、数量多少，并要注明偿还日期。

落款：单位欠条要署上欠方单位名称和经手人的亲笔签名，并加盖公章；个人欠条需署上立据欠方个人的姓名。最后要署上欠条日期。

【思考练习题】

1. 你经手收到学校免费发放给系里的运动会服装八十套，写一个收条。

2. 你经手为系庆晚会向体育传媒系借了索尼330E摄像机两台，使用手册一本，遥控器两个，外接电源两套，视频线两根，计划晚会结束第二天归还，请写一个借条。

（谢卫拟文）

留言条与假条

留言条

爸爸：

今天上午有贺姓客人来访，他让我转告您，今天晚上9点他等您电话。他的电话号码是010－66719603。

郭谦行

9月15号

【文种简介】

日常生活中，有话要对对方说或有什么事情要对方办，常常留一个简明的条子给对方，这就是留言条。

留言条包括称呼、正文、署名和日期。

留言条称呼顶格书写，后加冒号。正文另起一行空两格起，内容上简要交代什么事情即可。署名和日期等与书信同。

留言条属于应用文，语体风格当庄重，应以表达清楚礼貌为原则，不宜抒情渲染。

【思考练习题】

你室友李文的老乡王某打电话来，李文不在，王某托你转告李文在星期六以前归还他的照相机，你有事回家，见不到李文，请写一个留言条放李文桌上。

（谢卫拟文）

假　条

贺老师：

今天因父母来京，我要去接机，需请假一天。望批准为盼。

此致

敬礼

郭　巴

9月30号

【文种简介】

假条常常是有事或有病不能按时上班或不能上课或不能出席会议时，托人捎给单位领导或学校老师的请假凭据。

假条属于便条，容易书写。但很多人不重视书写规范，给单位领导或学校老师留下不尊重他人的印象，影响很不好。因此应当严肃对待假条的书写。

首先，对纸张和笔墨稍加注意。最好选择干净完整的纸张来书写，也尽量不要使用红笔。又脏又破的假条纸，显得极不郑重和礼貌。红色代表禁止，也不宜使用。

其次，格式和规范也应当注意，假条内容包括称呼、正文、署名和日期。

假条称呼顶格书写，后加冒号。正文另起一行空两格起，内容上简要说明不能上班、上课或出席会议的原因和请假期限，结尾时写“恳请批准”、“望批准”、“望准假”、“望批准为盼”、“希批准”等和“此致”、“敬礼”。署名和日期等与书信同。

再次，假条也属于应用文，语体风格当庄重，应以表达清楚礼貌为原则，不宜抒情渲染。

【思考练习题】

1. 你昨天晚上淋雨了，今天头疼，咳嗽，全身酸软，发烧39度，要去医院看病，请你给语文课老师写一个请假条，请假一次。

2. 明天你要去参加全运会的比赛，需要请假15天，请你给辅导员写一个请假条。

（谢卫拟文）

导写：就业的敲门砖——求职书

求职书

尊敬的王经理：

您好！

听说南边俱乐部日前推出一个新的服务项目——为顾客提供个性化健身服务，正在招聘有经验的健身教练。我是一名投身健身事业多年并已获得“国家一级健身指导员”和“亚洲AFBI职业私人教练”资格证书的专业教练。我相信，南边俱乐部需要我这样的健身教练。

我的父亲是一名体育工作者，我很小就热爱体育，钟情于力量美、健康美，长大以后立志塑造健康美，因此我报考了北京体育大学，专攻健美操。我的专业技术不错，在2001年曾经获得北京市健美操比赛第二名。毕业后专攻形体训练、产后恢复、减肥、健美操等方向，积累了丰富的经验。我很清楚，做一名优秀的健身教练，还需要良好的教学与沟通能力，因此在上学期间就开始担任兼职健身教练，了解俱乐部工作，培养教学能力和沟通能力。我专业过硬，个性开朗，善于与人沟通，2003年到2005年连续三年被评为“最受欢迎的健身教练”。

在工作实践中，我发现越来越多的顾客希望身体健康，形体优美，但是个人身体健康有什么问题，形体有什么问题，健身和饮食如何配合等等顾客并不十分清楚，他们非常希望了解这些情况。因此最近两年我一直致力于为顾客提供个性化健身服务，尤其在形体训练、产后恢复、减肥、健美操等方面倾注了大量心血。南边俱乐部日前为顾客提供个性化健身服务，管理和设备均是一流，我非常希望加入南边俱乐部继续这一事业。我相信我也是南边俱乐部需要的健身教练。

若承蒙赏识，请拨打电话1350118＊＊＊＊，或用电子邮件hellohehe@hotmail. com与我联系。恭盼回音。

此致

敬礼

贺　禾

2006年8月18日

导 写

贺禾的求职书正文很好地回答了王经理可能最感兴趣的几个问题：

"我"为什么要干健身教练——受父亲影响，从小热爱体育，立志于塑造健康美。

为什么"我"要在个性化健身服务上下工夫——在工作实践中，"我"发现越来越多的顾客非常希望了解健身教练提供自己身体健康、体形的现状，以及改善的具体计划。

"我"为什么要来南边俱乐部——南边俱乐部的新业务和自己的职业发展方向一致，南边俱乐部的管理和设备一流。

为什么"我"能干好从事个性化健身服务的健身教练的工作——"我"的专业素质很好（"国家一级健身指导员"、"亚洲AFBI职业私人教练"），已经培养了很好的教学能力和沟通能力（2003年到2005年连续三年被评为"最受欢迎的健身教练"），个人在个性化健身服务上已积累了两年经验。

【文种简介】

找工作时，免不了要递份求职书当名片。这张名片关系到主人是否愿意见你。因此，求职书在寻找工作中非常重要。

一般来说，求职书应当包括如下几项内容：称呼、正文、结语、署名、日期、附件。

在这些基本内容中，写作者要注意几个问题：

第一，写作前设法知道谁将收到你的信，并使用具体的称呼和恭谨的语气，使收信者有受尊重的感觉。

第二，求职书需要吸引眼球。这就得在正文上下工夫。正文最重要的是要说明我想干什么事，我为什么想干这件事，我为什么能干这件事。目标应当具体一点。写作时可重点写清楚与你目标相关的你个人的成绩和优势。

第三，结语表明愿望和进一步联系的方式。

第四，附件中可包含个人简历、所学课程及成绩、科研成果、获奖统计、单位或专家推荐等。但也不是每次求职都附上所有文件。

【思考练习题】

1. 请根据自己现在的情况写一封兼职求职书。

2. 全班讨论选择该专业今后可能从事的几个理想职业，根据自己的目标选择不同的职业组。每组再两两成对，分成两个角色，招聘人和应聘者，应聘者想象毕业时自己的理想状态写一封求职书，招聘人为应聘者的求职书评判。

（谢卫拟文并撰写）

第十二章　传播类应用文

第一节　新闻作品

我国选手获得奥运会第一块金牌

新华社洛杉矶1984年7月29日电（记者高殿民）中国在奥运会历史上“零的纪录”的局面在今天11时10分（北京时间30日凌晨2时10分）被中国射击选手许海峰突破。许海峰以566环的成绩获得男子自选手枪冠军，夺得了奥运会的第一块金牌。

中国体育代表团副团长陈先在许海峰获得金牌后对新华社记者发表谈话说，这对中国运动员是极大的鼓舞。这是中国在奥运会历史上得到的第一枚金牌，实现了“零”的突破，在中国体育史上具有深远的意义。他表示感谢运动员和教练做出的艰苦努力。

许海峰今年27岁，是安徽省供销社的职员。他在获得金牌后对新华社记者说，这还不是他最好的成绩，只不过是正常发挥技术，他最好的成绩是583环。他表示要不骄不躁，继续努力，争取今后取得更大成绩。

（邢学波选文）

不必返乡避非典

——一位偷偷返乡民工的心声

在河南省遂平县，一位在外打工者为了返乡，骑单车走了5天6夜。到家后，村里的人要赶他出庄，妻子也不让进家，经检查无恙后，家乡人才接纳了他。昨日，他对记者感慨地说：打工者不要盲目返乡，在务工地安心打工才是明智之举。

这位偷偷返乡的民工张某，系河南省遂平县石寨铺村村民，在河北省霸州市一家橡胶厂打工。他所在的厂天天消毒，每天给工人发放非典预防药物。本来，当地预防措施很得力，但老张盲目地认为：“防非典，最好是躲回老家。”

2003年4月26日傍晚，他驮着被子趁门卫不注意出了厂门，自行沿着铁路南下回家。一路上，累了，蹲在公路旁歇一会儿。渴了，趴在路旁水坑处喝点水。夜里走得实在困了，就睡在公路旁的沟里。

5月2日凌晨1时许，走了5天6夜的老张终于到了家，但妻子说啥也不让他进家门。见家人、乡亲对他都敬而远之，老张只得将磨肿的屁股再次放上自行车，向乡医院赶去。量体温，正常；验血象，正常；肺部拍片，正常……医生给老张开了张“无非典症状，检查健康”的证明，乡政府非典监控组让老张写了“12天之内不准出村，7天后再来医院复查”的保证书，才允许他回村。

现在，老张很后悔不该盲目跑回老家，一路受苦，如今天天待在家里也无法挣钱……

人民日报记者 戴鹏 2003 年 5 月 7 日

【文种简介】

消息，是指用简洁明快的语言，迅速及时地报道新近发生的、为人们普遍关心的且具有一定价值的事实的新闻文体。其特点是：真、快、新、短、活，尤其真实是新闻写作的生命和源泉。消息一般包括标题、消息头、导语、主体、背景和结语等几个部分。可分为动态消息、典型消息、综合消息、述评消息、连续报道、特写消息等。

"我国选手获得奥运会第一块金牌"是一篇中规中矩的消息：信息是真实而确切的；报道非常及时；事情的意义足够重大；简明扼要，篇幅短小；传播效率很高。就其内容及文字表现来说，有些单薄、刻板，也有时代的印迹。而《不必返乡避非典》写得真实而生动，材料鲜活。

（邢学波选文）

体育亦有名家——马约翰

马约翰（1883 年—1966 年）福建厦门人，出生于基督教家庭，享有极高声望的体育活动家、教育家。

马约翰是一个异类。他因为体育而被奉为"名家"，和国学大师、科学巨擘们相提并论；他因为体育而成为一所大学的标志性人物——走进清华园，室内外公共场所共有十二座雕像，和马约翰同享此等尊崇的，是梅贻琦校长、蒋南翔校长，是朱自清教授、闻一多教授，是叶企孙教授、梁思成教授……

研究者论及 20 世纪 30 年代清华之盛，往往从梅贻琦的名言"所谓大学者，非谓有大楼之谓也，有大师之谓也"推延开去，罗列诸如陈寅恪、熊庆来等文理各科的一代名家，其中不可或缺的一个名字，便是马约翰。

20 世纪 50 年代，清华校长蒋南翔曾说过，清华于 1911 年建校，马约翰 1914 年到清华，服务清华的历史差不多同清华的校史一样悠久。"所有在清华上过学的学生，差不多统统受过马先生的热心教诲。"

热心教诲通常是这样的："Boy，太瘦了，这样太不行了，要好好锻炼。"学生们回忆，马约翰在体育课上有一股劲，瞪大眼睛，双手攥拳在胸前挥动，号召大家："要动！动！动！"往往说得学生热血沸腾。

晚年的梁思成常笑着对后辈说："别看我现在又驼又瘸，当年可是马约翰先生的好学生，有名的足球健将，在全校运动会上得过跳高第一名，单双杠和爬绳的技巧也是呱呱叫的……好了，好了，好汉不提当年勇。不过说真的，我非常感谢马约翰。想当年如果没有一个好身体，怎么搞野外调查。在学校中单双杠和爬绳的训练，使我后来在测绘古建筑时，爬梁上柱攀登自如。"

马约翰曾教过学生许多有趣而又奇怪的运动，比如"拖尸"。除夕之夜，二年级的学生深夜闯进新生宿舍"拜年"，把他们从床上拖起来，四个老生抓住一个新生的四肢，甩来甩去，并且数着数，一直数到十几下，才把可怜的新生扔回床上。

1928 年，清华学校改为清华大学，首任校长罗家伦认为体育不过是蹦蹦跳跳、打打闹闹，大、中、小学都一样，都是哄着学生玩，没有设教学职称的必要，因而下令免去马约翰的教授职称，把体育教师统统改称训练员。许多人为这位清华元老愤愤不平，他却说："降职有什么关系，我教体育既不为名，也不为利，为的是教育青年人锻炼身体。假如不让我教体育，那我倒真要和他干一场了。"

1929 年，华北足球比赛大会在天津举行，马约翰率清华大学队出征，荣获冠军。球队返校时，全校师生夹道欢迎，抬着马约翰和队员走进校门。这样一来，校长不得不恢复了他的教授职称。

马约翰早年就读于上海圣约翰大学时曾是赛跑冠军，关于他当时的风采，有过这样的传说：那时还是清朝，男人脑后留辫子，马约翰能把辫子跑成水平！这让很多孩子津津乐道，他们心目中的马约翰，俨然是评书中所谓的“大侠”。

70岁时，马约翰给北京医学院作报告，一个箭步跃上讲台，身手矫健不输当年。1958年他76岁高龄，与清华大学一位中年教师搭档，获得北京市网球比赛男子双打冠军，并获国家一级运动员称号。据称，直到临去世的84岁时，他还能做13个俯卧撑。

作为体育教授，马约翰对学生的指导时常别开生面。曾有学生因为神经衰弱来向他诉苦，他冲着学生的肚子就是一拳，那学生急了，他却笑了：“你说你神经衰弱，看你的紧张样子!”然后他带那个学生到球场上，让他去把别人正在比赛的篮球抢下来，和别人一起打，并且鼓励他：“你看，你神经不但没毛病，还挺不坏呢!”到了晚上，那个学生洗完澡，来找马约翰，高兴地说：“现在我精神好极了，好像没病了。”

马约翰给人留下的印象如此之深，以至于一位老法学家在一次论坛上，看着台下风华正茂的青年学子，脱口而出：“Boys and girls，good evening!”他解释说，自己55年前在清华大学时，每当上体育课，总有一位慈祥长者像这样用英语问候大家，给人如沐春风之感。今天他自己看到这么多充满活力的面孔，也就情不自禁地说了当年马约翰教授说过的话。

中国青年报记者徐百柯 2005年3月23日

（程红选文）

日本签字投降

［本报9月2日电（发电地点：东京湾　美国“密苏里”号战舰上）］今天上午9时05分，日本外相重光葵在无条件投降书上签字。日本终于为它在珍珠港投下的赌注付出了代价，失去了其世界强国的地位。

重光葵步履蹒跚，拖着木质假腿走到铺着粗呢台布的桌子旁，桌子上放着投降文件，等着他签字。如果人们不是对日军战俘营中的暴行记忆犹新的话，也许会不由自主地同情重光葵。

他把全身重量都压在手杖上，好不容易才坐下来。他把手杖靠在桌子旁，然而，在他签字的时候，这手杖倒在甲板上。

道格拉斯·麦克阿瑟将军致辞后，做了一个手势要重光葵签字。他们两人没有说一句话。

麦克阿瑟代表对日作战的国家签字受降，乔纳森·温赖特中将和珀西瓦尔中将在他两旁肃立。温赖特中将在科雷吉多尔岛失守后被俘，长时期的战俘生活，把他折磨得憔悴不堪。珀西瓦尔中将在大战中另一个不幸的日子里放弃了新加坡，向日军投降。（编者按：科雷吉多尔岛是菲律宾领土，1942年5月失守；新加坡是1942年2月失守的。）

两位中将在场，使人们不由得想起，1942年上半年，我国处于几乎无可挽回的失败的边缘。

日本代表团由11人组成，他们衣着整洁，表情悲哀。重光葵身穿早礼服大衣和带条纹的裤子，头戴丝质高帽，双手戴着黄色手套。在“密苏里”号军舰上，参加整个仪式的任何一方都没有同日本人打招呼，唯一的例外是日本外相的助手，有人同他打招呼，是因为要告诉他在哪里放日本请求无条件投降的文件。

当重光葵爬到右舷梯顶端，登上“密苏里”号甲板时，脱掉了他的高帽子。

原载1945年9月3日《纽约先驱论坛报》记者：霍墨·比加特

（邢学波选文）

肯尼迪遇刺丧命——约翰逊继任美国总统

【路透社达拉斯1963年11月22日电】急电：肯尼迪总统今天在这里遭到刺客枪击身死。

总统与夫人同乘一辆车中，刺客发3弹，命中总统头部。

总统被紧急送入医院，并经输血，但不久身死。

官方消息说，总统下午1时逝世。

副总统约翰逊将继任总统。

（邢学波选文）

三岁娃娃将被征入伍

［合众国际社纽约电（原电日期不明）］谁也搞不清楚这是怎么一回事儿——本星期五，居住在纽约市约克城高地的3岁小女孩皮丽·夏普洛收到了应征入伍通知书。

昨天，她像平时那样吃早餐，边吃边看一张华盛顿征兵处寄来的通知单。根据这张通知单，她得在“从18岁生日那天起30日内报到入伍。”

尽管小皮丽仍有许多年时间考虑这件事，但她已明确表示：“我不去！”

（邢学波选文）

教师发成绩单，上级指示讲假话

［合众国际社怀俄明州夏安电（原电缺发电日期）］此间学校即将发成绩册，各学校的教师都已领到上级发下来的一张通知，启发他们用圆滑、得体的话向家长说明孩子们的品行。

对一个恃强欺弱的学生，上级建议教师这样写：“有领导才能，但需要指导他如何以更民主的方式发挥自己的才能。”

再比如给一个爱说谎的学生写评语，上级建议写成：“在区别事实和想象方面有困难。”一个爱吵闹的学生则“应注意在与人接触时培养雍容娴静的气质。”

本州拉兰明县学区业务通讯第一期建议教师避免使用刺激性的措词。比如，一个学生明明肮脏、身上有臭味，他的评语却应写成：“需要引导他培养良好的卫生习惯。”

如果一个学生自私自利，教师应当这样写他的评语：“有必要帮助他与别人共欢乐。”

这个学区的领导对教师说，如果一个学生与某个街头帮派有联系，教师应这样写他的评语：“该生只有处于集体中时才有安全之感，因而应当注意培养他的独立精神。”

（邢学波选文）

狒狒大闹普拉默夫人家

［合众国际社1948年7月15日电］一头狒狒逃走之后溜进杜罗塞·普拉默夫人的家，在那儿又是吃东西，又是喝黑啤酒，还到浴室洗了淋浴，最后在房主人床上打滚。在它尽情享受期间，普拉默夫人吓得躲在厨房里不敢出来。

这头好心的狒狒名叫伊丽莎白，今年6岁，它从市场上逃走后，游荡了四分之一英里路，来到普拉默夫人家。当时普拉默夫人正坐在厨房里喝咖啡，没有听到伊丽莎白从前门溜了进来。

这头狒狒溜进餐室，抓起橘子、香蕉便毫不客气地大嚼起来，后来又发现了一瓶一品托装的黑啤酒。它开怀畅饮几口后，便把啤酒瓶夹在臂弯里上了楼。它边上楼，边吃浆果，边把果核越过栏杆吐到楼下去。

伊丽莎白喝着啤酒走进浴室，它把所有的水龙头都拧开，又爬进浴盆，它抓起手提喷嘴把墙壁冲刷了一遍。

这时，普拉默太太跑到院子里，恰好看到伊丽莎白坐在浴室窗台上手舞足蹈。普拉默太太赶紧逃到厨房里，把自己锁在那里。与此同时，一位邻居打电话报警。

伊丽莎白给自己扑了满身香粉，接连闯进三个房间，最后用一床粉红绸被子把自己裹好。

当警察闻讯赶来时，它正大模大样地坐在床上，快喝完那瓶啤酒了。最后从市场上来了一个工人，毫不费力地把它带走了，不过伊丽莎白把普拉默太太的手提包顺手牵羊拿走了。

普拉默太太伤心地说："天哪，它把我的钱见人就给！"

（邢学波选文）

莫斯科出现手纸荒

合众国际社 1980 年 1 月 31 日电　莫斯科居民又碰上了另一种短缺：没有一处地方可找到厕纸。

一名恼怒的莫斯科人星期二说："我们就是到处找不到。店主人只说出现短缺。"

存有厕纸的寥寥可数的商店，挤满人群。

有人说："有人暂时裁用纸台布或尿布片充厕纸，但这些东西现在也用完了。"

一年多来行之有效的办法，是裁用苏联《真理报》。

（邢学波选文）

他见谁杀谁

［新泽西州卡姆登 9 月 6 日电］28 岁的霍华德·B·昂拉赫是个性格温柔、轻声细语的青年，曾跟随着美国装甲部队转战意大利、法国、奥地利、比利时和德国。这位退伍军人今天早晨竟用一支卢杰式手枪——这是参加大战纪念品——在东卡姆登他家居住的街区杀死了 12 个人，打伤了 4 人。

昂拉赫身材瘦削，两腮凹陷，身高 6 英尺。他的行动往往显得很矛盾。他有时埋头读经文，但有时又在练习射击。他以前并没有精神病史，但专家们今晚指出：可以肯定他是个精神病患者，他暗中形成一种迫害狂变态心理，至少已有两年之久。

这位退伍军人的左大腿挨了一枪，是那条街的一位酒店老板开枪打的。在警察用催泪弹把他从卧室里逼出来投降以后，警察和卡姆登县检察官米歇尔·科恩立即在警察局对他进行两个多小时审讯。在这个时候，他却只字不提遭到枪击的事。

审讯过程中，他在自己所坐的椅子上留下了斑斑血迹，说明他负了伤。人们发现后，就把他送进卡姆登的库珀医院。不过，这时他的身份是犯有谋杀罪的罪犯了。

在整个审讯过程中，他一直从容不迫，其态度之冷静，同他枪杀男人、妇女和儿童的那 20 分钟期间一样。不过，他那双黑眼睛偶尔闪烁出异样的光芒，只有这一点才显示出他的不正常。

他告诉检察官说，很早以前他就形成了仇恨邻居和同街各商店老板的心理。他说："他们对于我的性格一直百般诋毁。"看来他最恨的是住在他家隔壁的莫里斯夫妇——今天，他们也都成了昂拉赫的枪下鬼。

科恩先生在东卡姆登埃河路3202号开了一家杂货店。科恩夫妇与昂拉赫一家常常发生激烈争吵，起因是昂拉赫经常使用他家后院和科恩家院子共用的一扇门。科恩太太经常抱怨小昂拉赫在卧室里把收音机大开到深夜。然而其他受害者却从未与昂拉赫发生过口角。

昂拉赫毕业于本城伍德罗·威尔逊中学。1945年光荣退役后，曾经在费城坦普尔大学由美国政府专向军人提供的药剂师训练班上讲课，但他在那里只工作3个月便不干了。最近几个月，他一直失业在家，显然他从未出去找过工作。

他的母亲丽塔·昂拉赫太太年纪50岁，同丈夫分居。她在卡姆登市伊万逊肥皂公司当包装工，她的工资是全家唯一的收入。她的小儿子詹姆斯·昂拉赫25岁，业已结婚，家住新泽西州的海登黑兹，是柯蒂斯出版公司职员。

星期一晚上，霍华德·昂拉赫一个人出了家门。他整夜都待在费城市场街的家庭剧院。这家剧场正放映故事片《我欺骗了法律》和《女赌徒》，他连看了几场，直到今天凌晨3点以后才回家。

科恩检察官说，昂拉赫后来告诉他，在他今天凌晨入睡之前，他已下决心要杀死那些曾经"议论过我"的人；他甚至想过上午9点半动手，因为这个街区大部分店铺在这个时候开门。

昂拉赫起床后，他母亲就放下手中的熨斗去给他做早饭。他家住滨河路和32号大街相交处的一座年久失修、看上去十分寒酸的两层楼房里，只有3间小屋，全漆成了黄褐色。早饭后，他给自己的卢杰式手枪装了一弹夹子弹，往兜里塞了一弹夹子弹，还带了16发散装子弹。此外他还带了一只装有6枚催泪弹的催泪瓦斯发射器，外加一把锋利的6英寸匕首。

离家之前，他又把卧室环视了一遍。油漆剥落的墙壁上横七竖八地挂着手枪和德国造刺刀，还贴着表现装甲部队作战场面的照片。房间里散放着大砍刀，一把罗伊·罗杰斯式手枪、用德国炮弹壳制的烟灰缸、30～30步枪弹夹等一堆各式各样的战争纪念品。

几分钟前，昂拉赫太太出门拜访邻街的一位朋友卡洛琳·平纳。昂拉赫太太显然已经觉察到儿子心中积郁的愤恨即将爆发。她请她朋友的丈夫伊莱亚斯·平纳在她家的后院开了一扇小门，这样霍华德就不必去同科恩家共用那个门了。平纳先生在星期一晚上霍华德去费城后不久便把门修好了。

这天上午9点，昂拉赫太太在平纳的家里低声谈到昂拉赫的那双眼睛，谈到那眼神有多么怪，还说她为他忧虑万分。

几分钟后，滨河路上响起枪声，霍华德开始行凶了。这时，昂拉赫的母亲刚刚离开平纳的小白房，她又急急忙忙跑进了门。

她大叫着："哦，霍华德，哦，霍华德，都怪他们。"她从和蔼可亲、头发花白、70高龄的平纳太太身边跑过，边跑边说："我得打电话；我可以用电话吗？"

她还没有来得及穿过起居室来到电话机旁，便一头倒在褪了色的地毯上晕了过去。平纳夫妇把她抬到隔壁房间的沙发上。平纳太太用阿摩尼亚香精来抢救她。

正当昂拉赫的母亲穿着家常便服和旧背心在沙发上痛苦扭动、逐渐苏醒过来的时候，霍华德·昂拉赫正带着一种死一般平静的神情，在3200街区横冲直撞，从一家商店闯到另一家商店，手中的卢杰式手枪频频开火。小孩们吓得尖叫着跌跌撞撞地四散奔逃。

街上的男女都躲进了大门洞开的店铺。女人们吓得乱叫，男人们惊得说不出话来，一时谁也不清楚大街上出了什么事。

昂拉赫首先走进靠近东街北端的约翰·皮拉奇克的修鞋店。这位27岁、家住彭索肯镇的鞋匠半张着嘴抬头看着昂拉赫走到离自己不到一码远的地方。他刚要从板凳上站起来，一颗子弹击中了他的腹部，他便一头栽倒在地。当时修鞋店里还有一个小男孩，他赶紧躲到柜台后，吓得缩成一团。昂拉赫又来到阳光明媚的大街上。

他后来对检察官讲了许多细节："刚开始的时候我照他们的胸口打，后来我干脆瞄准脑袋打。"他是个训练有素的枪手，打得很准——在军队服役的时候，他曾经荣获过优等射手和狙击手称号，退役后他在家中地下室里竖一个靶牌，经常用那支卢杰式手枪打靶。

昂拉赫后来告诉检察官说，他心中早就有一个"议论过他"的人的名单，其中有杂货店老板科恩、同街住的理发师、鞋匠和裁缝。他下决心在今天早晨把他们一个个干掉。令人奇怪的是，他并不先杀他似乎最痛恨的杂货店老板，而是几乎把他留到了最后。

从修鞋店出来后，他来到滨河路3214号那家小裁缝铺。裁缝出去了，家里只有他的妻子——28岁的赫尔加·齐格林诺。裁缝夫妻俩结婚刚刚一个月。当昂拉赫手提卢杰牌手枪走进门来时，齐格林诺太太尖叫了一声。

马路对面有人听见了她的叫声。这时又听得砰的一声枪响，齐格林诺太太一头栽到地上死去。昂拉赫又走到了阳光之下。

所有这一切都是在瞬间发生的，这时，只有少数几个人明白发生了什么事。沿滨河路再往南便是3210号克拉克·胡佛的小理发店。理发店里有一架漆成白色的旋转木马，是专供儿童顾客用的。一个名叫奥利斯·史密斯的六岁金发小男孩这时正在理发店里。他脖子上围着围裙，老老实实地让理发师给他理发。小孩的母亲、42岁的凯瑟琳·史密斯正坐在靠墙的一把椅子上看着他们。

她抬起头来，克拉克·胡佛也停下手中的活儿转过身来，只见身材瘦削、6英尺高的昂拉赫紧绷着脸、一言不发地站在门口，手里拿着卢杰式手枪。晨光在他那褐色的毛线衣上留下了一道道阴影。太阳照在他那褐色的平头上。他没戴帽子。史密斯太太来不及搞清楚出了什么事情。

昂拉赫面向"布鲁克斯"——这是史密斯太太给自己的孩子起的外号——把枪对准孩子的胸口。枪声响了，余音在12英尺见方的小店里回荡。孩子的头颓然垂向伤口，剪了一半的头发顿时染成一片鲜红。昂拉赫一句话也没说，他又把手枪紧紧对准双手发抖的理发师。昂拉赫身体微微后仰，当着惊恐万状的史密斯太太的面，向着胡佛打了第二枪。

这个退伍军人并不想杀史密斯太太，他似乎连她的叫声也没听到，他转过身来，不慌不忙地大踏步走了出去。沿街往北隔几个门是多米尼克·莱蒂拉开的小饭馆，枪响的时候，莱蒂拉走到饭馆的窗前，看外面为什么响枪。

他看见昂拉赫穿过马路向富兰克·英格尔的小酒馆走去。就在这时，他看见史密斯太太抱着她那可怜的孩子，跌跌撞撞地从理发店走了出来。孩子的头从她的臂弯上低垂下来。

史密斯太太叫喊着："我的孩子死了，我知道他死了。"她向四周看着，徒劳地寻求援助。大街上除了霍华德·昂拉赫以外，一个人也看不见。昂拉赫正把注意力集中在小饭馆上。莱蒂拉冲着他的妻子朵拉——她和他们6岁的女儿艾琳这时都在饭馆里——喊道："我要出去一趟，我一出去你就把门锁上。"说完他冲了出去，把自己的小汽车开到抱着孩子站在马路旁的史密斯太太身边。

莱蒂拉从她手里接过孩子，把他放在汽车的前座上，又把做母亲的推上汽车后座，随后砰地关上车门，把车径直朝着库珀医院开去。霍华德·昂拉赫始终没有转身。小酒馆老板英格尔已经锁上了大门。顾客们一齐躲进了酒馆的后厅。一颗颗子弹打裂了酒馆大门的嵌板，英格尔跑出楼去拿了一支口径38毫米手枪，又奔到临街的窗口边。

昂拉赫又退回到马路中间，冲着滨河路3208号一个人家的窗户打了一枪。枪声响处，年仅两岁的汤米·汉密尔顿头上中了一颗子弹，倒了下去。昂拉赫又往北走，来到莱蒂拉的家门口。他冲着大门打了一枪，一脚踢开了底下的玻璃嵌板。莱蒂拉太太和她的女儿吓得在柜台后缩成了一团。她听见屋里子弹横飞，但她和她女儿都安然无恙。昂拉赫转回身向32号大街走去，又给手枪压满了子弹。

这是一条小街，马路的一侧只有五座建筑物，马路的另一侧则只有三家平房店铺。这时，马路上妇女和儿童惊恐的尖叫声响成一片。六七个孩子从昂拉赫身边逃了过去，边跑边叫“疯子!”和另外一些别人听不懂的话。昂拉赫却似乎没听见，也可能根本没有看见他们。

家住曼托瓦附近的电视机修理工阿尔文·戴伊听到了枪声，但他不知道出了什么事，还是开车来到这条街上。当汽车从昂拉赫身边开过时，昂拉赫走到车窗边向里面开了一枪——这一枪打得很准，修理工应声倒在方向盘上。汽车摇摇晃晃，一头撞在对面的路边砌石上，停住了。戴伊当场就死了。

富兰克·英格尔推开了他家二层房间的窗户，看见昂拉赫在修鞋店和一个二层小楼房之间的狭窄胡同里站了一会儿。英格尔向他瞄准开了枪。昂拉赫一下子停住不动了。子弹击中了他，但是他好像根本没在意似的，只是略微晃了晃，便径直朝着拐角的杂货店奔去。英格尔再也没有开枪。

英格尔后来说：“要是我接着开枪就好了。我本来完全可以一连打中他六七枪把他打死。我搞不清楚我为什么没有再打几枪。”

身体矮胖、40岁的杂货店老板科恩跑到大街上大声问道：“这儿出了什么事了!”他一眼看见了昂拉赫，便匆忙跑回了自己的店铺。来自新泽西州西蒙特市的45岁的保险公司经纪人詹姆斯·哈顿从杂货店里跑出来，想看看大街上出了什么事。同许多其他人一样，他起初还以为是哪辆汽车发动机因回火而砰砰作响呢。他一出门便和昂拉赫撞了个满怀。

昂拉赫轻轻说了句“对不起，先生”，便一把把他推到了一边。后来，昂拉赫对警察说：“那个人动作太慢，没能给我闪开路。”他冲着哈顿的头部和身体连连开枪。这位保险公司经纪人栽倒在人行道上死了。

科恩已跑到楼上，试图告诉他62岁的母亲和他28岁的妻子罗丝出了什么事，同时要她们藏起来。他十四岁的儿子查尔斯也在家。科恩太太把儿子推进一个衣柜，自己则躲进了另一个衣柜，还把柜门拉上。杂货店老板则从窗户跳到了游廊顶上。昂拉赫瘦削的身影紧跟在他身后出现在窗边，他开枪击中了杂货店老板的后背。杂货店老板猛地绊了一下，他从顶屋上一头栽了下去，摔倒在32号大街上死了。

昂拉赫冲着科恩太太藏身的衣柜开枪。她在紧闭的衣柜里倒下死去了，而昂拉赫连柜门都懒得碰。明尼·科恩夫人企图到隔壁的卧室去打电话叫警察。昂拉赫开枪击中了她的头部和身体，她四肢平伸地躺在床上死了。昂拉赫一边下楼，一边往手枪里装子弹，随后又来到了大街上。

一辆小汽车由于遇上红灯停在滨河路上。车上的乘客显然还不知道西卡姆登出了事——也没有人来得及把这一切告诉他们。昂拉赫朝着汽车走过去。虽然车里全是陌生人，昂拉赫却故意朝他们开枪。他隔着挡风玻璃板，挨个儿朝他们开火。他杀死了两位女乘客，她们是彭案肯43岁的海伦·马特莱克·威尔逊太太——车就是她开的——和她的母亲，66岁的埃玛·马特莱克太太。

威尔逊太太12岁的儿子约翰身负重伤，一颗子弹紧贴着下颌骨击中了他的脖子。

埃尔·雷纳是美国百货公司的职员，这家公司实际是大街对面的一家食品店。刚才，有几个过路的男人、妇女和儿童连滚带爬地躲进店来，气喘吁吁地告诉他：“疯子……在杀人……”这会儿他已经把前门紧紧锁上了。昂拉赫来到食品店门口，隔着大门的木制嵌板向里连开了两枪。店主霍纳、顾客以及躲避这位退伍军人无情枪杀的其他逃难者们都缩在柜台后面，吓得浑身发抖。不过没有一个人受伤。

“他先是企图把门打开，然后才往里打枪。”霍纳后来说，“他就站在那儿，一脸凶相，他先是把门把拧得嘎嘎响，随后开了枪，接着就转身走了。”

18 岁的查理·彼得森是卡姆登的一名消防队员，他带着两个朋友开车来到这里，正碰上昂拉赫从食品店门前转过身来。3 个小伙子停车，下来瞧着人行道上哈顿的尸体目瞪口呆。他们不知道什么人杀死了保险公司经纪人，为什么要杀他。跟前面那辆汽车里的妇女们一样，没有人警告他们霍华德·昂拉赫仍在行凶。退伍军人举枪瞄准，连开了数枪。小彼得森大腿上中了几颗子弹，倒在地上。他的两个朋友吓得没命地逃到了安全地带。

家住北 28 号大街 1250 号的海伦·哈里斯太太带着她的女儿海伦——一个 6 岁的金发小姑娘——拐进了 32 号大街，同她们一道来的是霍罗维兹太太和她五岁的女儿林达。她们老远就听到了枪声，但以为是汽车发动机回火发出的响声。

昂拉赫在 32 号大街上从她们身边走过，登上他家房后一个黄色小型住宅的四级摇摇欲坠的台阶。年近四十的马德琳·哈里太太和她的两个儿子——16 岁的阿曼德和 15 岁的勒鲁瓦——恰恰都在屋里。

哈里太太的第 3 个儿子——14 岁的威尔逊——和别的顾客一起，被堵在食品店了。

昂拉赫撞开前门，提着手枪闯进光线不足的小客厅。他冲着哈里太太开了两枪，但这两枪都胡乱打到墙上。第三枪击中了哈里太太的左臂，她尖叫起来。阿曼德一下子扑到了昂拉赫的身上。退伍军人用手枪柄打这孩子，然后开了两枪，打中了孩子的胳膊。勒鲁瓦在楼上听到枪声，大叫了起来。他藏到了床底下。

这时，从东卡姆登各处，人们歇斯底里地向警察局打电话报警。一辆辆装有无线电收发报机的警车鸣着警笛，向滨河路飞驰。为了应付紧急事件，警察们携带着机关枪和催泪弹。

首先从警车跳到人行道上的厄尔·怀特警长看见了杂货店老板的儿子查尔斯·科恩。这小伙子正从他父亲倒地身亡之处上方的二层楼窗户向外半探着身子，他在叫喊：“他要杀死我。他要杀死每一个人。”这小伙子歇斯底里了。

怀特登上杂货店老板家楼梯。他看见科恩老太太死在床上，便去劝杂货店老板的儿子冷静下来。他把查尔斯带下楼来，把他交给别的警察，随后便和其他人一起包围了昂拉赫住的那栋二层楼房。这时，昂拉赫已开了大约 30 枪，子弹用完了，在离开哈里家的时候，他也听见了警笛声，于是便飞快跑进后门，回到自己的后卧室。

摩托巡警爱德华·乔斯林伏在昂拉赫窗前廊檐下，往玻璃窗里扔了一枚催泪弹。

别的警察用机关枪对准昂拉赫的窗口，齐声喝令他投降。

就在这时，发生了一段奇妙的插曲。卡姆登《信使晚报》本市新闻副主编菲利普·W·巴克斯顿在电话簿上找到了昂拉赫，于是要了卡姆登西区 4—2490 号电话。当时上午 10 点刚过，昂拉赫刚回到自己的屋子里。昂拉赫接了电话，这使巴克斯顿先生大为吃惊。昂拉赫用平静、清晰的语调答了一声“喂”。

“是霍华德吗?”巴克斯顿先生问道。

“对，我是霍华德。不过你要找的霍华德姓什么?”

“姓昂拉赫。”

这位退伍军人问巴克斯顿先生有什么事。

“我是你的朋友。”这位记者说，“我想知道他们怎样在楼下对付你。”

昂拉赫想了一下说道：“他们没有怎么对付我，眼下还没有。不过我让他们倒大霉了。”他的话音还是那么平静，没有丝毫的歇斯底里。

巴克斯顿问昂拉赫杀死了多少人。

这位退伍军人回答说："我不知道。我没数。大概有十几个吧。"

"你为什么要杀人呢?"

"我不知道。"昂拉赫率直地回答，"我眼下不能回答这个问题。咱们以后再说吧。我现在太忙了。"

电话挂了。

昂拉赫的确忙起来了。催泪弹正在发生作用，警察射出的子弹砰砰打在他周围的墙壁上。射击停了下来，普察看见白窗帘打开了，杀人犯瘦削的身影清晰地出现了。

"好了。"他叫道，"我投降。我这就下楼。"

"你的武器在哪?"一个警官问。

"就在屋里的桌上。"昂拉赫平静地冲下面喊，"我这就下楼。"

30 支枪一齐对准了那年久失修的小后门。几秒钟后，门打开了，昂拉赫举着双手走到了阳光下，怀特警官走过院子里的翠菊花和牵牛花床，给昂拉赫的手腕咔嚓扣了手铐。

"你到底怎么了?"一个警察厉声喝问，"你有精神病吗?"

昂拉赫瞪了那个警察一眼——眼神冷静而正常——说："我没有精神病。我头脑很清醒。"

听说杀人犯束手就擒，东卡姆登居民纷纷跑到大街上。人们都冲着昂拉赫叫骂，女人的声音尖利，男人的声音粗哑。有人哭喊着："用私刑处死他。"不过人群并没有骚动。怀特警官的部下把昂拉赫押进一辆警车，随后驶向警察局。

大喊大叫的人们追着警车跑，但不一会儿就被落下了。人们心情激动，三五成群地站在那儿议论这次枪杀事件、议论霍华德·昂拉赫的个性。人群中原先的愤怒逐渐消失了，代之而起的是一种后怕。

大家认为，他的大脑可能不太正常。

认识昂拉赫的人们都在没完没了介绍昂拉赫是怎样一个不苟言笑的人，说起话来又怎样柔声柔气。他们还谈起他怎样领他母亲上教堂、爱在经书——特别是预言书——上做标记，等等。

"他是个安静的家伙。"一个男人在小酒馆前对一伙人说，"他一直都在琢磨干这件事呢。咱们往后可得留神那些沉默寡言的人了。"

原载 1947 年 9 月 7 日《纽约时报》记者：梅耶·伯杰

【提示】

《他见谁杀谁》是一篇颇受争议的新闻。有人说他写得客观冷静，细致生动，让人身临其境；也有人批评它是诲淫诲盗的东西，说记者以欣赏的态度描摹杀人场面，有教唆犯罪的倾向，新闻在导向上就出了问题。

阅读之后，你的个人判断如何?

无论怎样，梅耶·伯杰的采访和写作功力是实实在在的。7000 字的作品，包容了那么多的情节、细节，据说记者都一一取证核对过。而开枪杀人过程的描述，娓娓道来，丝丝相扣，穿插照应，从容不迫；给人的感受却如看好莱坞大片，林林总总、光怪陆离，此起彼伏、心惊肉跳，让人叹为观止。

【文种简介】

通讯，是中国新闻特有的提法。在国外，新闻只有长、短之分，即：长消息、短消息。通讯具备真实、时效、重大等新闻报道的共同特征。可分为人物通讯、事件通讯、工作通讯、概貌通讯、新闻故事等。与消息比起来，通讯的篇幅一般较长，可以具体展示事件和人物活动的完整过程；表现手法也更灵活，铺彩摛（chī）文，甚至可以有议论、抒情的成分。

【思考练习题】

1. 消息与通讯有何异同？
2. 你觉得“狒狒大闹普拉默夫人家”这则消息有什么特色，说明理由。
3. 结合具体实例，拟写一则体育消息，注意使用多行标题。

（邢学波选文）

第二节　广告文案

商品广告

雀巢咖啡

雀巢咖啡，
味道好极了。

宝马3系

不是风动而是车动
不仅心动重在行动
心随车动一切皆有可能

郑州联盟新城

当别人都在说“世界”时，
联盟新城笑了。
当别人都在说“景观”时，
联盟新城笑了。
当别人都在说“建标”时，
联盟新城笑了。

公益广告（图文）

请节约用水

请节约用水，
不然，
人类的最后一滴水将是你的眼泪！

心脏对烟熏的肺说，你要挺住

有天身体里的器官决定推选肺为新的领导人
作为旧的领导人——心脏，对肺说：
没有你我们怎么办?
没有你，我们直接受到烟熏
没有你，我们直接受到火烤
没有你，我们直面浑浊的空气
没有你，我们直面该死的尼古丁
在这样的世界里，
你是我们的英雄，
你要挺住
没有你
就没有我们!
最后请原谅，我说句心里话，
该—死—的—香—烟!!!
你改变了我的王朝!

一滴就可以改变本色

什么时候能上学

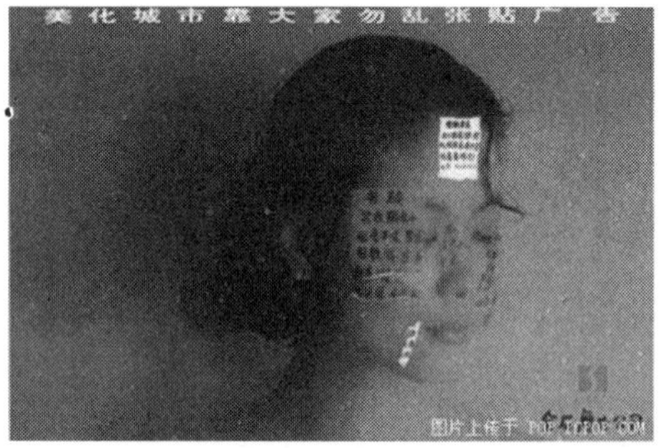

请勿乱贴小广告

真伪难辨

【文种简介】

“你可以爱我，你可以恨我，却不能不理我”——这是广告的自白。广告，“广而告之”，就是要让大家都知道。广义地说，广告泛指那些面向社会公众宣传某些事物和信息，以获取某种特定效果的宣传方式。狭义的广告，专指以促销、盈利为目的的经济广告或者商品广告。

“雀巢咖啡”是一则非常经典的广告语，它朗朗上口，易懂易记，品牌明了，特质突出，而又富于亲和力、诱惑力，实践检验传播效果极佳。

广告文案，是指已经完成的广告作品全部的语言文字部分。由标题、广告语、正文、随文四个部分组成。

【思考练习题】

1. “请节约用水”这则广告，构思巧妙，请分析其象征意味。
2. 结合“希望工程”，针对“什么时候能上学”这则广告，谈谈你的感受。
3. 根据你所从事的运动专项，拟写一则广告语。

（邢学波选文）

导写：吸引眼球的通讯

《惊心动魄35分钟》——成功迫降价值上亿元人民币样机

2004年7月1日13时40分，成都某机场被紧张气氛所笼罩。

塔台上，机场边，飞机设计单位领导、空军某试飞大队领导、飞机总设计师、科研技术人员……数百人一齐把焦灼的目光投向骄阳似火的万里晴空。

此刻，一架失去动力的战机在万米高空正以极大的俯角高速向机场滑降而来！

这不是一架普通的飞机。它是我国正在研制的一种新型战机的科研样机，价值上亿元人民币。

这不是一次普通的飞行。它是该型飞机在定型关键阶段的一次试飞，结论对飞机改进意义重大。

这更不是一次普通的降落。飞机在12000米高空试飞，因意外情况燃油漏光，飞机发动机停车。为保全科研样机，试飞员决定从距机场20多公里远的地方空滑迫降。

下落航线与跑道呈70度夹角，下落速度400公里/小时左右，一旦失误，飞机就可能冲出跑道坠毁。

惊天一落，危险空前。驾驶战鹰迫降的，就是空军某试飞大队副大队长、特级试飞员梁万俊。

“近了，近了……”转眼间，梁万俊驾驶战机俯冲直下。地面上，所有的人一齐屏住了呼吸。

13时44分，战鹰陡然降落，在进跑道450米处接地。在接近跑道的一刹那，机头一昂，“哧！”轮子在水泥跑道剧烈摩擦，划出两条刺眼的火龙！

500米、800米、1000米……飞机一气冲出1700米，在距离跑道尽头300米处戛然停住。

“成功了！”欢呼声震动机场。梁万俊走下座舱，飞机总设计师与他紧紧拥抱，激动地说：“你创造了世界航空史上的奇迹！”

惊天一落救新鹰！

这一落，挽救了价值上亿元的科研样机；这一落，为试飞员处理类似险情创造了成功先例；这一落，飞出了新机优异的空滑性能。

让我们把时钟倒拨35分钟。

这一天13时09分，梁万俊驾驶着该型国产科研样机跃升到12000米高空。当他按照预定的科研试飞计划刚刚做完一个规定动作后，突然发现油泵指示灯急剧闪烁。紧接着，油量表指针一路下跌。两分钟之内，指针指向“0”刻度。

梁万俊报告：“发动机空中停车！”一级空中特情！空军相关条例规定：此时，作为试飞员梁万俊可以视情做出不同选择——跳伞或迫降。

面对这种极为罕见的危险情况，跳伞无可指责，只需0.01秒，便能远离危险。但是，凝聚科研人员无数心血的战鹰就会坠毁，故障原因就难以准确查找，新机型的改进就缺乏依据……没有任何犹豫，梁万俊便做出抉择：危险再大，也要尽一切可能把科研样机保住。

决心定下，梁万俊很快镇定下来，他娴熟而机敏地调整飞机的位置和高度，以争取每一秒的时间。

飞机像大铁砣似地向机场上空逼近。机场上，所有应急车辆全部到位，所有人的心都吊到了嗓子眼。指挥塔台里静得让人窒息，只听见指挥员下达指令的声音：“保持好飞机状态，控制高度、速度，做好迫降准备。”

梁万俊心里很明白，要想将飞机空滑回去，必须准确地通过高度来换取速度，用势能来换取动能。他根据地面指挥员的命令，随时判断飞机状态，修正速度和高度偏差。

飞机滑到机场1100米上空。梁万俊下降飞机高度加入航线，在跑道头3公里，放起落架，操纵飞机对正跑道，100米、50米……

“准备迫降！”“明白！”天地间，惊人的默契。

于是，机场上出现了惊心动魄的成功一落！

英雄壮举绝非偶然。仰望蓝天，人们看到了梁万俊出生入死、挑战试飞极限的一道道闪光航迹。

1998年，拥有丰富飞行经验的梁万俊，从成空某飞行团副团长的岗位上来到空军某试飞大队。

这是一个英雄辈出的群体，承担着我国自行研制的新型战机科研试飞重任，曾有多名试飞员壮烈牺牲。梁万俊自觉学习老一辈试飞员迎难克险的大无畏战斗精神，每次执行高难度高风险试飞、参加飞行表演等重大任务，都主动请缨。几年来，他先后自学了飞行力学、空气动力学、航空发动机、自动控制、航空电子等多个学科专业，成为熟练驾驶多种机型的高素质试飞员。在试飞中，他先后遇到惯导故障、航电故障、供氧故障等险情数十次，都以过硬的心理素质和精湛的飞行技术化险为夷，圆满完成了国产最新型战机火控系统定型、某型系列战机鉴定、国产某新机首飞等数十项重大科研试飞任务，先后荣立二等功2次、三等功4次。

此次，梁万俊成功处置国产某新型科研样机重大特情，成都军区空军党委为他报请一等功，并作出向他学习的决定。军委首长称赞他是“一个思想、技术双过硬的优秀试飞员”。

《解放军报》 谭洁 张金玉 2004年11月8日

导写

《惊心动魄35分钟》是通讯中的短篇。所写新闻事件是：一架价值上亿元人民币科研战斗样机的惊险迫降。写事又写人，写出了试飞员梁万俊的大无畏精神以及“过硬的心理素质和精湛的飞行技术”。

写事：突出的是“惊心动魄”。文章采取倒叙的结构，从最紧张最抓眼的“惊天一落”写起，渲染气氛，设置悬念，以快节奏的语言全力造势，铺排笔墨，抑扬顿挫，从一开始就牢牢地把读者吸引住。

写人：“把时钟倒拨35分钟”，追叙“惊天一落”的来由：飞机意外遇险。驾驶员生死抉择。最后一部分补叙梁万俊的有关背景资料，写他“出生入死、挑战试飞极限的一道道闪光航迹”，点面结合，从而勾画出“一个思想、技术双过硬的优秀试飞员”。

这篇通讯，一个较为显著的好处是能抓住新闻事件的特点布局谋篇、叙事写人。写事，写足了惊耸的新闻效果，同时又是侧面写人、因事见人，叙事中塑造形象。写人，能较自然地融合在对事件的情由补叙中，同时又达到卒章显志、画龙点睛的效果。

不足：“宣传”的主题压过了新闻要素的交代，主观的东西偏重，写作上斧凿痕迹也很明显。比如，这“惊天一降”毕竟是一次“事故”，而“事故”的因果为梁万俊的战斗精神笼盖，只能一笔带过。

（邢学波选文并撰写）

认知类文体阅读资料推荐

刊授大学，《中国实用文体大全》，上海：上海文化出版社，1984
蒲永川，《实用写作》，重庆：西南师范大学出版社，1998
翁剑青，《广告文案与创意》，北京：中国商业出版社，1998
李德芳，《应用文写作》，北京：北京师范大学出版社，1998
路德庆，《普通写作学教程》，北京：高等教育出版社，1998
郭超人，《体育新闻选》，北京：新华出版社，1999
周姬昌，《写作学高级教程》，湖北：武汉大学出版社，2000
曾昭乐，《现代公文写作》，广州：中山大学出版社，2001
白凝岐，《中国现代应用文》，昆明：云南人民出版社，2001
吴志强、程红，《文体写作学教程》，北京：北京体育大学出版社，2006
程红、吴志强，《文体写作学全程导写》，北京：北京体育大学出版社，2006
李保初，《应用写作学》，北京：中央广播电视出版社，2004
吴志强、程红，《英汉求职文本导写》，北京：北京体育大学出版社，2004

（程红推荐）

附录一：科学技术报告、学位论文和学术论文的编写格式

GB 7713—87

1　引　言

1.1　制订本标准的目的是为了统一科学技术报告、学位论文和学术论文（以下简称报告、论文）的撰写和编辑的格式，便利信息系统的收集、存储、处理、加工、检索、利用、交流、传播。

1.2　本标准适用于报告、论文的编写格式，包括形式构成和题录著录，及其撰写、编辑、印刷、出版等。

本标准所指报告、论文可以是手稿，包括手抄本和打字本及其复制品；也可以是印刷本，包括发表在期刊或会议录上的论文及其预印本、抽印本和变异本；作为书中一部分或独立成书的专著；缩微复制品和其他形式。

1.3　本标准全部或部分适用于其他科技文件，如年报、便览、备忘录等，也适用于技术档案。

2　定　义

2.1　科学技术报告

科学技术报告是描述一项科学技术研究的结果或进展或一项技术研制试验和评价的结果，或是论述某项科学技术问题的现状和发展的文件。

科学技术报告是为了呈送科学技术工作主管机构或科学基金会等组织或主持研究的人等。科学技术报告中一般应该提供系统的或按工作进程的充分信息，可以包括正反两方面的结果和经验，以便有关人员和读者判断和评价，以及对报告中的结论和建议提出修正意见。

2.2　学位论文

学位论文是表明作者从事科学研究取得创造性的结果或有了新的见解，并以此为内容撰写而成、作为提出申请授予相应的学位时评审用的学术论文。

学士论文应能表明作者确已较好地掌握了本门学科的基础理论、专门知识和基本技能，并具有从事科学研究工作或担负专门技术工作的初步能力。

硕士论文应能表明作者确已在本门学科上掌握了坚实的基础理论和系统的专门知识，并对所研究课题有新的见解，有从事科学研究工作或独立担负专门技术工作的能力。

博士论文应能表明作者确已在本门学科上掌握了坚实宽广的基础理论和系统深入的专门知识，并具有独立从事科学研究工作的能力，在科学或专门技术上做出了创造性的成果。

2.3　学术论文

学术论文是某一学术课题在实验性、理论性或观测性上具有新的科学研究成果或创新见解和知识的科学记录，或是某种已知原理应用于实际中取得新进展的科学总结，用以提供学术会议上宣读、交流或讨论，或在学术刊物上发表，或作其他用途的书面文件。

学术论文应提供新的科技信息，其内容应有所发现、有所发明、有所创造、有所前进，而不是重复、模仿、抄袭前人的工作。

3 编写要求

报告、论文的中文稿必须用白色稿纸单面缮写或打字；外文稿必须用打字。可以用不褪色的复制本。

报告、论文宜用 A4（210mm×297mm）标准大小的白纸，应便于阅读、复制和拍摄缩微制品。

报告、论文在书写、打字或印刷时，要求纸的四周留足空白边缘，以便装订、复制和读者批注。每一面的上方（天头）和左侧（订口）应分别留边 25mm 以上，下方（地脚）和右侧（切口）应分别留边 20mm 以上。

4 编写格式

4.1 报告、论文章、条的编号参照国家标准 GB1.1《标准化工作导则 标准编写的基本规定》第 8 章“标准条文的编排”的有关规定，采用阿拉伯数字分级编号。

4.2 报告、论文的构成（略）

5 前置部分

5.1 封 面

5.1.1 封面是报告、论文的外表面，提供应有的信息，并起保护作用。

封面不是必不可少的。学术论文如作为期刊、书或其他出版物的一部分，无需封面；如作为预印本、抽印本等单行本时，可以有封面。

5.1.2 封面上可包括下列内容：

a. 分类号 在左上角注明分类号，便于信息交换和处理。一般应注明《中国图书资料分类法》的类号，同时应尽可能注明《国际十进分类法 UDC》的类号。

b. 本单位编号 一般标注在右上角。学术论文无必要。

c. 密级 视报告、论文的内容，按国家规定的保密条例，在右上角注明密级。如系公开发行，不注密级。

d. 题名和副题名或分册题名用大号字标注于明显地位。

e. 卷、分册、篇的序号和名称如系全一册，无需此项。

f. 版本 如草案、初稿、修订版等。如系初版，无需此项。

g. 责任者姓名 责任者包括报告、论文的作者，学位论文的导师、评阅人、答辩委员会主席，以及学位授予单位等。必要时可注明个人责任者的职务、职称、学位、所在单位名称及地址；如责任者系单位、团体或小组，应写明全称和地址。

在封面和题名页上，或学术论文的正文前署名的个人作者，只限于那些对于选定研究课题和制订研究方案、直接参加全部或主要部分研究工作并作出主要贡献，以及参加撰写论文并能对内容负责的人，按其贡献大小排列名次。至于参加部分工作的合作者、按研究计划分工负责具体小项的工作者、某一项测试的承担者，以及接受委托进行分析检验和观察的辅助人员等，均不列入。这些人可以作为参加工作的人员一一列入致谢部分，或排于脚注。

如责任者姓名有必要附注汉语拼音时，必须遵照国家规定，即姓在名前，姓名连成一词，不加连字符，不缩写。

h. 申请学位级别 应按《中华人民共和国学位条例暂行实施办法》所规定的名称进行标注。

i. 专业名称 系指学位论文作者主修专业的名称。

j. 工作完成日期 包括报告、论文提交日期，学位论文的答辩日期，学位的授予日期，出版部门收到日期（必要时）。

k. 出版项　出版地及出版者名称，出版年、月、日（必要时）。

5.2　封二

报告的封二可标注送发方式，包括免费赠送或价购，以及送发单位和个人，版权规定，其他应注明事项。

5.3　题名页

题名页是对报告、论文进行著录的依据。

学术论文无需题名页。

题名页置于封二和衬页之后，成为另页的右页。

报告、论文如分装两册以上，每一分册均应各有其题名页。在题名页上注明分册名称和序号。

题名页除5.1规定封面应有的内容并取得一致外，还应包括下列各项：

单位名称和地址，在封面上未列出的责任者职务、职称、学位、单位名称和地址，参加部分工作的合作者姓名。

5.4　变异本

报告、论文有时适应某种需要，除正式的全文正本以外，要求有某种变异本，如：节本、摘录本、为送请评审用的详细摘要本、为摘取所需内容的改写本等。

变异本的封面上必须标明“节本”、“摘录本”或“改写本”字样，其余应注明项目，参见5.1的规定执行。

5.5　题　名

5.5.1　题名是以最恰当、最简明的词语反映报告、论文中最重要的特定内容的逻辑组合。

题名所用每一词语必须考虑到有助于选定关键词和编制题录、索引等二次文献可以提供检索的特定实用信息。

题名应该避免使用不常见的缩略词、首字母缩写字、字符、代号和公式等。

题名一般不宜超过20字。

报告、论文用作国际交流，应有外文（多用英文）题名。外文题名一般不宜超过10个实词。

5.5.2　下列情况可以有副题名：

题名语意未尽，用副题名补充说明报告论文中的特定内容；

报告、论文分册出版，或是一系列工作分几篇报道，或是分阶段的研究结果，各用不同副题名区别其特定内容；

其他有必要用副题名作为引申或说明者。

5.5.3　题名在整本报告、论文中不同地方出现时，应完全相同，但眉题可以节略。

5.6　序或前言

序并非必要。报告、论文的序，一般是作者或他人对本篇基本特征的简介，如说明研究工作缘起、背景、宗旨、目的、意义、编写体例，以及资助、支持、协作经过等；也可以评述和对相关问题研究阐发。这些内容也可以在正文引言中说明。

5.7　摘　要

5.7.1　摘要是报告、论文的内容不加注释和评论的简短陈述。

5.7.2　报告、论文一般均应有摘要，为了国际交流，还应有外文（多用英文）摘要。

5.7.3　摘要应具有独立性和自含性，即不阅读报告、论文的全文，就能获得必要的信息。摘要中有数据、有结论，是一篇完整的短文，可以独立使用，可以引用，可以用于工艺推广。摘要的内容应包含与报告、论文同等量的主要信息，供读者确定有无必要阅读全文，也供文摘等二次文献采用。摘要一般应说明研究工作目的、实验方法、结果和最终结论等，而重点是结果和结论。

5.7.4 中文摘要一般不宜超过200~300字；外文摘要不宜超过250个实词。如遇特殊需要字数可以略多。

5.7.5 除了实在无变通办法可用以外，摘要中不用图、表、化学结构式、非公知公用的符号和术语。

5.7.6 报告、论文的摘要可以用另页置于题名页之后，学术论文的摘要一般置于题名和作者之后、正文之前。

5.7.7 学位论文为了评审，学术论文为了参加学术会议，可按要求写成变异本式的摘要，不受字数规定的限制。

5.8 关键词

关键词是为了文献标引工作从报告、论文中选取出来用以表示全文主题内容信息款目的单词或术语。

每篇报告、论文选取3~8个词作为关键词，以显著的字符另起一行，排在摘要的左下方。如有可能，尽量用《汉语主题词表》等词表提供的规范词。

为了国际交流，应标注与中文对应的英文关键词。

5.9 目次页

长篇报告、论文可以有目次页，短文无需目次页。

目次页由报告、论文的篇、章、条、附录、题录等的序号、名称和页码组成，另页排在序之后。

整套报告、论文分卷编制时，每一分卷均应有全部报告、论文内容的目次页。

5.10 插图和附表清单

报告、论文中如图表较多，可以分别列出清单置于目次页之后。

图的清单应有序号、图题和页码。表的清单应有序号、表题和页码。

5.11 符号、标志、缩略词、首字母缩写、计量单位、名词、术语等的注释表

符号、标志、缩略词、首字母缩写、计量单位、名词、术语等的注释说明汇集表，应置于图表清单之后。

6 主体部分

6.1 格 式

主体部分的编写格式可由作者自定，但一般由引言（或绪论）开始，以结论或讨论结束。

主体部分必须由另页右页开始。每一篇（或部分）必须另页起。如报告、论文印成书刊等出版物，则按书刊编排格式的规定。

全部报告、论文的每一章、条的格式和版面安排，要求划一，层次清楚。

6.2 序 号

6.2.1 如报告、论文在一个总题下装为两卷（或分册）以上，或分为两篇（或部分）以上，各卷或篇应有序号。可以写成：第一卷、第二分册；第一篇、第二部分等。用外文撰写的报告、论文，其卷（分册）和篇（部分）的序号，用罗马数字编码。

6.2.2 报告、论文中的图、表、附注、参考文献、公式、算式等，一律用阿拉伯数字分别依序连续编排序号。序号可以就全篇报告、论文统一按出现先后顺序编码，对长篇报告、论文也可以

分章依序编码。其标注形式应便于互相区别，可以分别为：图1、图2.1；表2、表3.2；附注1)；文献［4］；式（5）、式（3.5）等。

6.2.3 报告、论文一律用阿拉伯数字连续编页码。页码由书写、打字或印刷的首页开始，作为第1页，并为右页另页。封面、封二、封三和封底不编入页码。可以将题名页、序、目次页等前置部分单独编排页码。页码必须标注在每页的相同位置，便于识别。

力求不出空白页，如有，仍应以右页作为单页页码。

如在一个总题下装成两册以上，应连续编页码。如各册有其副题名，则可分别独立编页码。

6.2.4 报告、论文的附录依序用大写正体A，B，C，……编序号，如：附录A。

附录中的图、表、式、参考文献等另行编序号，与正文分开，也一律用阿拉伯数字编码，但在数码前冠以附录序码，如：图 A_1；表 B_2；式（B_3）；文献［A_5］等。

6.3 引言（或绪论）

引言（或绪论）简要说明研究工作的目的、范围、相关领域的前人工作和知识空白、理论基础和分析、研究设想、研究方法和实验设计、预期结果和意义等。应言简意赅，不要与摘要雷同，不要成为摘要的注释。一般教科书中有的知识，在引言中不必赘述。

比较短的论文可以只用小段文字起着引言的效用。

学位论文为了需要反映出作者确已掌握了坚实的基础理论和系统的专门知识，具有开阔的科学视野，对研究方案作了充分论证，因此，有关历史回顾和前人工作的综合评述，以及理论分析等，可以单独成章，用足够的文字叙述。

6.4 正　文

报告、论文的正文是核心部分，占主要篇幅，可以包括：调查对象、实验和观测方法。仪器设备、材料原料、实验和观测结果、计算方法和编程原理、数据资料、经过加工整理的图表、形成的论点和导出的结论等。

由于研究工作涉及的学科、选题、研究方法、工作进程、结果表达方式等有很大的差异，对正文内容不能作统一的规定。但是，必须实事求是，客观真切，准确完备，合乎逻辑，层次分明，简练可读。

6.4.1 图

图包括曲线图、构造图、示意图、图解、框图、流程图、记录图、布置图、地图、照片、图版等。

图应具有“自明性”，即只看图、图题和图例，不阅读正文，就可理解图意。

图应编排序号（见6.2.2）。

每一图应有简短确切的题名，连同图号置于图下。必要时，应将图上的符号、标记、代码，以及实验条件等，用最简练的文字，横排于图题下方，作为图例说明。

曲线图的纵横坐标必须标注“量、标准规定符号、单位”。此三者只有在不必要标明（如无量纲等）的情况下方可省略。坐标上标注的量的符号和缩略词必须与正文中一致。

照片图要求主题和主要显示部分的轮廓鲜明，便于制版。如用放大缩小的复制品，必须清晰，反差适中。照片上应该有表示目的物尺寸的标度。

6.4.2 表

表的编排，一般是内容和测试项目由左至右横读，数据依序竖排。表应有自明性。

表应编排序号（见6.2.2）。

每一表应有简短确切的题名，连同表号置于表上。必要时，应将表中的符号、标记、代码，以及需要说明事项，以最简练的文字，横排于表题下，作为表注，也可以附注于表下。附注序号的编排，见6.2.2。表内附注的序号宜用小号阿拉伯数字并加圆括号置于被标注对象的右上角，如：×××1)，不宜用星号“*”，以免与数学上共轭和物质转移的符号相混。

表的各栏均应标明“量或测试项目、标准规定符号、单位”。只有在无必要标注的情况下方可省略。表中的缩略词和符号，必须与正文中一致。

表内同一栏的数字必须上下对齐。表内不宜用“同上”、“同左”、“,,”和类似词，一律填入具体数字或文字。表内“空白”代表未测或无此项，“—”或“…”（因“—”可能与代表阴性反应相混）代表未发现，“0”代表实测结果确为零。

如数据已绘成曲线图，可不再列表。

6.4.3　数学、物理和化学式

正文中的公式、算式或方程式等应编排序号（见6.2.2），序号标注于该式所在行（当有续行时，应标注于最后一行）的最右边。

较长的式，另行居中横排。如式必须转行时，只能在+，－，×，÷，<，>处转行。上下式尽可能在等号“=”处对齐。（示例略）

小数点用“.”表示。大于999的整数和多于三位数的小数，一律用半个阿拉伯数字符的小间隔分开，不用千位撇。对于纯小数应将0列于小数点之前。

示例：应该写成94652.023567；　0.314325

　　　不应写成94，652.023，567；.314，325

应注意区别各种字符，如：拉丁文、希腊文、俄文、德文花体、草体；罗马数字和阿拉伯数字；字符的正斜体、黑白体、大小写、上下角标（特别是多层次，如“三踏步”）。上下偏差等。（示例略）

6.4.4　计量单位

报告、论文必须采用1984年2月27日国务院发布的《中华人民共和国法定计量单位》，并遵照《中华人民共和国法定计量单位使用方法》执行。使用各种量、单位和符号，必须遵循国家标准的规定执行。单位名称和符号的书写方式一律采用国际通用符号。

6.4.5　符号和缩略词

符号和缩略词应遵照国家标准的有关规定执行。如无标准可循，可采纳本学科或本专业的权威性机构或学术团体所公布的规定；也可以采用全国自然科学名词审定委员会编印的各学科词汇的用词。如不得不引用某些不是公知公用的、且又不易为同行读者所理解的、或系作者自定的符号、记号、缩略词、首字母缩写字等时，均应在第一次出现时一一加以说明，给以明确的定义。

6.5　结　论

报告、论文的结论是最终的、总体的结论，不是正文中各段的小结的简单重复。结论应该准确、完整、明确、精炼。

如果不可能导出应有的结论，也可以没有结论而进行必要的讨论。

可以在结论或讨论中提出建议、研究设想、仪器设备改进意见、尚待解决的问题等。

6.6　致　谢

可以在正文后对下列方面致谢：

国家科学基金、资助研究工作的奖学金基金、合同单位、资助或支持的企业、组织或个人；

协助完成研究工作和提供便利条件的组织或个人；

在研究工作中提出建议和提供帮助的人；

给予转载和引用权的资料、图片、文献、研究思想和设想的所有者；

其他应感谢的组织或个人。

6.7 参考文献表

按照 GB 7714—87《文后参考文献著录规则》的规定执行。

7 附 录

附录是作为报告、论文主体的补充项目，并不是必需的。

7.1 下列内容可以作为附录编于报告、论文后，也可以另编成册。

a. 为了整篇报告、论文材料的完整，但编入正文又有损于编排的条理和逻辑性，这一类材料包括比正文更为详尽的信息、研究方法和技术更深入的叙述，建议可以阅读的参考文献题录，对了解正文内容有用的补充信息等；

b. 由于篇幅过大或取材于复制品而不便于编入正文的材料；

c. 不便于编入正文的罕见珍贵资料；

d. 对一般读者并非必要阅读，但对本专业同行有参考价值的资料；

e. 某些重要的原始数据、数学推导、计算程序、框图、结构图、注释、统计表、计算机打印输出件等。

7.2 附录与正文连续编页码。每一附录的各种序号的编排见 4.2 和 6.2.4。

7.3 每一附录均另页起。如报告、论文分装几册。凡属于某一册的附录应置于该册正文之后。

8 结尾部分（必要时）

为了将报告、论文迅速存储入电子计算机，可以提供有关的输入数据。

可以编排分类索引、著者索引、关键词索引等。

封三和封底（包括版权页）。

（有删略）

附录二：中国历史朝代简表

朝代（国号）		起讫年代	第一代帝王 姓 名	庙号	国都所在地	名号年号	干支	备注
夏		约公元前 21—约公元前 16 世纪	启		安邑（今山西夏县西北）	王公名号		
商		约公元前 16 世纪—约公元前 1066	汤		亳（今河南商丘北）、殷（今河南安阳）	王公名号		1
周	西周	约公元前 1066—前 771	姬发	（武王）	镐京（今西安西南）	王公名号		2
周	东周	公元前 770—前 256	姬宜臼	（平王）	洛邑（今洛阳）	王公名号	辛未	
周	（春秋）	公元前 770—前 476				王公名号		3
周	（战国）	公元前 475—前 221				王公名号		4
秦		前 221—前 206	嬴政	（始皇）	咸阳（今陕西咸阳东北）	王公名号	庚辰	5
汉	西汉	前 206—公元 23	刘邦	高祖	长安（今西安）	年号纪年	乙未	6
汉	东汉	25—220	刘秀	光武	洛阳	建武	乙酉	7
三国	魏	220—265	曹丕	文帝	洛阳	黄初	庚子	
三国	蜀	221—263	刘备	昭烈	成都	章武	辛丑	
三国	吴	222—280	孙权	大帝	建业（今南京）	黄武	壬寅	
西晋		265—316	司马炎	武帝	洛阳	泰始	乙酉	
东晋十六国	东晋	317—420	司马睿	元帝	建康（今南京）	建武	丁丑	
东晋十六国	十六国	304—439（汉）（前赵）、成（成汉）、前凉、后赵、前燕、前秦、后燕、后秦、西秦、后凉、南凉、北凉、南燕、西凉、北燕、夏。）						8
南朝	宋	420—479	刘裕	武帝	建康（今南京）	永初	庚申	9
南朝	齐	479—502	萧道成	高帝	建康（今南京）	建元	己未	
南朝	梁	502—557	萧衍	武帝	建康（今南京）	天临	壬午	
南朝	陈	557—589	陈霸先	武帝	建康（今南京）	永定	丁丑	

续表

朝代（国号）		起讫年代	第一代帝王姓名	庙号	国都所在地	名号年号	干支	备注
北朝	北魏	386—534	拓跋珪	道武帝	平城（今大同），493 年迁都洛阳	登国	丙戌	
	东魏	534—550	元善见	孝静帝	邺（今河北临漳县南近漳河）	天平	甲寅	
	北齐	550—577	高洋	文宣帝	邺（今河北临漳县南近漳河）	天保	庚年	
	西魏	535—557	元宝炬	文帝	长安（今西安）	大统	乙卯	
	北周	557—581	宇文觉	孝闵帝	长安（今西安）	/	丁丑	
隋		581—618	杨坚	文帝	大兴（今西安）	开皇	辛丑	10
唐		618—907	李渊	高祖	长安（今西安）	武德	戊寅	
五代十国	后梁	907—923	朱温	太祖	汴（今开封）	开平	丁卯	11
	后唐	923—936	李存勖	庄宗	洛阳	同光	癸未	
	后晋	936—946	石敬瑭	高祖	汴（今开封）	天福	丙申	
	后汉	947—950	刘知远	高祖	汴（今开封）	天福	丁未	
	后周	951—960	郭威	太祖	汴（今开封）	广顺	辛亥	
	十国	902—979	［吴、南唐、吴越、楚、闽、南汉、前蜀、后蜀、荆南、（南平）、北汉］					12
宋	北宋	960—1127	赵匡胤	太祖	开封	建隆	庚申	13
	南宋	1127—1279	赵构	高宗	临安（今杭州）	建炎	丁未	
辽		916—1125	耶律阿保机	太祖	上京（今辽宁巴林右旗附近）	神册	丙子	
西夏		1032—1227	李元昊	景宗	兴庆府（今银川）	显道	壬申	
金		1115—1234	完颜阿骨打	太祖	中都（今北京）	收国	乙未	
元		1271—1368	忽必烈	世祖	大都（今北京）	至元	辛未	
明		1368—1644	朱元璋	太祖	应天（今南京）1421 年迁北京	洪武	戊申	14
清		1644—1911	福临	世祖	北京	顺治	甲申	
中华民国		1912—1949	1912 年孙中山选为大总统，定都南京；袁世凯窃国，移都北京；1927 年蒋介石上台，以南京为首都，抗战时迁都重庆，称陪都，抗战胜利迁回南京。					

［注释］

1. 自汤 14 代孙盘庚迁都到殷，商朝也称殷朝。
2. 其中共和行政元年，约当公元前 841 年庚申，中国历史开始有纪年。
3. 从周平王元年（前 770）辛未，至周敬王四十四年（前 476）乙丑，为春秋时期。
4. 从周元王姬仁（前 475）丙寅—秦灭齐统一全国（前 221）庚辰，为战国时期。
5. 秦子婴元年（前 207）甲午。
6. 西汉刘彻开始年号纪年“建元”元年（前 140）辛丑。西汉纪年包括王莽建立的新王朝（公元 9 年—23 年）。

7. 东汉章帝刘炟元和二年始用干支纪年乙酉；一说新朝王莽首先采用。

8. （成）李雄建兴元年
（汉）刘渊元熙元年 （304）甲子—北凉永和七年（439）己卯。

9. 建都南京的六朝，除孙吴和东晋以外，还有宋、齐、梁、陈，为时均很短暂。

10. 杨坚原为北周之随国公，废周帝为“随”，忌讳“走之”，改为“隋”。

11. 907 年在开封称帝建国，909 年迁都洛阳。

12. 前蜀王建天复七年、吴杨渥天祐四年、吴越钱鏐天佑四年都是后梁开平元年（907）一南平高保融显德七年（960）。

13. 赵匡胤在后周时封宋州节度使，所以国号宋。

14. 朱元璋原为农民起义领袖小明王（韩山童之子韩林儿）部下，封吴国公，明教有明王出世的传说，所以称明朝。